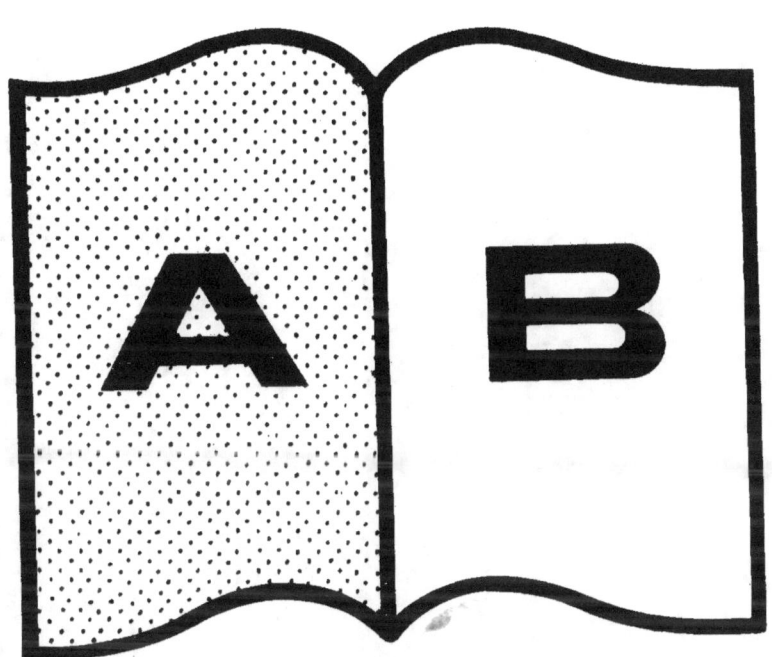

Contraste insuffisant

NF Z 43-120-14

R184757

MÉMOIRES

PRÉSENTÉS PAR DIVERS SAVANTS

A L'ACADÉMIE

DES INSCRIPTIONS ET BELLES-LETTRES

DEUXIÈME SÉRIE

II

MÉMOIRES

PRÉSENTÉS PAR DIVERS SAVANTS

A L'ACADÉMIE

DES INSCRIPTIONS ET BELLES-LETTRES

DE

L'INSTITUT NATIONAL DE FRANCE

DEUXIÈME SÉRIE

ANTIQUITÉS DE LA FRANCE

TOME II

PARIS

IMPRIMÉ PAR AUTORISATION DU GOUVERNEMENT

A L'IMPRIMERIE NATIONALE

M DCCC XLIX

DEUXIÈME SÉRIE.

ANTIQUITÉS DE LA FRANCE.

MÉMOIRES

PRÉSENTÉS PAR DIVERS SAVANTS

A L'ACADÉMIE ROYALE

DES

INSCRIPTIONS ET BELLES-LETTRES.

CHARTES BOURGUIGNONNES

INÉDITES

DES IXe, X^e ET XIe SIÈCLES,

EXTRAITES DES MANUSCRITS DE LA BIBLIOTHÈQUE PUBLIQUE DE DIJON
ET DES ARCHIVES DÉPARTEMENTALES DE LA CÔTE-D'OR;

RECUEILLIES ET EXPLIQUÉES

DANS UNE INTRODUCTION HISTORIQUE

PAR JOSEPH GARNIER,

ARCHIVISTE DE LA VILLE DE DIJON, CORRESPONDANT HISTORIQUE DU MINISTÈRE DE L'INSTRUCTION PUBLIQUE.

> Peu de monuments reçoivent une plus forte empreinte
> de leurs siècles que les chartes, et l'on pourrait dire d'un
> cartulaire que chaque page y porte sa date avec soi.
> M. Guérard, prolég. du Cart. de Saint-Père de Chartres.

INTRODUCTION.

AVANT-PROPOS.

Chargé en 1838, par M. le ministre de l'instruction publique, de rechercher, dans tous les dépôts d'archives de la Côte-d'Or, les documents relatifs à l'histoire du tiers-état, j'eus alors à dépouiller un grand nombre de cartulaires. Je rencontrai là beaucoup de chartes inédites des IX°, X° et XI° siècles, qui n'avaient point un rapport immédiat avec l'objet de ma mission, mais qui touchaient d'assez près aux points les plus intéressants de cette lente révolution d'où est sortie la féodalité. Les origines, les éléments, la constitution première de cet état social, les transitions toujours obscures par lesquelles se modifia la condition des personnes et des propriétés dans des temps où la force est, elle-même, plus souvent qu'on ne le croirait, obligée de proclamer un droit devant lequel elle s'arrête : tout cela se retrouvait dans ces chartes oubliées, tout y était singulièrement clair, tant il y avait d'exactitude et de précision dans ces témoignages authentiques.

Cette découverte, à laquelle j'étais loin de m'attendre, me donna la pensée de rassembler des textes, qui, par leur réunion, pouvaient jeter quelque lumière, non-seulement sur l'histoire de la Bourgogne, mais aussi sur tout l'état de la société française. Telle est l'origine de ce travail, dont le sujet, quoique restreint par les matériaux mêmes aux limites d'une province, fournit cependant des idées et des faits pour un cadre beaucoup plus étendu.

J'ai divisé cette collection en deux parties. Dans la première, j'ai placé trente-trois chartes tirées du vieux cartulaire qui suit la chronique de Saint-Bénigne; toutes sont du IX° siècle. La seconde partie ne comprend que vingt et une pièces. Elles proviennent du premier cartulaire de l'abbaye de Saint-Étienne de Dijon[1] et appartiennent aux X° et XI° siècles.

Pérard cite ces deux cartulaires dans son Recueil pour servir à l'histoire de Bourgogne, et il en a pris un grand nombre de pièces. Mais il ne semble pas avoir senti ce qu'il y avait d'intéressant dans les vingt et une chartes de Saint-Étienne, puisqu'il les a toutes passées sous silence[2]. D'un autre côté, je croirais volontiers que le

---

[1] On désigne sous le nom de *Cartulaire de Saint-Étienne* une collection considérable qui se trouve aux archives du département, et qui forme cinq volumes.

[2] Ces chartes sont également omises dans le recueil des preuves de l'histoire

cartulaire de Saint-Bénigne qu'il a eu entre les mains n'est pas le même que celui dont je me suis servi. En effet, parmi ces trente-trois chartes qu'il a omises, il en est plusieurs qu'il n'aurait pas, je crois, négligées s'il les avait connues. De plus, parmi celles qu'il donne, il y en a qui ne sont pas dans mon manuscrit, et, quoique Pérard les cite comme appartenant au cartulaire, elles n'existent maintenant qu'en original aux archives du département. Enfin, Pérard dit qu'il laisse aux chartes leurs rubriques latines, telles qu'elles sont dans son cartulaire, et ces rubriques n'apparaissent pas dans le mien.

Les deux manuscrits sont donc différents[1]; ainsi l'on ne s'étonnera pas qu'un homme aussi consciencieux et aussi érudit que Pérard ait omis des textes qui avaient évidemment une valeur historique.

Au surplus, pour donner une idée complète de l'ensemble du manuscrit de Saint-Bénigne, je rappellerai, en suivant l'ordre même du cartulaire, toutes les rubriques des chartes publiées par Pérard, et je me contenterai d'intercaler à leur place les chartes qui n'étaient pas, sans doute, dans son texte et qui sont dans le mien. Je n'ai pas fait le même travail pour le cartulaire de Saint-Étienne, le nombre des pièces publiées qu'il renferme étant beaucoup plus considérable que celui des pièces inédites.

Il ne sera pas non plus inutile de faire connaître l'exécution matérielle des deux cartulaires et de réunir sur ce sujet quelques détails essentiels, naturellement omis par Pérard.

---

de l'église Saint-Étienne de Dijon, par l'abbé Fyot.

[1] On sait aussi que la bibliothèque du président Bouhier renfermait une copie du cartulaire de Saint-Bénigne beaucoup plus complète que le cartulaire même dont Pérard s'était servi. — La Bibliothèque du Roi possède la copie de deux cartulaires de Saint-Bénigne, provenant de la bibliothèque de Bouhier. Cette copie forme deux volumes in-folio, cotés *Bouh.* 42 et 45, qui contiennent, le premier 332 articles, et le second deux parties : l'une de 363 articles, copiés sur les chartes originales, et l'autre de 104 articles, copiés d'après un vieux cartulaire de Saint-Bénigne. Dans cette dernière partie, on retrouve, mais dans un ordre différent, presque toutes les chartes transcrites ici par M. Garnier. B. G.

Le premier, celui de Saint-Bénigne, fait suite à la chronique manuscrite de cette abbaye[1]; il appartient à la bibliothèque publique de Dijon, dans le catalogue de laquelle il est inscrit sous le numéro 348. Il est de format in-4°, et consiste en soixante et un feuillets de fort vélin, réunis par cahiers de deux à quatre feuilles de même dimension que la chronique, c'est-à-dire de 0^m,29 de hauteur, et de 0^m,22 de largeur. Toutes les feuilles sont réglées à la pointe sèche, avec une marge étroite, ménagée de chaque côté de la page. Le nombre des lignes est de trente à trente-quatre pour les dix premiers feuillets, et varie entre vingt-six et trente et un dans tout le reste du manuscrit. Les feuillets qui portaient les numéros 72, 73, 82, 83 et 122 manquent; et cette lacune, à en juger par le caractère de la pagination, est postérieure au xve siècle.

Ce manuscrit est de deux époques bien distinctes : les vingt premières chartes, quoique placées au commencement du volume, sont évidemment d'une écriture bien postérieure au reste du cartulaire. Je n'hésite pas à la fixer au milieu du xiie siècle; encore rapporterai-je à la fin de ce siècle les chartes numérotées 5, 6, 7, ainsi que la lettre du pape Grégoire sur les cimetières. Quant à la suite du manuscrit, l'écriture est du même temps que la chronique, et, si je ne m'abuse, d'une main peut-être plus ancienne (milieu du xie siècle). On remarque en beaucoup d'endroits, et notamment dans les chartes les plus anciennes, que le copiste a voulu imiter les caractères qu'il avait sous les yeux. Cette imitation est surtout très-sensible dans les chartes cotées 34 et 35.

Les initiales de chaque précis sont tracées tantôt en lettres onciales, tantôt en majuscules cursives; dans ce dernier cas, elles sont toujours précédées du signe monogrammatique de l'invocation.

Le paraphe qui accompagne la souscription des notaires ou rédacteurs des transactions particulières, ainsi que les monogrammes des souverains dans les diplômes, y est aussi assez fidèlement reproduit.

---

[1] Publiée dans le Spicilége de D. Luc d'Achery.

Les chartes se succèdent sans sommaire ni ordre chronologique, et les numéros placés à la tête de chacune d'elles datent du XVIIe siècle, époque à laquelle le manuscrit fut relié et communiqué à dom Mabillon.

Sur les cent quatorze pièces dont il se compose, quatre-vingt-une ont été publiées par Pérard; quant aux trente-trois autres, je les ai réunies pour en faire la première partie de mon recueil, j'y ai seulement ajouté deux diplômes inédits des rois Louis le Bègue et Eudes, récemment découverts aux archives départementales.

C'est dans ce dépôt que je trouve en original mon second cartulaire, celui qui m'a fourni les chartes de ma seconde partie. C'est le premier des cartulaires de l'abbaye de Saint-Étienne de Dijon. Il comprend soixante et onze feuilles en vélin, réunies par cahiers de quatre à six feuillets, de 0^m,33 de hauteur sur 0^{m}24 de largeur, réglées, comme les précédentes, à la pointe sèche, avec ou sans marge, et dont le nombre de lignes varie entre trente-sept et quarante à la page.

Tous les feuillets sont numérotés et chaque cahier porte pour réclame le premier mot du cahier suivant.

L'écriture est de la même main jusqu'au feuillet 53, et je la crois du milieu du XIIe siècle. Les capitales sont tracées en encre noire, teintée de rouge. Le reste du manuscrit est d'une exécution calligraphique bien inférieure, et se ressent déjà du XIIIe siècle.

Les chartes se suivent, comme dans le cartulaire précédent, sans sommaire ni ordre chronologique; elles sont seulement divisées par chapitres.

Ce premier cartulaire de Saint-Étienne comprend deux parties. La première s'étend jusqu'au folio 136, et les vingt et une pièces qu'elle renferme sont toutes antérieures à l'année 1113. C'est le cartulaire du premier état: les religieux appartiennent encore à la vie séculière. Ce fut seulement en 1113 qu'ils embrassèrent la règle de saint Augustin; et ce sont les actes de cette nouvelle existence, sous une nouvelle loi, qui forment la seconde partie. Cette seconde partie contient cent trente et une pièces, qui sont d'un temps postérieur à celui auquel je me suis arrêté.

Pérard se bornait à donner le texte pur et simple des chartes qu'il publiait; l'érudition d'un éditeur moderne ne peut plus être aussi confiante. J'ai cru qu'il fallait joindre aux miennes quelques éclaircissements qui pussent montrer le sens que je leur trouvais et la valeur que j'avais osé y attacher. Fallait-il ranger ces explications à la suite des textes, et me contenter d'une série de notes plus ou moins confuses, sans pensée commune qui les rassemblât, sans ordre assuré qui prévînt les répétitions, sans autre liaison que le hasard des mots qui les amènerait? J'avais heureusement sous les yeux un modèle assez accompli pour me montrer tout l'avantage d'une méthode plus intelligente. Le beau travail de M. Guérard sur le cartulaire de Saint-Père de Chartres m'a servi tout à la fois et à tracer le plan du mien, et à l'éclairer par des rapprochements que la différence des temps n'empêchait pas d'être fort instructifs. J'ai donc réuni, dans un ordre raisonné, sous un certain nombre de chefs principaux, les détails les plus intéressants que ces cinquante-six chartes m'avaient présentés. J'ai tâché d'expliquer le sens des mots et la portée des choses; de refaire, autant qu'il me serait possible, avec des textes qui n'avaient ni objet général, ni rapports communs, une histoire succincte, mais suivie des points les plus intéressants à connaître dans la société que j'étudiais. C'est ainsi que j'examine successivement la topographie, la condition des propriétés, la condition des personnes; j'énumère les offices mentionnés dans les chartes, les personnages célèbres dont les noms et les dignités sont rappelés; j'ai même essayé d'évaluer les mesures agraires et les monnaies dont elles indiquaient l'usage. Enfin, je me suis étendu sur la forme et la rédaction même de ces différents actes.

Mais c'est là seulement la première partie de ce travail de commentateur, par lequel je me suis permis de compléter mon travail d'éditeur. Les chartes inédites des deux cartulaires m'offraient un grand nombre de détails géographiques sur une partie très-considérable de l'ancienne Bourgogne. En les comparant à la dissertation insérée par Courtepée, dans le premier volume de sa Description du duché de Bourgogne, je vis bientôt combien il y avait d'erreurs et de lacunes dans un travail d'ailleurs fort estimable, et j'entrepris, assez timidement d'abord de corriger l'érudition de Courtepée, comme j'avais entrepris de compléter les textes de Pérard.

Depuis les temps les plus reculés jusqu'au milieu du XIe siècle, la base de toute circonscription territoriale en France est le *pagus*. Mais rien n'est plus difficile à saisir que les traces, à moitié effacées, de cette antique organisation, à laquelle succèdent le désordre et l'isolement de la vie féodale. C'est seulement avec l'aide des chartes contemporaines, et par l'étude patiente de leurs indications géographiques, que l'on peut retrouver quelques vestiges de limites provinciales ou cantonales peu à peu tombées dans l'oubli général où tombèrent tout pouvoir public et tout ordre officiel.

C'est ainsi que je suis arrivé à compléter, sous une forme nouvelle, les anciennes divisions territoriales d'une grande partie de la Bourgogne, et à refaire presque entièrement cette portion de la carte de France pour les temps antérieurs aux croisades. Je ne devais pas craindre d'abandonner Courtepée pour la science plus moderne de M. Guérard; j'ai essayé d'appliquer plus spécialement à la Bourgogne l'excellente méthode géographique dont il a posé les principes généraux dans son Essai sur les divisions territoriales de la Gaule, et j'ai tenté pour nos pays ce que M. Auguste le Prevost a si heureusement exécuté pour la Normandie.

On trouvera donc, dans la seconde partie de mon travail, une description aussi complète que possible des divisions et subdivisions de tous les *pagi* qui occupaient, à peu près, le territoire actuel du département de la Côte-d'Or. C'est à ce département que j'ai dû surtout rattacher un travail, qui ne pourrait être entrepris sur la même échelle pour toute la Bourgogne, qu'à la condition de faire les mêmes recherches dans les autres dépôts.

Les chartes qui font l'objet de cette publication ne pouvaient suffire seules pour résoudre toutes les difficultés d'une pareille restitution. Elles en donnaient bien les éléments principaux ; mais, pour en avoir tout l'ensemble, j'ai dû consulter un grand nombre de sources différentes. Mon travail géographique n'est donc pas seulement un appendice indispensable pour l'intelligence des cinquante-six chartes que je publie ; c'est encore une étude, à peu près complète, de l'ancienne constitution territoriale de la Bourgogne, un fragment assez restreint, sans doute, mais peut-être assez exact de la grande carte, qui serait encore à faire pour la France ancienne. Aussi, voulant offrir comme un spécimen de ces recherches géographiques, j'ai joint à ma dissertation une carte explicative, faite d'après les données mêmes sur lesquelles je me suis appuyé.

En résumé, mettre au jour des chartes oubliées ou ignorées par Pérard et par Fyot, en montrer la valeur historique, non-seulement pour l'histoire particulière de la Bourgogne, mais aussi pour certains points généraux de l'histoire de France ; enfin, tirer de leur texte des renseignements géographiques assez précis pour me permettre de reconstituer les anciennes divisions territoriales d'une partie de la Bourgogne, tel est le triple objet de la publication que je présente à l'Académie.

PREMIÈRE PARTIE.

TOPOGRAPHIE.

LE PAYS.

La plus grande partie des lieux désignés dans nos chartes dépendent de l'ancien duché de Bourgogne. Ils sont tous situés[1] dans le ressort des diocèses de Langres, de Châlon et d'Autun; et les différentes circonscriptions dans lesquelles ils sont placés appartiennent toutes au système qui régit la Gaule du ve au xie siècle.

On y voit figurer l'arrondissement de l'ancienne cité romaine, connu sous le nom de *pagus*, ainsi que le *comitatus*, qui lui succéda.

Le *comitatus* se divise encore en *centena*, en *vicaria*, comme le *pagus*, en *finis*, en *actus* et en *ager*[2].

Les différents pays mentionnés dans notre recueil sont:

Le pays d'Attouar,	*pagus Attoariorum.*	
Le Dijonnais,	*pagus Divionensis.*	
L'Oscheret,	*pagus Oscarensis.*	Diocèse ou cité de Langres.
Le Mémontois,	*pagus Magnimontensis.*	
Le Tonnerrois,	*pagus Tornodorensis.*	

[1] Sauf la ville de Salins, en Franche-Comté, qui dépendait du diocèse de Besançon.

[2] Voir, à la seconde partie, l'article consacré à chacune de ces subdivisions.

L'Auxois,	*pagus Alsensis.*	⎫ Diocèse d'Autun. ⎫
Le Beaunois,	*pagus Belnensis.*	⎬ ⎬ Cité d'Autun.
Le Châlonnais,	*pagus Cabilonensis.*	Diocèse de Châlon. ⎭

Nous renvoyons à la seconde partie de cette introduction pour déterminer les limites particulières de toutes ces subdivisions d'un même territoire.

LES RIVIÈRES.

Les rivières dont il est fait mention dans nos chartes sont :

1° L'Ouche[1], *Oscara, Uscara, Oscra,* qui prend sa source à Lusigny, dans l'arrondissement de Beaune; coule du sud au nord et du nord au sud-est; passe à Bligny-sur-Ouche, la Bussière (ancienne abbaye de Bernardins fondée en 1131); à Fleurey (célèbre par la victoire de Clovis sur le roi de Bourgogne Gondebaud), à Plombières (donné au vi{e} siècle par Gontran à l'abbaye de Saint-Bénigne), Dijon, Fauverney (où le patrice Vulf fut assassiné, en 607, par ordre de Brunehaut); à Tard (ancienne abbaye de Bernardines), et se jette dans la Saône, à Échenon, après un cours de dix-sept lieues.

Avant le xiie siècle, cette rivière formait, depuis la Bussière à Lantenay, la limite séparative des *pagi* de Dijon et de Mémont. Elle donna son nom au district qui, avec le Dijonnais, fut créé au viiie siècle aux dépens de l'Attouar, et remplacé dans la suite par l'archidiaconé que l'évêque de Châlon institua pour l'administration des paroisses de son diocèse situées au delà de la rivière de Deheune.

2° L'Armançon, *Hormensio*[2], qui sort des bois d'Essey, passe à Thoisy-le-Désert, Montigny, Semur, Athie, Saint-Germain,

---

[1] *Cart. de Saint-Bén.* n{os} 67 et 89. — [2] *Ibid.* n° 115.

Buffon (où il quitte le département de la Côte-d'Or pour entrer dans celui de l'Yonne), Nuys, Tonnerre, Saint-Florentin, et se jette dans l'Yonne, à Cheny, au-dessus de Joigny, après un cours de plus de trente lieues.

3° La Norge, *Norgia*[1], qui tire son nom du village de Norge, où elle prend sa source, coule de l'ouest à l'est et du nord au sud, passe à Clenay, Orgeux, Couternon, Chevigny, et se jette dans les Tilles à Magny.

VOIES PUBLIQUES.

Les voies publiques sont désignées, suivant leur importance, sous les noms de *strata, stradella publica, via publica* et *exus communalis*.

Les deux premières dénominations paraissent assez généralement s'appliquer aux grandes voies de communication, telles que les voies romaines, les chaussées dites de Brunehaut et les anciennes routes du moyen âge.

Ainsi, par exemple, les *stradæ publicæ* qui traversent les territoires de Ruffey-les-Échirey[2], de Dijon[3], de Perrigny[4], de Saulon[5], de Barges[6] et de Boncourt[7], semblent rappeler l'ancienne voie romaine dite d'Agrippa, qui va de Langres à Châlon, et qui traverse le département de la Côte-d'Or du nord au midi.

Les voies qui passent sur le finage de Morveau[8], de Crimolois[9] et au bout de celui d'Aiserey[10] paraissent être le prolongement de la voie secondaire qui de Dijon allait à Saint-

---

[1] *Cart. de Saint-Bén.* n° 116.
[2] *Ibid.* n° 86.
[3] *Ibid.* n° 58.
[4] *Ibid.* n°ˢ 78 et 86.
[5] *Ibid.* n° 68.
[6] *Cart. de Saint-Bén.* n°ˢ 75 et 94.
[7] *Ibid.* n° 101.
[8] *Ibid.* n°ˢ 51 et 57.
[9] *Ibid.* n° 89.
[10] *Ibid.* n°ˢ 37, 67, 59, 89, 91.

Jean-de-Losne, *Latona*, et dont il existe encore des vestiges très-bien conservés entre Fauvernay et Échigey.

Le chemin que nos chartes désignent comme traversant *Tremolidum*[1], Chenove[2], Brochon[3] et Gevrey[4], de même que la *via publica* qui passe à Salmaise[5], étaient fréquentés dans le moyen âge. Le premier rappelle particulièrement l'ancienne route de Dijon à Beaune et à Châlon, qui desservait tous les villages de la côte jusques au pont de Vougeot.

Toutes les autres voies, *stradæ*, traversant les finages de Prenois[6], Corcelles-les-Monts[7], Collonges-Bevy[8], Congey[9], Arcey[10], Quetigny[11], *Aguliacum*[12], Cromois[13] et Fontaine[14], ne doivent être considérées que comme de simples chemins, peut-être pavés, servant de communication d'un village à un autre.

Quant à l'*exus communalis*[15], ce n'est probablement qu'un chemin de desserte, destiné à l'exploitation des propriétés.

LES BIENS.

Les grands chemins et les rivières sont du domaine public. Notre recueil mentionne également toutes les espèces de propriétés privées. Les champs et les maisons des champs, les bois, les vignes, les vergers, les prés, les moulins et les cours d'eau sont l'objet des transactions les plus fréquentes. Mais il est aussi question de certains biens dont la nature est plus

---

[1] *Cart. de Saint-Bén.* n° 85.
[2] *Ibid.* n° 68.
[3] *Ibid.* n° 85.
[4] *Cart. de Saint-Étienne*, c. 56.
[5] *Cart. de Saint-Bén.* n° 55.
[6] *Ibid.* n° 56.
[7] *Ibid.* n° 60.
[8] *Ibid.* n° 80.
[9] *Cart. de Saint-Bén.* n° 84.
[10] *Ibid.*
[11] *Ibid.* n° 85.
[12] *Ibid.* n° 94.
[13] *Cart. de Saint-Étienne*, c. 33.
[14] *Ibid.* c. 35.
[15] *Cart. de Saint-Bén.* n°s 49 et 50. — *Cart. de Saint-Étienne*, c. 33.

difficile à reconnaître, par suite des changements introduits dans tous les modes de culture ou d'exploitation. De ce nombre sont : le manse, *mansus* (habitation rurale avec les terres qui en dépendent)[1]; le *masellus*, diminutif de *mansus*[2]; le courtil, *curtilis*, ou la cour entourant la maison; et l'ouche, *olchia*[4], pièce de terre entourée d'une clôture.

LA PROPRIÉTÉ.

On retrouve dans nos chartes les deux sortes de possession introduites par la conquête, l'aleu et le bénéfice. L'aleu, *hereditas*, ou, pour me servir de l'expression usitée dans ces pièces, *successio parentum*, est distingué de l'acquêt, *attractum*, *conquisitio*, dont on peut disposer librement[5], tandis que le consentement de tous les proches est nécessaire pour les transactions relatives à l'aleu.

Le bénéfice est ou bénéfice proprement dit, d'origine toute germanique, ou censive, c'est-à-dire propriété d'ordre inférieur, et déjà connue du temps des Romains.

Enfin, la base de toute propriété rurale, soit aleu, soit bénéfice ou censive, est le manse; c'est là l'unité réelle à laquelle peuvent être ramenées toutes les classifications artificielles de la propriété, de même que nos divisions de départements, d'arrondissements et de cantons se ramènent toutes à la commune.

---

[1] *Cartulaire de Saint-Bén.* n°ˢ 39, 49, etc.
[2] *Ibid.* n°ˢ 78, 88.
[3] *Ibid.* n°ˢ 62, 88.
[4] *Ibid.* n° 39.

[5] Pérard, pag. 5 : « Regiculam tam de « allodo, quam de quolibet adtracto. » (Année 577.)

L'ALEU.

L'aleu, *alodis, alodium, allodium*, ne comprend, jusqu'à présent, que les biens échus par succession. A l'époque où nous sommes (ix° et x° siècle), les acquêts en étant encore séparés, il désigne exclusivement le patrimoine ou, si l'on veut, les propres[1].

D'après nos chartes, l'aleu se divise souvent en deux portions bien distinctes :

La première, le domaine, est réservée au seigneur; elle est appelée dans les chartes, selon sa nature, *terra domus*, *terra dominicata* ou *indominicata*, *mansus dominicatus*, et n'est guère donnée en fief ni en censive[2].

La seconde est abandonnée, soit en bénéfice aux vassaux[3], soit en tenure, plus ou moins onéreuse, aux hommes plus ou moins engagés dans la servitude[4].

LE BÉNÉFICE.

Le bénéfice proprement dit, c'est-à-dire la concession temporaire ou viagère, faite par le possesseur d'un aleu, qui donne une partie de cet aleu à charge de vassalité et de divers services, ne se montre dans nos chartes[5] que réduit aux pro-

---

[1] Pérard, pag. 165 : « Tam de alode, « tam de conquisito vel de adtracto. »

[2] « Possessio et dominatio, tam ea « quæ nos indominicatæ habemus, quam « etiam quæ vasalli nostri, subter nos in- « ferti, de alodo in beneficio videntur « habere. » (*Fondation du prieuré de Perrecy*, en 840, dans Pérard, pag. 22.) « Mansum « indominicatum. » (*Ibid.* 39.) « Terra indo- « minicata. » (En 869, dans Pérard, page 152.)

[3] *Charte de fondation du prieuré de Perrecy*, citée plus haut.

[4] « Mansus servilis, mansus radale. » (Vers 880, dans Pérard, pag. 151.)

[5] Je ne comprends pas dans cette catégorie les concessions rapportées dans les deux diplômes qui terminent la première partie de ce recueil. Elles me paraissent se rapprocher plutôt de l'inféodation que du bénéfice, et elles comportent par conséquent l'hérédité.

portions d'une précaire ou censive ecclésiastique. Il ne diffère guère de la simple censive que par la condition des personnes auxquelles il est conféré. Elles sont presque toujours libres, tandis que les censitaires rentrent plus ou moins dans les classes serviles.

En 909, dans un synode provincial tenu à Langres, Argrimus, évêque de cette ville, réintègre l'abbaye de Saint-Étienne de Dijon dans la propriété de huit manses situés à Arceau, qui lui avaient été enlevés pour être donnés à l'archidiacre Rathier. Mais il y met pour condition que le détenteur en jouira sa vie durant, comme par le passé, moyennant un cens annuel d'un sou. L'abbaye n'aura la possession pleine et entière qu'après la mort du bénéficiaire[1].

En 913, le même Rathier, alors prévôt de Saint-Étienne, concède *usufructuario* et *in beneficio,* au chanoine Gaubert, les biens que celui-ci avait donnés à l'abbaye, et ce moyennant « sextarios vini duo in censu et vestitura[2]. »

LA CENSIVE.

A mesure que le bénéfice s'éloigne de sa nature primitive et tend à se transformer en fief, c'est-à-dire en concession héréditaire, on voit la censive, qui jusqu'alors ne présentait au détenteur aucune garantie, revêtir des formes plus régulières et donner des droits plus certains. La population censitaire s'élève et grandit au milieu même de l'esclavage, comme la population bénéficiaire au sein de la liberté. Les exigences des possesseurs esclaves semblent s'accroître en même temps que celles des possesseurs libres. Lorsque cette population servile est parvenue, à force de temps et de patience, à se fixer

[1] *Cartulaire de Saint-Étienne,* c. 15. — [2] *Ibid.* c. 29.

d'une manière durable sur le sol qu'elle fécondait, alors la censive ne consiste plus comme par le passé en une simple inscription de tenure sur le polyptique ou livre cadastral du domaine; le tenancier veut être plus sûr de son droit, il traite avec son maître, stipule avec lui les conditions de la concession qui lui est faite, et l'oblige à les consigner dans un acte authentique.

C'est sous cette influence que sont rédigés les actes d'accensement insérés dans la seconde partie de ce recueil.

1° En 944, Rathier, prévôt de Saint-Étienne, concède gratuitement à Seguin une petite case avec un champ et une vigne; le tout situé à Domois, dans le finage de Longvic, et, « ut securius meliusve omni tempore callidorum versutias de « hac re vitare valeat, et sibimet omnis agnatio, » il est stipulé qu'il payera tous les ans quatre deniers de cens, le jour de la fête de saint Étienne, et le double s'il néglige de payer au terme fixé [1].

2° Teudo, prévôt de la même église, accorde de même à Guido un courtil et trois journaux de vigne y joignant, sis à Pouilly, sous les mêmes conditions que dessus; mais il ajoute que, « si agnatio ex eo procreaverit, in ipsa concessionne fine « tenus permaneat [2]. »

3° Une semblable concession est encore faite par le même à un nommé Gosbert [3].

Enfin, en 994 et 996, le même Teudo concède gratuitement à deux familles la place nécessaire pour y construire un manse. Toutefois, comme il est stipulé que les concessionnaires n'en payeront aucun cens, l'acte porte que la propriété du tout sera acquise à l'abbaye après leur mort [4].

---

[1] *Cart. de Saint-Étienne*, c. 40.
[2] *Ibid.* c. 46.
[3] *Cart. de Saint-Étienne*, c. 47.
[4] *Ibid.* c. 52 et 54.

La censive est donc tantôt viagère et dégagée de redevances, mais seulement lorsque le terrain est concédé pour construire ou pour faire des plantations, « ad plantare et « edificare vel construere; » tantôt, et c'est le plus souvent, elle est héréditaire.

Ainsi, dès cette époque, au milieu des agitations qui troublent surtout les conditions inférieures de la société, dans des transactions dont les auteurs appartiennent aux classes les plus maltraitées, nous pouvons déjà reconnaître, d'une part, la nature si délicate de la propriété conditionnelle, d'autre part, le droit parfait de la propriété héréditaire.

Les actes d'accensement sont entourés d'une solennité toute nouvelle. Les conditions auxquelles on promet de payer le cens témoignent de tout le respect que l'on a déjà pour la possession, quelque précaire qu'elle soit. Enfin, le principe de transmission libre et naturelle, proclamé dans ces actes, est, à lui seul, un fait assez significatif pour montrer combien la condition du servage s'était améliorée vers la fin du xe siècle.

LE MANSE.

Le manse qui, comme l'a dit M. Guérard, forme, depuis les premiers temps de la monarchie jusqu'à la fin de la seconde race, la base de la propriété rurale[1], paraît avoir eu dans nos pays deux époques bien distinctes. Dans la première, qui est celle que représentent la plupart de nos chartes, il signifie tantôt l'habitation rurale avec ses bâtiments d'exploitation et les terres qui en dépendaient, tantôt l'habitation seule, mais cependant toujours entourée de son courtil. Plus tard, à l'époque des châteaux, lorsque la nécessité de se mettre prompte-

---

[1] Prolég. du Cartulaire de Saint-Père de Chartres, pag. xxviii.

ment à l'abri des incursions ennemies, ou le besoin d'une commune défense eurent rapproché les habitations jusqu'alors éparses dans la campagne, le *mansus* diminua d'étendue pour se prêter plus facilement à cette réunion : il devint *masellus*, *mansiuncula*[1], et ne consista plus qu'en une maison entourée de son verger ou d'une place vague : ce qui répond parfaitement au meix, si connu dans la Bourgogne. Ce sont ces mesnils qui, en se serrant les uns contre les autres, ont formé les villages modernes, auxquels ne ressemblaient guère ces vastes habitations isolées, disséminées à de grandes distances autour de l'église paroissiale.

On distingue dans ce recueil deux sortes de manses, celui du seigneur et celui du tenancier.

Le premier, appelé domaine, se compose de la maison du maître, des bâtiments d'exploitation, des jardins, courtils, vergers qui l'entourent et qui sont, dit M. Guérard[2], toujours distingués par l'adjectif *dominicus*, *indominicatus*, ajouté à leur nom[3]. Quelquefois il comprend aussi les champs, les prés attachés au domaine, ainsi que les manses des serfs chargés spécialement de leur culture[4].

L'autre, le manse servile, se compose d'une ou plusieurs cabanes, avec ou sans grange et autres bâtiments d'exploitation, mais presque toujours entouré des fonds qui forment la tenure de ceux qui l'occupent[5].

---

[1] *Cart. de Saint-Bén.* n°⁸ 78 et 88.
[2] Ouvrage cité.
[3] *Cart. de Saint-Bén.* n° 110 : « Mansum indominicatum. » — Pérard, pag. 149 : « Terra indominicata. »
[4] *Cart. de Saint-Bén.* n° 39 : « Mansum indominicatum continentes et aspicientes, hoc sunt mansis, olchis, lemnis, terris arabil. etc. » — Pérard, pag. 161 : « Mansumque indominicatum, cum supra posito, et vineam ipsi adherentem, terris et silvis. Aspiciuntque ad ipsum mansum, exceptis terris indominicatis, coloniæ et mansa vestita VIII, cum supra positis, etc. »
[5] « Mansum, cum supra posito, cum granica et clausuris, et omn. edifficiis, et alias res, quicquid ad ipso manso as-

LES PERSONNES.

Les nobles, les libres et les serfs, qui composaient alors les trois classes de la société, paraissent aussi dans nos chartes.

LES NOBLES.

Les premiers (si je ne dois comprendre dans cette catégorie que les individus qualifiés) ne s'y montrent cependant que très-rarement. Les seuls documents dans lesquels ils figurent sont les diplômes de Louis d'Outremer et d'Eudes, par lesquels Baldric et Gislebert, désignés tous deux sous le nom de *fideles*[1], reçoivent *in proprium* des biens situés dans le Tonnerrois et l'Attouar. Quant à cette même qualification de *fidelis*, donnée un siècle plus tard, par Rathier, à un nommé Séguin, elle équivaut au titre de familier ou domestique[2].

LES HOMMES LIBRES.

Les *homines franci*, mentionnés dans nos chartes comme dans celles que Pérard et les autres historiens bourguignons

---

« picit, tam campis, quam silvis sive pra« tis, etc. » (Année 852. *Cart. de Saint-Bén.* n° 49.) « Mansus, cum granica et supra« positis, cum exo et regresso. » (*Ibid.* n° 59.) « Mansis, cum suppositis ediffìciis. » (*Ibid.* n° 81.) « Mansum unum, cum supra posito, « atque vineam quæ ad ipsum pertinet. » (*Ibid.* n° 85.) « Medietatem mansi, una cum « super posito, et quicquid ad ipsum man« sum aspicit; medietatem in vineis, silvis, « campis, cultis et incultis, etc. » (*Ibid.*)

« Curtilem unum, continentem duas man« siunculas. » (*Ibid.* n° 88.) « Mansum unum « cum super posito et gardilo. » (*Ibid.* n° 89.) « Idem cum curtile. » (*Ibid.* n° 96.) « Quatuor mansa, cum omnibus edifficiis. » (Pérard, pag. 156.) « In Milinaco... mansa « serviles. » (Pérard, pag. 161.)

[1] *Cartulaire de Saint-Bénigne*, n°ˢ 115 et 116.

[2] *Cartulaire de Saint-Étienne*, c. 40.

ont publiées, sont des hommes libres appartenant à l'ancienne race indigène ou descendant des conquérants barbares. Ruinés par les guerres ou dépossédés de leurs bénéfices, ils furent souvent contraints par la nécessité, soit à se recommander, soit à engager leur personne au service des riches, en se réservant l'ingénuité [1].

Plusieurs de nos chartes signalent des contrées appelées *terræ francorum* [2], qui pour la plupart devinrent dans la suite des villages importants, parmi lesquels je mentionnerai notamment ceux de Francheville, *Franca Villa*, et Franscaut, *a Franceis*, tous deux situés dans le département de la Côte-d'Or.

Cependant ces *franci* ne conservèrent pas longtemps intacte cette liberté précaire qu'ils s'étaient réservée. Isolés les uns des autres, confondus avec la masse des colons et des serfs au milieu desquels ils vivaient, sans protection contre la violence de leurs patrons, et vexés par ceux-là mêmes qui devaient les protéger, ils virent leur nombre diminuer rapidement, surtout dans les troubles des IXe et Xe siècles; et sauf ceux qui parvinrent à échanger leur condition contre une sorte de vassalité, le reste se confondit tellement avec les colons, qu'au commencement du XIe siècle le souverain mettait lui-même leur franchise en doute. En effet, on lit dans la Chronique de Saint-Bénigne de Dijon, qu'en 1004, Othe-Guillaume, duc et comte de Bourgogne, ayant donné à l'abbaye la terre de Veuvey-sur-Ouche, ainsi que plusieurs autres *villæ*, situées dans les environs, y compris : « mancipiis utriusque sexus, et « omnes redditus et consuetudines quas debent ipsi servi et

---

[1] Pérard, pag. 147, Charte de Hildebernus.

[2] *Ibid.* pag. 168 : « Terra francorum de « Prusliaco. » — *Cartul. de Saint-Étienne*, c. 33 : « Terra francorum de Fissiaco. » — *Ibid.* c. 32 : « Terræ francorum in Carusco. »

« ancillæ; et etiam illi qui francos se dicunt, desuper ipsam
« potestatem commanentes ubicumque[1]. »

Du reste, si les *franci* finirent par se confondre avec les colons, ce fut pour arriver bientôt avec eux à une position qui valait à peu près celle qu'ils avaient perdue.

LE SERVAGE.

Aux temps où nous reportent nos chartes, la condition de l'esclave s'est sensiblement améliorée. Ce n'est plus l'adscriptice romain réduit au pur état de chose; ce n'est déjà même plus le serf du temps de la conquête, livré sans merci à la brutalité barbare. Grâce aux efforts constants de l'Église, des bornes ont été mises au pouvoir absolu du maître, et des institutions plus douces tendent peu à peu à transformer la servitude en servage.

Les individus plus ou moins engagés dans l'esclavage sont :
Les colons, les *liberti*, les serfs proprement dits, et les familiers.

Nos chartes les mentionnent tous, mais sans donner de grands détails sur leur condition. Je n'ai pu recourir, pour l'éclairer un peu, qu'aux rares documents contenus dans les autres chartes bourguignonnes déjà publiées.

LES COLONS.

C'est sous la dénomination d'*acolæ*[2] que la plupart des chartes bourguignonnes nous désignent les colons; et, quoique

---

[1] Chronique manusc. originale, fol. 18 verso.

[2] Pérard, p. 7, année 632, *Ch. d'Ermembert*: « Cum mancipiis, libertis et acolabis. » — *Cart. de S. Bén.* ann. 733, *Ch. de Goyla*: « Cum mancipiis, libertis, una cum aco-

les renseignements qu'elles me fournissent sur eux soient bien incomplets, je tâcherai néanmoins, avec ce seul secours, de reproduire ici les traits principaux de leur histoire dans nos contrées.

Bignon, dans ses notes sur les capitulaires, a dit en parlant des colons : *liberi quidem, non servi erant, obnoxiæ tamen sortis et conditionis* [1]. Peut-être ceux qui formaient cette classe descendaient-ils des colons gallo-romains ou des serfs germains établis dans nos pays. Peut-être étaient-ce ces hommes libres, *franci*, qui, dégradés par la fortune, avaient abandonné leur liberté. Quoi qu'il en soit, inférieurs aux ingénus, ils sont supérieurs aux *liberti* et aux serfs. La loi romaine, comme la loi germanique, admettait la propriété tributaire. Mais il semble que, dans cette fusion de deux institutions analogues existant chez deux peuples mêlés désormais l'un à l'autre, le colonat romain se soit maintenu quelquefois avec son caractère emphytéotique et soit resté lui-même en face de la censive barbare, qui était, comme on l'a vu, tantôt héréditaire et tantôt temporaire, suivant les nécessités des temps et des circonstances.

Cette sorte de tenure emphytéotique se retrouve souvent en Bourgogne, où la loi romaine fut longtemps en vigueur, surtout dans le clergé. Elle s'appelait *colonia, colonica* [2], et se partageait quelquefois entre deux tenanciers.

Si les terres concédées étaient éloignées du village, le colon y établissait sa demeure et bâtissait une maison, *sala, sella,*

« labus. » —*Chr. de Bèze*, ann. 830, Louis et Lothaire donnent à cette abbaye plusieurs domaines : « Una cum mancipiis libertis, « una cum acolabus. »

[1] *Capit. de Baluze*, tom. II.

[2] « Colonicas in pago Magnimontense, « in Taviniaco. » (*Gall. chr.* IV, pr. 43.) « In « Scontio colonicas IV et dimidiam ; in « Lentennaco colonicam unam et dimi- « diam. » (Pérard, pag. 149.)

qui devint quelquefois le commencement d'un village nouveau, dont le nom servit toujours à rappeler l'origine[1].

Cantonné dans sa colonie, le colon tenait à la terre, et l'on ne pouvait l'en arracher. Il lui était permis d'ailleurs de posséder en propre d'autres biens, et de les transmettre librement à ses héritiers, ainsi que sa colonie même; mais il lui était interdit de l'aliéner à d'autres qu'à ses égaux. Enfin, à toutes les mutations de domaine, le colon suivait la condition des serfs, c'est-à-dire que, comme eux, il passait, avec sa tenure et les droits y attachés, entre les mains du nouvel acquéreur[2].

A partir de la fin du IXe siècle, le nom de colon devint très-rare en Bourgogne. Cette classe, qui s'était augmentée des *franci* et des *liberti*[3], ne fut bientôt plus désignée dans les actes que sous la dénomination de *rustici, villani, homines nativi*, etc. Leur condition s'améliora sensiblement. Réglant leur conduite sur celle de leurs maîtres, lorsque ceux-ci s'approprièrent leurs bénéfices, ils en firent autant de leurs colonies, et de tenanciers devinrent vavassaux ou fidèles. Alors nous les voyons paraître personnellement dans les actes, exiger, à chaque changement de maître, la conservation[4] de leurs cou-

---

[1] Les villages et hameaux connus sous le nom de *Coulange* ou *Collonges*, et dont le chiffre dépasse en Bourgogne le nombre trente, n'ont pas eu d'autre origine.

[2] Voir les chartes citées au commencement de ce paragraphe, et le numéro 70 du Cartulaire de Saint-Bénigne.

[3] En 876, Menlodinus, prêtre, donne un serf nommé Wandelbert, « sic ut sit « ingenuus colonus, etc. » (*Cart. de Saint-Bénigne*, n° 76.)

[4] Au commencement du XIe siècle, Mile, seigneur de Montsaujeon, ayant donné à l'abbaye de Bèze un manse situé à Percey, il exigea que le *rusticus* qui y demeurait fût maintenu dans toutes ses coutumes. (*Ch. de Bèze.*) C'est aussi vers le même temps que les moines de cette abbaye proposèrent aux *homines nativi* de Bourberain de marier leurs fils avec les serves de Saint-Pierre, leur offrant, en cas de consentement, la propriété des manses qu'ils possédaient, et qui, d'après la lettre de concession, devaient retourner à l'abbaye après leur mort. (*Ch. de Bèze*, dans d'Achery, tom. II, pag. 446.)

tumes, recevoir des gages[1], figurer comme témoins dans les transactions importantes[2], en un mot exercer, sous le patronage du seigneur, des droits qui, jusqu'alors, avaient été réservés aux seuls hommes libres.

On pourrait même imaginer qu'ils cherchèrent souvent à dissimuler leur ancienne origine, et à se confondre tout à fait avec les ingénus, en échappant à l'inquisition humiliante du cens, qui restait encore et qui devait rester si longtemps pour porter témoignage de leur première servitude. On voit dans l'histoire de Garnier, prévôt de Saint-Étienne[3], un exemple de ces émancipations frauduleuses. « Le lendemain de Noël, le jour de la fête du grand saint Étienne, la coutume est que les censitaires viennent à l'autel pour payer leur dette en présence des officiers de l'abbaye. Un certain prévôt du vicomte de Dijon, dont nous tairons le nom pour ne pas faire de tort à ses héritiers, qui jouissent aujourd'hui des honneurs de la chevalerie, cédant à une fausse honte, prévint l'arrivée des officiers, et déposa sa capitation sur l'autel, sans témoin qui pût attester l'avoir vu. A l'heure de la procession, l'illustre prévôt demande aux officiers si tous les cens ont été payés. Ils répondent qu'il ne manque plus que celui de la personne en question. Garnier fit alors venir cet homme, et, en présence de tout le peuple, avant la procession, il le força, bon gré mal gré, à remettre lui-même un second cens sur l'autel. »

---

[1] Vers 1040, Rocelinus donna à l'abbaye de Saint-Étienne un petit manse avec ses dépendances, tenu *in vadimonium* par Aymon, *rusticus*, de *Quintiniaco*. (Pérard, *Recueil de Bourgogne*, p. 72.) Le même Aymon fit donation, quelques années plus tard, à cette même abbaye, d'une pièce de vignes située dans le même territoire. (Pérard, *Recueil de Bourgogne*, p. 78.)

[2] « Manu propria eam signavimus et aliis firmare jussimus. Teintfredus, etc. Isti sunt villani, de Dumense: Aygranus, Tribertus, Berardus, etc. » (*Cart. de Saint-Étienne*, c. 40.)

[3] Pérard, pag. 124 et suiv.

Si la tentative n'avait pas été cette fois très-heureuse, il est permis de penser que d'autres purent mieux réussir; et il paraît même que les enfants de ce censitaire honteux étaient sortis peu de temps après de la condition paternelle pour s'élever à la chevalerie.

LES *LIBERTI*.

Les textes relatifs aux *liberti* sont encore plus rares que ceux qui concernent les colons; car, à l'exception du testament de Widradus, fondateur de l'abbaye de Flavigny, toutes les chartes et autres documents du pays que j'ai pu consulter, ne font que mentionner les *liberti*, sans jeter plus de jour sur leur histoire.

Les serfs qu'on affranchissait, soit par le denier, *denariarii*, soit par charte, *chartularii*, étaient déclarés *ingenui*, et passaient alors dans la classe des *liberti*. Cependant, ce serait une erreur de penser que cette manumission donnait à ceux qui en étaient l'objet le droit de disposer librement de leur avoir et de leur personne. Rien, au contraire, n'était plus restreint que cette liberté. Il leur était défendu de quitter le domaine sur lequel ils demeuraient et le patron sous la protection, *patrocinium*, *defensio*, *mundeburdium*, duquel ils devaient rester. Mais du moins avaient-ils la libre disposition de leur pécule, ce qui les mettait au-dessus de l'esclave, et les redevances attachées au manse qu'on leur concédait à titre précaire et viager étaient moins onéreuses que celles qui pesaient sur la classe d'où ils sortaient [1].

---

[1] 723. Après avoir fait le dénombrement des biens qu'il donne à la nouvelle abbaye de Flavigny, et qui consistent en propriétés rurales, maisons, serfs, colons et *liberti*, Widradus ajoute : « Similiter et « illas cessiones, quas, ad libertos nostros, « Gisberto et Grinberto, clericos, ad eo- « rum ingenuitates confirmandas, Daolo-

Cette simple analyse de la charte de Widradus suffit pour démontrer combien la condition du *libertus* se rapprochait de celle du colon. Cependant, une grande distance les séparait : le colon pouvait disposer de sa tenure en faveur de sa postérité ou de ses égaux; c'était presque le droit parfait d'un propriétaire libre. Le *libertus* n'avait en quelque sorte qu'un usufruit; et, après sa mort, tout retournait à son seigneur. Le pécule, qui n'était plus un pécule servile, restait seul à sa famille. Mais, peu à peu, les colons et les *liberti* se confondirent, et, protégés par l'accroissement de leur nombre, ils ne tardèrent pas à jouir des mêmes droits et des mêmes priviléges.

LES SERFS.

Depuis la première moitié du ixe siècle jusqu'aux troubles qui signalèrent le régime féodal, nos documents nous mon-

« necas in Bornato et in Ceresio fecimus, « quando eos, pro animæ nostræ remedio, « ingenuos dimisimus; ut, dum advivunt, « hoc teneant, et, post ipsorum discessum, « cum omne superposito, ad jam dictam « casam sancti Prejecti, ubi eorum patro- « cinia et defensionem constituimus, re- « vertere faciant. Volumus etiam ut inge- « nuos eos fecimus aut inantea fecerimus, « quanticumque in ipsa loca manent, que « ad sanctum Andochium et ad sanctam « Reginam et sanctum Ferreolum vel ad « sanctum Prejectum delegavimus, ins- « pectas eorum libertates, super ipsas « terras pro ingenuis commaneant, et « aliubi commanendi nullam habeant « potestatem, sed ad ipsa sancta loca de- « beant sperare, et nullus de ipsis lide- « monium nostris heredibus nullatenus red- « dant; et de hoc quod eis per cartas de- « dimus ad aliquos aliubi vendere nec alie- « nare habeant licenciam. » (Dom Plancher, *Hist.* tom. I, preuves, pag. II.) Vers 880, David, chanoine de Saint-Étienne, affranchit deux serves. Il déclare dans la lettre que, « pro patrocinio et defensione « atque mundeburdio » de l'église Saint-Étienne, sous lesquels il les met, elles devront payer tous les ans à cette église un denier de cens de capitation. (Pérard, page 57.) A la même époque, Wolflède et sa femme Teudrade, ayant affranchi Jeanne, leur serve, la mirent également sous la protection de Saint-Étienne, et déclarèrent qu'elle tiendrait désormais à cens de cette église, non-seulement son propre pécule, dont néanmoins elle conserverait la libre disposition, mais encore tout ce qu'elle pouvait acquérir par la suite. (*Ibid.* p. 58.)

trent le serf attaché à la terre qu'il cultive et passant avec elle, à chaque mutation, entre les mains du nouvel acquéreur[1].

Il possède une case et un pécule amassé du consentement du maître (*dominio propicio*), mais grevé de toutes sortes de redevances, et toujours à la disposition du seigneur, qui peut l'en dépouiller tout à fait[2].

Il paye à son maître, pour chaque individu dont se compose sa famille, une capitation qui varie de deux à quatre deniers[3].

Il est soumis aux corvées qui, d'arbitraires qu'elles étaient dans le principe, se régularisent tous les jours à son avantage.

Enfin, il acquitte les redevances imposées à sa tenure. C'est toujours une part prélevée sur les produits du sol[4].

Mais, après les temps carlovingiens, lorsque la fixité des bénéfices, devenus perpétuels, a constitué la féodalité; lorsque les *franci* et les colons, entraînés par l'exemple, se sont approprié, comme vassaux, les tenures qu'ils possédaient à titre de précaire, les serfs ne restent pas en arrière de ce grand mouvement de la société; ils s'emparent aussi de leurs manses et se transforment en colons; le nom même de *mancipia*, sous lequel on les désignait le plus habituellement, s'efface peu à peu et est remplacé par ceux de *servi, servientes*[5]. Dès lors, s'étant

---

[1] En 830, Louis et Lothaire donnent à l'abbaye de Bèze le domaine de Belleneuve, « una cum mancipiis, libertis, cum omni « peculio ipsorum. » (*Chronique de Bèze*.)

[2] Chartes citées au commencement du paragraphe des colons, et *Cart. de S. Bén.* n° 96.

[3] Année 949, *Ch. de Dodo*, Pérard, pag. 165. Année 952, *ibid.* pag. 59. Au XIe siècle, les serfs de l'abbaye de Bèze lui payaient tous les ans, les hommes quatre deniers, et les femmes deux seulement.

[4] « In Milisiaco.... ista mansa serviles; « reddit unusquisque omni tempore, in « quaqua ebdomada jornales III, pullos III « cum ova, et ligna carra v; et solvant « carra v de fenis dominico, et faciunt « ancingas et corvadas; et sovincta et air- « banno solidos duo et denarios VIII. » (Pérard, pag. 161.)

[5] *Cart. de Saint-Étienne*, c. 32.

4.

pour ainsi dire immobilisés sur le sol, les serfs ne durent plus à leurs maîtres que des redevances régulièrement établies[1]; ils acquirent même le droit de réclamer contre de nouvelles exactions[2]. Enfin, s'ils ne parvinrent pas à disposer de leurs tenures en faveur d'autres que de leurs pareils, en revanche, ils purent du moins les transmettre à leurs descendants[3].

LES FAMILIERS.

Outre les serfs d'origine, il y en avait encore d'une autre classe, qu'on appelait familiers, *familiares*, *ex familiaritate*, et dont le nombre s'accrut prodigieusement dans les troubles des xe et xie siècles. C'étaient, pour la plupart, d'anciens hommes libres, qui, afin de se soustraire aux violences et aux vexations de ces temps d'anarchie, renonçaient à une liberté qui ne leur offrait aucun avantage, et lui préféraient la servitude d'un monastère, dont la protection les garantissait du moins de toute insulte[4].

En général, la condition de ces serfs volontaires n'était pas aussi misérable que celle des serfs d'origine. Établis presque toujours autour des monastères, où beaucoup d'entre eux étaient employés comme *villici* ou surveillants des établissements ruraux, ils ne tardèrent pas à se confondre avec les colons par la concession des tenures qui leur furent données pour eux et leur postérité[5].

---

[1] Pérard, pag. 165. *Chroniq. de Saint-Bénigne*, Charte de la terre d'Épagny et de la terre de Veuvey, au xie siècle.

[2] Pérard, pag. 60.

[3] *Cart. de Saint-Étienne*, c. 46.

[4] *Chron. de Saint-Bénigne*, dans d'Ach. tom. II, pag. 363; et *ibid.* pag. 416.

[5] *Cartulaire de Saint-Étienne*, c. 46 et 67.

La vie du prévôt Garnier[1] nous offre encore un trait qui montre avec quelle sollicitude le clergé protégeait ses familiers et les vengeait des offenseurs, même les plus puissants. « Les bouchers du duc Robert Ier [2] ayant pris et tué, dans le cimetière Saint-Michel, une génisse qui appartenait à un familier du monastère, on vint en avertir le digne prévôt, qui alla trouver le duc et demanda réparation. Celui-ci refusa fièrement, et, montrant par ses gestes l'orgueil de son cœur, dit que le prince et ses officiers devaient vivre des fruits de la terre partout où il leur plaisait de les prendre. Le vénérable prévôt sortit indigné. Mais le lendemain, qui était un dimanche, au moment où le duc entrait dans l'église avec le peuple, pour se joindre à la procession, Garnier monte au jubé, prononce anathème contre lui, et l'excommunie publiquement, en jetant à ses pieds le cierge allumé qu'il tenait à la main. Robert, frémissant de colère, se retire aussitôt et jure de se venger. Le prévôt bravait ses menaces en disant avec l'Écriture : « Le juste se confie dans sa force comme un lion. » Le jour d'après, le duc revint encore à l'église ; mais, à peine avait-il touché le seuil, que Garnier lui ferma la porte au visage, en criant à haute voix, que celui-là était indigne d'entrer dans la maison du Seigneur, qui sentait encore l'odeur de la viande volée. Le duc, en proie à sa colère, s'en va comme un insensé, prenant tous les siens à témoin du déshonneur qui l'attendait s'il ne tirait pas une pleine vengeance de cette injure. Mais ses serviteurs s'enfuirent presque tous, et il ne lui resta que quatre parasites, qui vinrent voler la mule du prévôt.

---

[1] Garnier de Mailly, XIe prévôt ou abbé de Saint-Étienne de Dijon, gouverna l'abbaye de l'an 1020 à l'année 1050 environ.

[2] Robert Ier, dit le Vieux, fils du roi Robert, remplaça, en 1032, son frère Henri au duché de Bourgogne. Il mourut en 1075.

Encore fallut-il bientôt que Robert cédât et promît satisfaction. Le père de Garnier, Humbert de Fauverney, était arrivé à Dijon avec dix chevaliers, et c'était un homme dont l'animosité était à craindre. »

C'est ainsi que la mésaventure d'un pauvre familier mettait en mouvement tous les grands du siècle.

OFFICES.

Si j'en excepte les dignités de roi[1], de comte[2] et de chancelier royal[3], les autres dignités ou offices mentionnés dans ces chartes sont tous ecclésiastiques, et se rapportent, soit au clergé séculier, soit au clergé régulier.

CLERGÉ SÉCULIER.

On voit figurer dans nos chartes :
L'archevêque, *archiespiscopus*[4].
L'évêque, *episcopus*[5].
Le corévêque, *corepiscopus*[6], ou coadjuteur de l'évêque, qu'on prenait indistinctement dans l'un ou l'autre clergé[7], et auquel était spécialement déléguée l'administration spirituelle des paroisses rurales. Ils furent supprimés vers le x⁰ siècle, et leurs fonctions furent réparties entre de nouveaux archidiacres, les archiprêtres et les doyens ruraux.

---

[1] *Cart. de Saint-Bénigne*, nᵒˢ 115, 116.
[2] *Ibid.*
[3] *Ibid.*
[4] *Cartulaire de Saint-Étienne*, c. 15.
[5] *Cartulaire de Saint-Bénigne*, nᵒˢ 80, 85, 89. *Cart. de Saint-Étienne*, c. 15.
[6] *Cartulaire de Saint-Bénigne*, nᵒˢ 67, 69, 77, 78, 80.
[7] Bertilon, chorévêque d'Isaac, évêque de Langres, était en même temps abbé de Saint-Bénigne.

L'archidiacre, *archidiaconus*[1], placé à la tête de l'administration d'un arrondissement du diocèse.

Le prévôt, *præpositus*[2], qui était le chef ou supérieur des chapitres de chanoines. Cet office fut supprimé par suite des malversations auxquelles il donnait lieu, et les attributions en furent réunies à celles du doyen. Le prévôt de Saint-Étienne de Dijon, qui est celui dont il est le plus souvent fait mention dans ce recueil, garda ce titre, auquel il substituait quelquefois celui de *primicerius*[3], jusqu'en l'année 1113. La communauté ayant alors embrassé la règle de saint Augustin, il prit le titre d'abbé régulier[4].

Le doyen, *decanus*[5], venait après le prévôt. Avant la suppression de cette dignité, il était chargé spécialement de la conduite spirituelle et de la discipline intérieure du chapitre.

Le trésorier, *vesterarius*[6], *custos pignoris*[7], administrait les finances du chapitre et avait la garde des reliques, vases sacrés et ornements de l'église.

L'*archiclavus*[8] était un dignitaire de l'église de Langres dont la charge répondait, non, comme l'avance Ducange, à l'office de trésorier, mais à celui de chambrier dans les abbayes de bénédictins.

Puis, viennent le prêtre, le diacre, le sous-diacre, ces deux

---

[1] *Cartulaire de Saint-Étienne*, c. 15, 40, 52, 54.

[2] *Ibid.* c. 15, 29, 46, 49, 54.

[3] *Ibid.* c. 30.

[4] Avant la réforme de 1113, les dignitaires de l'abbaye de Saint-Étienne étaient le prévôt, le doyen, le préchantre ou chantre, *præcentor*; le trésorier, *custos pignoris*, et le secrétaire, *grammaticus*.

Cette même abbaye, constituée régulièrement, avait pour officiers l'abbé, le prieur claustral, le chantre, l'infirmier et le sacristin, auxquels, lors de la sécularisation, en 1611, on substitua un abbé séculier, un doyen électif, un chantre, un prévôt et un trésorier.

[5] *Cartul. de Saint-Étienne*, c. 15.

[6] *Ibid.* c. 30.

[7] *Ibid.* c. 40.

[8] *Ibid.* c. 15.

32   ACADÉMIE DES INSCRIPTIONS ET BELLES-LETTRES.

derniers désignés quelquefois par le nom de *levita,* et enfin les acolytes, dernier degré des offices ecclésiastiques.

CLERGÉ RÉGULIER.

Les officiers monastiques rappelés dans notre recueil sont au nombre de trois seulement, et appartiennent tous à l'abbaye de Saint-Bénigne [1]. Ce sont :

1° L'abbé, *abbas, rector, custos* [2], chef et supérieur du couvent, tant pour le spirituel que pour le temporel.

2° Le prévôt, *præpositus* [3], qui suppléait l'abbé dans toutes ses fonctions. Dans la suite, il fut appelé prieur. Celui de Saint-Bénigne prenait le titre de grand prieur; il exerça les fonctions abbatiales lorsque l'abbaye fut réduite en commende, remplaçant ainsi l'abbé commendataire.

3° Le *matricularius* [4], dont l'office m'a paru se rapprocher plutôt de celui de l'aumônier que de celui de sacristain ou marguillier.

Pour compléter la liste des officiers de cette abbaye, on peut encore nommer : le sous-prieur, le tiers-prieur, le chambrier, le sacristain, l'infirmier, le chantre, le trésorier, le prévôt, le pannetier, le sous-cellerier [5], l'hôtellier, le maître du corps saint, le sire (prieur) de Saint-Appollinaire, le préfecturier et le maître de l'hôpital de la Chapelle-aux-Riches.

---

[1] « Basilica sancti B. qui est in honore « omnium sanctorum. » (*Cartul. de S. Bén.* n° 39.) « Monasterium S. B. » (*Ibid.* n°ˢ 39, 69.) « Congregatio. » (*Ib.* n°ˢ 49, 78.) « Ecclesia. » (*Ibid.* n° 38.) « Casa Dei. » (*Ibid.*) n° 69.) « Cœnobium almi Benigni, in quo « beatissimus testis Christi requiescit. » (*Ibid.* n° 86.)

[2] *Cart. de S. Bén.* n°ˢ 58, 60, 67, etc.

[3] *Cartulaire de Saint-Bénigne,* n°ˢ 57, 58, 59, etc.

[4] *Ibid.* n° 75.

[5] L'office de cellerier fut supprimé vers la fin du xv° siècle, et réuni à la mense abbatiale.

Le chambrier, le sacristain, l'aumônier, l'infirmier étaient les quatre obédienciers.

PERSONNAGES CÉLÈBRES.

Parmi les personnages importants qui paraissent dans nos chartes, figurent des rois, des comtes, un archevêque, des évêques, des abbés et d'autres dignitaires de l'Église.

LES ROIS.

Les seuls rois dont il soit fait mention sont deux rois de France, Louis le Bègue [1], 877-879, et Eudes [2], 887 ou 888-898; et le dernier est un roi de la Bourgogne transjurane, Rodolphe III [3], 993-1032.

LES COMTES.

Après les rois viennent les comtes, tous princes souverains, savoir :

1° Richard le Justicier [4], fils de Beuve, comte d'Ardenne, et frère de Boson, roi d'Arles, était lui-même comte d'Autun. Ce prince, l'un des plus célèbres du x° siècle, étendait son autorité sur les deux Bourgognes, dont il était duc et comte bénéficiaire, et qu'il transmit à ses enfants. 877-921.

2° Othe-Guillaume, premier comte propriétaire de Bourgogne, fils d'Adalbert, marquis d'Ivrée, et de Gerberge, fille ou petite-fille de Létald Ier, comte de Bourgogne.

Investi par Henri le Grand, duc de Bourgogne, son beau-père, d'abord du comté de Bourgogne, qui formait la dot de Gerberge, puis de celui de Mâcon, vacant par la mort de

---

[1] *Cartul. de Saint-Bénigne*, n° 115.
[2] *Ibid.* n° 116.
[3] *Cartul. de Saint-Bénigne*, n° 26.
[4] *Ibid.* n° 116.

son oncle Albéric, il fut ensuite adopté par le même Henri, qui le fit comte de Nevers, et l'institua son héritier pour le duché de Bourgogne, au préjudice de Robert, roi de France, son neveu. A la mort de Henri, Robert réclama à main armée son héritage, et le recouvra après une guerre de douze ans. Othe-Guillaume mourut en 1027 à Dijon, dont le comté lui avait été laissé en usufruit par son compétiteur.

3° Raynald Ier, son fils, lui succéda au comté de Bourgogne, et continua sa lignée.

LES ÉVÊQUES.

Les prélats sont :

Ansterius [1], cinquante-troisième archevêque de Lyon, qui gouverna cette métropole de 906 à 915.

Valo de Vergy [2], quarante-deuxième évêque d'Autun, frère de Manassès le Vieux, comte de Beaune et d'Auxois, 893-919.

Ardradinus [3], vingt-quatrième évêque de Châlon-sur-Saône, 889 à 920, et Géraldus [4], vingt-quatrième évêque de Mâcon, de 886 à 926 ou 927, année où il se retira au monastère de Cherlieu.

Les évêques de Langres, dans le diocèse desquels étaient situées les deux abbayes qui nous occupent, figurent en grand nombre dans nos chartes.

C'est d'abord Teutbald Ier [5], surnommé le Vertueux, lequel administra ce diocèse de 839 à 856. Puis Isaac le Bon [6], son successeur, regardé comme l'un des plus célèbres prélats de ce siége, dont il était le trente-septième titulaire, et qu'il occupa de 859 à 880. Il mourut à Châlon-sur-Marne. Nos

---

[1] *Cartul. de Saint-Étienne*, c. 15.
[2] *Ibid.*
[3] *Ibid.*
[4] *Cart. de Saint-Étienne*, c. 15.
[5] *Cartul. de Saint-Bénigne*, n° 110.
[6] *Ibid.* n° 80.

auteurs le regardent comme le second fondateur de l'abbaye de Saint-Bénigne de Dijon.

Geilon [1], abbé de Tournus, est nommé par l'empereur Charles le Gros, pour remplacer Isaac, et meurt, en 891, du chagrin de voir son diocèse ravagé par les Normands.

Agrimus [2], quarantième évêque de Langres et compétiteur de Teutbald II, jouit paisiblement de son siége en 901, après la mort de ce dernier, et gouverna son diocèse jusqu'en l'année 909, époque à laquelle il abdiqua, et se retira à Saint-Bénigne pour y faire pénitence.

Enfin Hugues Ier [3] de Breteuil, cinquantième évêque, qui administra ce diocèse depuis l'année 1031 jusqu'en 1049. Il fut chassé pour ses exactions.

LES ABBÉS.

Les abbés qui figurent dans nos chartes appartiennent tous au monastère de Saint-Bénigne de Dijon.

Godin Ier, selon la chronique, qui le fait vivre sous Thierry, fils de Clovis II, et Godin II, selon Mabillon, le P. Lecointe et Ste-Marthe, qui le rapportent à l'année 734, sous Thierry III.

Frodinus [4], qui succéda à Teutbald Ier, évêque de Langres et supérieur de l'abbaye de Saint-Bénigne. Revêtu seulement de la dignité de prévôt, il exerça les fonctions abbatiales pendant toute la vingt-quatrième année du règne de Charles le Chauve, c'est-à-dire de juin 863 à juin 864.

Bertilon [5], corévêque d'Isaac, gouverna l'abbaye depuis 867 jusqu'à 878. Il fut décapité par les Normands.

---

[1] *Cart. de Saint-Bén.* n° 89.
[2] *Cartul. de Saint-Étienne*, c. 15.
[3] *Ibid.* c. 64.
[4] *Cartulaire de Saint-Bénigne*, n°s 58 et 59.
[5] *Ibid.* n° 60.

Saron[1], déjà abbé de Pothières, administra l'abbaye sous la direction du précédent, auquel il survécut peu.

Ingo[2], leur successeur en 880, gouverna l'abbaye pendant trois ans seulement.

Guillaume, Italien de naissance, était parent d'Othe-Guillaume, dont j'ai parlé plus haut. Il fut d'abord disciple de saint Mayeul, quatrième abbé de Cluny, qui l'envoya, en 989, avec douze religieux, porter la réforme dans l'abbaye de Saint-Bénigne de Dijon, dont il devint l'un des plus célèbres abbés. Il mourut en 1031. Sa vie a été écrite par Raoul Glaber.

LES PRÉVOTS.

Les abbés ou prévôts de l'abbaye de Saint-Étienne sont en petit nombre. Nos chartes ne nous ont conservé que les noms de trois seulement, qui sont :

Betton II[3], mort en 882 ;

Rathier[4], qui fut aussi archidiacre de Langres, et qui régit l'abbaye de Saint-Étienne, de l'année 902 à 954. Enfin, Teudon[5], son successeur dans ces deux dignités, qu'il garda depuis 959 jusqu'à 1005, époque de sa mort.

MESURES AGRAIRES.

L'ancienneté des mesures agraires mentionnées dans nos chartes, et le peu d'éclaircissements qu'elles renferment, en rendent l'évaluation très-difficile. J'ai dû, faute de documents suffisants, me borner à en faire l'objet de calculs plus ou moins

---

[1] *Cart. de Saint-Bén.* n° 75.
[2] *Ibid.* n°ˢ 88, 89.
[3] *Ibid.* n° 89.
[4] *Cartul. de Saint-Étienne*, c. 15, 29, 30 et 32.
[5] *Ibid.* c. 49 et 54.

approximatifs, en les comparant à ce que nous connaissons de la valeur des anciennes mesures agraires de Bourgogne, dont je donne ici le tableau[1].

	MESURES ACTUELLES.			
	Hectares.	Ares.	Centiares.	Fractions décimales.
La perche de 8 pieds 3 pouces, évaluée à.............	//	//	07	18
———— de 9 pieds ½............................	//	//	09	52
———— de 18 pieds..............................	//	//	34	19
———— de 10 pieds ou perche double de 9 pieds ½.....	//	//	39	05
L'ouvrée de 45 perches de 9 pieds ½ (la plus généralement usitée)..................................	//	4	28	55
L'ouvrée de 60 perches de 7 pieds ½.................	//	3	56	13
Le journal de 240 perches de 9 pieds ½ (usité dans l'Auxois).	//	22	86	//
———— de 250 perches de 10 pieds.................	//	26	38	02
———— de 360 perches de 8 pieds ½................	//	25	85	52
———— de 360 perches de 9 pieds ½ (journal de Bourgogne)...................................	//	34	28	36
Le journal de 400 perches de 7 pieds ½...............	//	23	74	//
———— de 400 perches de 8 pieds 3 pouces..........	//	28	72	80
L'arpent de 100 perches de 18 pieds................	//	34	19	//
———— de 100 perches de 20 pieds (arpent ancien).....	//	42	21	//
———— de 100 perches de 22 pieds (arpent d'ordonnance)	//	51	07	//
———— de 440 perches de 9 pieds ½ (coutumier)......	//	41	99	//

Les mesures agraires énoncées dans nos chartes sont de trois sortes : la perche anzingale, la perche d'arpent et le journal.

LA PERCHE ANZINGALE.

Cette unité de mesure n'y est mentionnée qu'une seule fois[2]. D'après la loi des Bavarois, dit M. Guérard[3], l'anzange avait 40 perches de long sur 4 perches de large, la perche étant de

---

[1] Ce tableau a été dressé d'après l'ouvrage intitulé, *Nouveau système des poids et mesures du département de la Côte-d'Or*, par MM. Lucotte et Noiron. Dijon, 1813.

[2] *Cartul. de Saint-Étienne*, c. 39.

[3] *Cart. de S.-Père de Chartres*, proleg. pag. CLXXIV.

10 pieds romains, ce qui fait 118^m,52 sur 11^{m}85, c'est-à-dire 14 ares 4 centiares.

LA PERCHE D'ARPENT.

La perche d'arpent, *pertica agripedalis, arpennalis*, qui vient ensuite, est beaucoup plus difficile à évaluer, à cause des variations qu'elle a subies. Il suffit de jeter un coup d'œil sur le tableau ci-contre, pour se convaincre qu'il n'est guère possible de retrouver, parmi les différentes perches qui y figurent, celles dont on usait le plus fréquemment dans nos pays aux temps qui nous occupent. En effet, était-ce celle de 7 pieds $\frac{1}{2}$, de 8 pieds $\frac{1}{4}$, de 9 pieds, de 9 pieds $\frac{1}{2}$ ou de 10 pieds? Je ne le pense pas, car, à en juger par les énonciations contenues dans nos chartes, les pieds qui accompagnent les quantités en perches, égalant souvent le nombre douze, on peut en conclure que notre perche devait dépasser cette longueur. Par la même raison, ce ne sera pas non plus la perche de 18 pieds, ni celle de 20 pieds [1], attendu que les rédacteurs des actes qui avaient à exprimer la contenance d'une terre n'auraient pas manqué, dans ce cas (comme du reste c'était leur habitude [2]), de mettre, par exemple: 2 perches $\frac{1}{2}$ pour 2 perches 10 pieds [3], et 12 perches $\frac{1}{2}$ pour 12 perches 9 pieds [4]. Il restera donc seulement la perche de 19 pieds, et je suis d'autant plus disposé à l'admettre, que c'est de sa moitié qu'a été formée la perche de 9 pieds $\frac{1}{2}$, regardée comme l'unité fondamentale de presque toutes les anciennes mesures agraires de nos pays.

---

[1] Je ne parle pas ici de la perche de 22 pieds, attendu qu'elle ne fut en usage dans la Bourgogne que depuis 1669.

[2] *Cartul. de Saint-Bénigne*, n°s 50, 88.
[3] *Cartul. de Saint-Étienne*, c. 32.
[4] *Cartul. de Saint-Bénigne*, n. 84.

LE JOURNAL.

Parmi les journaux à la perche de 9 pieds $\frac{1}{2}$, dont on se servait généralement dans le centre de la Bourgogne pour l'arpentage des terres et des prés, se trouvent l'arpent, ou grand journal de 360 perches, et le petit journal de 240 perches. Dans l'ignorance où nous sommes de la grandeur de la perche, nous prendrons pour base de calcul la perche de 19 pieds, dont je viens de parler.

1° En 841 [1], un prêtre, nommé Gérard, donna en échange à un nommé Usuard deux journaux de terre contigus, situés à Longvic (plaine), ayant ensemble une longueur de 60 perches, sur 4 perches 10 pieds d'un bout, et 3 perches de l'autre. Cette quantité, mesurée à la perche de 19 pieds, donne pour résultat 225 perches $\frac{1}{2}$, ou, en mesure métrique, 21 ares 48 centiares; ce qui suppose, pour chaque journal, une superficie de 10 ares 74 centiares, c'est-à-dire un peu moins de la moitié du journal de 240 perches, lequel vaut 22 ares 86 centiares.

2° Dans la première moitié du x⁰ siècle, Ratier [2], prévôt de l'abbaye de Saint-Étienne de Dijon, déclare posséder, sur le finage de Brochon (montagne), un journal de vigne contenant 34 perches 6 pieds des deux côtés, sur 3 perches 3 pieds d'un bout, et 2 perches 10 pieds de l'autre. Cette superficie, mesurée comme dessus, donne, pour le journal, 97 perches $\frac{1}{2}$ équivalant à 9 ares 30 centiares, un peu moins que la moitié du journal ci-dessus, et un peu plus du quart ou de l'ouvrée de celui de 360 perches (34ᵃ 28ᶜ, 36), laquelle ouvrée valait 8 ares 57 centiares.

3° Dans la même déclaration, deux journeaux de terre réunis

---

[1] Pérard, pag. 21; et *Cart. de Saint-Bén.* — [2] *Cartul. de Saint-Étienne*, c. 32.

et situés à Carco (commune de Quetigny, plaine), ayant une superficie de 84 perches 2 pieds de long, sur 5 perches 10 pieds d'un bout, et 6 perches 10 pieds de l'autre, montent à 508 perches (48 ares 40 centiares). Ce qui donne à chaque journal une contenance de 24 ares 20 centiares, c'est-à-dire 2 ares de plus que le même journal de 240 perches.

Il résulte de ce qui précède que les trois contenances données au journal par nos chartes, diffèrent beaucoup, non-seulement entre elles, mais encore (sauf la dernière) de ce que nous connaissons des journaux du pays le plus habituellement usités; que cette différence paraît augmenter en raison des difficultés que présentent la culture et la résistance du sol; que, à défaut de renseignements plus précis et d'après notre dernier exemple, on peut conjecturer que ce fut seulement à partir du milieu du xe siècle que la terre, ayant augmenté de valeur, l'intérêt général réclama bientôt, soit la réformation de ces mesures, toutes plus irrégulières les unes que les autres, soit la substitution de mesures nouvelles, plus uniformes et plus commodes; que le mot *journal*, appliqué jusqu'alors à l'étendue de terrain qu'un homme pouvait labourer en un jour, devint le nom générique de la plus grande partie des mesures en usage pour les terres et les prés; et qu'enfin ces diverses grandeurs de mesures, qui jusque là paraissent avoir eu chacune leur arrondissement particulier, furent alors employées indistinctement dans toutes les contrées de la Bourgogne, les différentes localités empruntant successivement aux localités voisines les mesures dont l'usage passait pour être plus avantageux ou plus facile. C'est ainsi que les deux journaux dont nous venons de parler furent généralement employés dans tout le centre de l'ancienne Bourgogne aux xvie, xviie et xviiie siècles.

MONNAIES.

Nos chartes citent quelques monnaies dont il est assez difficile de donner l'évaluation, à cause du défaut de types ou même de tout autre renseignement.

Il est parlé de ces monnaies, non-seulement à propos du prix des choses vendues inscrit dans le corps du contrat, mais aussi dans les clauses comminatoires portant peines pécuniaires, et dont presque tous nos actes sont accompagnés. Ainsi, outre la livre d'or [1], l'once d'or [2], la livre d'argent et l'once d'argent [3], qui y figurent le plus souvent, et qu'on ne doit considérer ici que comme des quantités de poids, on nomme :

Le sou d'or de Charles le Chauve [4], équivalant, d'après Leblanc [5], à 40 deniers d'argent;

Les sous d'argent de Carloman [6] et de Charles le Simple [7], valant, d'après le même auteur, 12 deniers de la même monnaie;

Et le denier d'argent du roi Robert [8], pesant de 23 à 24 grains [9].

ACTES.

Il me reste à dire quelques mots sur la nature, la forme et le style des actes qui font l'objet de ce recueil.

---

[1] *Cartul. de Saint-Bénigne*, n°ˢ 50, 58, 59, 67, 80, 84, 85, 89, 92, 96. *Cartul. de Saint-Étienne*, c. 31, 34, 35.

[2] *Cartul. de Saint-Bénigne*, n°ˢ 49, 53, 55, 56, 57, 62, 69, 75, 76, 77, 81, 88, 90, 91, 92, 101, 110. *Cartul. de Saint-Étienne*, c. 59.

[3] *Cartul. de Saint-Bénigne*, n°ˢ 94, 95.

[4] *Cartalaire de Saint-Bén.* n° 51.

[5] Leblanc, *Traité des monnaies*, introduction, pag. 1.

[6] *Cartul. de Saint-Bénigne*, n° 91.

[7] *Cartul. de Saint-Étienne*, c. 31.

[8] *Ibid.* c. 59.

[9] Leblanc, pag. 47.

NATURE DES ACTES.

A l'exception des diplômes de Louis le Bègue, d'Eudes et de Rodolphe III[1], toutes les pièces de ce recueil ne consistent qu'en donations, ventes, échanges et autres transactions, dont plusieurs sont en forme de notice[2]. De même que tous les autres titres de l'époque à laquelle ils appartiennent, ils se distinguent par une grande brièveté de style, et l'absence des règles les plus simples de la grammaire se fait souvent remarquer, surtout dans ceux qui composent la première partie. Quant à ces diplômes des rois, ils ressemblent aux autres diplômes donnés par les mêmes princes, à l'exception de quelques légères différences dans l'invocation et l'annonce du sceau.

INVOCATION.

Dans le cartulaire de Saint-Bénigne, les chartes commencent toujours, soit par la formule de l'invocation écrite en toutes lettres : « In nomine Domini Jhesu Christi[3]; In Christi « nomine[4], et In nomine sanctæ et individuæ Trinitatis[5]; » soit par la suscription, conçue le plus souvent dans ces termes : « Sacrosanctæ basilicæ sancti Benigni martyris[6]; Domino fra- « tribus cuncta congregatione sancti Benigni presbyteris[7]; Do- « mino fratribus N. preposito[8]; Domino sancto Benigno[9]; « Domino sacrosancto monasterio sancti Benigni[10]; Domino

---

[1] *Cartulaire de Saint-Bénigne*, n°ˢ 115 et 116.
[2] *Ibid.* n°ˢ 56, 60, 62 et 90.
[3] *Ibid.* n° 51.
[4] *Ibid.* n°ˢ 57, 88, 91.
[5] *Ibid.* n°ˢ 67, 96, 101.
[6] *Cartul. de Saint-Bén.* n°ˢ 58, 59, 69, 75, 80, 84, 86, 89, 95.
[7] *Ibid.* n° 49.
[8] *Ibid.* n° 53.
[9] *Ibid.* n° 55.
[10] *Ibid.* n°ˢ 76, 77, 110.

« in Christo venerabili sancto Benigno[1], » etc. Mais, dans ce dernier cas, l'invocation est presque toujours tracée en monogramme sur la marge de l'acte.

Dans la seconde partie, dont beaucoup de pièces appartiennent au xie siècle, on emploie indistinctement des formules analogues; mais quelquefois aussi, quoique plus rarement, l'acte en est totalement privé.

PRÉAMBULE.

Lorsqu'il s'agit de donation, l'acte commence souvent par un exposé des motifs de cette libéralité; ainsi, tantôt c'est en vue de la passion de Notre-Seigneur[2], pour le salut des âmes des parents et pour le salut et la rémission des péchés de l'auteur de l'acte[3]; tantôt c'est par la crainte de Dieu[4] et dans l'espoir d'une récompense éternelle[5].

S'il s'agit d'un échange, le préambule exprime que c'est pour l'avantage réciproque des parties contractantes[6]; ou bien encore l'on dit qu'en pareille affaire il importe beaucoup que l'écriture rende témoignage[7]. D'autres fois, le rédacteur de l'acte, qui toujours appartient au clergé, profite de la circonstance pour exhorter à la générosité les fidèles qui font échange avec l'Église : « Quicumque de rebus ecclesiasticis vult aliquid
« ad propriam utilitatem accipere, debet tantum et dimidii
« tantum dare quantum accipit[8]. »

---

[1] *Cart. de Saint-Bén.* n° 81.
[2] *Ibid.* 90.
[3] *Ibid.* n° 50.
[4] *Ibid.* n°⁸ 75, 76, 78, 84, 86, 90, 110. *Cart. de Saint-Étienne*, c. 34.
[5] *Cart. de Saint-Bén.* n°⁸ 89, 110.
[6] *Cart. de Saint-Étienne*, c. 49.
[7] *Cart. de Saint-Bénigne*, n° 88.
[8] *Ibid.* n° 94.

CONSENTEMENT.

Toute propriété autre que les acquêts, dont la disposition était libre, étant censée appartenir à la famille, l'acte de transmission d'un bien propre devait toujours être ratifié par elle, et il fallait qu'elle consignât son adhésion, soit dans une clause spéciale, soit dans la souscription des intéressés écrite avant celle des témoins [1].

Il semble aussi résulter de ces actes que les abbés et les autres chefs des communautés n'avaient pas la libre disposition des biens monastiques, car nos chartes témoignent que dans beaucoup de cas, et principalement lorsqu'il s'agissait d'une mutation de biens fonds, l'abbé devait se munir du consentement des moines et en faire mention expresse dans la teneur du contrat [2].

TRADITION ET INVESTITURE.

Toutefois, l'aliénation n'était complète qu'autant qu'elle était accompagnée de la cérémonie de l'investiture. On appelait ainsi l'action par laquelle le cédant mettait le preneur en possession et saisine de la chose aliénée, par la remise, *traditio*, d'un symbole quelconque, tel par exemple qu'un bâton, un brin d'herbe, un fétu de paille, du gazon, etc. Nos chartes ne contiennent que deux formules d'investiture. Dans la première, Fluduinus remet la propriété de ses biens à son neveu Isaac, « per epistolam comparationis et per wasonem [3]. » Dans

---

[1] *Cartul. de Saint-Bén.* n°ˢ 49, 59, 67, 69, 75, 77, 78, 84, 85, 86, 90, 95, 96 et 101.

[2] *Cart. de Saint-Bén.* n°ˢ 57 et 94.
[3] *Ibid.* n° 62.

la seconde, Fouchard fait sa tradition, « per vadium suum et
« cultellum, cum festuca et cespite, presentibus bonorum ho-
« minum qui ibidem aderant, se exutum fecit, et secundum
« legem suam, missis Beati Benigni publice tradidit[1]. »

CLAUSES COMMINATOIRES.

En outre, afin d'assurer le maintien des conditions stipu-
lées dans les actes, les parties se soumettaient toujours pour
elles et leurs hoirs, dans le cas d'une infraction, à payer au
fisc (*socio fisco*), et quelque fois aussi à la partie lésée, une
somme d'or ou d'argent d'une valeur proportionnée à l'importance de l'objet en question ; de plus, elles avaient toujours
grand soin de terminer le contrat par la formule si connue :
« cum stipulatione subnexa. » On rappelait ainsi, soit le fétu de
paille, qu'on attachait comme symbole de la tradition au bas
de la charte, soit d'anciennes dispositions de la loi romaine
sur les stipulations[2].

PUBLICITÉ DES ACTES.

L'authenticité des actes, garantie par la souscription des
parents et des témoins, était encore fortifiée par la publicité
qu'on leur donnait. On les rédigeait tantôt dans une rue ou
sur une place, tantôt sous le porche d'une église, et souvent
dans l'église même. Le rédacteur avait soin d'ajouter au nom
du lieu où l'acte avait été passé la formule *publice*.

---

[1] *Cartulaire de Saint-Bénigne*, n° 67. — [2] *Bibliothèque de l'école des Chartes*, tom. II,
pag. 425.

CHANCELIERS ET NOTAIRES.

Les seuls chanceliers désignés par nos chartes appartiennent à des chancelleries royales; ce sont Gozlenus et Gualterius; et les notaires qui contre-signent pour eux, sont Wibaldus et Herveus [1]. »

Avant l'institution des notaires publics, qui ne date guère que du milieu du XIIe siècle [2], presque tous les actes des particuliers étaient rédigés ou par des laïques présents à l'acte, ou par des ecclésiastiques qui exerçaient les fonctions des notaires sans en prendre ostensiblement la qualité.

Les notaires ou rédacteurs de l'abbaye de Saint-Bénigne, mentionnés dans notre recueil, sont :

« Warnerius, diaconus, clericus, acolyta, presbyter [3]; Arerius [4]; Odolardus [5]; Avrardus, presbyter [6]; Rago, subdiaconus [7]; Moringus, laicus [8]; Isomus, subdiaconus [9]; Vulfardus, monachus et subdiaconus [10]; Ansedeus [11]; Jenulfus, levita [12]; Heldricus [13] et Adalbertus, clericus et notarius [14]. »

Ceux de l'abbaye de Saint-Étienne sont :

« Rago [15]; Vinevaldus [16]; Adalgerius [17]; Arbertus [18]; Constancius,

---

[1] *Cartulaire de Saint-Bénigne*, n°s 115 et 116.
[2] *Nouveau traité de Diplom.* tom. V, pag. 67.
[3] *Cartul. de Saint-Bénigne*, n°s 49, 53, 56, 60, 67.
[4] *Ibid.* n° 50.
[5] *Ibid.* n° 51.
[6] *Ibid.* n°s 57, 58, 59.
[7] *Ibid.* n° 75.
[8] *Ibid.* n°s 76, 91, 92.
[9] *Ibid.* n° 77.
[10] *Cart. de Saint-Bén.* n°s 78, 80, 84, 85, 86, 88, 89, 94, 95, 96.
[11] *Ibid.* n° 81.
[12] *Ibid.* n° 90.
[13] *Ibid.* n° 101.
[14] *Ibid.* n° 110.
[15] *Cartulaire de Saint-Étienne*, c. 15 et 29.
[16] *Ibid.* c. 33.
[17] *Ibid.* c. 34.
[18] *Ibid.* c. 35.

« levita[1]; Warnerius, levita[2]; Remigius, levita[3], et Edulfus,
« levita, sacerdos, ad vicem cancellarii Remigii[4]. »

DATES.

Enfin, j'ajouterai que des cinquante-trois chartes qui composent ce recueil (déduction faite des diplômes royaux), huit ne portent aucune date[5]; que toutes les autres, au contraire, sont datées du jour, du mois et de l'an du règne du souverain, quelquefois de l'an du règne seulement, et qu'une seule, qui remonte à l'année 1046, est datée de l'année de l'Incarnation[6].

SECONDE PARTIE.

ANCIENNES DIVISIONS TERRITORIALES DE LA BOURGOGNE.

A toutes les époques, nous voyons le territoire de la Bourgogne divisé en deux grandes parties. Avant les Romains, les Lingons et les Éduens; du temps des Romains, les deux cités de Langres et d'Autun; au moyen âge, les deux évêchés placés dans ces mêmes villes comprennent constamment,

---

[1] Cart. de Saint-Étienne, c. 40.
[2] Ibid. c. 42.
[3] Ibid. c. 46.
[4] Ibid. c. 52 et 54.

[5] Cart. de Saint-Bén. n° 39. Cartul. de Saint-Étienne, c. 30, 31, 32, 49, 56, 67, 74.
[6] Cart. de Saint-Étienne, c. 64.

les premiers, les contrées du nord, les seconds, celles du midi. C'est à cette double division que se rattachent toutes les subdivisions que nous allons parcourir; toutes relèvent plus ou moins de cette division fondamentale.

Le défaut de documents positifs sur toute l'étendue de cette circonscription me forcera trop souvent à restreindre mes recherches dans les limites du département de la Côte-d'Or.

Attaché aux archives de ce département, j'ai été réduit aux matériaux qu'elles me fournissaient, tout en regrettant de ne pouvoir profiter des autres.

AVANT LES ROMAINS.

Dès les temps les plus reculés, les Lingons occupaient le pays situé entre la Marne, l'Aube, la Seine, l'Armançon, l'Ouche et la Saône.

Au sud des Lingons la confédération Eduenne, dont *Bibracte* était la capitale, étendait ses possessions des sources de la Seine jusqu'au delà de Lyon, dans la province romaine, et depuis les rives de la Saône jusqu'à celles de la Loire.

Plusieurs peuples, jadis indépendants, étaient alors soumis à cette république, et formaient sous son patronage autant de districts particuliers.

1° Les *Insubres,* dont les ancêtres fondèrent Milan, étaient placés, non pas comme l'ont prétendu plusieurs géographes, et notamment d'Anville, chez les *Segusiani,* mais au nord, sur la frontière du côté des Lingons. *Mediolanum,* Malain, était leur chef-lieu.

2° Les *Mandubii,* leurs voisins, avaient la célèbre *Alexia,* Alise ou Sainte-Reine, pour capitale.

3° Les *Ambarri,* peuples du Charolois, et non, comme l'a

écrit Sanson, de la Bresse châlonnaise, qui fit toujours partie de la Séquanie, non plus que du Barrois, comme l'a faussement avancé le père Vignier, dans ses Chroniques du diocèse de Langres.

4° Les *Ambivareti*, habitants du Nivernais, dont *Noviodunum*, Nevers, était la capitale.

5° Les *Aulerci Brannovices*, qui habitaient le Beaujolais et le Brionnais.

6° Les *Boii*, qui furent établis par César, à la prière des Éduens, dans la contrée située entre la Loire, l'Allier et l'Arroux.

7° Enfin les *Segusiani*, peuples de la Bresse méridionale, du Lyonnais et du Forez, les plus rapprochés de la province romaine, et qui occupaient tout le pays situé le long de la rive droite du Rhône, depuis Belley jusqu'au delà de Lyon.

SOUS LES ROMAINS.

La Celtique, conquise et réduite en province romaine, ne resta pas longtemps ce qu'elle était du temps de sa vieille indépendance. Auguste, voulant rompre tous les souvenirs du passé et peut-être aussi faciliter la levée des tributs, apporta beaucoup de changements dans l'étendue des cités. C'est alors que les Éduens et les Lingons, désignés sous les noms de cité de Langres et cité d'Autun, furent incorporés dans la Lyonnaise, qui remplaça la Celtique. Lorsque la Lyonnaise fut divisée en deux parties sous Dioclétien, et en quatre sous Valentinien, les Lingons et les Éduens relevèrent toujours de Lyon, la métropole[1].

On ignore les changements que la première de ces cités

---

[1] *Notit. provinc. et civit. Galliæ.* D. Bouq. tom. I, pag. 122.

subit dans cette organisation ; mais, quant à la seconde, qui était beaucoup plus étendue, on lui enleva, au nord, le pays des *Insubres*, qu'on réunit à la cité de Langres ; au midi, celui des *Segusiani*, dont on forma celle de Lyon ; et, à l'ouest, toute la contrée située au delà de la Loire, qui fut incorporée dans la cité de Sens.

Tout en démembrant les cités, les Romains n'en conservèrent pas moins l'ancienne circonscription des *pagi* ou cantons. Ceux qu'avaient autrefois formé les clients des deux peuples dominateurs gardèrent leur étendue. Quant au reste du pays, c'est-à-dire au territoire occupé par les cités maîtresses et laissé dans leur ressort par l'administration romaine, il fut divisé en grands districts, parmi lesquels nous mentionnerons le *pagus Arebrignus*[1] de la cité d'Autun, le seul dont le nom soit venu jusqu'à nous. Il s'étendait des bords de l'Arroux à la Saône, et c'est de ses débris que s'est formé plus tard le *pagus Belnensis*.

Avant d'aller plus loin, je crois utile de rapporter ici les noms des lieux de ces deux cités, mentionnés dans les itinéraires romains, et qui sont :

Tile,	Til-Châtel.	
Aqua Borvonis,	Bourbonne-les-Bains.	
Arciaca,	Arcis-sur-Aube.	Cité de Langres.
Segobodium,	Seveux.	
Cabillonum,	Châlon-sur-Saône.	
Matiscona,	Mâcon.	
Alexia,	Alise ou Sainte-Reine.	
Aballo,	Avallon.	Cité d'Autun.
Sidelocum,	Saulieu.	
Decetia,	Decize.	

[1] D. Bouq. tom. I, pag. 718.

Aqua Nisinii,	Bourbon-Lancy.	
Telonum,	Toulon-sur-Arroux.	Cité d'Autun.
Trenorchium,	Tournus.	
Vidubia,	Villy-le-Moutier.	

On peut ajouter encore :

Tornodorum,	Tonnerre.	
Landunam,	Lansuine.	
Latiscum,	Roussillon.	
Psedunum,	Semond.	Cité de Langres.
Divio,	Dijon.	
Ates,	Ates.	
Mediolanum,	Malain.	
Magnus Mons,	Mémont.	
Belna,	Beaune.	Cité d'Autun.
Viridunum,	Verdun.	

L'existence de ces lieux paraît pouvoir être rapportée aux temps anciens par la grande quantité de monuments romains exhumés de leurs ruines.

A côté de cette division purement administrative, allait bientôt s'établir une division d'un ordre tout différent, la division ecclésiastique.

La foi évangélique apportée d'Asie à Lyon, vers l'an 160, par Pothin et Irénée, disciples de saint Polycarpe, ne tarda pas à se propager dans la IVe Lyonnaise, grâce au zèle d'autres missionnaires que ce saint évêque y envoya. Andoche et Tyrse à Autun[1], Marcel et Valérien[2] à Châlon, Bénigne dans le Langrois[3], firent bientôt de nombreux prosélytes, et le succès de

---

[1] Andoche, apôtre d'Autun, et Tyrse, son compagnon, furent martyrisés, en l'an 172, à Saulieu, dans le diocèse d'Autun.

[2] Marcel et Valérien, tous deux envoyés de saint Pothin, premier évêque de Lyon, souffrirent le martyre en l'an 179, le premier à *Hubiliacus* (Saint-Marcel-les-Châlon), le second à Tournus.

[3] Bénigne, apôtre du diocèse de Lan-

leurs prédications, accru encore par leur martyre, amena la création d'un évêché dans chacune de nos cités.

La conversion de l'empereur Constantin ayant donné de grands développements aux institutions chrétiennes, l'établissement d'un second diocèse dans la cité d'Autun fut jugé nécessaire. Ce fut alors que l'on choisit le château de Châlon (346) pour la résidence du nouvel évêque. Ce troisième évêché, borné, dans le principe, au pays renfermé entre la Deheune et la Saône, ne tarda pas à s'augmenter de toute la contrée située au midi de l'Ouche, qui dépendait alors en partie du pays d'Attouar et de la cité de Langres, et en partie du *pagus Arebrignus* et de la cité d'Autun. Le prosélytisme des évêques de Châlon les enrichit ainsi aux dépens des deux siéges voisins[1].

AU MOYEN AGE.

Telle était encore, au ve siècle, la division de nos contrées, lorsque les Bourguignons, qui y avaient déjà séjourné à titre d'hôtes, s'en emparèrent définitivement, et les partagèrent entre eux et les habitans du pays. Les barbares tinrent peu de compte de l'organisation romaine; ils firent de grands changements dans les divisions territoriales du pays, en créant d'autres districts, la plupart différents des précédents[2], et qui, tout en conservant l'ancienne dénomination de *pagi*, se trouvaient soumis à la juridiction nouvelle d'un magistrat appelé

---

gres, fut martyrisé à Dijon en 177 ou 178, selon l'opinion la plus commune.

[1] L'érection du siége épiscopal de Mâcon, qui compléta la ive Lyonnaise, ou la province ecclésiastique de Lyon, ne date que de l'an 538 environ, après la conquête de la Bourgogne par les enfants de Clovis.

[2] M. Ed. Clerc partage cette opinion. (Voir son Essai sur l'histoire de la Franche-Comté, tom. I, pag. 112 et 113.)

comte. Celui-ci relevait lui-même d'un chef suprême, le duc, qui exerçait son autorité sur une ou sur plusieurs cités réunies[1].

Les principales divisons du *pagus* ou *comitatus*, en Bourgogne, étaient la centaine, *centena*, la vicairie, *vicaria*, l'*actus*, le *finis* et l'*ager*.

Les deux premières se superposèrent, pour ainsi dire, aux trois autres, qui étaient beaucoup plus anciennes, et furent conservées par les conquérants, en même temps que celles-ci restèrent en usage chez les vaincus.

Ce sont ces deux-là que, d'après M. Guérard[2], j'appellerai dynastiques. Elles désignèrent, dans le principe, l'une la portion d'un comté administré par un officier qu'on appelait centenier; l'autre, la réunion de plusieurs *vici*, administrés temporairement par un vicaire, *vicarius*; mais elles finirent par se confondre, l'une et l'autre ne signifiant plus, au IX° siècle, qu'un arrondissement particulier du *pagus* : seulement, la dénomination varia suivant les pays. Ainsi, par exemple, le mot *vicaria*, employé habituellement dans le Tonnerrois, l'Avalonnais, le Châlonais[3], etc. désigna la même circonscription qui, en d'autres parties de la Bourgogne, était appelée *centena* ou *finis*. J'ajouterai que plusieurs de ces subdivisions

---

[1] Amalgaire, qui fonda, au VII° siècle, la célèbre abbaye de Bèze, était duc de la basse Bourgogne, comprenant toute la contrée qui formait la province ecclésiastique de Lyon; et le duc Waldalène, contemporain d'Amalgaire, avait sous sa juridiction la haute Bourgogne, ou les pays qui sont situés entre le Jura et les Alpes. (*Chron. Besuense* dans d'Achery, tom. II, pag. 400.)

[2] *Essai sur les divisions territoriales de la Gaule*. Paris, Impr. royale, pag. 47, 51 et suivantes.

[3] D. Bouq. tom. VIII, pag. 667 : « Villa « Sivriacus, in vicaria et pago Tornodo- « rense. » — *Ibid.* pag. 949 : « Villa Goïlis, « in vicaria Iliniacense et pago Avalense. » — *Gall. chr.* IV : « Juliacum in vicaria « Buxeacense, in comitatu Cabilonense. » — *Cartul. de Saint-Bénigne*, n° 94 : « Villa « Bargas in pago Attoariarum, ubi vocant « centena Roringorum. »

furent dans la suite élevées au rang de *pagi*, et je mentionnerai particulièrement le Dijonnais, l'Oscheret et le Duêmois.

J'appellerai divisions civiles, en suivant toujours le même auteur, l'*ager* et le *finis*, qui correspondent aux centaines, et qui les représentent dans un autre ordre d'idées. L'*ager* ne fut en usage que jusqu'au IXe siècle[1]; le *finis*, après avoir longtemps désigné l'ensemble du territoire de plusieurs *villæ*, fut restreint dans les derniers temps à un seul finage[2].

Quant à l'*actus*, cette dénomination, dont il n'existe peut-être d'exemple qu'en Bourgogne, ne dura que pendant la première moitié du IXe siècle; il se confond tout à fait avec la circonscription de la *centena*. Quoi qu'il en soit des vicissitudes que purent subir ces divisions particulières, le nom général de *pagus*, qui les comprenait toutes, subsista longtemps encore. Ce fut seulement à la fin du IXe siècle que le nom de *comitatus*, ayant été d'usage ordinaire, devint réellement géographique. Cependant, ce changement ne s'improvisa point, puisque le *pagus* ne disparut tout à fait qu'au milieu du siècle suivant. Le comté, resté seul, n'eut pas lui-même une bien longue durée; car la révolution féodale ayant créé une multitude de seigneuries indépendantes érigées aux dépens des comtés principaux, toutes délimitations autres que les délimitations ecclésiastiques disparurent, et l'oubli dans lequel elles tombèrent fut si grand, que, quand par hasard on voulut

---

[1] « Flaviniacum castrum in agro Burnacense. » (*Test. Widradi* a. 723. *Hist. de Bourg.* tom. I, pr. pag. I.)

[2] Souvent aussi l'*ager*, comme le *pagus* lui-même, ne désigna qu'un finage. Je n'en citerai pour exemple que le diplôme de Clotaire III (Pérard, pag. 6), dans lequel le territoire de Larrey, qui dépendait de la *finis Longoviana* et du *pagus Attouriorum*, est appelé tantôt *ager* et tantôt *pagus Elariacensis*. Je rapporte d'autant plus volontiers ce fait, que plusieurs géographes s'en sont servis pour prouver l'existence du *pagus Elariacensis* comme grand district.

les rappeler, on ne les désigna plus que sous le nom de *regio*[1], *misterium* ou *ministerium*[2].

Au milieu de cette confusion universelle, subsistèrent heureusement les traces vigoureuses de l'ancienne organisation ecclésiastique; et le monde religieux conserva pour son compte l'ordre qui disparaissait de toutes parts du monde civil. Les deux évêchés principaux de Langres et d'Autun, et le troisième évêché, plus récent, de Châlon, servirent de base à toute une classification territoriale, d'après laquelle on retrouve quelque chose de l'ancienne classification administrative. On peut même, jusqu'à un certain point, restituer tout l'ensemble des *pagi*, en se référant à la circonscription des diocèses et des archidiaconés.

Cette persistance des limites ecclésiastiques m'a sans doute été très-utile pour l'étude des *pagi*; cependant, l'expérience m'a démontré que les limites des diocèses et des archidiaconés[3] ne concordent presque jamais complétement avec celles des *pagi*. Tel *pagus* appartient à deux évêchés; tel autre est partagé entre trois archidiaconés. Néanmoins, et comme l'a judicieusement remarqué M. Guérard, la connaissance des archidiaconés doit faciliter beaucoup celle des *pagi*, parce que les évêques, en procédant à la circonscription des premiers, ont dû se régler très-souvent sur les circonscriptions des seconds, que renfermaient leurs diocèses[4].

Cette discordance n'apparaît d'ailleurs que dans les détails: je n'ai donc pas hésité à suivre l'exemple donné par M. Guérard et par M. Auguste le Prevost, et à grouper par diocèses

---

[1] Charte relative à Grancey, dans *Chron. Besuense.*
[2] Pérard, pag. 85.
[3] La mention de plusieurs archidiacres dans un même diocèse remonte, en Bourgogne, au commencement du IX⁰ siècle. (Pérard, pag. 47.)
[4] Guérard, ouvrage cité, pag. 96.

ou cités tous les *pagi* dont je vais rapidement dresser le tableau.

CITÉ DE LANGRES.

I.

PAGUS ATTOARIORUM [1].

Diocèse de Langres.   Archidiaconé de Dijon.
———— d'Autun.   ———— de Beaune.
———— de Châlon.   ———— d'Oscheret.

Eumène, dans son panégyrique de l'empereur Constance Chlore, nous apprend que ce prince, après avoir battu, sous les murs de Langres, une armée germaine qui avait envahi la Gaule, en répartit les débris, comme milices létiques, sur le sol même qu'elle était venue ravager [2].

Des tribus qui composaient cette armée, et qui s'établirent dans nos contrées, celles des Chamaves [3] et des Attuariens [4] sont les seules dont l'histoire nous ait conservé les noms.

---

[1] Appelé aussi *pagus Attuariorum, Attuarensis, Attoariensis, Attuerensis,* etc.

[2] ... « Arat ergo nunc mihi Chamavus et « Frisius; et ille vagus, ille prædator exer- « citus squalidus operatur, et frequentat « nundinas meas pecore, et cultor barba- « rus laxat annonam.. Arva jacentia Lœtus, « postliminio restitutus, et receptus in « leges, Francus, excoluit. Ita nunc per « victorias tuas, Constanti Cæsar Auguste, « quicquid infrequens...... solo Lingonico « restabat, barbaro cultore revirescit. » (Eumen. *in Const.* dans Bouquet, tom. I, pag. 713 et 714. — Voyez aussi Boudot, *Notice sur l'ancienne cité d'Ates,* dans les Mémoires de la commission des Antiquités de la Côte-d'Or, tom. I, pag. 31.)

[3] *Chamavi, Amavi, Comavi,* d'où est venu par corruption le nom d'*Amaous*. (*Essai sur l'histoire de Franche-Comté,* par M. Clerc, tom. I, pag. 52. — Boudot, ouvrage cité dans la note 2. — D. Plancher, *Histoire de Bourgogne,* tom. I, pr. pag. 1.)

[4] *Hattuarii,* en 715, dans D. Bouquet, tom. II, pag. 641.)

La première prit possession des plaines de la Séquanie qui s'étendent, le long de la rive gauche de la Saône, depuis Gray jusqu'à Verdun sur le Doubs; la partie de la cité de Langres située entre l'autre rive de la Saône, l'Ouche, la Vouge, la Seine, la Tille, le Salon et la Vingeanne, devint le lot des Attuariens.

Ces deux peuplades répandues sur ces contrées, qu'elles cultivaient et protégeaient contre de nouvelles invasions, et auxquelles elles avaient donné leurs noms (*pagus Amavorum, pagus Attoariorum*), obéissaient à un chef suprême appelé, dans la notice des dignités de l'empire, préfet des Lètes ou Sarmates, dont la résidence était fixée à Langres [1].

Dans l'organisation bourguignonne, le canton des Attuariens, dont *Ates*, sur la Vingeanne, paraît avoir été la capitale [2], subit quelques changements, comme tous les autres *pagi* d'ancienne formation. On en détacha, selon toute apparence, le pays situé de l'autre côté de l'Ouche et de l'Ignon (l'ancien district des *Insubres*), dont on forma un canton particulier, sous la désignation de *pagus Magnimontensis*; le reste du *pagus* conserva l'ancien nom, et fut même augmenté de toute la contrée renfermée entre la Saône, la Vouge, la Deheune et l'ancienne voie de Langres. Cette contrée dépendait en grande partie du diocèse de Châlon, et fut démembrée du *pagus Arebrignus*. Enfin, tout ce canton était l'un des plus vastes de ceux qui composèrent l'ancienne Bourgogne. Il avait encore, sur la fin de la dynastie mérovingienne, les limites qui suivent :

Au nord, la voie romaine de Langres à Besançon le séparait du *pagus Portuensis* (cité de Besançon) auquel il touchait par Seveux (le *Segobodium* des itinéraires) et Grenant. Les

---

[1] *Notitia Galliarum*, dans Bouq. t. I, pag. 125 et suiv. — [2] Boudot, ouvrage cité.

villages de Choilley, Izôme, Chalancey, Poinçon, Grancey et les sources de l'Ource le bornaient du côté du *pagus Lingonicus*. A l'ouest, c'étaient les *pagi* de Duême et de Mémont. Au midi, notre canton, après avoir longtemps remonté le cours de l'Ouche, depuis Lantenay, entrait dans le diocèse d'Autun, et rencontrait au-dessus de la Bussière le *pagus Belnensis*, qu'il côtoyait à travers la montagne, par Vergy et Collonges, jusqu'à Gevrey, et qu'il suivait, dans la plaine, par le lit de la Vouge, jusqu'à la voie romaine de Châlon. Celle-ci conduisait sur la rivière de Deheune, qui le séparait du Châlonnais, et de là sur la Saône, qui le séparait du *pagus Amavorum*, et dont il remontait la rive droite pour rejoindre Seveux par Rigny et Savoyeux.

Nous voyons encore, en 839, dans les Annales de Saint-Bertin, que ce canton est placé entre ceux de Châlon, d'Amaous et de Langres, sans même qu'il soit fait mention de ceux de Beaune et de Mémont, qui le bornaient à l'ouest. Mais, dès le milieu du viiie siècle, les deux principales *centenæ* du *pagus Attoariorum* en avaient été à peu près détachées, et s'élevaient insensiblement à la dignité de *pagus*.

Quoi qu'il en soit, et en considérant ce *pagus* dans son état primitif, les subdivisions que j'ai pu découvrir dans les chartes étaient :

La *centena*, ou plutôt le *pagellus Divionensis*, de Dijon.
La *centena Oscarensis*, d'Ouche.
La *centena Roringorum*, de Rouvres.
La *finis Longoviana*, de Longvic.
La *finis Campolimensis*, de Champlitte, en 634, *Chron. Besuens.*
Le *finis Rufiacus*, de Ruffey, en 735. Pérard, p. 9.
La *finis Vendobrensis*, de Véronnes, en 815. } *Chron. Besuens.*
La *finis Burburinensis*, de Bourberain, en 815.

La *finis Pontensis*, de Pont, en 815.
La *finis Tillensis*, de Til-Châtel, en 815.
La *finis Lucensis*, de Lux, en 815.
La *finis Boensis*, de Bouhans, en 817.
La *finis Pauliacensis*, de Pouilly-sur-Vingeanne, en 890.
La *finis Basciacensis*, de Bessey, xi° siècle. *Chron. Besuens.*
La *finis Bustellensis*, de Buteau, lieu détruit; en 815.
La *finis Vetus Viniensis*, de Viévigne, en 815.
La *finis Vaurensis*, lieu inconnu; en 815.
La *finis Berechelpo*, lieu inconnu; en 815.
La *finis de Villare*, lieu inconnu; en 1815.

Les deux premières centaines ayant été dans la suite érigées en *pagi*, elles seront chacune l'objet d'un article séparé, dans lequel nous parlerons aussi des deux autres subdivisions qui suivent, parce qu'elles furent incorporées dans les premières.

Quant aux autres *fines*, je me borne à les indiquer, n'ayant trouvé aucun document propre à fixer l'étendue de chacune d'elles.

NOMS DES LIEUX PLACÉS PAR LES CHARTES DANS LE *PAGUS ATTOARIORUM*, AVANT LE DÉMEMBREMENT DE CE *PAGUS*.

			Diocèse.	Archidiaconé.
Divio castrum,	Dijon.	Grég. de Tours, III, 19.	Langres.	Dijon.
Spaniacum,	Épagny.	Actes du mart. de S¹-Bén.	Idem.	Idem.
Camberia,	Chambeire.		Idem.	Idem.
Isiadus,	Izier.		Idem.	Idem.
Saciacus,	Cessey-sur-Tille.		Idem.	Idem.
Corleius,	Curley.	vi° siècle. *Chron. de Saint-Bén. de Dijon*, manusc. pag. 5.	Idem.	Idem.
Rumiliacus,	Remilly-sur-Tille.		Idem.	Idem.
Brucialis,	Bressey-sur-Tille.		Châlon.	Oscheret.
Bruciacus,	Brochon.		Langres.	Dijon.
Longus Campus,	Longchamp.		Idem.	Idem.

[1] L'astérisque (*) désigne les lieux dont les noms ont été cités par Courtépée et Béguillet dans leur notice sur ces *pagi*.

			Diocèse.	Archidiaconé.
Bioisum,	Bray (commune de Dijon).		Langres.	Dijon.
Colonicas,	Collonges-Vergy.		Autun.	Beaune.
Plomberias,	Plombières.		Langres.	Dijon.
Siliniacum,	Sennecey.		Idem.	Idem.
Scontiam,	Escotois (commune de Clémencey).	584. *Chronique de Saint-Bénigne*, ms. fol. 9 v.	Autun.	Beaune.
Villaris,	Velars-sur-Ouche.		Langres.	Dijon.
Lentennacum,	Lantenay.		Idem.	Idem.
Giro,	Giron (comm. de Dijon).		Idem.	Idem.
Corcellas,	Corcelles-les-Monts.		Châlon.	Oscheret.
Flaviniacum,	Flavignerot.		Idem.	Idem.
Prunidum,	Prenois.		Langres.	Dijon.
Elariacum [1],	Larrey (comm. de Dijon).		Idem.	Idem.
* *Bezua,*	Bèze.		Idem.	Idem.
Attiviacum,	Athée.		Châlon.	Oscheret.
Arzilirias,	Aiserey.		Langres.	Dijon.
* *Beria.*	Beire-la-Ville.		Idem.	Idem.
Bertariacum,	Berthaut (commune de Fontaine-Française.)		Idem.	Idem.
* *Blaniacum,*	Blagny-sur-Vingeanne.		Idem.	Idem.
* *Buxatellum,*	Buteau, lieu détruit, et non Busserotte.		Idem.	Idem.
* *Canavas,*	Chenove.		Châlon.	Oscheret.
Cocheiacum,	Couchey.		Langres.	Dijon.
* *Curmalinensis villa,*	Crimolois.		Idem.	Idem.
* *Distum,*	Daix.		Idem.	Idem.
* *Dompni Petri villa,*	Dampierre-sur-Vingeanne.	600. *Chron. de l'Abbaye de Bèze.*	Idem.	Idem.
* *Gibriacus,*	Gevrey.		Idem.	Idem.
* *Longus Vicus,*	Longvic.		Idem.	Idem.
Marcennacum,	Marsannay-la-Côte.		Idem.	Idem.
* *Maiescum,*	Maast ou Maatz (H^{te}-Marne)		Idem.	Idem.
Noviliacum,	Neuilly.		Idem.	Idem.
* *Auxiliacum,*	Oisilly.		Idem.	Idem.
Patriniacum,	Perrigny.		Idem.	Idem.
* *Provisum,*	Prenois.		Idem.	Idem.
Cipotum,	Spoy.		Idem.	Idem.
Tregias,	La Rente-de-Trège (commune de Spoy).		Idem.	Idem.
Tremoledum,	Trimolois, lieu détruit, entre Dijon et Chenove.			
* *Vendovera,*	Veronnes.		Idem.	Idem.
Frasnetam,	Frénoy.		Idem.	Idem.

[1] Ce village, ainsi que ceux de Marsannay, Chenove, Perrigny, Longvic et Beaumont, sont cités dans la légende de saint Urbain, évêque de Langres, au IVe siècle, publiée par les Bollandistes, dans les *Acta Sanctorum.*

			Diocèse.	Archidiaconé.
Lucus,	Lux.	⎫	Langres.	Dijon.
Nova villa,	Neuvelle-les-Champlottes (Haute-Saône).	⎬ 600. *Chronique de Bèze.*	Idem.	Idem.
* *Vetus Vinea,*	Viévigne.	⎫	Idem.	Idem.
Alteriacum,	Autrey (Haute-Saône).	⎪	Idem.	Idem.
* *Gencenniacum,*	Jancigny.	⎬ 634. *Chronique de Bèze.*	Idem.	Idem.
Monasteriolum,	Lieu détruit près Neuvelle.	⎪	Idem.	Idem.
* *Talamarum,*	Talmay.	⎭	Idem.	Idem.
Olgea,	Ouges.	⎫ 653. *Test. de saint Léger.*	Idem.	Idem.
Tiloniacum,	Tillenay.	⎭ Pérard, p. 4.	Châlon.	Oscheret.
* *Passessium,*	Poiseul-les-Saulx.	⎫ 723. *Cart. de Flavigny,*	Langres.	Dijon.
* *Sagonecum,*	Sacquenay.	⎪ dans D. Plancher, *Hist.*	Idem.	Idem.
* *Voguntias,*	Vonges.	⎬ *de Bourg.* tom. I, pr.	Idem.	Idem.
* *Hiccium,*	Is-sur-Tille.	⎪ pag. 1.	Idem.	Idem.
Flexum,	Fley, et non Flacey.	⎪	Idem.	Idem.
Postenniacum,	Potangey (commune d'Aiserey).	⎭	Idem.	Idem.
* *Fidenniacum,*	Fénay.	⎫	Idem.	Idem.
Glennoco,	Glanon.	⎪	Châlon.	Oscheret.
Curtis Bunciana,	Comblanchien.	⎬ 733. *Cart. de Saint-Bén.*	Autun.	Beaune.
Monasteriolum,	Mitreul (comm. de Binges).	⎪	Langres.	Dijon.
Fisciacus,	Fixey.	⎪	Idem.	Idem.
Bagna villa,	Bagnot.	⎪	Châlon.	Oscheret.
Saulonium,	Saulon.	⎪	Langres.	Dijon.
Bargas,	Barges.	⎭	Idem.	Idem.
Rufiacum,	Ruffey-les-Dijon.	735. Pérard.	Idem.	Idem.
Cortarno,	Couternon.	801. *Ibid.* p. 47.	Idem.	Idem.
Bodensis villa,	Bouhans (Haute-Saône).	817. *Chronique de Bèze.*	Idem.	Idem.
Campellense monasterium S. Leodegarii,	Saint-Léger.	826. Courtépée, t. II, art. *Saint-Léger.*	Idem.	Idem.
Bellenavum,	Belleneuve.	⎫	Idem.	Idem.
Arco,	Arcon (commune de Belleneuve).	⎪	Idem.	Idem
Casotum,	Chaseuil.	⎪	Idem.	Idem.
Dambrun villa,	Drambon.	⎬ 830. *Chronique de Bèze.*	Idem.	Idem.
* *Fontanas,*	Fontaine-Française.	⎪	Idem.	Idem.
Sanctus Sequanus,	Saint-Seine-sur-Vingeanne	⎪	Idem.	Idem.
Morniacum,	Mornay.	⎪	Idem.	Idem.
Trescasas,	Trochères.	⎭	Idem.	Idem.
Brigendonis villa,	Brognon.	830. *Gall. chr.* t. IV, pr. p. 131.	Idem.	Idem.
Buscerie,	Bussières.	850. *Chronique de Bèze.*	Idem.	Idem.
Baysses,	Bessey-les-Citeaux.	850. *Cart. de S. Ét. Pér.*	Châlon.	Oscheret.
Acellis,	Arcelot (cne de Sarceau).	865. *Cart de Flav.* 68.	Langres.	Dijon.
Alfa,	Saint-Sauveur.	870. Courtépée, t. II.	Idem.	Idem.

			Diocèse.	Archidiaconé.
Picangias,	Pichanges.	880. *Chronique de Bèze.*	Langres.	Dijon.
Pontus,	Pont-Bernard.	*Ibid.*	Idem.	Idem.
Helperici Curtis,	Attricourt (Haute-Saône).	852. Pérard, p. 146.	Idem.	Idem.
Escoriacum,	Echirey (commune de Ruffey).	886. *Ibid.* p. 160.	Idem.	Idem.
Taxnatellum,	Taniot (comm. de Tanay).	890. *Chronique de Bèze.*	Idem.	Idem.
Polliacum,	Pouilly-sur-Vingeanne.	*Ibid.*	Idem.	Idem.
Blankenicortis,	Lieu détruit sur la rivière de Norges.	897. *Charte du roi Eudes.*	Idem.	Idem.
Bezuuncula,	Bézonotte.	1008. *Chronique de Bèze.*	Idem.	Idem.
Cusiriacus,	Cuiserey.		Idem.	Idem.
Sanctus Julianus ad Norgiam,	Saint-Julien.	1036. Pérard, p. 186.	Idem.	Idem.
Fontanellis,	Fontenelle.		Idem.	Idem.
Cinciacum,	Cessey-les-Essertenne (Haute-Saône).	1043. *Ibid.*	Idem.	Idem.
Tasnatum,	Tanay.	*Ibid.*	Idem.	Idem.
Nerons villa,	Noiron.	1076. *Ibid.*	Idem.	Idem.
Arciacum,	Arc-sur-Tille.		Châlon.	Oscheret.
Bellifons,	Bellefond.		Langres.	Dijon.
Bellimons,	Beaumont.		Idem.	Idem.
Setas,	Les Brosses (commune de Bèze).		Idem.	Idem.
Caviniacum,	Chevigny-le-Désert.		Idem.	Idem.
Campanias,	Champagne-sur-Vingeanne.		Idem.	Idem.
Calmas, Calmetas,	Chaume.		Idem.	Idem.
Curtis Beltonis,	Courbeton (comm. d'Arc-sur-Tille).		Idem.	Idem.
Condilicum,	Choilley (Haute-Marne).		Idem.	Idem.
Creponis villa,	Crépon (Haute-Saône).		Idem.	Idem.
Furnus,	Feurs (*Ibid*).		Idem.	Idem.
Grenantum,	Grenant (Haute-Marne).	xie siècle. *Chronique de Bèze.*	Idem.	Idem.
Villa de Lama,	Damalix (comm. de Lux).		Idem.	Idem.
Mentusca,	Mantoche (Haute-Saône).		Idem.	Idem.
Lisciacus,	Licey-sur-Vingeanne.		Idem.	Idem.
Maxiacus,	Maxilly-sur-Saône.		Idem.	Idem.
Miribellum,	Mirebeau.		Idem.	Idem.
Moringias,	Village détruit près Mornay.		Idem.	Idem.
Renavis,	Renève.		Idem.	Idem.
Rescia,	La Rochette (commune d'Oisilly).		Idem.	Idem.
Romaniaca,	La Romagne (commune de Courchamp).		Idem.	Idem.
Sanctus Mauricius,	Saint-Maurice-sur-Vingeanne.		Idem.	Idem.

			Diocèse.	Archidiaconé.
Tusleium,	Theuley (Haute-Saône).		Langres.	Dijon.
Artasia,	Vars, selon Boudot (*Ibid.*).		*Idem.*	*Idem.*
Sivoiem,	Savoyeux (*Ibid.*).	xi° siècle. *Chronique de*	*Idem.*	*Idem.*
Icioma,	Izome (Haute-Marne).	*Bèze.*	*Idem.*	*Idem.*
Preciacus,	Percey-le-Petit } (*Ibid.*).		*Idem.*	*Idem.*
Perciacum,	Percey-le-Grand }		*Idem.*	*Idem.*

II.

PAGUS DIVIONENSIS.

Diocèse de Langres.   Archidiaconé de Dijon.
———— d'Autun.   ———— de Beaune.

Le canton d'Attouar conserva toute l'étendue que je viens de décrire jusque vers la fin du viii° siècle[1]. A cette époque, on en détacha les pays situés à l'ouest de la voie de Langres à Châlon et au midi de la Bèze et des Tilles, pour en former, comme je l'ai dit plus haut, les nouveaux districts de Dijon et d'Ouche. Toutefois, et malgré cette séparation qui réduisit le canton d'Attouar, l'ancien ordre de choses prévalut encore longtemps, et plus d'un siècle s'écoula avant que les limites respectives de ces différents cantons fussent définitivement fixées. Il y a plus, c'est que, de l'examen attentif des documents de cette époque, il résulte clairement que les bornes des *pagi* de Dijon et d'Ouche ne furent jamais arrêtées d'une manière invariable, et que, notamment aux environs de Dijon, une localité fut placée tantôt dans un canton, tantôt dans un autre.

La difficulté de la topographie de ces deux districts est encore augmentée par la grande discordance qui existe entre leurs limites civiles et leurs limites ecclésiastiques. Ainsi, l'un et l'autre s'étendent sur deux diocèses, et l'archidiaconé de

---

[1] Pérard, pag. 12, année 783.

Dijon, qui comprend dans son ressort l'Attouar, le Dijonnais et une grande partie du Mémontois, coupe en deux, depuis Dijon jusqu'à la Saône, le ressort de l'archidiaconé d'Oscheret (qui relève du diocèse de Châlon). Cet archidiaconé s'étend sur une grande partie du *pagus Oscarensis*, et les deux archiprêtrés qui le composent restent ainsi sans aucun point de contact entre eux[1].

Pour en revenir au *pagus Divionensis* (du nom de sa capitale, alors simple *castrum* appartenant à l'évêque de Langres), je dirai qu'il était borné, au nord et à l'est, par les *pagi* de Langres et d'Attouar; à l'ouest par ceux de Duême et de Mémont; et au midi, par ceux de Beaune et d'Oscheret. Voici d'ailleurs ses limites plus précises.

Après avoir côtoyé la voie de Châlon, depuis Izôme jusqu'à Ruffey[2], il tirait à Dijon par Saint-Apollinaire, remontait la rivière d'Ouche jusqu'au-dessous de Plombières, la traversait vis-à-vis de Talant, et se dirigeait d'abord sur Brochon en laissant à l'est les villages de la côte qui dépendaient du *pagus Oscarensis*, puis, de là, sur l'Ouche, au-dessus de la Bussière, par Chambeuf, Ternant, Vergy et Collonges, villages du diocèse d'Autun. Arrivé sur cette rivière, le *pagus Divionensis* en suivait la rive droite jusqu'au-dessus de Lantenay, où il la traversait. Il traversait encore le Suzon, aux environs de Prenois, l'Ignon, *Angio*, à Moloy, et gagnait ainsi les sources de l'Ource, qui le séparaient du *pagus Lingonicus*.

Les subdivisions de ce district étaient :

La *finis Albiacensis*, qui comprenait Savigny-le-Sec dans sa circonscription. Année 876. Pérard, p. 152.

La *finis Cangiaca*, de Congey. 875. *Cart. de Saint-Bénig.* n° 81.

[1] Voir la carte.
[2] Ce village est placé, en 886, « in con-a Attoarensis. » (*Cart. de Saint-Bén.* n° 97.)
« finio pagorum Divionensis, Oscarensis et

* La *finis Dompnipetrensis*, de Dompierre (lieu détruit sur le territoire de Dijon). 827. Pérard, p. 16.
* La *finis Fontanensis*, de Fontaine-lez-Dijon. 851 et 853. *Cart. de Saint-Bén.* nos 51 et 59.

La *finis Gocilinensis*, de Gouville (?). 868. Pérard, p. 63.

La *finis Proviacensis*, de Prenois. 847. *Cart. de Saint-Bén.* n° 56.

La *finis Criciaca*, de Cressey-sur-Tille. 878. *Ibid.* n° 85.

La *finis Divionensis*, de Dijon. 827. Pérard, p. 16.
* La *finis Plomberensis*. 741. Pérard, p. 142.

Le *finis Aguliacus*, qui comprenait *Sulliacum* et le territoire de Saint-Apollinaire. 972. *Cart. de Saint-Ét.* c. 49.
* La *finis Stabulensis*, d'Étaules. 852. Pérard, p. 146.
* La *finis Quintiniacensis*, de Quetigny. 972. Pérard.
* L'*actus Oscarensis*.

Quant à l'*actus Oscarensis*, il paraît que cette subdivision n'était autre qu'une *centena* du *pagus Divionensis*, qu'on avait sans doute appelée ainsi pour la distinguer du *pagus Oscarensis*, avec lequel on la confondit dans la suite. Elle se composait de toute la *finis Longoviana*, laquelle comprenait : Domois, Perrigny, Morveau, Couchey, Marsannay-la-Côte, Flavigneret, Corcelles-les-Monts, Giron, Gouville, Chenove, Trimolois et Larrey. Elle embrassait aussi la *finis Plumberensis*, qui s'étendait probablement le long de l'Ouche jusqu'aux limites du Mémontois. Vers l'an 850, cette *centena* disparut. Le *pagus Oscarensis* absorba la *finis Longoviana*, et la *finis Plumberensis* fut maintenue dans le *pagus* de Dijon.

Dans le courant du siècle suivant, le *pagus* de Dijon descendit encore plus bas dans la plaine, et réunit à sa circonscription plusieurs villages de l'Attouar : Ruffey, Asnières, Pouilly-lez-Dijon, Quetigny, Bray, Domois, Larrey et tous les villages de la côte, de Couchey à Gevrey, qui dépendaient jusqu'alors du *pagus Oscarensis*.

NOMS DES LIEUX DÉPENDANTS DU *PAGUS DIVIONENSIS*.

			Diocèse.	Archidiaconé.
Divio.				
Dusmensis villa,	Domois (comm. de Fénay).	783. Pérard, p. 12.	Langres.	Dijon.
Distum,	Daix.	783. *Ibid.*	Idem.	Idem.
Marciliacum,	Marcilly-sur-l'Ignon.	801. *Ibid.* p. 47.	Idem.	Idem.
Tile Castellum,	Til-Chatel.	801. *Ibid.*	Idem.	Idem.
Salæ,	Saulx-le-Duc.	834. *Gallia christ.* t. IV, pr. col. 131.	Idem.	Idem.
Provisum, seu Prunidum,	Prenois.	847. *Cart. de Saint-Bén.* n° 56.	Idem.	Idem.
Colonicas,	Collonges-lez-Bévy.	869. Pérard, pag. 149 et 150.	Autun.	Beaune.
Scontium,	Escotois (commune de Clémencey).	869. *Ibid.*	Idem.	Idem.
Villare,	Velars-sur-Ouche.	869. *Ibid.*	Langres.	Dijon.
Lentiniacum,	Lantenay.	869. *Ibid.*	Idem.	Idem.
Camboyum,	Chambeuf.	869. *Ibid.*	Autun.	Beaune.
Missiniacum,	Messigny.	869. *Ibid.*	Langres.	Dijon.
Villa Karli,	Ville-Charles (commune d'Is-sur-Tille).	869. *Ibid.*	Idem.	Idem.
Arceis,	Arceau.	875. *Cart. de Saint-Bén.* n° 81.	Idem.	Idem.
Saviniacum,	Savigny-le-Sec.	876. Pérard, p. 152.	Idem.	Idem.
Aguliacum,	Lieu détruit, sur le territoire de St-Apollinaire.	880. *Cart. de Saint-Bén.* n° 94.	Idem.	Idem.
Rufiacum,	Ruffey-les-Dijon.	886. Pérard, p. 97.	Idem.	Idem.
Aqueductus,	Ahuy.	887. Pérard, p. 51.	Idem.	Idem.
Brisconum,	Brochon.	IX° siècle. *Chronique de Bèze.*	Idem.	Idem.
Stagnum,	L'étang Vergy.	912. *Arch. du prieuré de Saint-Vivant.*	Autun.	Beaune.
Altavilla,	Hauteville.	903. Pérard, p. 52.	Langres.	Dijon.
Fiscinis, ou Fiscintias,	Fixin.	995. *Cart. de Flavigny.* 996. *Cartul. de Vergy.* p. 50.	Idem. Idem.	Idem. Idem.
Poliacum,	Pouilly-lez-Dijon.	977. *Cart. de S. Étienne.*	Idem.	Idem.
Sulliacum,	Rente-de-Sully (commune de Saint-Apollinaire).	959. *Ibid.*	Idem.	Idem.
Tarsu,	Tarsul.	1004. *Chronique de Saint-Bénigne.*	Idem.	Idem.
Mortarias,	Mortières (commune de Villecomte).	1004. *Ibid.*	Idem.	Idem.
Vadrava, ou Vadarno villa,	Vernot.	1005, 1017. *Ibid.* et *Gall. chr.* t. IV, col. 550.	Idem.	Idem.
Meleis,	Moloy.	1012. *Chron. de S. Bén.*	Idem.	Idem.

			Diocèse.	Archidiaconé.
Casnedum,	Chaignay.	1012. *Chron. de St-Bén.*	Langres.	Dijon.
Villa Comitis.	Villecomte.	1012. *Ibid.*	Idem.	Idem.
Spaniacum,	Épagny.	1012. *Ibid.*	Idem.	Idem.
Tarnantum,	Ternant.	1023. *Hist. de la Maison de Vergy*. pr. p. 64.	Autun.	Beaune.
Itzium,	Is-sur-Tille.	1037. *Gallia christiana*, t. IV, col. 553.	Idem.	Idem.
S. Appo- *linaris* { *Aguliacum* *Groniachum* *Sulliacum*, }	Saint-Apollinaire.	1043. *Histoire de Bourg.* t. I, pr. p. 27.	Langres.	Dijon.
Diniacum,	Diénay.	xie siècle. *Chronique de Bèze.*	Idem.	Idem.
Darilla,	Darois.	xie siècle. *Gallia christ,* t. IV, col. 560; *Cart. de S. Étienne*, c. 80.	Idem.	Idem.
Varesium,	Varois.	xie siècle. *Gallia christ.* t. IV, col. 567.	Idem.	Idem.
Bicisus,	Bray (commune de Dijon).	xie siècle. *Ibid.*	Idem.	Idem.
Mariacum,	Marey-sur-Tille.	xie siècle. *Chronique de Bèze.*	Idem.	Idem.
Buxiacus super Tilam,	Bussières ou Busserotte.	xie siècle. *Ibid.*	Idem.	Idem.
Criciacum,	Cressey-sur-Tille.	xie siècle. *Ibid.*	Idem.	Idem.
Gimellas,	Gémeaux.	xie siècle. *Ibid.*	Idem.	Idem.
Cronceiacum,	Crancey-le-Château.	xie siècle. *Ibid.*	Idem.	Idem.
Asnerias,	Asnières.	xie siècle. *Ibid.*	Idem.	Idem.

III.

PAGUS OSCARENSIS[1].

Diocèse de Langres.   Archidiaconé de Dijon.
——— de Châlon.   ——— d'Oscheret.

Quoique séparé depuis longtemps du *pagus Attoariorum*, l'Oscheret, ainsi appelé du nom de la rivière d'Ouche, *Oscara, Oschra, Uscara,* qui le traversait, conserva pendant plus d'un siècle la dénomination de *centena*[2]. Ce ne fut guère que dans

---

[1] Autrement *Hoscarensis, Uscarensis, Oscharensis.*

[2] « Asiriacum, in centena Oscarensi, in confinio Atoarensi et Cavilonensi. » (*Dipl. de Louis le Débonnaire,* année 836. Pérard, p. 19.)

9.

les premières années du règne de Charles le Chauve qu'on lui appliqua définitivement le titre de *pagus*.

Formé, comme je l'ai dit plus haut, de toute la plaine qui s'étend entre la Bèze, les Tilles, la Saône et les montagnes, ce district conserva à l'est et au sud (sauf les territoires de Villebichot et Comblanchien, qui furent réunis au Beaunois), les limites de l'ancien *pagus*, dont il avait été détaché. Au nord, du côté du *pagus Atoarensis*, il comprit tous les villages qui dépendaient du diocèse de Châlon. A l'ouest, le *pagus Divionensis* lui servit de limite.

Saint-Jean-de-Losne, sur la Saône, où Dagobert tint ses assises, en 629, paraît avoir été le chef-lieu de ce *pagus* et le lieu de la résidence de son comte.

La séparation de l'Oscheret et des *pagi* qui précèdent fut encore complétée, plus tard, dans l'ordre ecclésiastique, par la création de cet archidiaconé du diocèse de Châlon [1] dont nous avons déjà tracé la singulière circonscription.

Vers le milieu du XIe siècle, lorsque les circonscriptions civiles commençaient à s'effacer, le *pagus Oscarensis* perdit beaucoup de son importance, par suite des envahissements de celui de Dijon, qui s'étendit d'Ahuy et de Norges jusqu'à la Tille; et finit par absorber tous les villages de la *finis Longoviana* qui relevaient de l'évêché de Langres.

Les subdivisions du *pagus Oscarensis* étaient :

La *finis* ou *centena Roringorum* ou *Roningorum*, dont on présume que Rouvres, *Rovra*, était le chef-lieu, et qui, lors de la formation du *pagus Oscarensis*, fut détachée de l'Attouar. 844 et 880. *Cart. de Saint-Bén.* n°s 51, 94. — 876, 881, 884, 897. Pérard, p. 53, 59, 159. — 936.

---

[1] Tous les monuments de l'église de Châlon que j'ai consultés ne font pas remonter les archidiaconés de ce diocèse au delà du milieu du Xe siècle. (*Gall. christ.* tom. IV, col. 948.)

Cart. de Saint-Étienne, c. 28. Sennecy, Norges, Morveau, Barges, etc. relevaient de cette première *centena*.

La *finis Longoviana*, dont j'ai donné l'étendue à l'article du *pagus Divionensis*. 846. Pérard, p. 146. — Cart. de Saint-Bén. n°⁵ 60, 77, 78. — 913. Cart. de Saint-Ét. c. 28.

La *finis Norviensis*, de Norges. 776 et 852. Pérard, p. 11. Cart. de Saint-Bén. n° 49.

La *finis Saciacensis*, de Cessey-sur-Tille. 830. Pérard, p. 18.

La *finis Curtmulnensis*, de Crimolois. 820. Ibid. p. 15.

La *finis Curcellensis*, de Corcelles-lez-Monts.
La *finis Canavensis*, de Chenove. } 827. Pérard, p. 16.
La *finis Flaviniacensis*, de Flavignerot.

La *finis Tremolensis*, de Trimolois. 836. Ibid. p. 18.

La *finis Cadriacensis*, de Charrey. 829. Ibid.

La *finis Marciniacensis*, de Marsannay-la-Côte. 840. Ibid. p. 22.

Le *finis* {*Elariacensis* / *Lariacus*} de Larrey, {841, Ibid. p. 21. / 846, Ibid. p. 144.}

La *finis Dicmes*, de Domois. 849. Ibid. p. 145.

La *finis Cupiacensis*, de Couchey. 846. Ibid. p. 221.

La *finis Bargas*, de Barges. 846. Ibid.

La *finis Briscona*, de Brochon. 878. Cartulaire de Saint-Bénigne, n° 85.

La *finis Tarnensis*, de Tart, qui comprenait le territoire des trois Tart, le village d'Échigey, etc. 860. Pérard.

La *finis Ateias*, d'Athée. 880. Cart. de Saint-Bén. n° 96.

La *finis Aziriacensis*, d'Aiseray. 863 et 869. Cart. de Saint-Bén. n°⁵ 57 et 69.

La *finis Bruciacensis*, de Bressey-sur-Tille. 867. Pérard, p. 47.

La *finis Getliacensis*, de Genlis, 867. Pérard, p. 47.

La *finis Rendvaldensis*, de Remilly. 870. Ibid. p. 149.

La *finis Visiniacensis*. 874. Cart. de Saint-Bén. n° 78.

Le *finis Quintiniacus*, de Quetigny. 876. Pérard, p. 153.

La *finis Gironensis*, de Giron. 879. Cart. de Saint-Bén. n° 86.

Le *finis Rafiacus*, de Ruffey. 886. Pérard, p. 161.

La *finis Fissiascensis*, de Fixey. 923. Cart. de Saint-Ét. c. 33.

Les noms des lieux situés dans le ressort de ce canton, tels qu'ils nous ont été donnés par les chartes, sont:

			Diocèse.	Archidiaconé.
*Iciodorum,	Iseurre.		Châlon.	Oscheret.
*Insalas,	Izier.	763. Pérard, p. 10.	Langres.	Dijon.
*Alziriacum,	Aiserey.		Idem.	Idem.
*Cupiacum,	Couchey.		Idem.	Idem.
*Tremoledum, ou villa Tremolensis.	Cité au premier article.	801. Ibid. p. 47.	Idem.	Idem.
*Nobillacum,	Neuilly.			
*Neiront,	Noiron-lez-Citeaux.		Idem.	Idem.
*Quintiniacum,	Quetigny.	878. Cartul. de S. Bén. n° 85.	Idem.	Idem.
*Oppidum Curtmulnense,	Crimolois.	816. Pérard, p. 19.	Idem.	Idem.
*Poliacum,	Pouilly-lez-Dijon (comm. de Dijon).	822. Ibid.	Idem.	Idem.
Cadriacum,	Charrey.	829. Ibid. p. 19.	Châlon.	Oscheret.
*Mervelcum,	Morveau.	844. Cartul. de S. Bén. n° 49.	Langres.	Dijon.
*Elariacum,	Larrey.	841. Pérard, p. 21.	Idem.	Idem.
*Sparnacum,	Épernay.	834. Gallia Chr. t. IV, pr. col. 131.	Châlon. Langres.	Oscheret. Dijon.
*Fiscinis,	Fixin.			
*Marcenniacum,	Marsannay-la-Côte.	846. Pérard, p. 22.	Idem.	Idem.
*Norvia,	Norges.	852. Cartul. de S. Bén. n° 49.	Idem.	Idem.
*Tiliniacus,	Tillenay.	860. Gallia Chr. t. IV, pr. col. 57.	Châlon.	Oscheret.
*Corcellas,	Corcelles-les-Monts.	866-880. Cart. de Saint-Bénigne, n°ˢ 66, 77, 78, 90.	Idem.	Idem.
*Biciacum, Bicis, Brachum,	Bray (commune de Dijon).	869. Pérard, p. 149.	Langres.	Dijon.
Sarconicum [1],	Carco (comm. de Varois).	869. Ibid.	Idem.	Idem.
Bargas, Mons Paulfi,	Barges, lieu détruit.	873, 949. Ibid. p. 75.	Idem.	Idem.
*Siliciacum ou Siliniacum,	Sennecey.	876. Pérard, p. 152.	Idem.	Idem.
Cavaniacum,	Chevigny.	878. Cartul. de S. Bén. n° 85.	Idem.	Idem.
*Briscona villa.	Brochon.	878. Ibid.	Idem.	Idem.
*Chenevas,	Chenove.	880. Ibid. n°ˢ 88, 89.	Châlon.	Oscheret.
Salgone ou campus Salomonis,	Saulon.	881. Ibid.	Langres.	Dijon.
Ateias,	Athée.	880. Ibid. n° 96.	Châlon.	Oscheret.
*Posthumiacum,	Potangey (commune de Tiserey).	881. Pérard.	Langres.	Dijon.
*Cromatium,	Cromois (comm. de Dijon).	885. Ibid.	Idem.	Idem.

[1] « In Carco fuit villa quæ vocatur Brittonn. » Chart. ms. de Saint-Bén. pag. 49.

			Diocèse.	Archidiaconé.
Aguliacum,	dans le Dijonnais.	886. Pérard, p. 51.	Langres.	Dijon.
Saliacus,	Ibidem.	888. Ibid. p. 52.	Idem.	Idem.
Rufiacum,	Ibidem.	886. Ibid. p. 60.	Idem.	Idem.
Rovra,	Rouvres.	906. Chron. de S. Bén.	Châlon.	Oscheret.
Candooste,	Champdôtre.	925. Tit. de la cathédrale d'Autun.	Idem.	Idem.
Dusmensis villa,	Domois.	944. Cart. de S. Étienne, c. 40.	Langres.	Dijon.
Olgium,	Ouges.	952. Ibid. c. 42.	Châlon.	Oscheret.
Soselgias, ou Chilgis,	Échigey.	860. Pérard.	Langres.	Dijon.
Vedranicas,	Varanges.	973. Ibid.	Idem.	Idem.
Visinnium villa,	Chevigny-Fénay? (comm. de Fénay).	994. Cart. de S. Étienne, c. 52.	Idem.	Idem.
Malliacense castrum,	Mailly.	xe siècle. Chron. de Saint-Bénigne.	Châlon.	Oscheret.
Pulliacum,	Pouilly-sur-Saône.	918. Hist. de Bourg. t. I, pr. p. 16. 1002. Munier, Comtes d'Autun, p. 88.	Idem.	Idem.
Villecta,	Velle, ou Saint-Philibert.	1010. Pérard.	Langres.	Dijon.
Gibriacus,	Gevrey.	1012. Ibid. p. 32.	Idem.	Idem.
Fedenniacum,	Fénay.	1015. Chron. de S. Bén.	Idem.	Idem.
Mollensa villa,	Mailly (?).	1015. Ibid.	Châlon.	Oscheret.
Latona,	Saint-Jean-de-Losne.	1032. Gall. chr. t. IV, col. 883.	Langres.	Dijon.
Faverniacum,	Fauverney.	1045. Pérard.	Idem.	Idem.
Bassiacum,	Bessey-les-Citeaux.	xie siècle. Ibid. p. 85.	Châlon.	Oscheret.
Casneachum,	Chaignot (commune de Varois).	xie siècle. Cart. de Saint-Étienne, c. 78.	Langres.	Dijon.
Colonica villa,	Collonges-Premières.	xie siècle. Chron. de Bèze.	Châlon.	Oscheret.
Bretoniera,	Bretennières.		Idem.	Idem.

III.

PAGUS MAGNIMONTENSIS.

Diocèse de Langres. Archidiaconé de Dijon.
——— d'Autun. ——— de Flavigny.
 ——— de Beaune.

L'ancien pays des Insubriens avait été détaché, sous Auguste, de la cité d'Autun et réuni à celle de Langres[1]. Dévasté

[1] C'est ce changement de cité, du reste assez commun dans la Gaule à cette époque,

tout d'abord, dans les premières incursions des barbares, il semble avoir été repeuplé par les Lètes attuariens que Constance Chlore dispersa dans le Langrois et qui le réunirent à leur territoire [1].

Au ve siècle, lors de la formation des *pagi* bourguignons, il fut détaché de ces *pagi*, et constitua un district particulier. On le nomma *pagus Magnimontensis*, du nom de son chef-lieu, le château de Mémont, qui avait succédé à *Mediolanum*, l'ancienne capitale du pays, détruite dans les dernières guerres [2].

Ce canton, le moins considérable de ceux qui nous occupent, était situé au milieu des montagnes qui envoient leurs eaux aux deux mers. Il avait huit lieues de longueur, et seulement quatre dans sa plus grande largeur. Il était borné, au nord, par la rivière de l'Ignon, qui, de Ponccy à Moloy, le séparait du Duesmois; à l'est, par le Dijonnais; à l'ouest, par l'Auxois, et, au midi, par le *pagus* de Beaune. (Voir la carte.)

Les subdivisions de ce *pagus*, telles qu'elles nous ont été conservées par les chartes, étaient :

La *finis Coionensis*, de Coyon (commune de Sainte-Marie-sur-Ouche). Pérard, p. 36.

La *finis Buceacensis*, de Bussy-la-Pèle. 868. *Cartalaire de Saint-Bénigne*, n° 62.

La *finis d'Alba Terra*. Ibid. n° 81.

La *finis de Blacia*, de Blaisy. *Ibid.*

[1] qui a trompé d'Anville et tous les autres géographes après lui, et qui leur a fait placer les *Insubres*, clients des Éduens, au petit village de Meys, chez les *Segusiani*, autres clients du même peuple. C'est aussi par erreur que Courtépée a placé ce *pagus* parmi ceux qui composaient, au moyen âge, la cité d'Autun. Il doit être rapporté dans celle de Langres.

[1] La plus grande partie de ce même *pagus* ressortissait de l'archidiaconé d'Attouar ou de Dijon, et comprenait les doyennés de Sombernon et de Saint-Seine.

[2] Les magnifiques débris d'antiquités qu'on en exhume tous les jours, et les voies romaines qui sillonnent son territoire, indiquent suffisamment l'importance de ce lieu à l'époque gallo-romaine.

MÉMOIRES PRÉSENTÉS PAR DIVERS SAVANTS. 73

Les localités situées dans la circonscription du *pagus Magnimontensis* étaient les suivantes :

			Diocèse.	Archidiaconé.
Magnimontense castrum.	Mémont.	vi⁰ siècle. *Reomaus*, p. 31.	Langres.	Dijon.
S. Sequanus, Segestrum.	Saint-Seine et Sestre.	vi⁰ siècle. *Ibid.* p. 35.	Idem.	Idem.
		886. *Cartul. de S¹-Seine*, p. 3.	Idem.	Idem.
Valeriacus,	Verrey-sous-Drée.	vi⁰ siècle. *Ibid.* p. 32.	Idem.	Idem.
Floriacum,	Fleurey.	500. Grég. Tur. *Gallia christ.* t. IV, col. 422; *Chron. de S. Bén.* ms^{te}. fol. 9.		
Vallis,	Vaux-sur-Seine.	vi⁰ siècle. *Chr. de S. Bén.* f. 5.	Idem.	Idem.
Campaniacum,	Champagny.	vi⁰ siècle. *Ibid.*	Autun.	Flavigny.
Jussiacum,	Gissey-sur-Ouche.	vi⁰ siècle. *Ibid.*	Langres.	Dijon.
Matriniacum,	Marigny.	vi⁰ siècle. *Ibid.*	Autun.	Beaune.
Barbiriacum,	Barbirey.	vi⁰ siècle. *Ibid.*	Langres.	Dijon.
Tres Valles,	La Bussière.	696. *Gall. chr.* t. IV, pr. col. 43.	Autun.	Beaune.
Taviniacum,	Savigny-sur-Malane.	696. *Ibid.*	Langres.	Dijon.
Coionum,	Sainte-Marie-sur-Ouche.	845. *Recueil de Pérard*, p. 143.	Idem.	Idem.
Caramannum ou Carentiacum.	Charancey.	858. *Gall. Chr.* t. IV, pr. col. 50.	Idem.	Idem.
Alba terra.		875. *Cartul. de S. Bén.* n° 81.	Idem.	Idem.
Blacia ou Blatziacum,	Blaisy.	875. *Ibid.*	Idem.	Idem.
Quinque Fontes,	Cinqfous (comm. de Vaux-Saules).	886. *Cartul. de S¹-Seine*, n° 3.	Idem.	Idem.
Podentiacum ou Ponciacum,	Poncey.	880. *Ibid.*	Idem.	Idem.
S. Hylarius,	Saint-Hélier.	880. *Ibid.* n° 4.	Idem.	Idem.
Sembernon,	Sombernon.	1010. *Chroniq. de Saint-Bén.*	Idem.	Idem.
Turciacum,	Turcey.	Vers 1040. *Recueil de Pérard*, p. 184.	Idem.	Idem.
Mediolanum,	Malain.	1075. *Hist. de la Maison de Vergy*, pr. p. 80.	Idem.	Idem.
Anceium,	Ancey.	x⁰ siècle. *Cartul. de Saint-Marcel.*	Idem.	Idem.
Villa de Ponto,	Pont-de-Pany (commune de Sainte-Marie).	xi⁰ siècle. *Courtépée*, t. VI, p. 172.	Idem.	Idem.

			Diocèse.	Archidiaconé.
Frigida Villa [1],	Froideville (commune de Crugey).	1004. *Chron. de S. Bén.*	Langres.	Dijon.
Bucego,	Bussy-la-Pèle (?).	868. *Cartul. de S. Bén.* n° 62.	Idem.	Idem.

V.

PAGUS LATISCENSIS.

Diocèse de Langres. Archidiaconé de Barrois.
————— de Tonnerre.

La contrée qui reçut le nom de *pagus Latiscensis*, et qui, avant la conquête romaine, faisait déjà partie de la république des Lingons, fut maintenue dans la circonscription de cette cité lors de la division administrative qui suivit. Comme elle avait été dévastée dans la guerre des trente tyrans (269), Constance Chlore y envoya ses milices létiques, aussi bien que dans l'Attouar. Ces milices étaient quelques débris des tribus barbares vaincues à Langres, et auxquelles nos auteurs attribuent la reconstruction de *Landunum*, ancienne capitale du pays, et la fondation de la ville de *Latiscum* et du *castrum* de Châtillon-sur-Seine [2].

Après l'établissement des Bourguignons, ce canton ne subit aucune modification dans son étendue, et conserva même son nom de *Latiscensis*, du nom de son chef-lieu, le château de *Latiscum* ou Roussillon, qui avait succédé à la ville de *Landunum*, détruite dans les dernières invasions.

Sous le règne de Charles le Chauve, le *pagus Latiscensis*, qui comprenait dans son ressort tout l'archidiaconé de Bar-sur-Seine et une partie de celui de Tonnerre, fut divisé en deux parties. La partie située au nord prit le nom de *pagus*

---

[1] Ce lieu doit être reporté dans le *pagus Belnensis*.

[2] Gust. Lapérouse, *Histoire de Châtillon*, tom. I, pag. 42, 55 et suiv.

Barrensis, de Bar-sur-Seine, son chef-lieu[1], et forma plus tard le comté féodal, qui, après avoir eu des comtes indépendants, fut réuni à la couronne de France par le mariage de Jeanne de Champagne avec Philippe le Bel.

L'autre partie conserva son nom de Lassois jusqu'à la création des bailliages, et fut alors partagée entre le Tonnerrois et le Châtillonnais.

Avant son démembrement, le canton de Lassois occupait tout le pays situé entre les *pagi* de Parthois, *Partensis*, *Portensis*; de Brienne, *Brionensis*; de Tonnerre, *Tornodorensis*; de Duême, *Duesmensis*, et de Langres, *Lingonensis*. Courtépée, en lui assignant pour limites Châtillon et Bar, d'un côté, Pothières et Montigny, de l'autre, s'est singulièrement mépris sur son étendue, qui, à en juger par les chartes, était beaucoup plus considérable. Si l'on consulte la nomenclature des lieux renfermés dans ce district, on verra qu'il s'étendait sur une longueur de plus de treize lieues, depuis les sources de l'Ource jusqu'au dessous de Bar-sur-Seine, et qu'entre Laignes et la rivière d'Ource, comme entre Montigny et Lignerolles, il avait une largeur de plus de huit lieues.

NOMS DES LIEUX SITUÉS DANS LE RESSORT DU *PAGUS LATISCENSIS*.

			Diocèse.	Archidiaconé.
Castellio,	Châtillon-sur-Seine.			
Marcennacum,	Marcenay.	vi° siècle. Vignier, *Chron. de Langres*, p. 59.	Langres.	Lassois.
Posciacum,	Poinson-le-Larrey.	632. Pérard, p. 7.	Idem.	Idem.
Fons Lagnis,	Laignes.	632. Ibid.	Idem.	Tonnerre.

[1] Courtépée, à l'article de ce *pagus*, mentionne un capitulaire de 853, qui le place entre *Pertusium* et *Canusium*; le partage de Lothaire en 870, qui le met entre *Odornense* et *Portense*; Nithard, qui, dans son livre I*er*, lui donne pour confins *Partense* et *Brionense*; et enfin la donation d'Alberic, archidiacre du Barrois, qui, en 935, appelle ce canton *pagus Barralbulensis*.

			Diocèse.	Archidiaconé.
*Villa Mauriani,	Ville-Morien.	723. Hist. de Bourg. t. I, pr. p. 1.	Langres.	Lassois.
			Idem.	Idem.
*Alta Ripa,	Ricey-Hauterive.	723. Ibid.	Idem.	Idem.
*Baniolos,	Bagneux.	723. Ibid.	Idem.	Idem.
*Pultariæ.	Pothières.	868. Cartul. de l'abb. de Pothières, fol. 1.	Idem.	Idem.
*Lareium,	Larrey.	ix° siècle. Miracles de S. Germ.	Idem.	Idem.
*Villa,	Villotte-sur-Ource.	ix° siècle. Pérard, p. 59.	Idem.	Idem.
*Monteniacum,	Montigy sur-Aube.	ix° siècle. Cart. de la cath. de Langres.	Idem.	Idem.
Lentinus.	"	879. Hist. de Vergy, pr. p. 12.	Idem.	Idem.
*Garvolæ,	Gevrolles.	ix° siècle. Cart. de la cath. de Langres.	Idem.	Idem.
*Vitriacus,	Village détruit près Montigny.	ix° siècle. Ibid.	Idem.	Idem.
*Crispantum,	Crépan.	ix° siècle. Ibid.	Idem.	Idem.
Ristiacus,	Ricey.	1005. S. Bernardi Genus.	Idem.	Idem.
Pauliacum,	Poilly.	1005. Ibid.	Idem.	Tonnerre.
Mons Leulfus,	Montliot.	1075. Cart. de Molême.	Idem.	Lassois.
Granciacus,	Grancey-sur-Ource.	1076. Ibid.	Idem.	Idem.
S. Colomba,	Sainte-Colombe-sur-Seine.	1097. Ibid.	Idem.	Idem.
Calvus Mons,	Chaumont.	1097. Ibid.	Idem.	Idem.
Chanretum,	Charrey.	1097. Ibid.	Idem.	Idem.
Hostris Curtis,	Autricourt.	1099. Ibid.	Idem.	Idem.
Vacua Silva,	Veuxhaulles.	1099. Ibid.	Idem.	Idem.
Verteolum,	Vertaut.	1081. Ibid.	Idem.	Tonnerre.
Molismum,	Molème.	1075. Ibid.	Idem.	Idem.
Fulcheriensis villa,	Fouchères.	1097. Ibid.	Idem.	Idem.
Leesmum,	Louême.	1083. Ibid.	Idem.	Lassois.
Ceriliacum,	Cerilly.	1006. Ibid.	Idem.	Tonnerre.
Linerolis,	Lignerolles.	1097. Ibid.	Idem.	Lassois.
*Gaiacum,	Gié-sur-Seine.	Hist. d'Aux. t. 1, p. 207.	Idem.	Idem.
S. Benignus,	Saint-Broing-les-Moines.	1097. Cart. de Molême.	Idem.	Idem.
Banciacum,	Buncey.	880. Cart. de Saint-Bén. n° 96.	Idem.	Tonnerre.
Fontana,	Fontaine-les-Sèches.	880. Ibid.	Idem.	Idem.

Barrensis, de Bar-sur-Seine, son chef-lieu[1], et forma plus tard le comté féodal, qui, après avoir eu des comtes indépendants, fut réuni à la couronne de France par le mariage de Jeanne de Champagne avec Philippe le Bel.

L'autre partie conserva son nom de Lassois jusqu'à la création des bailliages, et fut alors partagée entre le Tonnerrois et le Châtillonnais.

Avant son démembrement, le canton de Lassois occupait tout le pays situé entre les *pagi* de Parthois, *Partensis*, *Portensis*; de Brienne, *Brionensis*; de Tonnerre, *Tornodorensis*; de Duême, *Duesmensis*, et de Langres, *Lingonensis*. Courtépée, en lui assignant pour limites Châtillon et Bar, d'un côté, Pothières et Montigny, de l'autre, s'est singulièrement mépris sur son étendue, qui, à en juger par les chartes, était beaucoup plus considérable. Si l'on consulte la nomenclature des lieux renfermés dans ce district, on verra qu'il s'étendait sur une longueur de plus de treize lieues, depuis les sources de l'Ource jusqu'au-dessous de Bar-sur-Seine, et qu'entre Laignes et la rivière d'Ource, comme entre Montigny et Lignerolles, il avait une largeur de plus de huit lieues.

NOMS DES LIEUX SITUÉS DANS LE RESSORT DU *PAGUS LATISCENSIS*.

			Diocèse.	Archidiaconé.
Castellio,	Châtillon-sur-Seine.			
Marcennacum,	Marcenay.	VIe siècle. Vignier, *Chron. de Langres*, p. 59.	Langres.	Lassois.
Posciacum,	Poinson-le-Larrey.	632. Pérard, p. 7.	Idem.	Idem.
Fons Lagnis,	Laignes.	632. Ibid.	Idem.	Tonnerre.

[1] Courtépée, à l'article de ce *pagus*, mentionne un capitulaire de 853, qui le place entre *Pertusium* et *Canusium*; le partage de Lothaire en 870, qui le met entre *Odornense* et *Portense*; Nithard, qui, dans son livre Ier, lui donne pour confins *Partense* et *Brionense*; et enfin la donation d'Albéric, archidiacre du Barrois, qui, en 935, appelle ce canton *pagus Barralbulensis*.

			Diocèse.	Archidiaconé.
*Villa Mauriani,	Ville-Morien.	723. Hist. de Bourg. t. I, pr. p. 1.	Langres. Idem.	Lassois. Idem.
*Alta Ripa,	Ricey-Hauterive.	723. Ibid.	Idem.	Idem.
*Baniolos,	Bagneux.	723. Ibid.	Idem.	Idem.
*Pultariæ.	Pothières.	868. Cartul. de l'abb. de Pothières, fol. 1.	Idem.	Idem.
*Lareium,	Larrey.	IXe siècle. Miracles de S. Germ.	Idem.	Idem.
*Villa,	Villotte-sur-Ource.	IXe siècle. Pérard, p. 59.	Idem.	Idem.
*Monteniacum,	Montigy sur-Aube.	IXe siècle. Cart. de la cath. de Langres.	Idem.	Idem.
Lentinus,	"	879. Hist. de Vergy, pr. p. 12.	Idem.	Idem.
*Garvolœ,	Gevrolles.	IXe siècle. Cart. de la cath. de Langres.	Idem.	Idem.
*Vitriacus,	Village détruit près Montigny.	IXe siècle. Ibid.	Idem.	Idem.
*Crispantum,	Crépan.	IXe siècle. Ibid.	Idem.	Idem.
Ristiacus,	Ricey.	1005. S. Bernardi Genus.	Idem.	Idem.
Pauliacum,	Poilly.	1005. Ibid.	Idem.	Tonnerre.
Mons Leulfus,	Montliot.	1075. Cart. de Molême.	Idem.	Lassois.
Granciacus,	Grancey-sur-Ource.	1076. Ibid.	Idem.	Idem.
S. Colomba,	Sainte-Colombe-sur-Seine.	1097. Ibid.	Idem.	Idem.
Calvus Mons,	Chaumont.	1097. Ibid.	Idem.	Idem.
Chanretum,	Charrey.	1097. Ibid.	Idem.	Idem.
Hostris Curtis,	Autricourt.	1099. Ibid.	Idem.	Idem.
Vacua Silva,	Veuxhaulles.	1099. Ibid.	Idem.	Idem.
Verteolum,	Vertaut.	1081. Ibid.	Idem.	Tonnerre.
Molismum,	Molême.	1075. Ibid.	Idem.	Idem.
Fulcheriensis villa,	Fouchères.	1097. Ibid.	Idem.	Idem.
Leesmum,	Louême.	1083. Ibid.	Idem.	Lassois.
Ceriliacum,	Cerilly.	1006. Ibid.	Idem.	Tonnerre.
Linerolis,	Lignerolles.	1097. Ibid.	Idem.	Lassois.
*Gaiacum,	Gié-sur-Seine.	Hist. d'Aux. t. 1, p. 207.	Idem.	Idem.
S. Benignus,	Saint-Broing-les-Moines.	1097. Cart. de Molême.	Idem.	Idem.
Banciacum,	Buncey.	880. Cart. de Saint-Bén. n° 96.	Idem.	Tonnerre.
Fontanà,	Fontaine-les-Sèches.	880. Ibid.	Idem.	Idem.

VI.

PAGUS TORNODORENSIS.

Diocèse de Langres.   Archidiaconé de Tonnerre.

Le petit nombre de documents que j'ai pu rassembler sur ce *pagus* ne me permettant pas de le décrire d'une manière aussi complète que les précédents, je me bornerai à donner un extrait de la notice que Courtépée lui a consacrée, et à rappeler les limites qui le séparaient du reste de la Bourgogne.

Le *pagus Tornodorensis* était, non-seulement le canton le plus anciennement connu par les chartes, mais encore l'un des plus considérables et des plus importants de ceux qui composaient l'ancien royaume des Bourguignons. Chef-lieu d'un des principaux archidiaconés de Langres, il comprenait presque toute l'étendue de l'élection qui lui succéda, et avait, au dire de Courtépée, quatorze lieues du sud au nord, de Moutier-Saint-Jean à Héry, et huit de Chablis à Molême.

A l'époque de l'établissement du duché de Bourgogne, le comté de Tonnerre, de même que le Langrois, se sépara de la métropole et devint indépendant. Plus tard, il entra dans la composition de la province de Champagne et de la généralité de Paris.

Les limites qui séparaient ce *pagus* de ceux qui précèdent étaient les villages de Griselles, Laignes, Fontaines-les-Sèches, ces deux derniers dépendants du Lassois; Touillon et Fain, qui appartenaient au pays d'Auxois; puis, Grignon, Lantilly et Jeux, qui allaient jusqu'au Serain, et séparaient encore, de ce côté là, le Tonnerrois de l'Auxois.

Enfin, parmi les lieux situés dans ce ressort et dont les noms ont été ignorés de Courtépée, je rapporterai les suivants:

			Diocèse.	Archidiaconé.
Jeccus,	Jeux.	841. Dom Bouq. t. VIII, p. 376.	Langres.	Tonnerre.
Modelagium,	Molay, près de Noyers.	859. Ibid. p. 555.	Idem.	Idem.
Polosiacus,	Polisy, ou Polizot.	859. Cart. de S. And.	Idem.	Lassois.
Sivriacus,	Sivry.	877. Dom Bouq. t. VIII, p. 667.	Idem.	Tonnerre.
Ateias,	Athie.	877. Ibid.	Idem.	Idem.
Eroia,	Ery.	877. Ibid.	Idem.	Idem.
Commisciacensis finis,	Commissay.	877. Ibid.	Idem.	Idem.
Stolvicus,	Etorvy.	878. Cart. de Saint-Bén. n° 115.	Idem.	Idem.
Ciconias,	Chichée.	878. Ibid.	Idem.	Idem.
Miliciacum,	Melissey.	878. Ibid.	Idem.	Idem.
Valesmensis finis,	Lieu inconnu.	878. Ibid.	Idem.	Idem.
Lantillacum,	Lantilly.	885. Dom Bouq. t. IX, p. 430.	Idem.	Idem.
Curtannacum,	Courtangy.	1070. Reomaus, p. 188.	Idem.	Idem.
Mons Fortis,	Montfort.	1075. Cart. de Molême, t. I, p. 1 et 3.	Idem.	Idem.

CITÉ D'AUTUN.

I.

PAGUS ALSENSIS [1].

Diocèse d'Autun.   Archidiaconé de Flavigny.

La circonscription de ce *pagus*, telle qu'elle nous est tracée par les chartes, avait une étendue bien moins grande que celle du bailliage de Semur, qui lui succéda. Courtépée s'est trompé, d'abord en lui assignant pour limites propres Arnay, Montbar, Époisses et Montréal; ensuite en faisant de l'Avalonnais un démembrement du *pagus Alsensis*. En effet, si l'on examine attentivement tous les documents relatifs aux deux pays, on verra que, depuis un temps immémorial, ils eurent chacun

---

[1] Dérivé d'*Alesia*, *Alexia*, Alise, sur le mont Auxois, et qui en fut longtemps le chef-lieu. On l'appelle aussi *pagus Alisiensis* et *Alesiensis*.

une existence distincte, et que ce prétendu partage de l'Auxois n'eut lieu que pour le pays de Duême, qui fait l'objet du paragraphe suivant.

Quoi qu'il en soit, il résulte de nos recherches, que l'ancien territoire des *Mandubii*, peuples d'Alise, qui occupaient, selon tous les géographes anciens, le pays situé entre le Brevon, la Seine, l'Armançon et ses affluents, les sources de l'Arroux et le Serain, subit, probablement lors de l'invasion des Bourguignons, de grands changements dans sa circonscription. Ses limites, jadis fort étendues, se trouvèrent resserrées dans l'espace que je vais décrire, toujours d'après nos chartes.

Au nord, par suite de la création du pays de Duême, les bornes de l'Auxois ayant été reportées du Brevon au ruisseau de Lavaux, cette petite rivière qui, depuis Blessey jusqu'à Frolois, le séparait du pays de Mémont, et les rivières de Brenne et de l'Oze, jusqu'à Fain-lez-Montbar, point extrême du diocèse d'Autun, devinrent, de ce côté-là, les limites du *pagus Alsensis*.

A l'ouest, il fut borné par le pays de Tonnerre, qui le côtoyait par Grignon, Lantilly, Villaines, Jeux et Vic-Chassenay, jusqu'à la rivière de Serain, qui le séparait de l'Avalonnais, et dont il remontait le cours jusqu'au village de Missery. De là, il allait droit sur Mimeure, puis sur Musigny, Chaudenay et Pouilly, d'où il regagnait Blessey en longeant le pays de Mémont, à l'est, par Marcilly, Villy et Verrey-sous-Drée [1].

Les seules subdivisions de ce *pagus* que j'aie pu retrouver, sont:

L'*Ager Bornacensis*, de Bornay, qui comprenait Flavigny et ses hameaux. Année 723. *Hist. de Bourg.* t. I, pr. p. 1.

---

[1] Voir la carte.

La *finis Pauliacensis*, de Pouilly-en-Auxois, qui s'étendait à Essey, Missery et Saizerey. 723. *Hist. de Bourg.* t. I, pr. p. 1.
La *finis Vaverensis*, de Vèvre. 748. *Cart. de Flav.* p. 42.
La *finis Sarmatiensis*, de Salmaise. ⎫ 862. *Cartul. de Saint-Bén.*
La *finis Vitriacensis*, de Verrey-sur-Salmaise. ⎭ n° 55.
La *finis Magnacensis*, de Magny-la-ville, qui comprenait *Villa Restenso*. *Hist. de Vergy*, pr. p. 21.

NOMS DES LIEUX SITUÉS DANS CE *PAGUS*.

			Diocèse.	Archidiaconé.
Alesia,	Alise, ou Sainte-Reine.		Autun.	Flavigny.
Bornadum,	Bornay (com. de Flavigny).		Idem.	Idem.
Flaviniacum,	Flavigny.		Idem.	Idem.
Gessiacum,	Gissey-sous-Flavigny.	723. *Histoire de Bourg.*	Idem.	Idem.
Miseriacum,	Missery.	t. I, pr. p. 1-3.	Idem.	Idem.
Aciacum.	Essey.		Idem.	Idem.
Cerisiacum,	Saizeray (commune de Missery).		Idem.	Idem.
Darsiacum,	Darcey.		Idem.	Idem.
Anderaitum [1],	Orret.		Idem.	Idem.
Aguniacum,	Eugny, lieu détruit.		Idem.	Idem.
Pruiniacum,	Prugny (commune de Flavigny).		Idem.	Idem.
Monticellis,	Montcel, lieu détruit.		Idem.	Idem.
Ceresium,	Lieu inconnu.	723 et 748. *Testam.* de	Idem.	Idem.
Levericicum,	Lieu inconnu.	Widrad. *Histoire de*	Idem.	Idem.
Luviniacum ou *Luguniacum*,	Leugny (commune de Flavigny).	*Bourg.* t. I, pr. p. 1.	Idem.	Idem.
Cadonatum,	Chassey.		Idem.	Idem.
Sinemurum,	Semur.		Idem.	Idem.
Polliniacum,	Pouillenay.		Idem.	Idem.
Magnacum,	Magny-la-Ville.		Idem.	Idem.
Cliraium,	Clirey.	748. *Cart. de Flav.* p. 30.	Idem.	Idem.
Myardum.	Myard.	⎫ 755. *Ibid.* p. 33.	Idem.	Idem.
Safra,	Saffres.	⎭	Idem.	Idem.
S. Euphroini fanum,	Saint-Euphrône.	VIII° siècle. Dom Viole, *Hist. de Ste-Reine*, pr.	Idem.	Idem.
Widiliacum,	Villy-en-Auxois.		Idem.	Idem.
Vabra,	Vesvres-lez-Vitteaux.	⎫ 841. Dom Bouq. t. VIII,	Idem.	Idem.
Flexus,	Flée.	⎬ p. 376.	Idem.	Idem.
Mansionile.	Lieu inconnu.	⎭	Idem.	Idem.

[1] Ce village, ainsi que celui de *Monticelli*, fut plus tard incorporé dans le Duêmois.

			Diocèse.	Archidiaconé.
*Blanziacum,	Blancey.	855. Dom Bouq. t. VIII, p. 540.	Autun.	Flavigny.
Tillidum,	Til-en-Auxois.	858. Gall. chr. t. IV, pr. col. 50.	Idem.	Idem.
*Sarmatia,	Salmaise.	862. Cart. de Saint-Bén. n° 55.	Idem.	Idem.
*Vitriacum,	Verrey-sur-Salmaise.		Idem.	Idem.
Mariniacum,	Marigny-le-Cahouet.	883. Dom Bouq. t. IX, p. 430.	Idem.	Idem.
Gyssiacum,	Gissey-le-Vieux.	886. Cartul. de Saint-Seine, fol. 3-4.	Idem.	Idem.
Meletum,	Meilly.		Idem.	Idem.
Munellum,	Munois (comm. de Darcey).		Idem.	Idem.
Buxus,	Boux.		Idem.	Idem.
*Solicia,	Soussey.		Idem.	Idem.
*Prasiliacum,	Prusilly (comm. de Boux).		Idem.	Idem.
*Villa Restenso,	Lieu détruit, sur le territoire de Magny.	897. Hist. de Vergy, pr. p. 21.	Idem.	Idem.
*Puliacus.	Pouilli-en-Auxois.	901. Gall. chr. t. IV, pr. col. 67.	Idem.	Idem.
Dusiacum,	Dracy (?).	924. Gall. christ. t. IV, col. 439, et pr. col. 71; D. Bouq. t. IX, p. 563.	Idem,	Idem.
*Vutellum,	Vitteaux.	992. Hist. de Bouygny, t. I, pr. p. 24. Cart. de Flavigny.	Idem.	Idem.
Marsiliacum,	Marcilly-lez-Vitteaux.		Idem.	Idem.
*Massingiacum,	Massingy-lez-Vitteaux.		Idem.	Idem.
*Jaliacum,	Jailly.		Idem.	Idem.
*Alta Rocha,	Haute-Roche.		Idem.	Idem.
*Fanum,	Fain-lez-Montbar.		Idem.	Idem.
*Scitiacum,	Cessey-lez-Vitteaux.		Idem.	Idem.
Musiniacum,	Musigny.	993. Tit. de la cathédrale d'Autun.	Idem.	Idem.
*Villa Normedis,	Normier.	x° siècle. Chron. de S. Bén.	Idem.	Idem.
Rocca Vanelli,	La Roche-Vanneau.	x° siècle. Tit. de l'abb. de S¹-Seine.	Idem.	Idem.
*Castrum Grinio,	Grignon.	1000. Hist. de Vergy, pr. p. 50.	Idem.	Idem.
Dompna Petra,	Dampierre-en-Montagne.	1012. Gall. chr. t. IV, col. 378.	Idem.	Idem.
*Rowosa Aqua,	Ravouse (comm. de Sainte-Reine).	1034 et 1085. Cart. de Flavigny.	Idem.	Idem.
Juliacus,	Juilly-les-Semur.	1040. Reomaus, p. 188.	Idem.	Idem.
Naaliacus,	Nailly (c°. de Flavigny).	1002. Hist. de Vergy, pr. p. 44.	Idem.	Idem.
*Villa Balderici,	Saint-Beury.	1075. Cart. de Flavigny.	Idem.	Idem.
Veliniacum,	Velogny.	xı° siècle. Chr. de S. Bén.	Idem.	Idem.
Corcellis,	Courcelles-lez-Semur.	xı° siècle. Chron. de Bèze.	Idem.	Idem.

II.

PAGUS DUESMENSIS.

Diocèse d'Autun.   Archidiaconé de Flavigny.
Diocèse de Langres.   ——————— de Dijon.
　　　　　　　　　　——————— de Tonnerre.

Ce *pagus*, qui prit son nom du château de Duême, *Dusmisus, Duismum, Duisme castrum*, son chef-lieu, n'était probablement, avant le viiie siècle, qu'une *centena* du *pagus Alsensis*, qu'on en détacha pour former un nouveau district.

Il est fait mention du *pagus Duesmensis* pour la première fois, en 723, dans le testament de Widradus, fondateur de l'abbaye de Flavigny[1], où sont mentionnés les villages de Savoisy, Coulmier et Bellenod, comme dépendants de cette circonscription. Le même Widradus nomme encore ce *pagus* dans son codicile de 748, et y place les lieux d'Orret et de Montcel, que le testament de 723 rattachait à l'Auxois; ce qui donne lieu de croire que c'est vers cette époque que ce district reçut sa dernière organisation.

Cependant, quoique formant un canton séparé de l'Auxois, le Duêmois n'eut jamais de comte particulier. Il resta, comme par le passé, sous le gouvernement des comtes d'Auxois, qui s'intitulaient encore au commencement du xie siècle *administratores reipublicæ comitatus Alsiensis atque Duesmensis*[2].

Quant à sa circonscription, elle témoigne combien peu, à l'époque où elle fut fixée, on se préoccupait des limites diocésaines. En effet, si l'on jette les yeux sur notre carte, on verra que le *pagus Duesmensis*, qui dépendait pour la plus grande partie du diocèse d'Autun et de l'archidiaconé de Flavigny,

---
[1] *Histoire de Bourgogne*, t. I, pr. pag. 1 et suiv. — [2] *Hist. de Vergy*, pr. pag. 44.

débordait encore, à l'est, sur celui de Dijon, et à l'ouest sur celui de Tonnerre, qui tous deux relevaient de l'évêché de Langres.

Le *pagus Duesmensis* était borné, au nord, par la Seine et le Brevon, qui le séparaient du Lassois; à l'ouest par le pays de Tonnerre; à l'est par les sources de la Seine, de l'Ignon et des Tilles, au delà desquelles commençaient le Dijonnais et le pays de Mémont; enfin, au midi, par le *pagus Alsensis*.

La *finis Baiodrensis*, de Barjon, est la seule subdivision de ce district que les chartes nous fassent connaître (Pérard, p. 156).

Les lieux qui faisaient partie de ce *pagus* sont :

			Diocèse.	Archidiaconé.
Duisme castrum,	Duême.		Autun.	Flavigny.
Stafiacum,	Savoisy.	723 et 748. *Test. et codic.*	Langres.	Tonnerre.
Columbarium,	Coulmier-le-Sec	de *Widradus*; Dom	Idem.	Idem.
Vulnonecum,	Bellenod.	Plancher, *Histoire de*	Autun.	Flavigny.
Puteoli,	Poiseul-la-Ville.	*Bourg.* t. I, pr. p. 1	Idem.	Idem.
Anderatum,	Orret.	et suiv.	Idem.	Idem.
Monticellis,	Monteil, détruit, près de Jugny (c⁰ de Chanceaux).		Idem.	Idem.
Bajodrum,	Barjon.	878. Pérard, p. 156.	Langres.	Dijon.
Obtemariacum,	Lieu inconnu.	748. Cart. de Flavigny, p. 38.	Idem.	Idem.
Origniacum,	Origny.	841. Dom Bouq. t. VIII, p. 377.	Idem.	Idem.
Pratum Galandi.	Préjelan (c⁰ de Salives).	768. Cart. de Flavigny, p. 28.	Idem.	Idem.
Cancellum,	Chanceaux.	841. Dom Bouq. t. VIII, p. 377.	Autun.	Flavigny.
Nova Villa.	La Villeneuve.	877. Cart. de Flavigny, p. 73.	Idem.	Idem.
Lucennacum,	Lucenay.	883. Bouq. t. IX, p. 430.	Idem.	Idem.
Impyliriacum,	Ampilly-lez-Bordes.		Idem.	Idem.
Juviniacum,	Jugny (comm. de Chanceaux ou de Billy).	886. Cart. de S*t*-Seine.	Idem.	Idem.
Blaciniacum,	Blessey.		Idem.	Idem.
Saniacum,	Seigny.		Idem.	Idem.
Frodesium,	Frolois.		Idem.	Idem.

			Diocèse.	Archidiaconé.
Fontanas,	Fontaine-en-Duémois.	992. *Histoire de Bourg.* t. I, pr. p. 24.	Autun.	Flavigny.
Belrubrim,	Lieu inconnu.	995. *Cartul. de Flavigny,* p. 98.	Idem.	Idem.
Cella de Belloco,	Beaulieu.	1006. *Ibid.*	Idem.	Idem.
Balcolos,	Lieu inconnu.	1000. *Ibid.* p. 105.	Idem.	Idem.
Capella S. Germani,	Saint-Germain-la-Fouille.	1004. *Hist. de Vergy.* pr°. p. 44 et 51.	Idem.	Idem.
Empilles Siccus,	Ampilly-le-Sec.	1005. Pérard, p. 170.	Langres.	Tonnerre.
Cuminiacum,	Quemigny-sur-Seine.	1099. *Cart. de Molême,* p. 3.	Autun.	Flavigny.
Villena,	Villaine-en-Duémois.	1004. *Hist. de Vergy.*	Idem.	Idem.

III.

PAGUS BELNENSIS.

Diocèse d'Autun. Archidiaconé de Beaune.
——————— de Flavigny.

Le *pagus Arebrignus,* dont j'ai rapporté plus haut l'étendue, ayant disparu avec l'organisation romaine, son territoire morcelé rentra dans la composition des nouveaux districts que les Bourguignons substituèrent aux *pagi* d'ancienne formation, peu après leur établissement définitif dans nos contrées. Le pays renfermé entre la Vouge, la voie de Châlon, la Deheune et la Saône (*planities usque ad Ararim porrecta,* dans Eumène) fut alors réuni à l'Attouar. D'autres petits territoires furent incorporés dans le Mémontois et l'Auxois; avec le reste on forma la division territoriale qui prit le nom de *pagus Belnisus* ou *Belnensis,* dérivé de *Belnum castrum,* le château gallo-romain de Beaune, qui en devint la capitale.

Ce canton, l'un des plus importants de ceux qui composèrent l'ancienne Bourgogne, avait, du nord au midi (de la Deheune à Panthiers), huit lieues d'étendue, et dix de l'est à l'ouest (de Voudenay à la voie de Châlon). Il était borné, au nord et à l'est, par les *pagi* de Dijon et d'Ouche; à l'ouest, par ceux d'Auxois et de Mémont; au midi, d'abord par la Deheune, qui de Santenay à Palleau le séparait du comté de Châlon, puis de ce premier village à Voudenay, par Nolay, Thury et Viévy, au delà desquels commençait le pays d'Autun [1].

Les subdivisions de ce *pagus* conservées par les chartes, sont :

La *finis Maliacensis*, de Meuilley, qui comprenait Villers-la-Faye, Magny, etc. 761. Pérard, p. 9.

La *finis Cossiniacensis*, de Cussigny, qui s'étendait sur tous les villages placés entre Vernois et Boncourt. 800. *Chron. de Saint-Bén.*

La *finis Seciliacensis*, de Serrigny. } 875. *Cart. de Saint-Bén.* n° 81.
La *finis Manniacensis*, de Magny. }

La *finis Nantuacensis*, de Nantoux. }
La *finis Mascliniacensis*, de Maligny. } 877. Munier, *Hist. des comtes d'Autun*, p. 93.
La *finis Noviliacensis*, de Nolay. }

Il comprenait dans sa circonscription les villes et villages suivants :

			Diocèse.	Archidiaconé.
Belnum castrum,	Beaune.		Autun.	Beaune.
Gilliacus,	Gilly.	VIe siècle. *Hist. de l'abb. de Saint-Germain-des-Prés*, pr.	Idem.	Idem.
Vaona,	Vosne.	600. *Chron. de Bèze.*	Idem.	Idem.
Hauriacum,	Aloxe.	696. *Gall. Chr.* t. IV, pr. col. 43.	Idem.	Idem.
Bivagum,	Bécoup (c[e] d'Aubaine).		Idem.	Idem.
Solempiacum ou *Simpiniacum*,	Sampigny (Saône-et-Loire).	IXe siècle. *Cart. d'Autun*.	Idem.	Idem.
Sinovineas,	Sauvignes, village détruit entre Beaune et Savigny.	723. *Hist. de Bourgogne*, t. I, pr. p. 1.	Idem.	Idem.
Matronecum,	Merceuil.		Idem.	Idem.
Villare,	Villers-le-Faye.	761. Pérard, p. 9.	Idem.	Idem.
Villa Cossiniacensis,	Cussigny.	800, 875. *Chroniq. de S. Bén.* et *Cart.* n° 81.	Idem.	Idem.
Villa Godoleni Curtis,	Corgoloin.	834. *Gall. chr.* t. IV, pr, col. 131.	Idem.	Idem.

[1] Voir la carte.

			Diocèse.	Archidiaconé.
Veronna,	Varennes.		Autun.	Beaune.
Villa Cortis Geingulfi.	Corgengoux.		Idem.	Idem.
Puteolus,	(Palleau (Saône-et-Loire).		Châlon.	Oscheret.
	(Poiset (comm. de Détain).	852. *Cart. de S. Andoche*	Autun.	Beaune.
Bullientes,	Bouilland.	*d'Autun,* dans *Bibl. de*	Idem.	Idem.
Torciacus,	Torcy, ou Thorey.	*l'École des Chartes,* t. I,	Idem.	Idem.
Cancelladus,	Chanceley (commune de Bessey-la-Cour).	p. 209 et suiv.	Idem.	Idem.
Calciacus,	Chelsey (c° de Sussey).		Idem.	Idem.
Orcadus.	Orches (c° de Beaubigny).		Idem.	Idem.
Lollus,	Vernois.	901. *Chron. de S. Bén.*	Idem.	Idem.
Sentennacum,	Santenay.	858. *Gall. chr.* t. IV, pr. col. 52.	Idem.	Idem.
Varnedum.	Lejeune, lieu détruit, entre Beaune et Pommard.	*Cartul. de Saint-Andoche,* dans *Bibl. de l'École des Chartes.* t. I, p. 209 et suiv.	Idem.	Idem.
Vetus Vicum,	Viévy.		Idem.	Idem.
Chaton.	Chasson (c° de Magnien).		Idem.	Idem.
Ruminiacum,	Remigny (Saône-et-Loire).		Idem.	Idem.
Vilitta.	Villy.	IX° siècle. *Ibid.* et *Gall. chr.* t. IV, pr. col. 131.	Idem.	Idem.
Givriacum.	Gevrey.		Langres.	Dijon.
Villa Possionis,	Le Puiset (c° de Magnien).	855. Dom Bouq. t. VIII, p. 540.	Autun.	Beaune.
Villa Vasmaro,	Lieu inconnu.		Idem.	Idem.
Nollaicus,	Nolay.	IX° siècle. *Ibid.* et Munier, *Hist. des comtes d'Aut.*	Idem.	Idem.
Nantuacum,	Nantoux.		Idem.	Idem.
Montelium,	Monthelie.	IX° siècle. Dom Bouq. t. VIII, p. 540.	Idem.	Idem.
Maissolium,	Merceuil.	858. *Ibid.* p. 555.	Idem.	Idem.
Arziliacum.	Argilly.	858. *Sæcul. Bened.* IX, p. 2.	Idem.	Idem.
Blancana Curtis,	Comblanchien.	875. *Cart. de Saint-Bén.* n° 81.	Idem.	Idem.
Beliniacum,	Bligny-sur-Ouche.	878. *Gall. chr.* t. IV, pr. col. 68.	Idem.	Idem.
Bovonis Curtis.	Boncourt.	881. *Cart. de Saint-Bén.* n° 101.	Idem.	Idem.
Cassaneas,	Chassagne.	886. *Cart. de S¹-Seine.*	Idem.	Idem.
Carbonum,	Corboin.	886. *Ibid.*	Idem.	Idem.
Rueledum.	Reullée.	Vers 901. *Chronique de S. Bén.*	Idem.	Idem.
Mosciacum,	Moisey.		Idem.	Idem.
Monticellis,	Montceau.		Idem.	Idem.
Mudeliacum,	Meuilley.	920. *Cartulaire de S. Ét.* c. 31.	Idem.	Idem.
Arncias,	Arnay-le-Duc.	920. *Gall. christ.* t. IV, pr. col. 61.	Idem.	Idem.
Saviniacum.	Savigny-sous-Beaune.	936. *Sæcul. Benedict.* IX, p. 936.	Idem.	Idem.

			Diocèse.	Archidiaconé.
*Molesiacum,	Meloisey.	IX° siècle. *Hist. de Poli-	Autun.	Beaune.
		gny*, t. I, p. 143.		
*Marcassolium,	Marcheseuil (paroisse de	IX° siècle. *Hist. de Bourg.*	Idem.	Idem.
	Nolay).	t. I, pr. p. 8.		
*Lusiniacum,	Lusigny.	841. *Chron. de Flavigny.*	Idem.	Idem.
*Crescentiacum,	Créancey.	936. *Hist. de Vergy*, pr.	Idem.	Flavigny.
*Penseidum,	Panthiers.	p. 32.	Idem.	Idem.
Torretum,	Thorey-sur-Ouche.	960. *Arch. de la cathéd.*	Idem.	Beaune.
		d'Autun.		
Bassicum,	Bessey-en-Chaume.	993. *Ibid.*	Idem.	Idem.
*Masliniacum,	Maligny.	993. *Ibid.* et *Lettre de*	Idem.	Idem.
*Bassiacum,	Bessey-la-Cour.	*sainte Béatrix, comtesse*	Idem.	Idem.
Martiacum,	Mercey.	*de Chálon*, p. 199.	Idem.	Idem.
Ambasciacum,	Ebaty.		Idem.	Idem.
Albania,	Aubaine.		Idem.	Idem.
*Grandis Campus,	Grandchamp.		Idem.	Idem.
*Turiacum,	Thury.		Idem.	Idem.
*Grugiacum,	Crugey.		Idem.	Idem.
*Columbarium,	Colombier.		Idem.	Idem.
*Frigida Villa,	Froideville (c° de Crugey).		Idem.	Idem.
*Destagnum,	Détain.	1004. *Chron. de S. Bén.*	Idem.	Idem.
Prisceium,	Prissey.		Idem.	Idem.
*Vivariensis villa,	Veuvey.		Idem.	Idem.
Curtis Romanisca,	Commarain.		Idem.	Idem.
Cadiniacum,	Chaudenay.		Idem.	Idem.
*Millymatum,	Miguot, lieu détruit entre		Idem.	Idem.
	Chassagne et Puligny.			
Cariacum,	Chorey.		Idem.	Idem.
*Polmarcum,	Pommard.	1005. Pérard, p. 24.	Idem.	Idem.
*Valilias,	Évelles (c° de Beaubigny).		Idem.	Idem.
*Villare Bichet,	Villebichot.	1045. *Histoire de Vergy*,	Idem.	Idem.
		p. 70.		
Vuldenaium,	Voudenay.	1083. Courtépée, t. VI,	Idem.	Idem.
		p. 186; Munier, *Hist.*		
		des comt. d'Aut. p. 42.		
Fusciacum,	Fussey.	1085. *Gall. chr.* t. IV,	Idem.	Idem.
		col. 378.		
Marmuræ,	Mimeure.	1088. Courtépée, t. VI,	Idem.	Idem.
		p. 163.		
*Aulaciacum, ou Al-	Auxey.	859. Dom Bouq. t. VIII,	Idem.	Idem.
ciacum,		p. 555; *Gall. chr.* t. IV,		
		col. 439.		
*Cortis Bertaldi,	Combertaut.	1004. Pérard, p. 178.	Idem.	Idem.
*Murrasalt,	Meursaut.	1094. *Gall. christ.* t. IV,	Idem.	Idem.
		col. 384.		

IV.

PAGUS AVALENSIS.

Diocèse d'Autun.   Archidiaconé d'Avallon.

Les documents me manquant pour le pays d'Avallon comme pour celui de Tonnerre, je suis encore obligé de renvoyer à Courtépée. Je ferai cependant observer que cet auteur a dû se tromper en assurant que l'Avallonnais avait été formé d'une partie de l'Auxois. En effet, sans parler ici de la diversité des populations qui habitaient alors ces deux pays, et dont les mœurs et les coutumes différaient et diffèrent encore de nos jours; sans mentionner les limites naturelles qui séparent ces deux contrées, et qui de tout temps ont été respectées même par le clergé, il est hors de doute que, si le territoire des *Mandubii*, petit peuple cantonné autour d'Alise, avait eu l'étendue que Courtépée lui assigne, César et tous les historiens qui l'ont suivi en auraient parlé avec plus de détail qu'ils ne l'ont fait. En second lieu, si l'on réfléchit qu'Avallon est une ville très-ancienne, mentionnée dans les itinéraires romains; placée, comme Châlon et Mâcon, sur une des voies les plus fréquentées des Gaules; que, par cette position, elle a dû devenir de très-bonne heure un grand centre d'activité; que c'était sans doute la résidence d'un magistrat supérieur exerçant son autorité sur la ville et la banlieue; si l'on considère enfin que, dès les premiers temps de la monarchie, l'Avallonnais a figuré parmi les grands districts de la Bourgogne; que l'importance de son chef-lieu lui valut l'honneur de servir de siége à l'un des principaux archidiaconés du diocèse d'Autun, au détriment de la ville sainte de Saulieu, illustrée par un martyre, on croira peut-être avec nous qu'il est bien permis d'hésiter devant l'assertion de Courtépée et de la prendre pour une simple conjecture.

Voici maintenant les limites que j'ai pu fixer au *pagus Avalensis*, d'après le peu de renseignements qui m'étaient fournis par mes chartes.

Au nord, il était borné, depuis Châtel-Censey, aux environs de Noyers, par le comté d'Auxerre et par une partie de celui de Tonnerre ; à l'est, par les villages de Pasilly, Sarry (diocèse de Langres), Thisy, et par la rivière de Serain, qui le séparait du Tonnerrois jusqu'à la limite du diocèse d'Autun, au delà du village de Missery, appartenant au *pagus Alsensis*. A l'ouest, il était borné, depuis Corbigny jusqu'à Châtel-Censey, par la rivière d'Yonne, au delà de laquelle était le Nivernais, qui formait avec l'Autunois sa limite méridionale.

Ainsi, d'après ces indications, la circonscription du *pagus Avalensis* serait beaucoup plus étendue que ne le veut Courtépée ; car il aurait, du nord au sud (de Pasilly à Savilly), quatorze lieues de longueur, et onze en largeur, de l'est à l'ouest (entre Mont-Saint-Jean et Corbigny).

Les noms des lieux situés dans le ressort de ce *pagus* et qui n'ont pas été compris dans la liste de Courtépée, sont :

			Diocèse.	Archidiaconé.
Liscomum,	Lichères.		Autun.	Avallon.
Domsatium,	Domecy-sur-Cure.		Idem.	Idem.
Viriacum,	Lieu inconnu.		Idem.	Idem.
Valentingos.	Item.		Idem.	Idem.
Antonum,	Annoux.		Langres.	Tonnerre.
Villa Crovaria,	Lieu inconnu.		Idem.	Idem.
Juliacum,	Item.	723. *Hist. de Bourgogne*,	Idem.	Idem.
Pagatiacum,	Item.	t. I, pr. p. 1 et suiv.	Idem.	Idem.
Vuldonacum,	Voutenay.		Idem.	Idem.
Careacum.	Lieu inconnu.		Idem.	Idem.
Cappas,	Chappes.		Autun.	Avallon.
Deyantiacum,	Lieu inconnu.		Idem.	Idem.
Casseacum,	Item.		Idem.	Idem.

			Diocèse.	Archidiaconé.
Rioscella,	Lieu inconnu.		Autun.	Avallon.
Palatiolum,	Item.		Idem.	Idem.
Govilis ou *Goilis,*	Guillon.		Idem.	Idem.
in vicaria Ilinia-cense,		723. *Hist. de Bourgogne,* t. I, pr. p. 1 et suiv.	Idem.	Idem.
Sipiciacum,	Lieu inconnu.		Idem.	Idem.
Ariacum,	Item.		Idem.	Idem.
Pramonis,	Item.		Idem.	Idem.
Ormenciacus,	Ormancey (c° du Mont-Saint-Jean).	..... *Cart. de S. Andoche,* dans *Bibl. de l'École des Ch.* t. I, p. 209 et suiv.	Idem.	Idem.
Saviliacum,	Savilly.	858. *Gall. chr.* t. IV, pr. col. 52.	Idem.	Idem.
Urum,	Lieu inconnu.	859. Dom Bouq. t. VIII, p. 553.	Idem.	Idem.
Neriniacum,	Item.	867. *Ibid,* p. 607.	Idem.	Idem.
Ultisiacum,	Thisy.	867. *Ibid.*	Idem.	Idem.
Sussiacum,	Lieu inconnu.	921. *Gall. chr.* t. IV, pr. col. 70.	Idem.	Idem.
Girellas,	Item.	924. Dom Bouq. t. IX, p. 563.	Idem.	Idem.
Pons Alberti,	Pont-Aubert.	IX° siècle. Courtépée, t. VI, p. 31.	Idem.	Idem.
Castellum Montis S. Johannis,	Mont-Saint-Jean.	924.	Idem.	Idem.
Isangiacum,	Isangy.	X° siècle. *Chr. de Flavin.*	Langres.	Tonnerre.

Les autres *pagi* qui formèrent le duché de Bourgogne, mais dont je ne puis reproduire ici la topographie historique, parce qu'ils n'entrent point dans le département de la Côte-d'Or, sont :

Le *pagus Autissiodorensis,* d'Auxerre.
Le *pagus Lingonicus,* de Langres.
Le *pagus Cabilonensis,* de Châlon.
Le *pagus Matisconensis,* de Mâcon.
Le *pagus Augustodunensis,* d'Autun.

EXCERPTA

E VETERIBUS CHARTULARIIS SANCTI BENIGNI SANCTIQUE STEPHANI DIVIONENSIS.

PARS PRIMA.

CHARTULARIUM MONASTERII SANCTI BENIGNI DIVIONENSIS.

I.

Jul. 869. Karolus Calvus rex monasterium Sancti Benigni, ad preces Isaac, Lingonensis episcopi, restaurat, ejusque possessiones confirmat [1].

II.

Mai. 925. Rodulfus, Francorum rex, deprecantibus Gauzelino, Lingonensi episcopo, et Manasse comite, monasterio Sancti Benigni Saciacum villam, abbatiolam Sancti Johannis et mercatum confirmat [2].

III.

1015. Robertus, Francorum rex, Lamberto, episcopo Lingonensi, deprecante, possessiones monasterii Sancti Benigni confirmat [3].

IV.

1038. Raynaldus, Castellionensis dominus, largitur Sancto Benigno ecclesiam Sancti Juliani super fluvium qui dicitur Norgia [4].

[1] *Apud* Pérard, p. 149.
[2] *Ibid.* p. 162.
[3] *Ap.* Duchesne, *Hist. dom. Vergiac.* pr. p. 59.
[4] *Apud* Pérard, p. 186.

V.

Circa 1033. Halinardus, abbas monasterii Sancti Benigni, rescribit Joanni papæ XIX de cœmeterio [1].

VI.

Circa 1033. Ejusdem rescriptum de eodem [2].

VII.

1146. Ludovicus VII, Francorum rex, confirmat abbati et monachis Sancti Benigni omnes libertates et possessiones [3].

VIII.

1036. Bruno, Leucorum episcopus, altaria duo donat cellæ Bertiniacæ Curtis [4].

IX.

1030. Haymo subjicit monasterio Sancti Benigni Divionensi capellam Sancti Flaviani [5].

X.

1031-1052. Otto comes confirmat donationem Aymonis, patris, de abbatia Saxi Fontis [6].

XI.

1050-1065. Rotgerius, dominus Vangionis Rivi, concedit monasterio Sancti Benigni Divionensi cellam Sancti Stephani et capellam castri Vangionis Rivi, coram Harduino, episcopo Lingonensi [7].

XII.

1032. Hugo, Lingonensis episcopus, instituit in ecclesia Sancti Stephani Divionensi canonicos regulares [8].

---

[1] *Apud* Pérard, p. 187.
[2] *Ibid.*
[3] *Ibid.* p. 232.
[4] *Ibid.* p. 185.
[5] *Apud* Pérard, p. 179.
[6] *Ibid.* p. 187.
[7] *Ibid.* p. 194.
[8] *Ibid.* p. 181.

XIII.

992. Girardus, Leucorum episcopus, dat decimas Bertiniacæ Curtis[1].

XIV.

1005. Bertoldus, Leucorum episcopus, dat altaria Algisi et Buciniacæ Curtis[2].

XV.

Idem Bertoldus confirmat superiorem donationem[3].

XVI.

1019-1026. Mandatum Herimanni, Tullensis episcopi, pro ecclesia Algisi Villæ[4].

XVII.

1019-1026. Rescriptum ejusdem episcopi pro eadem ecclesia[5].

XVIII.

1019-1026. Rescriptum ejusdem episcopi ad abbatem monasterii Sancti Urbani, pro libertate ecclesiæ Algisi Villæ[6].

XIX.

1019-1026. Rescriptum ejusdem episcopi ad Stephanum, dominum Novi Castelli, de violatione mansi Algisi Villæ[7].

XX.

1026-1053. Bruno, Leucorum episcopus, consecrat cellam Bertiniacæ Curtis[8].

XXI.

664. Chlotarius III, Francorum rex, confirmat Sancto Benigno donationem Elariaci, quam Guntrannus rex fecerat[9].

[1] *Apud* Pérard, p. 166.
[2] *Ibid.* p. 169.
[3] *Ibid.* p. 170.
[4] *Ibid.* p. 174.
[5] *Ibid.*
[6] *Apud* Pérard, p. 174.
[7] *Ibid.* p. 175.
[8] *Ibid.*
[9] *Ibid.* p. 6.

XXII.

877. Karolus Calvus, imperator, ad preces Bosonis comitis, restituit monasterio Sancti Benigni Longum Vicum villam, in pago Oscarensi, et Albiniacum villam, in pago Portensi [1].

XXIII.

Jul. 869. Idem instrumentum [2] quod supra, n° 1.

XXIV.

1005. Rotbertus, Francorum rex, in obsidione Avallonis castri, confirmat Sancto Benigno cellæque Sancti Stephani Belnensi quasdam res datas ab Ottone, vicecomite Belni castri [3].

XXV.

1006. Rotbertus, Francorum rex, interventu Ottonis, comitis, et Vualterii, episcopi Augustodunensis, confirmat Vuillelmo, abbati Sancti Benigni, locum Puteolum, quem Letbaldus miles concedit ad monachos ibidem constituendos [4].

XXVI.

Jul. 1026. Rodulfus, Burgundionum rex, caldarias duas in villa Salinis, beneficii nomine concessas Ottoni comiti et Rainaldo, filio ejus, et ab ipsis Sancti Benigni monasterio datas, confirmat [5].

XXVII.

993-1032. Rodulfus, Burgundionum rex, confirmat privilegium Hugonis, archiepiscopi Vesontionensis, scriptum in gratiam monasterii Sancti Benigni [6].

XXVIII.

1053. Heinricus, Romanorum imperator, II, rex Burgundionum, I, ad preces Hugonis, archiepiscopi Chrysopolitani, et Agnetis imperatricis,

---

[1] *Apud* Pérard, p. 154.
[2] *Ibid.* p. 149.
[3] *Ibid.* p. 170.
[4] *Apud* Pérard, p. 171.
[5] *Apud Rer. Gall. Script.* t. XI, p. 549.
[6] *Apud* Pérard, p. 181.

confirmat monasterio Sancti Benigni possessiones ejus in regno Burgundionum sitas [1].

XXIX.

579. Godinus et Lantrudis, uxor ejus, concedunt monasterio Sancti Benigni terram suam, nomine Albiniacum, sitam in pago Decollatinensi sive Portuensi [2].

XXX et XXXI.

733. Goyla femina dat Sancto Benigno quicquid habebat in pago Atoariorum, in villa Longoviana [3].

XXXII.

632. Ermenbertus, vir illustris, et Ermenoara, ejus uxor, dant sancto Benigno Masciacum, Posciacum et Fontem Lagnis [4].

XXXIII.

715. Ermenoara, Deo sacrata, confert monasterio Sancti Benigni Ruffiacum villam, in pago Atoariorum sitam [5].

XXXIV.

761. Rocholenus et Ermena, uxor ejus, largiuntur Sancto Benigno terram suam in pago Belnensi [6].

XXXV.

Jun. 762. Bago, presbiter, donat monasterio Sancti Benigni nonnulla prædia in pago Oscarensi [7].

XXXVI.

Dec. 845. Commutatio terrarum inter Tetbaldum, episcopum Lingonensem, et Erlerium [8].

---

[1] *Apud* Pérard, p. 189.
[2] *Ibid.* p. 5.
[3] *Ibid.* p. 8.
[4] *Ibid.* p. 7.
[5] *Apud* Pérard, p. 9.
[6] *Ibid.*
[7] *Ibid.* p. 10.
[8] *Ibid.* p. 143.

XXXVII.

Oct. 846. Arnaldus, presbyter, vendit Sancto Benigno vineam unam sitam in fine Lariaco, in pago Oscarensi[1].

XXXVIII.

Jun. 783. Vulfricus, clericus, Sancti Benigni monasterio donat villas in pago Divionensi et Dusmensi sitas[2].

XXXIX (1).

Fragmentum donationis a quadam muliere factæ monasterio Sancti Benigni[3].

« . . . .
« . . . . mansum indominicatum continentes vel aspicientes; hoc sunt:
« mansis, olchis, lemmis, terris arabilis, cultis et incultis, silvis, ingredicis,
« aquis aquarumque decursibus, vineis, servis et ancillis desuper comma-
« nentibus; quicquid ad ipsum mansum aspicit vel aspicere videtur, funditus,
« cum omni integritate, dono et trado atque transfundo, et per festucam,
« propter peccata mea et senioris mei, verpisco sanctæ Dei genitrici Mariæ,
« eorum famulis ejusdem altari deservientibus, intra monasterium Sancti
« Benigni. Si autem, quod futurum esse minime credo, si ego ipsa aut ullus
« de heredibus meis, vel quelibet mala persona, contra hanc donationem,
« mea propria voluntate factam, venire aut contradicere seu aliquam calum-
« niam inferre temtaverit, nullo modo valeat evindicare quod repetit; sed
« insuper coactus auri libras v persolvat, ac multandum se socio fisco co-
« gnoscat. Et hæc donatio firma et stabilis in tempore permaneat, stipulatione
« subnexa. . . . . . »

XL.

Circa a. 886. Breve commemoratorium quod Ademarus fecit de rebus Estolvici[4].

XLI.

Nov. 777 (?). Leotaldus et germana sua Dada dant sancto Benigno quicquid juris sui erat in villa Bargis, in pago Atoariorum[5].

---

[1] *Apud* Pérard, p. 144.
[2] *Ibid.* p. 12.
[3] *Apud* Pérard, p. 161.
[4] *Ibid.* p. 11. — [5] *ibid.*

XLII.

Mart. 775 (?). Ansegaudus res suas, in villa Sanctocolonica sive Bargas, in pago Attoariorum, donat monasterio Sancti Benigni[1].

XLIII.

Oct. 949 (?). Dodolenus basilicæ Sancti Benigni concedit res suas in villa Sanctocolonica sive Bargis, et in villa quæ dicitur Mons Farulfi[2].

XLIV.

Febr. 820. Erlegaudus, abbas monasterii Sancti Benigni, dat eidem monasterio quicquid possidebat in fine villaque Curmulnensi, in centena Oscarensi[3].

XLV.

Jul. 816. Airardus et Zacharia vendunt Erlegaudo abbati terram suam in centena Oscarensi, in fine oppidoque Crutmulnensi[4].

XLVI.

Oct. 816. Confirmantur Erlegaudo abbati res sitæ in villa Bargas et in monte Farulfo[5].

XLVII.

Mart. 817. Dodo, Amalbardus et Eraglus dant Erlegaudo abbati pratum situm in villa Santocolonica sive Bargas, in pago Atoariorum[6].

XLVIII.

Febr. 819. Vuitgarius, presbyter, largitur Sancto Benigno res suas in villa Sanctocolonica sive Bargas, in pago Atoariorum[7].

XLIX (2).

Febr. 852. *Saivardus presbyter vendit Sancto Benigno res suas, sitas in villa Norvia, in pago Oscarensi.*

« Domino fratribus cuncta congregatione Sancti Benigni, presbyteris, dia-

---

[1] *Apud* Pérard, p. 10.
[2] *Ibid.* p. 165.
[3] *Ibid.* p. 15.
[4] *Ibid.* p. 13.
[5] *Apud* Pérard, p. 14.
[6] *Ibid.*
[7] *Ibid.* p. 15.

« conis sive clericis emptoribus. Ego, in Dei nomine, Saivardus presbyter,
« venditor, vendidisse me vobis constat et ita vendidi res meas proprias, que
« sunt sitas, in pago Oscarense, in villa Norvia, seu in ipsa fine subjacent.
« Terminat ipse mansus : de ambis lateribus Walaricus tenet; in uno fronte,
« terra Sancti Benigni ; in alio fronte, exus communalis. Infra istas termina-
« tiones ipso manso, una cum supraposito, cum granica et clusuris et omnis
« edificiis ; et alias res, quicquid ad ipso manso aspicit, tam campis quam
« silvis sive pratis ; quicquid de genitore aut de genitrice mea ad me advenit
« aut pervenire potest; excepto duas peciolas, quas dedi Florentio, totum ad
« integrum vobis trado, vendo atque transfundo. Et accepi de vobis precium,
« sicut inter nos convenit et nobis complacuit, valente incontra argento li-
« bras v. Propterea imprimis ipsa precia, predictas res de meo jure et domi-
« nacione in vestra trado potestate et dominacione, a die presenti, faciendi
« quod volueritis, nullo contradicente. Si quis vero, quod futurum esse non
« credimus ; si ego ipse, aut ullus de heredibus meis, vel quislibet ulla op-
« posita, qui contra hanc vendicionem, voluntate mea conscripta, ulla ca-
« lumnia agere vel generare presumserit, non valeat evindicare quod repetit ;
« sed inferat vobis vestrisque successoribus in duplum tantum, quantum ipse
« res eo tempore meliorate valuerint, fisco vero auri untias v. Et hec vendi-
« cio, inter nos facta, omni tempore firma et stabilis permaneat, stipulatione
« subnixa.

« Actum Norvia villa publice.

« Signum Saivardo presbyteri, qui hanc vendicionem fieri et firmare
« rogavit.

« Signum Walarico, qui consensit. S. Ansfredo. S. Sarilono. S. Balterio.
« S. Blismodo. S. Accillono. S. Madalfredo. S. Arlafredo. S. Teocbodo.
« S. Teotmaro. S. Ostrent. S. Blandanono.

« Ego Warnerius diaconus scripsi et subscripsi. Datavi die Mercoris
« proximo mense martio, in anno XII regnante domno nostro Karolo rege. »

L. (3).

Jan. 853. *Constantinus et Teodrada, uxor ejus, donant res quas possident Rubiliaci, in pago Cabillonensi.*

« Domino sacro sacratissimo beato Benigno, vel ipsius rectores qui ad
« ipsa casa Dei deservire debent aut id facere voluerint, eorum imitatores.
« Ego in Dei nomine Constantinus, et uxor sua Teodrada, pro amore et

« voluntate Domini et sancti Benigni, et animarum nostrarum remedio,
« donamus ad ipsa casa Dei sancti Benigni, vilaro cum casa desuper
« posita, cum exo et regresso; qui est in pago Cavillonense, in fine Ru-
« biliacense vel in villa Rubiliaco. Terminat, de uno latere, terra Sancti
« Stephani et Sancti Simforiani; de alio latere, exio communale; de uno
« fronte, terra Sancti Stephani; de quarto fronte, terra sancti Lorgii. Abet
« in longo perticas viii et pedes v et dimidio, et in lato perticas xi et pedes v
« et dimidio. Infra istas terminationes vel perticationes, ipso vilaro vel casa
« ad ipsa casa Dei sancti Benigni donamus, tradimus atque transfundimus;
« ut omnibus, in Dei nomine, liberam abeatis potestatem ad faciendum
« quicquid volueritis, nullo contradicente. Si ergo nos, aut ulla oposita
« persona, que contra presentem donacionem venire vel calumniare vo-
« luerit, non valeat evendicare quod repetit, sed inferat vobis, una cum
« fisco, auri libras ii ; et donacio ista, a me facta, omni tempore firma
« permaneat, stipulatione subnixa.

« Actum Rubiliaco villa publice.

« Signum Constantino, S. Teodredanæ, qui donacionem istam fieri et
« firmari rogaverunt. S. Velfeiso. S. Ermengiso. S. Euroino. S. Ingelbaldo.
« S. Romano. S. Ermoino. S. Ermenbaldo. S. Amoino.

« Ego Arierius rogatus scripsi et subscripsi. Datavi die Veneris in mense
« Januario, anno xiii regnante Karolo rege. »

li (4).

843. *Warnerius et Agnosia, uxor ipsius, donant Sancto Benigno jornales iv terræ arabilis.*

« In nomine Domini Jhesu Christi, et in honore sancti Benigni martiris.
« Ego, in Dei nomine, Warnerius, et uxor sua, Agnosia, condonaverunt
« jornales iiii de terra arabile, qui sunt siti in pago Oscarense, in fine Ro-
« ringorum, in villa Mervelco vel in ipsa fine. Et ipsi jornales habent et ter-
« minantur : de uno latus et uno fronte, terra Sancti Benigni; ex alio latus,
« Eva tenet; de alio latus, strada publica pergit. Infra istas terminationes,
« totum ad integrum donamus ad ipsa casa Dei, tradimus atque transfundi-
« mus; sic inter nos convenit, et de nostro jure in vestra tradimus potestate
« et dominatione, jure perpetuo, ad possidendum, nullo contradicente. Si
« quis vero, quod fieri non credo, si ego ipse, aut ullus de eredibus nostris,
« idem proeredum, seu quislibet ulla oposita persona, que contra hanc dona-

«cionem venire aut ulla calumnia generare presumserit, non valeat
«evindicare quod repetit, sed inferat tibi tuisque eredibus in duplum
«tantum, quantum ipse res emeliorate valuerint; fisco vero auri solidos v
«coactus persolvat. Et donacio ista omni tempore firma et stabilis per-
«maneat, stipulatione subnixa.

« Actum Mervelco villa publice.

«Signum Warnerii, et uxor sua, Agnosia, qui hanc donacionem fieri et
«firmare rogaverunt. S. Folberto. S. Bosmaro. S. Amalrico. Dadgon. Amal-
«berto.

« Ego, in Dei nomine, Odolardus rogatus scripsi et subscripsi. Datavi die
«dominica, anno IIII regnante domno nostro Karolo rege. »

LII.

Jun. 852. Teutbaldus, episcopus, et Samson campos in pago Attoarii, in villa quæ dicitur Elperici curtis, in fine Stabulensi, inter se commutant, ad rationem Sancti Benigni [1].

LIII (5).

Oct. 850. *Airfonnus, presbyter, vendit vineam in pago Divionensi.*

« Domino fratri Olisio, preposito, cuncta congregatione Sancti Benigni,
«presbyteris, diaconis, subdiaconis sive clericis, emtoribus. Ego, in Dei no-
«mine, Airfonnus, presbyter, venditor, vendidisse me vobis constat et ita
«vendidi paginula una de vinea, que est sita in pago Divionensi, in fine Fon-
«tanas. De uno latus, Benedictus tenet et Vulfemarus ; et de alio latus, Ra-
«genardus et Normannus ; in uno fronte, terra sancta Maria ; et de alio
«fronte, terra Sancti Stephani. Infra ista terminacione, totum ad integrum
«vobis vendo, trado atque transfundo. Et accepi de vobis precium, sicut
«inter nos convenit, valente in argento solidos xx. Et, pro ipso precio, pre-
«dicta vinea de meo jure et dominacione in vestra trado potestate, jure
«perpetuo ad possidendum ; ita ut ab ac die habendi, tenendi seu commu-
«tandi vel quicquid exinde a die presenti facere volueritis, liberam et fir-
«missimam in omnibus, in Dei nomine, habeatis potestatem, nullo contra-
«dicente. Si quis vero, quod futurum esse non credimus; si nos ipsi, aut ullus
«de heredibus nostris, seu quelibet ulla oposita persona, qui contra istam
«vendicionem, voluntate nostra conscripta, ulla calumnia agere vel gene-
«rare presumserit, non valeat evindicare quod repetit; sed inferat vobis

[1] *Apud* Pérard, p. 146.

« vestrisque heredibus in duplum tantum, quantum a vobis accepi, fisco
« vero auri untiam unam. Et vendicio ista, inter nos facta, firma et stabilis
« omni tempore maneat, stipulatione subnixa.

« Actum Fontanis villa publice.

« Signum Airfonno, qui cartam istam scribere et firmare rogavit.

« S. Aboleno, S. Rudrico, qui consenserunt. S. Leotulfo. S. Alexander.
« S. Grimono. S. Eldeverto. S. Agalono. S. Vulfemaro.

« Ego Warnerius, diaconus, rogatus scripsi et subscripsi. Datavi die Veneris
« proximo v idus octobris, in anno xi regnante domno nostro Karolo rege. »

LIV.

Apr. 853. Adalrannus vendit Sancto Benigno campum in pago Divionensi, in fine Fontanensi, in loco nominato Vinense [1].

LV (6).

Jun. 862. *Donum Ebonis, Sufficiæ, uxoris ejus, et Achardi, eorum filii.*

« Domino sancto Benigno, Ebono et uxor sua, Sufficia, et filio nostro,
« Achart, donamus tibi manso nostro, qui est in pago Alsense, in fine Sar-
« maciense. Residet in ipsa villa Sarmacia ; et abet terminaciones : de duas
« latus, terra Elenane ; et de alias duas partes, vias publicas. Isto manso exter-
« minato, et alias res, quicquid ad ipso manso aspiciunt; oc sunt campis,
« pratis, silvis, vineis, edificiis desuper positis, exis et regressis. Isto manso
« exterminato, et istas res donamus tibi, sancto Benigno, reservato nobis in
« vita nostra fructuum usandum. Terram etiam in Vitrico, quæ est in pago
« Alsense et in fine Vitriacense, tibi, sancte Benigne, donamus, tradimus, atque
« transfundimus de nostra dominacione in tuam dominacionem et legitimam
« potestatem, tibi et tuis eredibus, abendi, tenendi, seu commutandi vel
« faciendi quicquid voluerint. Si quis vero, si nos ipsi aut ulla oposita per-
« sona, que contra donacione ista venire aut aliquid agere vel calumniare
« presumserit, non valeat evindicare quod repetit ; sed tibi, una cum socio
« fisco, auri untias v coactus exsolvat. Et hec donacio omni tempore firma
« et stabilis permaneat, stipulacione subnixa.

« Actum Vitriaco villa publice.

« Signum Ebono et uxor sua, Sufficia, qui donacione ista fieri et firmare
« rogaverunt. S. Achardi et germano suo, Radolfo, qui consenserunt.

[1] *Apud* Pérard, p. 146.

« S. Ricolfi. S. Adalgisi. S. Anglent. S. Ainnart. S. Literio.

« Ansaldus rogatus scripsit et subscripsit. Datavit die dominica in mense
« junii, anno XXII regnante Karolo rege. »

LVI (7).

Mai. 847. *Commutatio terrarum inter Amalsanum et Olifium.*

« Auxiliante Domino, placuit atque convenit inter Amalsen et Olifium, ut
« aliquid de terris eorum inter se commutare deberent; quod ita fecerunt.
« Dedit Olifius de suo beneficio partibus Amalsei, ad suum proprium reci-
« piendum, terram que subjacet in pago Divionense, in fine Proviacense, in
« loco qui dicitur Proviso. Habet terminaciones has : de uno latus, terra Sanc-
« torum Geminorum; et de alio latus, terra Sancti Benigni; de ambis frontibus,
« strada publica pergit. Et habet perticationes : in longum perticas agripen-
« nales XVII, pedales III; in ambis frontibus perticam unam. Infra istas termina-
« ciones vel perticationes, totum ad integrum commutavit Olifius Amalseo ad
« beneficium recipiendum. Similiter Amalseus dedit Olifio peciolam de terra
« que subjacet in pago Divionense, in fine Proviacense, in loco qui dicitur Pro-
« viso. Habet terminaciones : de uno latus, terra Sancti Martini; de alio latus,
« terra Sancti Sigoni; de una fronte, Angalbertus tenet; de alia fronte, Ten-
« duinus tenet. Abet in longum perticas agripennales VIII, in ambis frontibus
« perticas VIII. Infra istas partitiones reddidit Amalsanus Olifio. Et repromittunt
« inter se unusquisque de hoc quod accepit, par contra parem suum, quod
« nullam calumniam ulterius inferat vel suum repetat. Quod si fecerit, auri
« untias II persolvat illi cui calumniam intulit. Et hoc precamium, inter ipsos
« factum, omni tempore firmum et stabile permaneat, stipulatione subnixa.

« Actum Divion, vico Sancti Benigni publice.

« Signum Amalsani, qui hanc venditionem fieri et firmare rogavit.

« Signum Arlefredus, presbyter. Adalmannus, presbyter. Agefridus. Sive-
« rannus. Rudricus. Sinannus. Warnerius. Wandalmarus.

« Ego Warnerius, clericus, scripsi et subscripsi. Datavi die lunis, in mense
« maii, anno VII regnante domino nostro Karolo rege. »

LVII (8).

862-863. *Commutatio terrarum inter Ingobertum et monasterium Sancti
Benigni.*

« In Christi nomine. Convenit inter Ingobertum et, ab alia parte, Frodi-

« num prepositum, Agenbaldum, Vulfelmum ceterosque clericos monasterii
« sancti Benigni martiris, cujus corpus requiescit in loco qui dictus est ab
« antiquis Divion, ut aliquid de terris inter se commutarent. Dederunt igitur
« Frodinus et ceteri clerici, de suo beneficio de terra Sancti Benigni, Ingo-
« berto, ad suum proprium recipiendum, peciolam de terra que est sita in
« pago Oscarense, in fine Aziriacense, in ipsa villa Aziriaco. Terminatur de
« ambobus lateribus terra Sancti Benigni; de una fronte strada publica per-
« git; de alia vero fronte terra Sancti Benigni de beneficio Mungonis. Et abet
« in longum perticas agripennales LXII; et in latum, in una fronte, perticas
« agripennales V, in alia vero fronte perticas II et dimidium. Infra istas termina-
« ciones, totum ad integrum tradiderunt predicti fratres Ingoberto. E contra,
« dedit Ingobertus peciolam de terra que est sita in ipso pago vel in ipsa fine.
« Terminatur de ambobus lateribus Fuschildis; tenet, de una fronte, silva et
« Avena fluvius; de alia vero fronte strada publica pergit. Et abet in longum
« perticas agripennales CXII, et in latum, in una fronte, perticas II; in alia vero
« fronte perticam unam et pedales XII. Infra istas terminationes vel pertica-
« tiones, totum ad integrum tradidit Ingobertus Frodino preposito et aliis
« clericis. Et repromittunt inter se, par contra parem suum, de hoc quod
« accepit quod non repetat vel calumniam aliquam excitet. Quod si fecerit,
« quantum terra ipsa eo tempore meliorata valuerit, tantum componat; fisco
« vero auri untias IIII persolvat. Et hoc precamium, inter eos factum, fir-
« mum permaneat, stipulatione subnixa.

« Actum Divion, in atrio Sancti Benigni.

« Ego Frodinus, licet indignus, prepositus, hanc commutationem, a me
« factam, relegi et confirmavi, cum ceteris fratribus nostris. S. Agenbaldi,
« Vulfelmi, Altei, Teudfredi, Amonis, Warnerii, presbyterorum. Signum
« Eynus, Leucius, Rotbertus, Ermenbertus, Eldefredus, Airfredus, Amal-
« bertus.

« Ego Airardus, presbyter, in Dei nomine, scripsi et subscripsi. Anno XXIII
« regnante domino nostro Karolo rege. »

LVIII (9).

Oct. 863. *Donatio a Balduino facta Sancto Benigno, de rebus quas possidebat in fine Fontanensi.*

« Domino sacrosancta ecclesia sancti Benigni martiris, sub opido Divionis

« constructa, que est in pago Divionensium, in loco qui nuncupatur Divion,
« ubi venerabilis vir Frodinus, prepositus, custos esse videtur. Ego, in Dei
« nomine, Balduinus, cogitans de Dei timore vel eterna retribucione ante
« tribunal Domini nostri Jhesu Christi, dono ad ipsam ecclesiam sancti Be-
« nigni martiris peciolam de vinea que est sita in pago Divionensium, in
« fine Fontanense, in loco qui vocatur Sivirniaco. Terminatur ipsa peciola :
« de uno latus, Ero tenet; in alio latus, Siginus tenet; in uno fronte, terra
« Sancti Stephani, in alio vero fronte de ereditate. Et habet in longitudine
« perticas agripennales xxiiii; et in latitudine, in uno fronte, perticam unam
« et pedes ii, et in alio fronte perticam unam et pedem unum. Infra istas ter-
« minaciones vel perticaciones, totum ad integrum dono, ut postmodum
« quicquid rectores vel possessores ipsius loci facere voluerint, liberam et
« firmissimam, in Domini nomine, in omnibus abeant potestatem, nullo
« contradicente. Si quis vero, quod futurum esse non credo; si ego ipse, aut
« ullus de eredibus meis, vel proeredes, aut quislibet ulla oposita persona,
« que contra donationem istam venire aut ulla calumnia agere vel generare
« temtaverit, non valeat evindicare, sed inferat vobis vestrisque heredibus in
« duplum tantum, quantum valet auri libra una. Et donacio ista omni tem-
« pore firma et stabilis permaneat, stipulatione subnixa.

« Actum Divion, in atrio Sancti Benigni.

« Signum Balduino, qui hanc donacionem fieri et firmare rogavit.

« S. Rudrico. S. Grimono. S. Aboleno. S. Elselmo. S. Letardo. S. Balcino.
« S. Eldrado. S. Vanino.

« Ego, in Dei nomine, Airardus, presbyter, scripsi et subscripsi. Datavi
« die Jovis, mense octobris, anno xxiiii regnante domno nostro Karolo
« rege. »

LIX (10).

Dec. 863. *Odolberga infantesque ipsius dant Sancto Benigno mansum anum.*

« Domino sacrosancte basilice sancti Benigni martiris, quod est in honore
« omnium sanctorum, et est in pago Divionensium, in loco qui nuncupatur
« Divion, ubi venerebilis vir Frodinus, prepositus, custos esse videtur. Ego,
« in Dei nomine, Odolberga et sui infantes, Glomblenus et Belferius, co-
« gitavimus de Dei timore vel eterna retributione ante tribunal Domini
« nostri Jhesu Christi; idcirco tradimus ad ipsam ecclesiam sancti Benigni

« manso, cum granica et supra positis, cum exo et regresso. Terminatur ipse
« mansus : de uno latus, Warnerius presbyter tenet; in alio latus, Letfredus
« tenet; in uno fronte, Vulfelmus presbyter tenet; in alio vero fronte, strada
« publica pergit. Infra istas terminaciones, totum ad integrum trado atque
« transfundo, ut in postmodum quicquid rectores vel possessores ipsius eccle-
« sie Sancti Benigni facere voluerint, liberam et firmissimam, in Dei nomine,
« in omnibus habeant potestatem, nullo contradicente. Si quis vero, quod
« futurum esse non credimus; si nos, aut ullus de eredibus nostris, aut quis-
« libet ulla oposita persona, qui contra hanc traditionem venire aut ulla
« calumnia agere vel generare temptaverit, nihil evendicet; sed insuper
« vobis vestrisque heredibus in duplum tantum, quantum valuerit, compo-
« nat; fisco vero auri libras L coactus exsolvat. Et hec donacio omni tem-
« pore firma et stabilis permaneat, stipulatione subnixa.

« Actum Divion, in atrio ipsius Sancti Benigni.

« Signum Odolbergane et Gombleno et Belserio, qui tradicionem istam
« fieri et firmare rogaverunt.

« Signum Ingelbergane, S. Beroart, Varnerio, qui consenserunt.

« S. Framerio. S. Odono. S. Airanno. S. Fridrico. S. Unenco. S. Drotardo.
« S. Warnerio. S. Barnart. S. Flabonio. S. Wandaleno. S. Teduino. S. Gon-
« fredo.

« Ego, in Dei nomine, Airardus, presbyter, scripsi et suscripsi. Datavi
« die dominica, quod est XVI kalend. januarii, anno XXIIII regnante domno
« nostro Karolo rege. »

LX (11).

Nov. 866. *Commutatio terrarum inter Bernoart et Bertilonem abbatem.*

« Auxiliante Domino, placuit atque convenit inter venerabilem virum
« Bertilono, abbatem de Sancto Benigno, et, ab alia parte, Bernoart, ut ali-
« quid de terris eorum inter se commutare vel precamiare deberent; quod
« ita a die presente fecerunt. In primis dedit Bertelus, de colonicas Warnerii
« et Arlafredi, peciola de terra arabile de racione Sancti Benigni, Bernoart,
« que est sita in pago Oscarense, in fine Longoviana, in villa Corcellas. Que
« terminat, de ambis lateribus et uno fronte, terra Sancti Benigni; ex alio
« vero fronte, ipse emptor tenet. Et abet in longo perticas arpinnales X; et in
« lato, de uno fronte perticas XV, et in alio fronte perticas XIII et pedes VIIII.
« Infra istas terminaciones vel perticationes, partibus Bernoart, ad suum

« proprium recipiendum totum ad integrum. Et, e contra, ad vicem reddendi,
« dedit Bernoart, de suo proprio, peciola de terra arabile Bertelono, a parte
« Sancti Benigni et Warnerio et Arlafredo, ad illorum colonicas, recipien-
« dum. Que est in ipso pago et in ipsa villa, in loco qui vocatur Cassania :
« de uno latus et ambis frontibus, de ipsa ereditate; et de alio latus, strada
« publica pergit. Et abet in longo perticas arpinnales XII, et in lato perticas
« XVIII. Infra istas terminationes et mensuras, partibus Bertelono ad partem
« Sancti Benigni et Warnerii et Arlafredi; ad illorum colonicas, recipien-
« dum ; et repromittit tunc inter se unusquisque, pars parti, custodi de
« hoc quod acciperunt, quod nulla calumnia dicere nec repetere non de-
« beat. Quod si fecerit, inferat unusquisque contra pari suo quantum terra
« emeliorata valuerit ; fisco vero auri untia una componat. Et hoc preca-
« mium, inter ipsos factum, omni tempore firmum et stabile permaneat,
« stipulatione subnixa.

« Actum Divion castro publice.

« Signum Bertilono, abbate, qui precamium istud fieri et firmare rogavit.
« S. Warnerio. S. Arlafredo. S. Wandalinardi. S. Alarici. S. Madalgerio.
« S. Gotserio. S. Waldierio. S. Ricbert. S. Bernart. S. Moise. S. Framerio.
« S. Servinus, monachus. S. Mongus, monachus. S Ingo, monachus.
« S. Gotefredus, monachus.

« Ego, in Dei nomine, Warinus, acolitus, scripsi et subscripsi. Da-
« tavi die Martis mense novembris, anno XXVI regnante domno nostro Ka-
« rolo rege. »

LXI.

Dec. 866. Placitum a missis dominicis, in mallo publico, habitum, de casno, id est quercu, in terra Sancti Benigni, ab Hildeberno cæsa [1].

LXII (12).

Mart. 868. *Fluduinus, presbyter, vendit curtilem unum nepoti suo Isaac.*

« In Christi nomine. Noticia qualiter vel quibus presentibus, veniens Flu-
« duinus, presbyter, in villa Bucego, curtilo juri sui, in fine Buceacense vel in
« ipsa villa Bucego, quem de consobrinis suis, nominibus Lliomo et Bur-
« gherdo, per epistolam vendicionis, dato precio, comparavit. Ipse curtilis
« abet perticationes : in longo, perticas agripennales XVIII ; et in lato, in uno

[1] *Apud* Pérard, p. 147.

« fronte, perticas duas et pedes v; de alio vero latus, perticas iii et pedes iii.
« Abet ad fines: de uno latus et uno front, ipsi eredes tenent; et de uno
« latus, Gertrudis tenet; et de uno fronte fluvius Escrabanta. Ipso curtilo,
« infra istas terminaciones vel perticaciones, per epistolam comparationis,
« et per wasonem, Fluduinus, presbyter, Isaac, nepotem suum, investi-
« vit, eique, coram testibus, tradidit. Presentibus his. Signum Gerberto.
« S. Girbaldo. S. Geraldo. S. Liduino. S. Deutimio.

« Facta noticia die dominica, medio mense Martio, anno xxviii regnante
« domno nostro Karolo rege. »

LXIII.

867-868. Aldo ipsiusque uxor Ermenrada, dant campum arabilem, in
fine Gocilinensi, in pago Divionensi[1].

LXIV.

875-876. Romestanius et Epplenus donant mansum unum, in villa
Quintiniaco, in pago Oscarensi[2].

LXV.

Febr. 868. Secundum placitum de eodem delicto[3] de quo supra, n° LXI.

LXVI.

870. Tertium placitum de eadem causa[4].

LXVII (13).

Oct. 870. *Fulchardus vendit Sancto Benigno mansum unum et campos
nonnullos.*

« In nomine sancte et individue Trinitatis. Bertiloni, corepiscopo et ab-
« bati Sancti Benigni, ego Fulcardus, venditor. Dum inter nos convenit, et
« interfuit et vestræ peticionis, ut aliquid de rebus meis vobis venderem, in
« amore sancti Benigni, in Asziriaco sitis; secundum meam voluntatem et
« vestram peticionem, in Dei nomine, adimplere curavi : hoc est mansum
« unum, in eadem villa; quod habet terminationes has : de ambobus lateri-
« bus, terra predictæ ecclesiæ Sancti Benigni; de una fronte, Oscera decurrit;

[1] *Apud* Pérard, p. 148.
[2] *Apud* Pérard, p. 148.
[3] *Ibid.* p. 153.
[4] *Ibid.* p. 149.

« de alio vero fronte, strada publica pergit. Vendidi etiam campos arabiles
« vobis, ubi possunt seminari modii xxx. Primus campus est in fine quam
« vocant a Luco; qui terminatur, ex ambobus lateribus, terra Sancti Benigni;
« de uno fronte, Avena; de alio vero fronte, strada publica. Secundus autem
« campus est ubi dicunt a Trescentio; et habet terminationes, ex ambobus
« lateribus, de ipsa ereditate; de uno fronte, terra Sancti [Benigni]; de alio
« fronte, strada publica. Tercius campus est ubi dicunt ad Grando Vadali;
« et terminatur, ex ambis lateribus, de ipsa ereditate; ex ambis autem fronti-
« bus, strada publica. Quartus campus est in eadem fine; qui terminatur, ex
« uno latere, de ipsa ereditate; de alio autem latere, Fulcardus tenet; de una
« fronte terra Sancti Benigni; de alio vero fronte strada publica. Quintus
« campus est ubi dicunt ad Noceria; qui terminatur, de uno latere, terra
« Sancti Benigni, et de alio latere, de ipsa hereditate; de uno fronte, Avena,
« et de alio fronte conturnus vicinorum. Sextus campus est in predicta fine;
« et terminatur, ex uno latere, terra Sancti Benigni; ex alio autem latere,
« de eadem hereditate; ex ambis frontibus, strada publica pergit. Septimus
« campus est ubi dicunt ad Rotus Vetus; abens ex uno latere, de ipsa here-
« ditate, ex alio autem latere, terra Sancti Benigni; de una fronte Oscera
« decurrit, et de alia fronte strada publica pergit. Octavus campus est ubi
« dicunt in Clausis, abens, ex uno latere, conturnum vicinorum; de alio vero
« latere, terra sancti Leodegarii; ex ambis quoque frontibus, terra Sancti
« Benigni. Nonus campus est ubi vocant in Graia : de uno latere de ipsa he-
« reditate, ex alio latere, Osberga femina tenet; ex ambobus autem fronti-
« bus, terra Sancti Benigni. Infra istas terminationes, totum ad integrum,
« vobis vendo, et de meo jure et dominatione in vestram trado atque trans-
« fundo dominationem, suscepto a vobis precio valente libras vii, et jam me
« ex hac ora exutum reddo : ut quicquid, ab hac die, vos et successores ves-
« tri facere volueritis, ad perfectum ejusdem ecclesiæ, liberam et firmissi-
« mam habeatis potestatem. Si autem ego, aut quislibet heredum meorum,
« quod minime credo, contingere, aut ulla aposita persona fuerit, que con-
« tra hanc venditionis cartam velit aliquid perversi agere, aut in aliquo ca-
« lumnia ingerere, nullomodo evindicet quod calumniatur injuste, sed noti-
« cia excommunicationis Dei et sanctorum omnium sanctique Benigni
« incurrat, et cum Juda in extremo judicio damnetur, atque vobis vestris-
« que successoribus persolvat auri libras ii; et nihilominus hec vendicionis
« carta inconvulsa permaneat, stipulatione subnixa. »

« Actum Asziriaco villa publice.

« Signum Fulcardi, qui hanc cartam vendicionis fieri rogavit, et uxoris
« ejus Ermeneldris, que consensit.

« S. Epleni, filii ejus, qui laudavit. S. Daddoni. S. Framerii, fratris ejus,
« qui consensit. S. Desiderii. S. Wichelmi. S. Arulfi. S. Grimardi. S. Ada-
« lardi. S. Ragemberti. S. Acloni. S. Ingalranni. S. Aziriaci. S. Ameloni.

« Ego, Warnarius, presbyter, scripsi et subscripsi, Datavi die dominica
« VIII idus octobris, indictione III, anno XXVIIII regnante domino nostro Ka-
« rolo rege.

« Fulchardus, per wadium suum et cultellum, cum festuca et cespite, co-
« ram presentia bonorum hominum, qui ibidem aderant, se exutum fecit,
« et, secundum legem suam, missis beati Benigni publice tradidit, Adelgario
« videlicet, monacho et preposito ejusdem monasterii, et Godefredo nomi-
« netenus, monacho, res quas, per precium, Bertiloni, chorepiscopo et ab-
« bati, atque monachis ejusdem loci, vendiderat, accepto librarum VII
« precio. »

LXVIII.

Circa a. 876. Fuscardus donat campum, situm in pago Oscarensi, in
fine Aziriacensi, ubi dicitur in plana Liscaria [1].

Mai. 869. *Eldeiarnus vendit Sancto Benigno casale unum et campos in fine
Asiriacensi.*

« Domino sacrosancto Sancti Benigni monasterio, quod est constructum
« in Divion, ubi Bertilo corepiscopus, et Saron abbas, et alii plures mo-
« nachi consistunt. Ego, in Dei nomine, Eldeiarnus, venditor, vendidisse
« me vobis constat, et ita vendidi, a die presenti, casale unum, et de terra
« arabile ad seminandum modia VI, juris mei nominis. Que sunt sita in pago
« Oscarense, in villa Aziriaco vel in ipsa fine Aziriacense. Terminatur ipse
« casalis de uno latere, terra Sancti Benigni, ex alio latere et una fronte,
« strada publica pergit; in alio fronte, de ipsa hereditate. Abet, in longo et in
« latere, perticas agripennales VIII et dimidium ; et in alio latere, perticas V ;
« et in transverso, perticas VI et pedes IIII. Infra istas terminaciones vel per-
« ticaciones, totum ad integrum. Primus campus terminat ubi dicunt ad Rotus

[1] *Apud* Pérard, p. 151.

« Vetus : de uno latere, terra Sancti Benigni; ex alio latere, de ipsa hereditate
« et de terra Sancti Benigni ; in una fronte, Oscara fluvius decurrit ; ex alia
« fronte, strada publica pergit. Abet in longo perticas agripennales LXIII, et
« in alio perticas VII. Alius campus terminat ubi vocant in plana Liscaria :
« in uno latere et duobus frontibus, terra Sancti Benigni ; ex alio latere Fus-
« chardus tenet. Abet in longo perticas agripennales XXXVIII, in lato perti-
« cas X. Tercius campus terminat : de uno latere, Barlus tenet ; ex alio latere,
« Salgus tenet ; in uno fronte terras Sancti Stephani, et in alio fronte, terra
« Sancti Benigni. Infra istas terminationes vel perticaciones, totum ad inte-
« grum, ad ipsa casa Dei vendo, trado atque transfundo. Et accepi precium
« in argento solidos XXX ; et pro ipso precio, de meo jure et dominatione
« trado in potestate et dominatione rectorum ipsius case Dei, jure perpetuo,
« ad possidendum, nullo contradicente. Si quis vero, quod minime fieri
« credo, si ego, aut ullus de heredibus meis, vel proeredes, aut quislibet
« ulla opposita persona, que contra hanc vendicionem ulla calumnia agere
« presumserit, non valeat evindicare quod repetit ; sed insuper ad ipsa casa
« Dei et suis rectoribus auri untias V multatus componat. Et hec vendicio
« omni tempore firma et stabilis permaneat, stipulatione subnixa.

« Actum Talornaio villa publica.

« Signum Eldeiarno, qui hanc vendicionem fieri et firmare rogavit. S. Ar-
« rian, qui consensit. S. Fulchart. S. Eppleno. S. Eldierio. S. Aldierio. S. Al-
« drio. S. Dado.

« Ego, in Dei nomine, Moringus, laïcus, scripsi et subscripsi. Datavi die
« dominico, medii mense madio, anno XXVIIII regnante Karolo rege. »

LXX.

Dec. 877. Heldeardus et ejus uxor, Arnais, vendunt Mummioni sive Mummio mansa IV in villa Asziriaco, in pago Oscarensi [1].

LXXI.

Dec. 877. Idem Mummius predicta IV mansa donat Sancto Benigno [2].

LXXII.

Febr. 876. Fulchardus commutat terras, in fine Aziriacensi, cum monachis Sancti Benigni [3].

[1] *Apud* Pérard, p. 155. — [2] *Ibid.* p. 155. — [3] *Ibid.* p. 151.

LXXIII.

876. Sayfardo advocato, vindicatur Sancti Benigni monasterio mansus unus cum mancipiis vii, situs in villa Bargas, in pago Oscarensi[1].

LXXIV.

Mart. 876. Eodem Saifardo advocato, vindicantur eidem monasterio res quædam, sitæ in villa Siliciaco, in pago Oscarensi, in centena Rodingorum, quas Andesaldus, presbyter, injuste tenebat[2].

LXXV (15).

Nov. 873. *Teintfredus, presbyter, largitur Sancto Benigno nonnullas res suas, sitas in villa quæ dicitur Bargas, in pago Atoariorum.*

« Sacrosanctæ æcclesiæ sancti Benigni, quæ est constructa in Divion vico,
« ubi ipse preciosus in corpore requiescit, et Saron præest abbas, Bertiloque
« matricularius. Ibi veniens Teinfredus, presbyter, tradidit aliquid de rebus
« suis ad ipsum locum, tam pro remedio animæ suæ, quam ipsius loci conti-
« nua sua stabilitate : hoc est mansum unum et campos duos arabiles; quod
« est situm in pago Atoariorum, in villa quam dicunt Bargas seu in ipsa fine.
« Qui mansus habet terminationes : de uno latere, de ipsa hereditate; de alio
« latere, terra sancti Leodegarii; de uno fronte, vinea Sancti Benigni; ex alia
« fronte, strada publica cum puteo. Habet in longum perticas agripedales x,
« et in una fronte perticas agripedales vi, ex alia fronte perticas v. Unus cam-
« pus, qui est in Desesa, habet terminationes : de uno latus, de ipsa here-
« ditate; de alio latus, Neitardus tenet; de una fronte, Ifardus tenet; de
« altera fronte, Ratbertus tenet. Alter campus terminat : de uno latere,
« Eurulfus tenet; de alio latus, de ipsa hereditate; de uno fronte, terra
« Sancti Martini; de altero fronte, terra Sancti Leodegarii. Similiter condo-
« navit ad supradictam æcclesiam, alias res, quæ sunt sitæ, in pago Di-
« vionense et in ipso vico vel ejus fine, petiolam unam de manso, et de
« terra arabili petiolas duas. Habet ipsa petiola de manso terminationes :
« de uno latus et una fronte, terra fiscalis; de alio latus, Airfredus tenet;
« de altero fronte, terra Sancti Benigni. Et habet in longum perticas agri-
« pedales III et pedes VIII, et per transversum pedes x. Una petiola de terra
« terminat : de ambobus leteribus et uno fronte, terra Sancti Benigni; de

[1] *Apud* Pérard, p. 153. — [2] *Ibid.* p. 152.

« altera fronte, terra Sancti Stephani. Altera petiola terminat : de uno
« latus et una fronte, terra Sancti Benigni; de altero latus, terra sancti
« Johannis ; ex altero fronte conturnus vicinorum. Infra istas terminationes
« vel perticationes ipsum mansum et alias res, sicut in ista carta donationis
« insertum est, totum et ad integrum, dono ad predictam æcclesiam ipsius
« Sancti Benigni et ejus custodes monachos; trado atque transfundo de
« meo jure et potestate in eorum potestatem et dominationem. Ita ut quic-
« quid exinde ad communem utilitatem vel perfectum facere voluerint,
« liberam et firmissimam, in Dei nomine, in omnibus habeant potesta-
« tem, nullo contradicente. Si quis vero, quod fieri non credo, si ego ipse,
« aut ullus de heredibus meis vel proheredibus, seu alia quelibet opposita per-
« sona contra hanc donationem venire aut calumniam aliquam inferre tempta-
« verit, nullatenus valeat evindicare quod injuste repetit; sed inferat ipsius
« æcclesiæ custodibus, una cum socio fisco, auri untias II coactus, et æter-
« nam insuper damnationem multatus, nisi resipuerit ab hac stulticia. Et hæc
« donatio firma et stabilis omni tempore permaneat, stipulatione subnixa.

« Actum Divion vico, ad Sanctum Benignum publice.

« Signum Teutfredi, presbyteri, qui hanc donationem fieri et firmare
« rogavit.

« S. Adalgii, presbyteri. S. Germani, qui consensit. S. Sarilonis. S. As-
« quinni. S. Arulfi. S. Odolgerii. S. Adalberti. S. Ragenbaldi.

« Ego Rago, indignus subdiaconus, hanc cartam donationis rogatus scripsi
« et subscripsi. Datavi die dominico, mense novembrio, anno XXXIIII Karolo
« rege. »

LXXVI (16).

Jan. 876. *Menlodinus, presbyter, donat Sancto Benigno campum, pratum et servum unum, nomine Wandelbertum.*

« Domino sacrosancto monasterio Sancti Benigni in Divion constructo.
« Ego, in Dei nomine, Menlodinus, presbyter, cogitavi pro Dei timore vel
« pro remedio animæ meæ et peccatis meis minuandis. Dono ad ipsa casa
« domini sancti Benigni aliquid de rebus meis propriis, que sunt sitæ in pago
« Oscarense, in fine Asziriaco : de terra arabile campo uno vel prato uno.
« Terminat ipse campus, de uno latus terra Sancti Benigni; ex alio latus, de
« ipsa hereditate; de uno fronte, terra Sancti Stephani; de alio front, racio
« Sancti Albini. Et pratus terminat, de uno latus, prato Sancti Benigni; ex alio
« latere et uno fronte, de ipsa hereditate; et de alio fronte, Fulchardus tenet.

« Infra istas terminationes, totum ad integrum. Similiter dono ad ipsa casa
« Dei servum, nomine Wandelbertum; sic ut sit ingenuus colonus et abso-
« lutus, nisi tantum denarios II vel dies II : ita ut, ab ac die, illi rectores qui
« in ipsa casa Dei fuerint, predictum Wandelbertum, si ad ipsum censum
« dimittere voluerint, liberam ac firmissimam, in Dei nomine et sancti Be-
« nigni, habeant potestatem, nullo contradicente. Si quis vero, quod futurum
« non credo; si ego, aut ullus de heredibus meis vel proeredes, aut quislibet
« ulla oposita persona, qui contra donationem istam ulla calumnia generare
« presumserit, in hoc [non] valeat evindicare quod repetit; sed inferat ad
« ipsa casa Dei auri untiam unam, multa componat. Et hec facta donatio
« omni tempore firma et stabilis permaneat, stipulatione subnixa.

« Actum Asziriaco villa publice.

« Signum Gandino, qui hanc fieri et firmare rogavit. S. Fulchardi. S. Vuil-
« berti. S. Warnierii. S. Odolrici. S. Ostragi.

« Ego, in Dei nomine, Moringus, laïcus, presens fui, scripsi et sub-
« scripsi. Datavi die Jovis, mense Januarii, anno XXXVI regnante Karolo impe-
« ratore. »

LXXVII (17).

Oct. 869. *Donatio a quodam Widrico facta.*

« Domino sacrosanctæ æcclesiæ Sancti Benigni, constructa in Divion vico,
« ubi sacre ejus reliquie requiescunt, et Dertilo corepiscopus et Baron abbas
« presunt. Ibique veniens homo, nomine Widricus, in Siliciaco villa con-
« donavit ad Sanctum Benignum, vel ad mensam fratrum, peciolam de
« vinea, pro remedio animæ suæ vel locum sepulture. Que est sita in pago
« Oscarense, in villa Patriniaco, in fine Longoviana. Terminat, de uno
« latus, terra Sancti Benigni; de alio latus et uno fronte, de ipsa hereditate;
« de alio vero fronte, confinium. Et habet in longum perticas agripedales X,
« in lato perticas II. Intra istas terminaciones vel perticaciones, totum ad
« integrum vobis trado atque transfundo, et de meo jure et dominacione
« partibus sancti Benigni concedo ad possidendum, nullo contradicente. Si
« quis vero, quod minime credo; si ego ipse, aut ullus de heredibus meis,
« seu quislibet ulla emissa persona, que contra hanc donationem venire
« aut ulla calumnia generare presumpserit, non valeat evindicare quod
« repetit; sed inferat vobis vestrisque heredibus, una cum socio fisco, auri
« untias III, coactus exsolvat. Et hec donatio omni tempore firma et stabilis
« permaneat, stipulatione subnixa.

« Actum Siliciaco villa, publice.

« Signum Widrici, qui donationem istam fieri et firmare rogavit. S. Inga-
« loera et filii sui Almari et Guntardi, qui consenserunt. S. Airanni. S. Fre-
« devert. S. Flodocent. S. Rotlant. S. Teutgaudi. S. Odelerii.

« Ego Isomus, subdiaconus, rogatus, scripsi et subscripsi. Datavi die
« Mercoris, II nonas octobris, anno xxx regnante Karolo rege. »

LXXVIII (18).

874. Apr. *Commutatio terrarum inter Godescalcum et Bertilonem,
corepiscopum atque abbatem.*

« Igitur quicumque de rebus ecclesiarum Dei ad propriam utilitatem ali-
« quid commutare vult, oportet ut inter emtores et possessores concamiacio
« scripture testimonio confirmetur. Convenit ergo, ut Gotescalcus quidam
« daret petiolam de vinea, que est sita in pago Oscarense, in fine Longoviana,
« seu in villa Patriniaco. Et terminat ipsa vinea : de uno latere, Fuscardus
« tenet; de alio latus, Despectus tenet; in ambis frontibus, strada publica
« pergit. Et habet in longum perticas agripedales xxx, et per transversum
« perticas II. Infra istas terminationes vel perticationes, ad integrum, par-
« tibus Bertilonis, corepiscopi et abbatis, vel cunctæ congregationi Sancti
« Benigni ad proprium recipiendum. Similiter, econtra, dederunt Bertilo;
« corepiscopus et abba, et cuncta congregatio Sancti Benigni partibus Gotis-
« calco masellum, cum vinea, qui est situs in pago Oscarense, in villa Vi-
« siniacense. Qui terminat : de ambis lateribus, Deodatus tenet; de uno fronte,
« terra Sancti Benigni; in alio fronte, strada publica pergit. Et habet in lon-
« gum perticas agripedales xviii et pedes II ; in uno fronte perticas v et pe-
« des VIIII ; in alio vero fronte perticas IIII et pedes XI : infra istas terminationes
« vel perticationes, totum ad integrum. Et repromittunt inter se, unusquisque
« contra pari suo, de hoc quod accepit, quod nullam calumniam nec dicere
« nec repetere debeat ; quod si fecerit, inferat pars parti custodi in duplum
« tantum, quantum ipsa terra eo tempore meliorata valuerit, et auri untias II
« componat. Et hæc commutatio, inter ipsos facta, omni tempore firma et
« stabilis permaneat, stipulatione subnixa.

« Actum Divion, in atrio Sancti Benigni, publice. Signum Gotescalco, qui
« hanc commutationem fieri et firmare rogavit. S. Addane, uxoris suæ. S. Ra-
« dulfi et Gotescalci, filiorum ejus.

« S. Epitagio. S. Sichelmi. S. Griberti. S. Teduini. S. Silvan.

« Ego Vulfardus, monacus atque diaconus, scripsi et subscripsi. Datavi
« mense Aprili, anno xxxiiii regni Karoli regis. »

LXXIX.

Apr. 873. *Notitia judicii quo res quædam, in villa Ischiriaco sitæ, monasterio Sancti Benigni restituuntur*[1].

LXXX (19).

Febr. 874. *Donatio quam fecit Amalgerius de vineis duabus, sitis in pago Divionensi, in villa Colonicas, in loco qui dicitur Varennas.*

« Sacrosanctæ æcclesiæ sancti Benigni martiris, sub opido Divionis con-
« structæ, ubi venerabilis vir domnus Isaac preesse videtur episcopus, et
« Bertilo corepiscopus vel abba, cum omni congregatione monachorum.
« Ego Amalgerius cogitavi, Dei intuitu et remuneratione perpetua vel remis-
« sione peccatorum meorum, ut aliquid de rebus meis ad ipsum sanctum
« locum, vel monachis illic Deo famulantibus, concedere deberem, quod
« ita in Dei nomine feci. Dedi igitur in pago Divionense, in villa Colonicas
« seu in ipsa fine, in loco qui vocatur Varennas, de vinea jornalem dimi-
« dium. Qui terminat: de ambis lateribus, ipse Amalgerius tenet; de uno
« fronte, terra sancti Benigni; de alio fronte, strada publica. Infra istas ter-
« minationes, ipsam vineam ad integrum. Similiter aliam vineam in ipso
« loco, jornalem dimidium. Qui terminat: de uno latus, Elseus et Ingelerius
« tenent; de alio latus, Adalmannus et Aimo tenent; de uno fronte, terra
« Sancti Benigni; de alio fronte, strada publica. Infra istas terminationes,
« ad integrum ipsam vineam. Quicquid in predictis vineis visus fui habere
« aut dominare seu possidere, ad memoratam basilicam Sancti Benigni, mo-
« nachisque in eodem loco Deo servientibus, cedo et trado atque transfundo,
« pro spe salutis vel æternæ retributionis; ut quicquid tam ipsi quam suc-
« cessores eorum facere voluerint, liberam in omnibus habeant potestatem.
« Si quis vero, quod futurum esse non credo; si ego ipse, aut ullus de here-
« dibus meis, aut quelibet ulla oposita persona, contra hanc epistolam ces-
« sionis venire aut ulla calumnia agere voluerit, nullo modo valeat evindicare
« quod repetit; sed inferat vobis vestrisque successoribus, ad aucmentum
« ejusdem basilicæ, auri libram unam; et nihilhominus presens hec cessio
« firma et stabilis permaneat, stipulatione subnixa.

[1] *Apud* Pérard, p. 150.

« Actum Divion, in basilica Sancti Benigni, publice.

« Signum Amalgerii, qui hanc donationem fieri et firmare rogavit. S. Go-
« tescalci. S. Saifart. S. Silvani. S. Airardi. S. Ateo. S. Framierii. S. Nan-
« toardi.

« Ego Vulfardus, monachus atque subdiaconus, hanc donationem scripsi
« et subscripsi. Datavi die Jovis IIII idus februarii, anno XXXIIII Karoli regis.

LXXXI (20).

Jun. 874 vel 875. *Res a Ricbaldo donatæ Sancti Benigni monasterio.*

« Domino in Christo venerabili Sancto Benigno, in Divion burgo, vel suos
« rectores Bertilono abbate, emptore. Ego Ricbaldus, pro mea elemosina
« vel anima redimenda, dono vobis res meas in pago Belnense, in fine Seci-
« liacense, et in fine Manniacense, et in fine Cossiniacense; et in pago Magni-
« montense, in villa Alba Terra, in Blacia, et in finibus nuncupatis, mansis,
« cum suppositis edificiis, campis, pratis, silvis, vineis, arboribus pomiferis,
« cum exus et regressus; integrum vobis dono, trado et transfundo, ut fa-
« ciatis ex eisdem quod volueritis. Si quis vero, si ego ipse aut ullus de here-
« dibus meis, qui contra hanc donationem venire aut reclamare voluerit, non
« hoc valeat evindicare quod repetit; sed insuper inferat vobis, vestrisque
« heredibus, una cum socio fisco, auri libram unam. Et hæc donatio omni
« tempore firma permaneat, stipulatione subnixa.

« Actum Blancanæ Curtæ, villa publica.

« Signum Ricbaldi, qui donationem istam fieri et firmare rogavit. S. Vual-
« bert. S. Adigario. S. Edenelmo, S. Amalgerio.

« Ego Saifardus, prepositus, ad presens adfui.

« Ego Ansedeus, scripsi et subscripsi. Datavi die lunis in mense junio,
« anno XXXV regnante Karolo rege. »

LXXXII.

Oct. 876. Gislebertus dat ecclesiam, mansum unum mancipiaque duo
in villa Saviniaco, in fine Albiacensi[1].

LXXXIII.

Nov. 878. Betta donat mansa tria, sita in pago Dusmensi, in villa Colonica, in fine Baiodrensi[2].

[1] *Apud* Pérard, p. 152. — [2] *Ibid.* p. 156.

LXXXIV (21).

878 vel 879. *Moyses et uxor ejus Ragimburgis dant monachis Sancti Benigni res nonnullas, in pago Divionensi sitas.*

« Sacrosancto monasterio Sancti Benigni, in quo ipse beatus martyr Christi
« requiescit, juxta Divion castrum. Ibique veniens quidam homo, Moyses
« nomine, condonavit ad ipsum prefatum locum, una cum uxore sua, simul
« consentiente, Ragimburgis nomine, res proprias suæ adquisitionis, pro
« suarum remedio animarum, et indulgentia atque venia suorum peccato-
« rum, cogitantes simul casum humanæ fragilitatis; que sunt in pago Divio-
« nense, in fine Cangiaca, seu in ipsa villa : videlicet casale unum. Qui
« terminat : de uno latere, terra Sancti Sequani ; de alio latere, de ipsa
« hereditate ; de uno fronte, Nantoardus tenet ; de alio vero, strada publica.
« Et habet in longum perticas agripedales XII et pedes VIIII, et per transver-
« sum perticas X. Infra istas terminationes, totum ad integrum. Similiter
« donamus, de terra arabile, in ipso pago, in fine Arcis, jornales VI. Qui
« terminant : de uno latus, Ayrardus tenet ; de alio vero, de ipsa hereditate ;
« de uno fronte, terra Sancti Sequani ; de alio, strada publica. Hæc omnia
« totum ad integrum. Similiter donamus, in alia fine, juxta predictam vil-
« lam, jornales IIII. Qui terminant : de ambis lateribus, Nantoardus tenet ;
« de uno fronte, de ipsa hereditate ; de alia, strada publica. Similiter dona-
« mus, in alio loco, jornales IIII. Qui terminant : de uno latus, Aduinus
« tenet ; de alio, Walicherius tenet ; de uno fronte, Nantoardus tenet ; de
« alio, strada publica. Similiter donamus, in ipsa villa, vineam. Quæ termi-
« nat : de uno latus et uno fronte, Walicherius tenet ; de alio latus et uno
« fronte, de ipsa hereditate. Hæc omnia, infra ipsas terminationes vel per-
« ticaciones, totum ad integrum donamus, tradimus atque transfundimus
« de nostra potestate et dominatione in potestate et dominatione æcclesiæ
« Sancti Benigni et omnium monachorum, ibi Deo servientium, sicut jam
« superius dictum est, tenendi, habendi, commutandi, possidendi, nullo
« contradicente. Si quis vero de heredibus nostris, aut proheres, vel ulla
« admissa persona, contra hanc donationem, nostra voluntate factam, venire
« aut repetere, vel ullam calumniam facere temptaverit, nullo modo valeat
« evindicare quod repetit ; sed insuper coactus, una cum socio fisco, libram
« auri persolvat. Et hæc donacio firma et stabilis omni tempore permaneat,
« stipulatione subnixa.

« Actum Divion, monasterio Sancti Benigni, publice.

« Signum Moyse et uxoris suæ, Ragimburgis, qui hanc donationem fieri
« et firmare rogaverunt. S. Madelbert, qui consensit. S. Bertran. S. Nan-
« toart. S. Eldebert. S. Adelbert. S. Gardinco. S. Framierii. S. Arnoldo.
« S. Madelgaudo. S. Otgerii. S. Madelgerii.

« Ego Vulfardus scripsi et subscripsi. Datavi die dominico, anno secundo
« Ludovici regis, filii domni Karoli Augusti. »

LXXXV (22).

Nov. 878. *Commutatio terrarum inter Isaac, episcopum, et Epplenum.*

« Notum sit omnibus sanctæ Dei ecclesiæ fidelibus, tam presentibus quam
« et futuris, quia complacuit atque convenit inter dominum Isaac, episcopum
« ecclesiæ Lingonensis, et quemdam hominem, Epplenum nomine, ut ali-
« quid de rebus, tam ecclesiasticis quam propriis, inter se commutarent.
« Igitur dedit in primis Epplenus, cujus petitio fuit, de proprio suo aludo,
« ad vicem recipiendam de racione Sancti Benigni, memorato domno Isaac,
« venerabili episcopo, atque monachis in cœnobio predicti sancti Deo mili-
« tantibus, mansum unum, una cum supra posito, in pago Oscarense, in
« villa Corcellis seu in ipsa fine. Qui habet in longum perticas agripen-
« nales XI, et per transversum perticas IIII et pedes IIII; atque vineam, quæ
« ad ipsum pertinet. Quæ terminat : de uno fronte, Orsnadus tenet; de alio
« vero, strada publica pergit; de ambis lateribus, Hildebernus tenet. Et
« habet in longum perticas agripedales XVIIII, et per transversum IIII. Et
« quicquid ad ipsum mansum respicit, vel in ipsa villa habere visus est,
« cum exis et regressis, totum ad integrum. Similiter dedit curtilum unum,
« in villa Cavaniaca, in pago Uscarinse; qui terminat de uno latus et uno
« fronte strada publica, de alio vero fronte et latere de ipsa hereditate. Et
« habet in longum perticas V, et per transversum similiter. Et quicquid in
« ipsa villa habere visus est, totum ad integrum. Dedit etiam, in prefato
« pago, curtilos duos, in villa Quintiniaca. Qui terminant, de ambis par-
« tibus, fisco regali ex Pontiliaco; de ambis frontibus, strada publica; et
« habent in longum perticas agripennales IIII et dimid. et pedes VII, et per
« transversum perticam I et dimid. et pedes III. Et quicquid in ipsa villa
« habere visus est, totum ad integrum. Dedit etiam campum I, in fine
« Criciaca, in loco Roseriis. Qui terminat : de ambis lateribus, terra Sancti

« Benigni ; de una fronte, terra Remestanii, de alio strada publica. Et pos-
« sunt ibi seminari modii VIIII. Similiter dedit, in pago Uscarense, in villa
« Briscona seu in ipsa fine, in loco Carusco, vineam. Quæ terminat : de
« uno fronte, Helbertus tenet; de alio vero, strada publica ; de uno latere,
« Waldricus tenet; de alio, Guntaldus de ipsa hereditate tenet. Et habet in
« ambis frontibus perticas agripennales IIII, et in longum XXI. In ipsa villa,
« in fine Vinea, dedit alteram viniolam, quæ habet in longum perticas XLIIII,
« et per transversum unam. Dedit medietatem mansi, in nominata villa una
« cum supra posito. Qui terminat : de uno latere, Rorigus tenet; de alio
« vero et uno fronte, strada publica; de uno fronte, Guntaldus tenet. Et
« habet in longum perticas XII, et per transversum pedes VII. Et quicquid
« ad ipsum mansum aspicit, medietatem in vineis, silvis, campis cultis et
« incultis, aquis, aquarumve decursibus, et omnia que in supra nominata
« villa Briscono visus est habere, totum ad integrum. Similiter dedit jor-
« nales II : unum de vinea, et alium de terra arabile, in villa Tremoledo,
« in fine Longoviana. Qui terminant : de uno latere, Wandelgerius tenet; de
« alio quoque terra Sancti Benigni; de uno fronte, terra Sancti Stephani ; de
« alio vero, strada publica. Hæc omnia, totum ad integrum. Deinde, e con-
« tra, ad vicem reddendam, dedit domnus Isaac memoratus, venerabilis
« episcopus, Eppleno, cujus petitio fuit, de ratione Sancti Benigni, una cum
« consensu monachorum omnium in monibis prædicti sancti Dei militum
« cium, mansum unum in pago Uscarinse, in villa Casnedo seu in ipsa fine.
« Et habet in longum perticas agripennales XLVI; et, per transversum, in
« uno fronte, perticas VI, in alio vero perticas VIII. Similiter dedit pratum
« unum, quod habet in longum perticas XXXVII, et per transversum perti-
« cas VIII. Hæc omnia, totum ad integrum, et quicquid ad ipsum mansum
« aspicit, terris, pratis, graditiis, aquis, aquarumve decursibus, cum exis et
« regressis, sibi invicem condonaverunt, pars parti. Et repromittunt inter
« se, de hoc quod accepit unusquisque, quod, si aliquam calumniam post
« hæc inferre temptaverit, idem repetere conaverit, nullo modo evindicare
« valeat quod repetit; sed insuper coactus inferat, pars parti custodi, in
« duplum tantum, quantum ipsa terra meliorata valuerit; fisci vero libram
« auri unam persolvat. Et hæc commutatio ad vicem firma et stabilis omni
« tempore permaneat, stipulatione subnixa.

« Actum Divion publice, ecclesia Sancti Benigni.

« Signum Eppleni, qui hanc commutationem fieri et firmare rogavit.

« S. Orsnadi. S. Gundaldi, qui consensit. S. Remestanii. S. Odelrici. S. Wa-
« lerici. S. Aiæ, qui consensit. S. Aldanæ. S. Airsendæ. S. Uticono. S. Eu-
« rardi. S. Dedadi.

« Ego Vulfardus, acsi indignus, levita, scripsi et subscripsi. Datavi mense
« novembrio, die lunis, anno secundo regni domni nostri Ludovici regis,
« filii Karoli cæsaris. »

LXXXVI (23).

Mai. 879. *Waltelinus, presbyter, res quasdam Sancto Benigno confert.*

« Sacrosancto cœnobio almi Benigni, in quo ipse beatissimus testis Christi
« requiescit, juxta Divion castrum, ubi quidam presbyter, Waltelinus no-
« mine, cogitans et dinoscens casum humane fragilitatis, non coactus sed
« propria voluntate, condonavit res suas proprie adquisitionis, pro remedio
« animæ et loco sepulturæ suæ. Quæ sunt sitæ in pago Attoariorum, in
« villa Rufiaco, et in ipsa fine : videlicet mansum I, cum supra posito. Qui
« terminat, de uno latere, terra Sancti Benigni; de alio latere et una fronte
« strada publica; de alio latere, fons communalis currit. Similiter dedit, in
« alio loco, in pago Oscarense, in fine Longoviana, in villa Patriniaco,
« paginolas II de vineis. Terminat prima vinea, de ambis lateribus, terra
« Sancti Benigni; de una fronte, terra Sancti Petri; de alio, strada publica
« pergit. Et abet, in longum, perticas agripennales XXXIIII; in uno fronte,
« perticas II et pedes III; in alia fronte, perticam I et pedes X. Alia paginula
« terminatur : de uno latere, Gotescalcus tenet; de alio, terra Sancti Beni-
« gni; de una fronte, exus communalis; de alio, strada publica pergit. Et
« abet, in longum, agripennales XVIII; in una fronte, perticam I et pedes VIIII;
« in alia fronte, perticam I et pedes VII. Dedit et, in fine Gironense, in loco
« qui dicitur ad Plantas, vineam, videlicet jornalem unum et dimidium.
« Qui terminant : de uno latere, Filo nomine tenet; de alio latere, Arlafri-
« dus; de una fronte, Farmannus; de alio, Eldegaudus tenent. Hec omnia
« denominata ego Waltelinus, presbyter, de mea potestate trado, et trans-
« fundo in dominationem Sancti Benigni et monachorum illic Deo militan-
« tium; ea conditione, ut, diebus vitæ meæ, de his omnibus nominatis et
« datis, habeam potestatem tenendi et possidendi, jure legitimo; post obi-
« tum meum, sint ubi data sunt. Et si quis horum calumniator extiterit,
« auri libras II, legibus constrictus, persolvat. Hec vero donatio firma et
« stabilis permaneat.

« Actum Divion, basilica sancti Benigni.

« Signum ipsius Waltelini, presbyteri. Signum Arnavaldi. Alexandri. Ale-
« ranni. Waldierii. Fulchardi. Aliconi. Eldeberti. Balterii. Radulfi. Erluini.
« Flolberti.

« Ego Vulfardus, presbyter, scripsi et subscripsi. Datavi mense magio,
« anno primo domni nostri Karlomanni, adhuc pueri. »

LXXXVII.

880. Attila mulier, filio Rodulfo consentiente, donat monasterio Sancti Benigni vineas in villa Patriniaca, in pago Oscarensi sitas [1].

LXXXVIII (24).

880. *Commutatio terrarum inter Ingonem abbatem et quemdam Hubertum.*

« In Christi nomine. Notum sit omnibus sanctæ Dei ecclesiæ fidelibus,
« quia placuit inter venerabilem virum Ingonem, abbatem monasterii Sancti
« Benigni, cum consensu omnium fratrum ibi Deo militantium, et quemdam
« hominem, Hubertum nomine, ut aliquid de rebus suis inter se commutarent.
« Dedit itaque in primis Ubertus, cujus petitio fuit, de proprio suo alodo,
« domno Ingoni abbati et monachis, cortilem unum, continentem duas man-
« siunculas, cum supra posita, situm in pago Oscarensi, in villa Chenevir.
« Qui terminatur: de uno latere et de una fronte, terra Sancti Nazarii; de
« alio latere, Genuinus tenet; de alio vero fronte, strada publica. Et habet
« in longum perticas VIII et dimidiam agripennales, et per transversum per-
« ticas VI et pedes II. Dedit etiam vineam, juxta sitam, simili modo. Que
« terminatur, de ambis lateribus et ambobus frontibus, terra Sancti Nazarii;
« et abet in longum perticas agripennales VIII et dimidiam, et per transver-
« sum perticas VI et pedes VI. Ad vicem quoque reddendam, dedit, econtra,
« memoratus abbas Ingo supra memorato Uberto campum unum, situm in
« pago Oscarense, in villa que vocatur Salaona. Qui terminat: de uno latere,
« ipse Hubertus tenet; de alio latere, Goteschalcus tenet; de ambabus fron-
« tibus, strada publica. Et abet in longum perticas agripennales XXXIIII, et per
« transversum perticas VII. Hec omnia sibi invicem condonaverunt, pars
« parti; et repromisit unusquisque de hoc quod accepit, si aliquam post
« hec calumniam inferre temptaverit aut repetere conaverit, nullo modo va-

[1] *Apud* Pérard, p. 158.

« leat evindicare quod repetit; sed insuper coactus in duplum tantum, quan-
« tum ipsa terra meliorata valuerit, componat; fisco quoque auri untiam
« unam componat. Et hæc commutatio firma et stabilis permaneat, stipula-
« tione subnixa.

« Signum Huberti. Victoris. Adaldi. Rataldi. Aidulfi. Salamonis. Berenge-
« rii. Otberti. Salaconis. Achardi. Airanni. Salamanni. Vulfardi.

« Ego Vulfardus, presbyter, scripsi et subscripsi. Anno secundo Karlo-
« manni. »

LXXXIX (25).

881. *Donatio a Beltone, presbytero, monasterio Sancti Benigni, de rebus quas possidet in fine Curtmulnise, constitua.*

« Sacrosancto monasterio Sancti Benigni, sub opido Divionis castri sito,
« ubi ipse beatus martir Christi corpore requiescit, et Geilo, reverentis-
« simus pontifex, regimen obtinet, in quo et domnus Ingo abbas preesse
« videtur. Adveniens quidam clericus atque presbyter, Betto nomine, cogitans
« casum humanæ fragilitatis, ac habens spem æternæ, Deo propicio, retribu-
« tionis, condonavit ad ipsum sacrum locum et monachis ibi Deo famulan-
« tibus, pro remedio animæ suæ et loco sepulturæ, mansum unum, cum
« supra posito et gardilo, situm in pago Oscarense, in villa Curtemuliniseo
« dicta. Qui terminatur : de uno latere, terra Sancti Petri; de alio latere,
« strada publica; de una fronte, Uscara fluvius decurrit; de alio fronte,
« Avarnus tenet de ipsa hereditate. Et quicquid ad prefatum aspicit, terris,
« pratis, silvis, aquis, graditii, cum exis et regressis. Hec omnia denomi-
« nata et determinata, ad integrum, sicut jam supra dictum est, et quicquid
« ibi visus sum habere, pro remedio animæ meæ et loco sepulturæ, ego
« Betto, prepositus ecclesiæ Sancti Stephani, de mea dominatione et potes-
« tate trado in dominationem et potestatem ecclesiæ Sancti Benigni et mo-
« nachorum ejus, jure perpetuo ad possidendum; ita ut, ab hac die, habeant
« licentiam tenendi, possidendi et commutandi, nullo contradicente. Si quis
« vero, quod futurum esse minime credo, ullus de heredibus meis, vel
« quelibet emissa persona, contra hanc donationem venire aut repetere co-
« naverit, nullo modo valeat evindicare quod repetit; sed insuper coactus
« vobis vestrisque successoribus libras auri IIII, argenti quoque XXX, per-
« solvat, ac socio fisco se multandum sciat; et hec donatio firma et stabilis
« permaneat, stipulatione subnixa.

« Actum Divion, monasterio sancti Benigni.

« Signum Orsnadi, qui hanc donationem, vice Bettonis, fieri et firmare
« rogavit. S. Attenis. S. Aganonis. Odonis. Dodonis. Letardi. Avonis. Sua-
« vilonis. Widbaldi. Blitgerii. Embrolfi. Airamni. Aldefridi. Gotescalci. Os-
« trigili. Sigiberti. Beroaldi.

« Ego Vulfardus scripsi et subscripsi, anno tercio Karlomanni regis. »

xc (26).

Mai. 879. *Flotbertus dat Sancto Benigno vineam in villa Marcenniaco.*

« Omnipotentis Christi Jhesu ineffabilis liberalitas tantæ pietatis exuberat
« gratia, ut tam magnifico quos redemit cruore, proprio etiam donet dona-
« tivo, quo pro terreis adquirant cœlica, pro perituris finis ignara. Quod
« animo pertractans, quidam Flotbertus veniens ad monasterium Sancti
« Benigni, ubi preciosus martyr in corpore requiescit, ubi Ingo abba et
« Teutfredus prepositus presunt; condonavit ad Sanctum Benignum vel ad
« mensam fratrum pagina de vinea in Marcenniaco villa, propter locum
« sepulturæ et pro remedium anime sue. Que est sita in pago Uskarinse, in
« fine Longoviana, prope villa Marcenniaco. Abet terminaciones : de
« uno latus, terra Sancti Benigni; de alio latus, Torpuinus tenet; de uno
« fronte, Amelius tenet; de alio vero fronte perticas vi; in alio fronte, per-
« ticas vi. Infra istas terminationes vel perticationes, partibus Sancti Be-
« nigni et fratrum predictam vineam ego Flotbertus de meo jure et domi-
« natione trado in vestram potestatem et dominationem, jure legitimo,
« ordine perpetuo, a die presenti, ad possidendum, abendi, tenendi seu
« comutandi vel quicquid faciendi elegerint, nullo contradicente. Si quis
« vero, quod minime credo; si ego ipse, aut ullus de heredibus meis vel
« proheredes, seu quislibet ulla emissa persona, qui contra hanc vendi-
« tionem ullo tempore aliquam calumpniam generare temptaverit, exinde
« nichil evendicet; set insuper inferat vobis meisque heredibus in duplum,
« tantum, quantum ipsa vinea meliorata valere extimatur, auri untias IIII
« persolvat coactus, et sua repeticio in nullo convalescat. Et hæc donatio
« omni tempore firma et stabilis permaneat, stipulatione subnixa.

« Actum Marcenniaco villa.

« Signum Flotberti, qui donationem istam fieri et firmari rogavit. S. Flot-
« sindane, que consensit. Heldeberni. S. Bernardi. S. Lotsaldi. S. Wil-
« lonis. S. Teutbaldi. S. Ermenrici.

"Ego, in Dei nomine, Jenulfus, levita, scripsi et subscripsi. Datum die "Veneris, xiiii kalendas Junii, anno primo regnante Karlomanno rege."

xci (27).

Jan. 880. *Folcradus, Teutgerius et uxores eorum vendunt campum unum, in villa Asciriaco situm.*

"In Christi nomine. Noticia traditoria vel locum vestitoria, qualiter vel "quibus presentibus, Ingoni abbati et Teutfredo preposito necnon mo-"nachis monasterii sancti Benigni martiris, vendiderunt quidam homines, "idem Folcradus cum uxore sua, et Teutgerius et uxor sua, terram here-"ditatis suæ, in Asciriaco villa, coram testibus.

"Ego, in Dei nomine, Folcradus et uxor mea, Teutburgis, venditores, "vendimus vobis, idem Yngoni abbati et monachis Sancti Benigni, et tra-"dimus ad ipsam casam Dei à die presenti campum unum juris nostri, qui "est situs in pago Oscarensi et in fine ville Asciriaco. Et ipse campus abet ter-"minaciones : de uno latus, terra Sancti Albini; ex alio latus, de ipsa he-"reditate; in ambis frontibus, strada publica pergit. Infra istas terminatio-"nes, totum ad integrum, vobis vendimus, tradimus atque transfundimus; "et accepimus a vobis precium, sicut convenit inter nos, in argento soli-"dos vi. Propterea de nostra dominatione in vestram tradimus potestatem "et dominationem jure perpetuo, ad possidendum; ita ut ab ac die abendi, "tenendi seu commutandi, vel quicquid a die presenti, in onore sancti "Benigni facere volueritis, liberam ac firmissimam in omnibus abeatis po-"testatem, nullo contradicente. Si quis vero, quod futurum esse non cre-"dimus; si nos, aut ullus de eredibus nostris vel proheredes, aut quislibet "ulla opposita vel emissa persona, que contra hanc vendicionem aliquam "calumniam generare presumserit, non valeat evindicare quod repetit; sed "inferat ad ipsam casam Dei et suis rectoribus, una cum socio fisco, auri "untias ii componat. Et hec facta venditio omni tempore firma et stabilis "permaneat, stipulatione subnixa.

"Actum Aziriaco villa, publice.

"Signum Folcradi et uxoris ejus, Teutburgis, qui hanc venditionem, a "se factam, firmare rogaverunt. Signum Wilsonis et Salaman, qui consen-"serunt. S. Ratbodi. S. Otolgeti. S. Armanni. S. Armuini. S. Leutgisi.

"Ego, in Dei nomine, Moringus, laïcus, presens fui, scripsi et datavi,

« die Martis proximo in mense januario, in anno II regnante Karlomanno
« rege. »

XCII. (28.)

880. *Teutgerius uxorque ipsius, Arieldis, vendunt campum situm in fine Aziriaco.*

« Notum sit omnibus presentibus et futuris, quod ego Teutgerius et
« uxor mea, Arieldis, venientes in presentia monachorum Sancti Benigni,
« quibus preest Yngo abbas et Teutfredus prepositus, vendimus eis campum
« unum, qui est situs in pago Uscarense, in fine Aziriaco, ubi vocant in
« Closis : de ambis lateribus et uno fronte, terra Sancti Benigni, et alio
« fronte terra Sancti Leodegarii. Infra istas terminaciones, totum ad inte-
« grum, vobis vendo, dono, trado atque transfundo ; et accepi a vobis in
« argento solidos V. Trado itaque predictum campum, jure perpetuo, vobis
« ad possidendum ; ita ut ab ac die abendi, tenendi seu comutandi, vel
« quicquid, ad honorem loci Sancti Benigni, volueritis facere, liberam ac
« firmissimam in omnibus abeatis potestatem. Si quis vero calumniator hec
« repetere temptaverit, non valeat evindicare quod cupit ; sed insuper, cum
« socio fisco, auri untias II multatus componat. Et ista conscriptio vendi-
« tionis firma et stabilis permaneat, stipulatione subnixa.

« Actum Aziriaca villa, publice.

« Signum Teutgerii, datoris ipsius rei, et Arieldis, uxoris ejus. S. De-
« siderii. S. Gundrici. S. Witbaldi. S. Godini. Herleiodi. Wandalarii. Bar-
« nardi.

« Ego, Moringus, laicus, interfui, scripsi et datavi, anno secundo regnante
« Karlomanno rege. »

XCIII.

Mai. 879. Salamannus[1] et uxor ejus, Gotseldis, condonant campum unum, situm in fine Aziriacæ villæ, ubi vocant in plana Liscuria.

XCIV (29).

880. *Commutatio prædiorum inter Evroardum et Ingonem abbatem.*

« Quicumque de rebus æcclesiasticis vult aliquid ad propriam utilitatem

[1] *Apud* Pérard, p. 157.

« accipere, debet tantum et dimidii tantum dare, quantum accipit. Qua-
« propter notum sit omnibus sanctæ Dei æcclesiæ fidelibus, tam presen-
« tibus quam et futuris, quia placuit atque convenit inter domnum abbatem
« Ingonem, una cum consensu omnium monachorum monasterii Sancti
« Benigni, et quendam hominem, nomine Evroardum, ut aliquid inter se
« tam de rebus æcclesiasticis quam et propriis commutarent. Dedit itaque
« in primis Evroardus, cujus petitio fuit, de proprio suo alodo, per cartas
« conquisitionis, abbati Ingoni et monachis monasterii predicti, ad vicem
« recipiendam ex ratione Sancti Benigni, mansum cum supra posito, situm
« in pago Attoariorum, villa Bargis, ubi vocant centena Roringorum. Qui
« terminat, de uno latere et ambis frontibus, terra Sancti Benigni; de alio
« latere, strada publica. Et habet in longum perticas agripedales v, et per
« transversum perticas IIII. Simili modo dedit etiam vineam juxta mansum,
« que terminat de ambis lateribus et uno fronte terra Sancti Benigni, de
« alio fronte Vulfrannus tenet; et habet in longum perticas XIII, et per
« transversum perticas v. Dedit etiam simili modo quicquid in denomi-
« nata villa et fine Bargis, etiam et Norgia, visus fuit habere et possidere,
« totum ad integrum, ad predictum mansum pertinentia. Ad vicem quoque
« reddendam, dedit memoratus abbas Ingo, cum consensu fratrum, de ra-
« tione Sancti Benigni, Evrardo, secundum petitionem suam, casale unum
« cum vinea, situm in pago Divionensi, villa Aguliaco; qui terminat de
« ambis lateribus et uno fronte terra Sancti Benigni, de alio fronte strada
« publica; et habet in longum perticas XXXI, et per transversum perticas IIII.
« Simili modo dedit etiam campos duos, in eadem villa et fine, de terra ara-
« bili. Terminat unus, de ambis lateribus et uno fronte, terra Sancti Be-
« nigni; de alio fronte, terra Sancti Stephani; et abet in longum perticas LX,
« et per transversum perticas x. Alius quoque campus terminat, de ambis
« frontibus et uno latere, terra Sancti Benigni; de alio latere, terra Sancti
« Petri; et abet in longum perticas XXXI, et per transversum perticas IIII.
« Hæc omnia denominata vel exterminata sibi ad invicem condonaverunt,
« pars parti; et repromisit unusquisque, de hoc quod accepit, quod, si postea
« ullam calumniam inferre aut repetere conaverit, nullomodo valeat evin-
« dicare quod repetit; sed insuper coactus untias IIII de auro persolvat, ar-
« genti vero untias x. Et hec commutatio firma et stabilis omni tempore
« permaneat, stipulatione subnixa.
« Actum Divion, monasterio Sancti Benigni, publice.

« Signum Evroardi, qui hanc commutationem fieri et firmare rogavit.
« Signum Idranni. Odelgerii. Lotselini. Bertini. Fuscardi. Rotfridi.
« Ego Vulfardus, acsi indignus, presbyter, scripsi, et datavi die lunis,
« anno secundo Karlomanni regis. »

xcv (30).

Jun. 880. *Donum a Riculfo factum de campo uno, in villa Asinaria sito.*

« Sacrosancto monasterio Sancti Benigni, sub oppido Divionis sito, in quo
« venerabilis Ingo abbas preesse videtur. Adveniens quidam homo, nomine
« Riculfus, condonavit ad ipsum sanctum locum et monachis ibi Deo famu-
« lantibus, pro anima filii sui, campum unum, situm in pago Atoariorum,
« in villa Asinaria seu in ipsa fine. Qui terminat, de uno fronte, terra Sancti
« Benigni ; de alio vero, Bonefridus tenet et sui heredes ; de ambis lateribus,
« terra Sancti Aniani. Infra istas terminationes et perticationes, medietatem
« tantum dono ego Riculfus ad prefatum sanctum locum, sicut supra jam
« dictum est, pro remedio animæ filii mei Deodati, a die presenti et dein-
« ceps, de meo jure et potestate trado in vestram potestatem et dominatio-
« nem ; ut abeant rectores ipsius ecclesiæ potestatem habendi, tenendi,
« commutandi, nullo contradicente. Si quis vero quod futurum minime
« credo ; si ego ipse, aut ullus de heredibus meis, vel quelibet emissa per-
« sona, contra hanc traditionem, mea voluntate factam, venire aut repetere
« conaverit, nullo modo valeat evindicare quod repetit ; sed insuper coactus,
« una cum socio fisco, libram argenti unam persolvat. Et hec donatio firma
« et stabilis omni tempore permaneat, stipulatione subnixa.

« Actum monasterio Sancti Benigni, publice.

« Signum Riculfi, qui hanc traditionem fieri et firmari rogavit. Signum
« Alsennæ, quæ consensit. Signum Burvaldi. Signum Umbroldi. Aymerici.
« Otberti. Saifardi. Fulboldi.

« Ego Vulfardus scripsi et subscripsi. Datavi die Veneris, mense junii,
« anno secundo Karlomanni regis. »

xcvi (31).

Mai. 880. *Deodatus monasterio Sancti Benigni mansum unum et mancipia non-*
nulla largitur.

« In nomine sanctæ et individuæ Trinitatis. Notum volumus esse præ-
« sentibus et futuris, qualiter ego Deodatus, cogitans casum humane fragi-

« litatis, ac habens spem æternæ retributionis, veni ad monasterium Sancti
« Benigni, sub oppido Divionis situm, in quo venerabilis Ingo abbas preesse
« videtur; ibique condonavi ad ipsum sanctum locum et memorato abbati
« ac monachis, ibi Deo sanctoque Benigno martiri famulantibus, pro æterna
« retribucione et locum meæ habitationis, mansum unum, cum super po-
« sito et curtile, situm in pago Oscarense, villa Ateias seu in ipsa fine. Qui
« terminat : de uno latere, terra Sancti Benigni ; de alio latere, Albericus
« tenet; de uno fronte, terra Sancti Leudegarii ; de alio quoque strata publica.
« Et habet in longum perticas agripennales XIII; in uno fronte, perticas V et
« pedes XII; in alio vero fronte, perticas IIII et pedes XII. Et quicquid ad
« ipsum mansum aspicit, terris excultis, ubi possint seminari modia XXX,
« et aliis incultis quamplurimis, cum exitis et regressis, graditiis, silvis,
« pascuis, aquis, aquarumve decursibus, radis in silva, ac quicquid ibi
« habere visus sum, totum ad integrum. Simili modo condonavi mancipia,
« his nominibus : Viroardum et uxorem ejus, Raginam cum filiabus, An-
« siarda et Isengarda, et omni conquestu eorum, et quicquid ab hac die,
« Domino propicio, adquirere valuerint, totum ad integrum. Hæc omnia
« determinata, ego, Deodatus nomine, sicut supra jam dictum est, de meo
« jure ac dominatione in potestate et dominatione ac jure monasterii
« prefati Sancti Benigni ac monachis ibidem Deo famulantibus, ab hac
« die et deinceps, trado atque transfundo, quo habeatis liberum arbitrium
« ac liberam potestatem habendi, tenendi, commutandi, nullo contradi-
« cente. Si autem, quod futurum minime esse credo; si ego ipse, aut ullus
« de heredibus meis, vel quelibet emissa persona, contra hanc donationem
« meam, propria voluntate factam, venire aut contradicere seu aliquam ca-
« lumniam inferre temptaverit, nullo modo valeat evindicare quod repetit;
« sed insuper coactus libras III auri persolvat, argenti quoque XXX, ac
« multandum, se socio fisco, cognoscat. Et hec donatio firma et stabilis
« omni tempore permaneat, stipulatione subnixa. Simili modo condono
« etiam servum proprii juris mei, Vualgerium nomine, ut et mihi obsequium
« omni tempore prebeat.

« Actum Bunciaco villa, publice.

« Signum Deodati, qui hanc donationem fieri et firmare rogavit. Signum
« Babtilerii et Radulfi, qui consenserunt. Signum Arredi. Signum Anserii.
« Signum Jozberti. Signum Erfonis. Signum Saifardi, Signum Fulbodi. Si-
« gnum Dodonis. Signum Riferii. Signum Romoaldi.

« Ego Vulfardus scripsi et subscripsi. Datavi die Mercoris, mense magio, « anno secundo domini nostri Karlomanni regis. »

XCVII.

Mai. 886. Ademarus capellam suam mobilem, cum reliquiis, et mansum indominicatum, cum ecclesia sancti Gregorii et mansis VII mancipiisque XLVIII, monasterio Sancti Benigni largitur[1].

XCVIII.

938. Lampagia dat res suas, cum mancipiis, sitas in comitatu Tornotrensi, in fine Stolviacensi[2].

(Ce titre n'est pas rapporté dans la Table des diplômes de M. de Bréquigny.)

XCIX.

Oct. 881. Quidam vir nobilis, Buinus nomine, uxorque ipsius, Tressoara, nobilis matrona, condonant capellam in honorem sancti Valerii dicatam, mansumque indominicatum, cum omnibus appendiciis, situm in villa quæ vocatur Norga[3].

C.

881. Hugo, vir illustris, donat curtilum unum, intra Divionem castrum situm, et vineam unam, sitam in pago Divionensi, in villa quæ dicitur Domni Petri[4].

CI (32).

Febr. 882. *Warnerius, Eriburgis, uxor, filiaque Doda condonant terram quamdam, sitam in pago Belnensi, in fine Cusciniacensi, in villa Bovonis Curte.*

« In nomine sanctæ et individuæ Trinitatis. Cognoscant presentes ac
« post futuri ecclesiæ Dei fideles, qualiter Vuarnerius et uxor sua Eriburgis
« ac filia eorum Doda condonaverunt sancto Benigno et monachis illi fa-
« mulantibus in monasterio, juxta muros Divionis castri posito, ubi ipse
« preciosus martir Christi corpore quiescit; qui locus est sacratus in hono-
« rem Salvatoris mundi ac perpetuæ virginis Dei genitricis Mariæ sanctorum-

---

[1] *Apud* Pérard, p. 160.
[2] *Ibid.* p. 161.
[3] *Apud* Pérard, p. 159.
[4] *Ibid.*

"que omnium. Dederunt igitur supradictus vir et uxor ejus ac filia terram
"quandam, que est sita in pago Belnense, in fine Qusciniacense, in villa
"Bovonis Curte. Que terminatur : de uno latere, terra Guntardi; de alio
"latere et una fronte, terra Sancti Benigni; et de alio latere, stradella per-
"git. Habet in longum perticas xxxiiii; in lato, de una fronte, perticas ii,
"et de alia fronte, perticam unam et dimidiam. Infra istas terminationes
"vel perticationes, dedi ego Vuarnerius et uxor mea Eriburgis totum ad
"integrum, sicut denominatum est, et de meo jure ac dominatione trado
"atque transfundo in potestatem monachorum Sancti Benigni; ut ab ac
"die liberam ac firmissimam habeant potestatem de ipsa terra, prout eis
"placuerit. Si vero, quod futurum minime speramus; si nos ipsi, aut
"aliquis heredum vel proheredum nostrorum, vel alia quelibet persona,
"contra hanc donationem ullam calumniam proferre voluerit, nequaquam
"habeat effectum ejus fraus; set insuper, legibus constrictus, vobis, una-
"cum socio fisco, sex untias auri persolvat. Et hec donatio firma et stabilis
"permaneat, stipulatione subnixa.

"Actum Troallo villa, publice.

"Signum Vuarnerii et uxoris ejus Eriburgis ac filiæ eorum Dodæ, qui
"hanc donationem fieri et firmare rogaverunt.

"Signum Teoderici. Signum Deusadinda [1]. Montani. Ingelbaldi. Cisen
"baldi. Iderali. Rangulfi.

"Ego Heldricus scripsi et subscripsi. Datavi die Martis, mense februarii,
"anno iii Karlomanni regis."

CII.

Apr. 829. Commutatio terrarum inter Leotgis vicecomitem et Albericum episcopum facta [2].

CIII.

Jul. 827. Commutatio terrarum facta inter Erlebertum, corepiscopum,
et Seraphim, abbatem monasterii Sancti Petri Besuensis [3].

CIV.

830. Fulcricus commutat cum Alberico, episcopo Lingonensi, terras
nonnullas, in centena Oscarensi sitas [4].

(Cet acte n'est pas mentionné dans la Table des diplomes de M. de Bréquigny.)

[1] Sic. — [2] Apud Pérard, p. 17. — [3] Ibid. p. 16. — [4] Ibid. p. 17.

MÉMOIRES PRÉSENTÉS PAR DIVERS SAVANTS.

CV.

Jan. 776. Donatio ab Egremaro uxoreque ipsius Eva facta, de rebus suis in fine Norviensi [1].

CVI.

Mart. 836. Commutatio inter monachos Sancti Benigni et Leotaldum facta, de terris sitis in pago Divionensi, in ipso fine Divionensi, et in centena Oscarensi, in fine Tremolensi [2].

CVII.

Apr. 837. Permutatio terrarum inter Adalrannum et Albericum episcopum [3].

CVIII.

Nov. 840. Permutatio inter Ingelrannum, episcopum Lingonensem abbatemque Benignianum, ac Madalgerium, de terris culturalibus, in pago Uscarensi, in fine Marciniacensi [4].

CIX.

Mai. 841. Permutatio inter Geraldum presbyterum et Usuardum, de terris cultumolibus, in actu Oscarensi in fine Longoviana et in fine Filariacensi [5].

CX (33).

841 vel 842. *Donatio facta a Leotaldo presbytero.*

« Domino sacrosancta ecclesia sancti Benigni martiris, que est constructa
« in pago Divioninse, ubi venerabilis vir domnus Teutbaldus preesse videtur
« episcopus. Ego, in Dei nomine, Leotaldus, presbyter, acsi indignus pec-
« cator, cogitavi casum humanæ fragilitatis, ut aliquid de peccatis meis mihi
« minuare debuerint, ut, quando quidem ante tribunal æterni judicis veniam,
« et indulgenciam accipere merear, et inter electos suos me participare fa-
« ciat. Dedi ad ipsa casa Dei, donatumque in perpetuum esse volo, hoc est,
« de res meas proprias, que sunt sitas in pago Divioninse, infra vico Sancti

---

[1] *Apud* Pérard, p. 11.
[2] *Ibid.* p. 18.
[3] *Ibid.* p. 20.
[4] *Apud* Pérard, p. 22.
[5] *Ibid.* p. 21.

"Benigni: hoc est, manso indominicato, quem apud seniore meo Alberico "episcopo precamiavi; hoc est, manso ipso exterminato, idem mensurato, "medietate ad integrum. Similiter in centena Uscarinse, in villa Tremo-"linse, pecia de vinea exterminata vel mensurata, de ipsa vinea medieta-"tem, ad integrum, dedi ad ipsos canonicos Sancti Benigni. In ea tamen "racione dono, ut tales prestarias vos mihi faciatis, de nomine seniore "nostro, et de nostro in nomen meum, et sorore mea Ingeltrude seu et "infantes suos, una cum ipso censo, quod orc[1] nominamus, hoc est solidum "unum missa sancti Benigni solvere debeant, et amplius eis non requiratis. "Quicquid superius superscripsimus, totum ad integrum, ad ipsa casa Dei "sancti Benigni vel ad ipsos canonicos trado, atque transfundo de meo jure "in illorum dominacione et potestate, sine ullius contradiccione. Si vero "ego, aut ullus de heredibus meis, vel quislibet ulla opposita persona, "quæ contra hanc donationem, mea voluntate factam, ulla calumnia agere "vel generare presumserit, non valeat evindicare quod repetit; sed inferat "vobis vestrisque successoribus in duplum tantum, quantum ipsas res eo "tempore melioratas valuerint; fisco vero auri uncia una. Et hec donacio "omni tempore firma et stabilis permaneat, stipulatione subnixa.

« Actum Divion, vico Sancti Benigni, publice.

« Signum Leotaldo, qui hanc donacionem fieri et firmare rogavit. Oli-"sius, presbyter, subscripsi.

« Ego, in Domini nomine, Adalbertus, clericus et notarius, scripsi et "subscripsi. Datavi die Domini, anno secundo regnante Lothario impe-"ratore. Ego Andraldus subscripsi.

« Subscripserunt: Adalmandus, presbyter; Arlafredus, presbyter; Alteus, "presbyter; Ododalinto, presbyter; Eliseus; Droctolenus, presbyter; Gen-"trannus, presbyter; Vulfelmus, presbyter; Erlerius, diaconus; Teodfre-"dus; Adalramnus; Servadus; Trudulfus. »

CXI.

Jul. 841. Permutatio inter Teutbaldum, episcopum, et Ailbertum, vicedominum, de duabus paginulis terræ, sitis in pago Divionensi sive in actu Oscarensi, infra Plumberense[2].

CXII.

Jul. 846. Commutatio inter Erembertum et Ademarum presbyterum,

[1] *Sic.* — [2] *Apud* Pérard, p. 142.

de campis duobus, sitis in actu Oscarensi, in fine Longoviana et in fine Cupiaciensi[1].

CXIII.

Nov. 849. Commutatio inter Teutbaldum, episcopum, et Udulgerium, de vineis, sitis in pago Uscarensi, in fine *du Mes*[2].

CXIV.

Febr. 850. Tetsa femina donat dimidiam vineæ partem, in pago Oscarensi, in villa Bargas[3].

CXV (34).

Sept. 878. *Preceptum Ludovici regis pro Baldrico, fideli ipsius, de quibusdam rebus et mancipiis, sitis in locis nonnullis pagi Tornadrinsis.*

« In nomine Domini Dei æterni et Salvatoris nostri Jhesu Christi, Hlu-
« dowicus, misericordia Dei, rex. Regalis celsitudinis mos est fideles regni
« sui donis multiplicibus atque honoribus ingentibus honorare sublimesque
« efficere. Proinde ergo morem parentum, regum videlicet et imperatorum,
« predecessorum nostrorum, sequentes, libuit celsitudini nostræ, quemdam
« fidelem nostrum, nomine Baldricum, de quibusdam rebus et mancipiis
« nostræ proprietatis honorare, et in proprium conferre atque delegare, id
« est : in pago Tornadrinse, super fluvium Landioni, in villa quæ dicitur
« Stolvicus, mansos XI, cum mancipiis utriusque sexus et omnibus aspicienti-
« bus, terris cultis et incultis; in villa Ciconias, mansos V, cum omnibus
« ibi aspicientibus terris cultis et incultis; in Milisiaco, mansus unus, cum
« terris, quicquid ibi aspicit; in Miliciaco, mansus unus, cum omnibus ibi
« aspicientibus, super fluvium Ormentionum; in alio loco, in fine Vales-
« minse, terras cultas et incultas, et quicquid ibi de nostro aspicit. Unde
« altitudinis nostræ præceptum hoc fieri, illique dari jussimus, per quod
« memoratas res, cum omnium rerum summa integritate, cum terris cultis
« et incultis, vineis, farinariis, silvis, pratis, pascuis, aquis aquarumve de-
« cursibus, exitibus et regressibus, et omnibus legitimis exterminationibus,
« necnon et mancipiis utriusque sexus, desuper commanentibus vel ibidem
« aspicientibus, sicut dictum est, totum et ad integrum, præfato fideli nostro
« Baldrico in proprium concedimus, et de nostro jure in jus ac domina-

---

[1] *Apud* Pérard, p. 144. — [2] *Ibid.* p. 145. — [3] *Ibid.*

« tionem illius solempni deliberatione transferimus : eo videlicet modo,
« ut quicquid ex predictis rebus et mancipiis pro sua utilitate facere decre-
« verit, libero in omnibus potiatur arbitrio faciendi, sicut ex aliis rebus et
« mancipiis suæ proprietatis. Ut autem hujus nostræ largitionis auctoritas
« firma semper, in Dei nomine, obtineat firmitatem, manu propria subter
« eam firmavimus, et anulo nostro assignari jussimus.

« Signum Hludowici, [*monogramma*] gloriosissimi regis.

« Wibaldus, notarius, ad vicem Gozieni, recognovit et subscripsit.

[*Locus sigilli.*]

« Datum xv kalendas octobris, indictione xii; anno i regni domini Hlu-
« dowici, gloriosissimi regis.

« Actum villa Lapiaco, in Dei nomine, feliciter, amen. »

cxvi (35).

Preceptum Odonis regis concessum Gisleberto, de quibusdam mansis, in pago Atoariorum sitis [1].

Oct. 897. « In nomine Domini Dei æterni, et Salvatoris nostri Jhesu
« Christi, Odo, clementia Dei, rex. Regalis excellentiæ ac sublimitatis
« mos est, fideles regni sui donis ingentibus honorare potentesque efficere.
« Proinde ergo, nos morem predecessorum nostrorum, regum videlicet
« Francorum, sequentes, oportet sublimitati nostræ, ut, quæ procerum nos-
« trorum expetierit affabilitas, regia dignanter adimpleat dignitas. Quocirca
« omnium sanctæ Dei Ecclesiæ fidelium nostrorumque, tam presentium
« quam et futurorum, industria noverit, quod, adiens nostræ serenitatis
« dignitatem, Richardus, illustris dilectusque nobis comes, humiliter pe-
« tiit, quatinus cuidam fideli nostro, nomine Gisleberto, quasdam res fis-
« cales, in pago Attuerensi sitas, per preceptum nostræ largitatis, in jus

---

[1] Ce diplôme du roi Eudes, outre les renseignements curieux qu'il renferme sur l'ancienne géographie de la Bourgogne, est encore remarquable par le jour qu'il jette sur le partage de la monarchie des Francs, fait en 896, entre Charles le Simple et le roi Eudes lui-même. Il semble résulter de ce document, ignoré de tous nos auteurs bourguignons, que la Bourgogne, ou, si on l'aime mieux, les *pagi* soumis à l'autorité du comte Richard le Justicier, représenté par les chroniques du temps comme le défenseur du jeune Charles, restèrent cependant en totalité au roi Eudes, puisque nous le voyons, par ce diplôme, exercer des droits régaliens sur toute cette contrée, en y conférant des fiefs ou bénéfices à la requête de ce même Richard, qui y est qualifié de *dilectus comes*. Le *fidelis*, nommé Gislebert, auquel on fait la concession, pourrait bien être le fils de Manassès Ier de Vergy, qui, marié à Hermangarde, fille de Richard, fut le second successeur de celui-ci au duché de Bourgogne, en 923.

« proprium concedere dignaremur. Cujus petitioni libenter assensum præ-
« bentes, concedimus eidem Gisleberto, in pago Attuerinse, super fluvium
« qui dicitur Norgia, in villa scilicet Blankeni Corte ac Verona, mansos quin-
« decim, cum omnibus ad eosdem pertinentibus rebus, silvis, pratis atque
« mancipiis utriusque sexus, et ecclesia una et medietatem alius ecclesiæ.
« Unde et hoc altitudinis nostræ præceptum fieri eidemque dari decrevimus,
« per quod præcipimus atque jubemus, ut, ab hodierna die ac deinceps,
« præfatus Gislebertus asscriptas res, cum integritate omni, teneat et possi-
« deat, ac quicquid exinde agere decreverit, liberam in omnibus habeat po-
« testatem faciendi, sicuti et ex aliis suæ proprietatis rebus, nemine inquie-
« tante. Ut autem hujus largitionis nostræ præceptum per tempora labentia
« inviolabiliter conservetur veriusque ab omnibus credatur, manu propria
« subter firmavimus, et anuli nostri impressione sigillari jussimus.

« Signum Odonis, [*monogramma*] gloriosissimi regis.

« Herveus, notarius, ad vicem Gualterii, recognovit et subscripsit.

[*Sigillum.*]

« Datum xii kalendas novembris, indictione xv, anno x Odonis, gloriosi
« regis.

« Actum apud Nantolium fiscum, in Dei nomine, feliciter, amen. »

PARS SECUNDA.

CHARTULARIUM ECCLESIÆ SANCTI STEPHANI DIVIONENSIS.

(Capitulum xv).

Jul. 909. *De restitutione bonorum in villa Acellis sitorum.*

« Anno Incarnationis Dominicæ dccccviii, indictione xii, cum ego, Sancte
« Lingonensis ecclesie humilis episcopus, Divione positus, Agrimus, ejusdem
« ecclesiæ causas et negotia, una cum fidelibus nostris, sollicite agerem, et,
« inspirante Domino, ea que minus incedebant recto ordine pro viribus di-
« rigere et emendare vellem ; inter cetera que ibi ad juste rationis tramitem
« reduximus, pervenit ad nostram noticiam, reclamantibus canonicis eccle-
« sie Sancti Stephani, in predicto castello Divionis site, quasdam res ejus-
« dem ecclesie aliquandiu ab eorum communione et mensa injuste fuisse

« sublatas, VIII videlicet mansa, in proximo pago Atoariorum, in villa Acel-
« lis, posita; pro quibus et aliis indebite ablatis sibi mansis, eorum con-
« munio paupertate non modica detineretur. Petentibus igitur eisdem ca-
« nonicis, consulente etiam eorum preposito, fideli nostro archidiacono,
« Ratherio, qui easdem res in beneficio retinebat; sed et aliis fidelibus
« nostris in hoc ipso concordantibus; considerantes rationis eorum justam
« querimoniam, pietatis et caritatis intuitu, pro salute etiam et remedio
« anime nostre animarumque predecessorum et successorum nostrorum,
« restituimus easdem res, cum mancipiis utriusque sexus, et quicquid ad ipsa
« octo mansa aspicit in terris, pratis et silvis, ac, reformando, reddidimus
« jam dicte ecclesie Sancti Stephani et mense canonicorum; eo rationis
« tenore, ut, quamdiu idem noster fidelis Ratherius advixerit, ipsas res
« beneficii gratia retineat, solvens annis singulis eisdem canonicis in censu
« et vestitura, festivitate Sancti Stephani, solidum unum argenti. Post de-
« cessum vero ejus, cum omni integritate, sine ullius contradictione, ad
« ejusdem ecclesiæ Sancti Stephani canonicos, quacumque auctoritate
« fultis, revocentur, profecture deinceps eorum usibus et necessitatibus.
« Oramusque et petimus, ac per caritatem Sancti Spiritus obtestamur suc-
« cessores nostros, quathenus ea que pro nobis eorumque salute et remu-
« neratione stabilivimus inconvulsa manere permittant, ut nostre operatio-
« nis participes sint. Nosque antecessorum nostrorum juste statuta inviolata
« et firma esse promisimus. Et ut hoc nostre restitutionis decretum futuris
« temporibus firmum obtineat stabilitatis vigorem, manu nostra dextera
« subter firmavimus, nostrisque fidelibus firmanda dari jussimus.

« Agrimus, sancte Lingonensis ecclesie exiguus episcopus, hanc scrip-
« turam securitatis fieri jussi, et in Christi nomine roboravi et subscripsi.
« Otbertus, prepositus et archidiaconus, subscripsi. Arnaudus, archidia-
« conus, subscripsi. Ragenerius, archidiaconus, susbscripsi. Engerbertus,
« archidiaconus, subscripsi. Wleus, diaconus, subscripsi. Siguinus, diaconus,
« subscripsi. Wandermarus, diaconus, subscripsi. Allevertus, abbas exiguus,
« subscripsi. Bernardus, archiclavus, subscripsi. Ursinus, decanus, subscripsi.
« Arnaudus, presbyter, subscripsi. Dominicus subscripsi. Winerannus. Gale-
« mannus, presbyter. Arnaudus, levita. Johannes Re. Gaslerius, subdiaconus.
« Ariaudus, subdiaconus; et Aubertus, acolitus. Unericus.

« Ansterius, humilis archiepiscopus, subscripsi. Valo, humilis sancte
« Eduensis ecclesie episcopus, huic scripto assensum prebui, atque sub-

« scripsi. Ardradinus, humilis Cabilonensis ecclesie episcopus, subscripsi.
« Geraldus, pecccator et humilis sancte Matischonensis ecclesie episcopus,
« subscripsi.

« Ego Rago hoc autoritatis decretum scripsi et subscripsi. Datum die IIII
« ferie, mense julio, anno XIII regnante domno Karolo, Francorum rege. »

II (Capitulum xxvIIII).

Mai. 913. *Gaubertus, canonicus, largitur Sancto Stephano plurimas res, in villa Mervelco sitas.*

« In nomine Dei et Salvatoris nostri Jhesu Christi. Nos, hejus servi hujus,
« Ratherius scilicet, indignus archidiaconus et prepositus ecclesie et con-
« gregationis canonicorum Sancti Stephani Divionensis castri, omnisque
« fraternitas ejusdem ecclesie, notum esse cupimus multis presentibus
« multis atque futuris ecclesie et congregationis nostre fidelibus, quod
« quidam frater noster et canonicus, devotus nobis et fidelis, nomine Gau-
« bertus, quasdam res sue proprietatis, sitas in pago Oscarense, in fine
« Longoviana et in villa Mervelco, sicut in carta donationis loquitur et in-
« sertum est, denominatas et determinatas, nobis et ecclesie nostre condo-
« naverit in perpetuo habendas. Propterea ipsius fuit peticio, omnium nos-
« trum consensus et voluntas, ut eadem res ei usufructuario, dum advi-
« verat, concederemus, et ei aliquid ex rebus proprietatis nostre in bene-
« ficio donaremus. Concessimus igitur ei easdem res, et aliquid ei ex nostra
« proprietate auximus : hoc est vineolam unam, sitam in predicto pago
« Oscarense, et in villa nominata Mervelco ; habentem in longo perticas
« anzigales XLV; et, in transverso, in una fronte, perticam unam, pedes X;
« in altera fronte, perticam unam. Terminatur de uno latere, vinea Odol-
« mari ; de altero latere, vinea ipsius Guiberti, presbyteri, quam nobis do-
« navit ; de una fronte, terra communi nostra ; de altera fronte Acledeus et
« Aldierius tenent. Infra istas terminationes vel perticationes, totum ad in-
« tegrum, cum illo quod nobis dedit, ea ratione concessimus et tenore,
« ut, quandiu advixerit, ea inmeliorare et condirigere studeat, usuque fru-
« ctuario ea retinens, nobis in censu et vestitura annis singulis sextarios
« vini II, in festivitate sancti Stephani, persolvat. Quod cum fecerit, cum
« securitate, quandiu vixerit, eas res teneat, habeat et possideat. Post dis-
« cessum vero ejus, cum omni integritate, sine ullius contraditione, ad
« nostram indominicatam revocentur partem. Et ut hec nostre voluntatis

« concessio firmiorem futuris temporibus optineat stabilitatem, manibus
« nostris subter firmavimus, nostrisque omnibus firmandam et roborandam
« tradidimus.

« Ferlaïcus, acsi indignus, presbyter, subscripsi. Helbertus, presbyter,
« subscripsi. Genulfus, presbyter, subscripsi. Rudericus, presbyter, sub-
« scripsi. Geraldus, presbyter, subscripsi. Adellelmus, presbyter, subscripsi.
« Ego Rago rogatus scripsi et subscripsi. Data die III feriæ, mense maio
« anno xx regnante Carrolo rege. »

III (Capitulum xxx).

Donatio a Ratherio, Sancti Stephani primicerio, constituta.

902-954. « Ego, in Dei nomine, Ratherius, humilis sancte Lingonensis
« ecclesie vesterarius, atque ecclesie prothomartiris Christi Stephani, que est
« infra menia Divionis castro sita, fidelissimus primicerius, divino, ut puto,
« Spiritu tactus, et ex ipsius vero lumine illustratus; diu rimando, ipso fa-
« vente, infra cancellos pectoris mei cogitare cepi, qualiter in futuro aliquid
« pietatis anime mee subvenire quivissem, et ne ipsa cogitatio inperfecte
« maneret, sed, Christo aminiculante, potius prevaleret; ex proprio pre-
« dio, quod precio a quibusdam distractoribus adquisivi, fratribus ecclesie
« jam predicti sancti Stephani ditare dignum duxi, ut, eorum sanctissimis
« precibus lautus, merear ab omni fece delictorum purificari, et, velamine
« carnis deposito, tantorum precibus fulcitus, valeam alta celorum scan-
« dere, et ibi fixa statione percipere. Quapropter jam pretaxatis fratribus
« inique semper amatoribus, pro absolutione meorum atque illorum qui
« mihi distractores extiterunt, damus et consentimus in villa que nuncupatur
« Fontana, et in altera villa que vocatur Solelgia, jure hereditario ad haben-
« dum; eo scilicet tenore, ut memores nostrorum in illorum sacris postu-
« lantibus extiterint, devote ac sinceriter in die obitus mei in unum collecti,
« melodia psalmorum cum debita vigilia canentes, et exinde refectionem
« paratam benigne sumentes. Statuimus etiam ut ad nullum aliud opus, nisi
« ad illud quod constitutum est, fructus istius terre colligatur atque in
« promptuario reponatur. Denique, si post corporis nostri dissolutionem,
« quispiam herus vel consanguineus meus, ceca cupiditate illectus, aut
« aliqua ex adverso posita persona, contra hanc largitionis mee elemosinam
« venire audaciter temptaverit, seu hoc opus minime crudeliter destruere

« conaverit, non valeat evendicare quod nequiter repetit; sed in primis iram
« omnipotentis Dei atque sancti Stephani, cui clerici sunt qui hec possidere
« atque ad usum percipere debent, incurrat, et nullum effectum sua repe-
« ticio percipiat, sed inanis fine tenus permaneat; et ab ipsis, quos ledere
« temptaverit, coactus, libram auri componat. Et presens donatio firma et
« stabilis permaneat, stipulatione subnixa, vel perseveret. »

IV (Capitulum XXXI).

Guandericus et Alcherius, presbyteri, dant sive vendunt Sancto Stephano res nonnullas sitas, in pago Belnensi.

Circ. 920. « Sacrosancte [ecclesie] Stephani Divionensi et canonicis
« ibi Domino famulantibus. Nos, in Dei nomine, socii et cumfratres illo-
« rum, Guandericus et Alcherius, presbyteri, pro amore Dei et sancti Ste-
« phani, nostraque dilectione et animarum nostrarum salute, donamu vo-
« bis donatumque, ut in perpetuum maneat, esse volumus, hoc est, in pago
« Belnense, in fine et in villa Mudeliaco : ego quidem, Gandelricus, duos
« jornales de vinea, sitos in monte Moduno, in loco quem dicunt Moreni
« Sivilum. Similiter et ego, Alcherius, dono vobis, in eodem monte Mo-
« duno, alteros duos jornales de vinea. Hoc vobis ea ratione donamus, ut
« sitis memores nostri post obitum nostrum, et, in die depositionis nostre,
« gratam exinde refectionem habentes, pium orationum officium animabus
« nostris impendatis. Ego etiam, Guandelricus, vendidi vobis, in predicta
« villa Mudeliaco et in ejus fine, mansum unum, cum supra posito et uno
« molendino, et quicquid in ipsa villa et ejus fine habere visus sum, aut de
« patre aut de matre mihi ibi remansit, aut per aliquod ingenium ibi con-
« quirere potui in campis, vineis, olcis, pratis, silvis, pascuis, aquis aqua-
« rumque decursibus, exis et regressis, omnibusque perexquisitis rebus;
« et acceptis a vobis pretium valente in argento, vel in aliis causis, soli-
« dis CCC. Propterea, pro ipso pretio easdem res, per hanc venditionis
« cartam, vobis donavi et tradidi, et de meo jure et dominatione in ves-
« tram potestatem et dominationem transfudi; ita ut quicquid exinde a die
« presenti pro communi utilitate facere volueritis, liberam et firmissimam
« in omnibus, et in Dei nomine, habeatis potestatem, nullo contradicente.
« Si quis vero, quod fieri non credo, ego ipse, aut ullus de heredibus meis

« vel proheredibus, aut alia quelibet opposita persona, contra hanc dona-
« tionis et venditionis cartam venire vel aliquid repetere aut calumpniam
« generare presumpserit, non valeat evindicare quod repetit; sed inferat
« vobis vestrisque partibus, una cum socio fisco, auri libras v, quas coactus
« in multa componat. Et hec nichilominus donatio et venditio ista omni
« tempore firma et stabilis permaneat, stipulatione subnixa.

« Actum Divione castello, publice.

« Signum Guanderici et Alcheri, presbyteri, qui hanc donationem et
« venditionem fieri et firmari rogaverunt. »

v (Capitulum xxxii).

Possessiones domini Ratherii.

902-954. « Tenet Ratherius, in Briscono, de vineis Sancti Petri jor-
« nales iii. Unus jornalis habet terminationes vel perticationes : de uno
« latere, terra Sancti Stephani; de alio, Walcaudus et Arnaudus tenent;
« de uno front, Hermoinus tenet; de alio front, Sanctus Benignus et Wal-
« caudus tenent. Habet, in longum, perticas xxxiiii et pedes vi; per trans-
« versum, de una front, perticas iii et pedes iii; de alio front, perticas ii et
« pedes x. In Carusco, jornales ii. Habent terminationes : de uno latere,
« terra sancte Marie et Otboldei; de alio latere, terra Sancti Sinphoriani et
« Sancti Georgii et Sancti Mammetis; de ambobus frontibus, terra Franco-
« rum. Habent, in longum, perticationes iiii^{xx}iiii et pedes ii; per transversum,
« de uno front, perticas v et pedes x; de uno front, perticas vi et pedes x.
« Mansus, qui est in Cromiacho villa. Habet terminationes : de ambobus
« lateribus, ratio Sancti Benigni; de uno front, strata publica; ex alio
« fronte, terra Sancti Benigni; et in medio ipsius terre, paginola de vinea
« Sancti Petri Flaviniaco. Habet in longum perticas viii, per transversum
« perticas vii. Servientes tres cum infantibus eorum. »

vi (Capitulum xxxiii).

Archenbaldus, presbyter, donat Sancto Stephano vineam, in villa Fissiaco sitam.

Oct. 923. « Sacrosancte ecclesie Sancti Stephani Divionensi et canonicis
« ibi Domino famulantibus. Ego, in Dei nomine, Archendbaldus, presbyter,
« dono Deo et sancto Stephano peciola de vinea, pro remedium anime
« matris mee, Valdielt : hoc est, in pago Oscarense, in fine Fissiascense

« vel in ipsa villa Fissiaco. Qui terminat : de uno latus, terra Sancti Petri
« de Lutero; de alio latus, terra Francorum, Ingellulfus tenet; de uno
« fronte, terra Sancti Mammetis; ex alio front, terra Sancti Petri Bezuensis.
« Et exo communale; et habet, in longum, perticas agripedales xxx; per
« transversum, de uno latus, perticas iii; de alio latus, perticas ii et pedes x.
« Infra istas terminationes vel perticationes, dono Deo et sancto Stephano,
« ad mensam fratrum, totum ad integrum. Si ego ipse, aut ullus de here-
« dibus meis vel proheredes, seu quislibet ulla aposita persona, qui contra
« hanc donationem venire aut calumniare, agere vel regenerare voluerit,
« non valeat evindicare quod repetit; sed insuper inferat vobis vestrisque
« heres, et una cum tertia fisci, auri libram unam componat. Et hec do-
« natione ista omnique tempore firma et stabilis permaneat, stipulatione
« subnixa.

« Hactum in atrio Sancti Stephani. »

« S. Archambodo, presbytero, qui hanc donationem fieri et firmare ro-
« gavi. S. Aduino et Ragenulfo, qui consenserunt. S. Fedevalt. S. Archen-
« rico. S. Ingalmaro. S. Otolgerio. Agenulfo. S. Giraldo.

« Ego Winevaldus, roitus, scripsi et subscripsi. Datavi die lunis, in
« mense october, anno primo regnante Rodulfo rege. »

vii (Capitulum xxxiiii).

*Achinus presbyter, de familia Sancti Stephani, donat servum cum ejus
infantibus.*

Apr. 928. « Achinus, misericordia Dei indignus presbyter, recogitante
« indulgentia remissione peccatorum suorum; quapropter, ad obitum
« suum, donavit gloriosissimi beati Stephani Divionensis castro, de cujus
« familia natus fuit, mancipiis his nominibus : Arlevergiane et infantibus
« suis, Waldo et Gandalbaldo; ut in ejus solempnitatem, vii kalendas ja-
« nuarii, unusquisque, per annos singulos, duos denarios, in cera persolvat,
« pro me simulque parentum meorum, qui mihi tribuant hanc scripturam,
« remedioque factam, de omni tempore firma stabilisque permaneat. Ut,
« si quis de heredibus meis ullus calumniari presumat, libram unam de
« auri componat ad rectoribus eadem ecclesie. Actum ecclesia sancte Marie,
« Carentiaco villa.

« S. Achino, presbytero, qui hanc donationem fecit et firmare rogavit.
« S. Elrado, presbytero. Signum Euroino, presbytero. S. Maymbranno,

« presbytero. S. Constancii, presbyteri. S. Gilevertus. S. Valterius.
« S. Valdrada.
« Ego Adalgerius, precatus, scripsi et subscripsi, in die Veneris datavi xv
« kalendas maii, anno v regnante Rodulfo rege. »

viii (Capitulum xxxv).

Teutbaldus levita, Gotzmannus et Dominicus donant jornalem unum vineœ.

Nov. 932. « Sacrosancta ecclesia Sancte Stephane, que est constructa in
« Divion castro, ubi sacras reliquias requiescunt; ab uno nos, in Dei no-
« mine, Teubaldus, levita, et Gotzmannus et Dominicus. Insimul advenit nos
« bona voluntate, ut aliquid de res nostras proprias in elemosina Vulfemanno
« presbytero, pro loco sepulture ad ipso altario sancto Stephano, ubi vene-
« rabilis vir Ratherius preesse prepositus, ejusque congregatio fratrum,
« donamus jornalem unum de vinea ad mensa fratrum. Qui est in pago Di-
« vionense, in fine Fontanense, prope villa Fontanas. Terminat, de uno
« latus, terra Sancti Benigni; de alio latus, terra Sancti Stephani; de uno
« fronte, terra Sancti Martini; ex alio front, strada publica pergit. Habet
« in longum, perticas xxvii pedes iiii; in una front, in latum, perticas iiii et
« pedes ii; in alio front, similiter. Infra istas terminationes vel perticationes,
« totum ad integrum donamus ad mensam fratrum; tradimus atque trans-
« fundimus diem presentem ad possidendum vel quicquid volueritis facien-
« tem, nullum contradicentem. Si quis vero, quod minime esse non credo;
« si nos ipsis, aut ullus de heredibus aut proheredes, seu quislibet ulla
« emissa persona, qui contra hanc donationem elemosina, Vulfemanno
« presbytero facta, ullumquam tempore aliqua calumnia agere vel generare
« presumpserit, non valeat evindicare quod repetit; sed insuper inferamus
« vobis, nostrisque heredes in duplum tantum, quantum, et, una cum
« tercio [fisco], auri libras duas componat. Et hec donatio, pro anima illa
« facta, omni tempore firma et stabilis permaneat. Stipulatione subnixa.

« Hactum Divioni castro, in atrio Sancti Stephani.

« Signum Teutbaldi, levita, et Gotmannus et Dominicus, qui istam do-
« nationem, pro anima Vulfemanno presbytero, fecerunt vel firmare ro-
« gaverunt. S. Ingelmaro. S. Benedicto. S. Armunno. S. Benedicto. S.
« Sicebelmo. S. Aduino. S. Abono. S. Milono.

« Ego Arbertus, presbyter, scripsi et subscripsi. Datavi die lune, mense
« novembris, annos x regnante Rodulfo, rege Francorum, feliciter. »

ix (Capitulum xl).

De casali uno, sito in villa Duemensi, fideli Seguino, census nomine, concesso.

Mai. 944. « In nomine sancte et individue Trinitatis. Ratherius, humilis
« archidiaconus ecclesie sancti Divionensis prothomartiris Stephani, atque
« humillima congregatio ejusdem ecclesie. Notum esse volumus, ut sit om-
« nibus presentibus demum et futuris, qualiter pervenit ad aures nostre
« pietatis humillima precatio de quodam nostro fidele, Seguino nomine,
« ut ei adtribueremus casalo uno parvulo et peciolam de vinea, et de
« terra arabili aliam petiolam. Et sunt site in pago Oscarense, in fine Lon-
« goviana, in villa Duemense. Ad cujus postulationem, pari consilio, au-
« res nostre inclinantes, et libenti animo suscipientes, hoc quod poscebat
« studuimus gaudenter impleri; et ut securius meliusve omni tempore
« callidorum versutias de hac re vitare valeat, et sibimet omnis agnatio
« studuit nobis placare munera optima; et in censum omni anno denarios
« quatuor, in festivitate sancti predicti martiris, libenter ad mensam fra-
« trum persolvere. Si autem neglexerit, in duplum componat. Et hec pre-
« catio omni tempore vite sue et suorum omnium successorum firma sta-
« bilisque permaneat. Et ut hec institutio firmiorem optineat stabilitatis
« vigorem, manu propria eam adsignavimus et aliis firmari jussimus.

« Teutredus, presbyter et decanus, subscripsit. Warnerius, custos pig-
« noris, subscripsit. Acledeus, presbiter, subscripsit. Manegradus, presbiter,
« subscripsit. Rudericus, presbiter, subscripsit. Ferlaius, levita, subscripsit.
« Anfredus, Euvrardus levita; Rodulfus levita, Adalbertus levita, Warne-
« rius Exiguus, subdiaconus, Gautzuinus subdiaconus, Hengerricus clericus,
« Aganus clericus, Arnaudus clericus, Adallaudus clericus, subscripserunt.
« Isti sunt villani de Dumense : Aygrannus, Tribertus, Berardus, Ragenar-
« dus, Berthoanus, Adargaudus, Adrianus.

« Ego, in Dei nomine, Constantius, indignus levita, scripsi et subscripsi.
« Data die dominico in mense maio, anno viii regnante Ludovico, rege
« Francorum, feliciter. »

x (Capitulum xlii).

Durannus dat servos cum familia eorum.

953. « Quicquid per subsequentia tempora ad uniuscujusque utilitatem
« desideratur mansurum, ita oportet scripturarum testamentis muniri, ne

« postmodum aliqua possit contrarietate impugnari. Quamobrem, ego, in
« Dei nomine, Durannus, dono pro remedium anime mee et pro eterna
« retributione, ut remunerator omnium munus eterne vite michimet in
« futuro tribuat, ad ecclesiam sancti scilicet Stephani seu ad mensam
« fratrum, servum unum, nomine Anscherio, cum uxore sua et infantibus
« illorum, Otolgerio et Rotlanno. Et dono alium servum, nomine Walterio,
« cum uxore sua, nomine Biliarda, et infantibus illorum, Matalberto et
« Girbergia. Similiter, dono alium servum, nomine Gotzelino, cum uxore
« sua, nomine Maria, et filium illorum, nomine Johannem. Et dono alios
« servos, nomine Bertheruda et Eudo et Eldeberto, et item Anscherio,
« filio Lanberto : eo namque tenore, ut unusquisque in festivivate sancti
« Stephani denarios duos persolvant ad mensam fratrum. Et dono, in co-
« mitatu Oscarense, in villa Olgio, mansum unum, cum vinea et quicquid
« ad ipsum mansum aspicit. Hec omnia superius nominata, servis et mansum,
« de meo jure et dominatione ad ecclesiam jam prenotata trado potestate,
« jure perpetuum ad possidendum, nullum contradicentem. Si quis vero
« quod futurum esse non credo ; si ego ipse, aut ullus aliqua suspecta per-
« sona, contra hanc elemosinam, ceca cupiditate orbatus, infringere aut
« subtrahere voluerit a mensam fratrum, non valeat evindicare quod ne-
« quiter repetit ; sed ira Dei omnipotentis atque sancti Stephani incurrat,
« et sua proclamatio nichil valeat. Et hec donatio omni tempore firma et
« stabilis permaneat, stipulatione subnixa.

« Actum Divion castro.

« Signum Duranno, qui hanc donationem fecit et firmare rogavit. S. Chris-
« tiano. S. Goardo. S. Remigio. S. Amalrico. S. Constancio. S. Teutgisio.

« Ego, in Dei nomine, Warnerius, humilis levita, scripsi et subscripsi.

« Data die dominico, indictione xi, anno xvi regnante Ludovico rege,
« feliciter. »

xi (Capitulum xlvi).

De terris, sitis in villa Poliaco, Widoni, familiari, censualiter concessis.

Aug. 977. « In nomine sancte et individue Trinitatis. Teudo, humilis
« prepositus ecclesie sancte Divionensis prothomartiris Stephani, atque
« humillima congregatio ejusdem ecclesie. Notum esse volumus, ut sit om-
« nibus presentibus demum et futuris, qualiter pervenit ad aures pietatis
« nostre humillima deprecatio de quodam nostra ex familiaritate, Vuidono

« nomine, ut ei concederemus, ex rebus ecclesie supra taxata, que conja-
« cent in pago Divionense seu in villa Poliaco. Largimus itaque ei inprimis
« jornales III de vineis, cum curtilis simul tenentibus. Habent terminatio-
« nes : de uno latus, sancti Mammetis; ex alio latus et una fronte, strada
« publica; ex alio fronte, conturnes. Concedimus ei igitur alios jornales II de
« vinea, in loco que vocant Longafamam. Qui terminant : de uno latus et
« ambis frontis, ratio sancti Mammetis; ex alio latus, Ingelmarus tenet.
« Et ex aliis terris arabilibus in ipsa fine continentibus jornales VII. Ad cujus
« postulationem, pari consilio, aures nostre inclinantes, et libenti animo susci-
« pientes, hoc quod poscebat studuimus gaudenter impleri. Denique con-
« cedimus supra memorato Widono, ut, diebus quibus advixerit, teneat
« et possideat; et, si agnatio ex eo procreaverit, in ipsa concessione fine
« tenus permaneat. Et ut securius meliusve omni tempore callidorum ver-
« sutias de hac re vitare valeant, ipse et suis posteris omni anno, festivitate
« sanctorum apostolorum Petri videlicet et Pauli, in censu solidorum II de-
« nariorum ad mensam fratrum diligenter persolvantur; et hec preconcessio,
« omni tempore vite sue et suorum omnium successorum, firma stabilisque
« permaneat. Et ut hec institutio firmiorem obtineat stabilitatis vigorem,
« manu propria eam adsignavimus et aliis firmandam tradidimus.

« Actum Divionis castri.

« Teudo, prepositus, subscripsit. Warnerius, decanus, subscripsit. Gotanl-
« dus subscripsit. Ingelricus subscripsit. Amedeus, levita. Varnerius, levita.
« Gripho, presbiter. Amaricus, presbiter. Lanbertus, presbiter. Durannus,
« presbiter. Constantius, presbiter. Bernardus, levita. Odolmarus, levita.
« Vicherius, levita. Euvradus, levita. Item Euvradus, levita. Signum Teu-
« donis. Arlebadi. Vaudrici. Rodulfi.

« Ego Remigius, indignus levita, scripsi et subscripsi. Data die sabati III
« nonas Augusti, anno XX°III° regnante Lothario rege. »

XII (Capitulum XLVII).

De vinea, in villa Duemense, in censum data.

959-1005. « In nomine Domini nostri Jhesu Christi. Notum esse volu-
« mus omnibus sanctis fidelibus Dei Ecclesie, quod, veniens quidam homo,
« nomine Gosbertus, precibus suis adquisivit sibi jornalem unum de vinea,
« consentiente preposito Teudone, et ceteris ipsius congregationis fratri-
« bus; et sunt petiole III de vinea, que sunt site in pago Oscarensi vel in villa

« que dicitur Dumense : eo scilicet tenore, ut omni anno, in Ascensione
« Domini, III denarios in censum persolvat; et, si negligens extiterit, in
« duplum componat. Et hec peticio firma permaneat, ego Teudo, prepo-
« situs, manu propria eam corroboravi.

« S. Varnierius, decanus. Gotsaldus, levita. Amadeus, levita. Barnar-
« dus, levita. Warnerius, levita. Gripho, presbiter. Constantius, presbiter.
« Evrardus, levita. Wido. Valaricus. Vilencus. Lanbertus, presbiter. Got-
« suinus, Varnerius, Durannus, presbiteri. »

XLII (Capitulum XLVIIII).

Commutatio terrarum inter Ingelrannum et Teudonem præpositum.

Aug. 972. « Venerabilis prepositus, Teudo, ecclesie almi Stephani Di-
« vionensis, et omnis congregatio ipsius loci, cum Ingelranno quodam,
« pro communi utilitate, quasdam res inter se commutarunt. Dedit igitur
« in primis Ingelrannus de rebus propriis suis, que sunt site in pago Divio-
« nense, in fine Aguliaco seu in villa Sulliaco, in loco qui dicitur Jorcan-
« naio, jornales II de terra arabile. Qui terminent, de uno latus et uno fronte,
« de ipsa hereditate; ex alio vero latus, terra Sancti Benigni; ex alio fronte,
« rivulus decurrit. Dedit igitur in alio loco, in fine et in villa Aguiliaco,
« tercium jornalem de terra arabile : de ambis latis et uno fronte, de ipsa
« hereditate; ex alio fronte, Hugo tenet. Similiter, econtra, in recompen-
« satione hujus meriti, dedit jam dictus prepositus, per consensum et vo-
« luntatem omnium fratrum inibi adsistentium, prenominato homini Ingel-
« ranno, scilicet, ex colonica ad sacristigiam adjacente, quam ipse et
« frater suus tenebant, servicium inferendo, jornalem unum et dimidium
« de terra arabile in ipsius fine et in ipsius villule. Habet terminationes : de
« uno latus et uno fronte, facio sancti Mammetis; ex alio vero latus, sancti
« Stephani; ex alio fronte strada. Hec omnia superius nominata sic pars alteri
« contulit parti, ut unusquisque de hoc quod suum est, quicquid sibi visum
« recto ordine fuerit faciat, nullo contradicente, et in omnibus secundum
« suum libitum ordinet diebus vite sue. Denique, ne ab ullo successore
« nostro hoc opus pietatis in futurum violetur, hoc instrumentum littera-
« rum ei facere jussi, quas manu propria corroboravi, et omnibus fratribus
« ecclesie nostre firmandam tradidi.

« Actum Divionis castri.

« Signum Teudoni, prepositi. Amadei, decani, levite. Warnerii, levite.

« Jotsaldi, levite. Warnerii, levite. Grifoni, presbiteri. Duranni, presbiteri.
« Ingelrici, presbiteri. Euvrardi, levite. Item Euvrardi, levite. Vicherii,
« levite. Arnaldi, presbiteri. Lanberti, presbiteri. Constantii, presbiteri. Um-
« berti subdiaconi. Girardi, subdiaconi. Valerici, acolite. Gotsuini, accolite.

« Ego Eldulfus, levita, ad vicem cancellarii, Remigii, scripsi et subscripsi.
« Datavi die Jovis x kal. septembris, xviiii regnante Lothario rege. »

xiv (Capitulum lii).

De terra, in villa Visinnio, in censum data.

Jan. 994. « In nomine Domini nostri Jhesu Christi. Ego, in Dei no-
« mine, Teudo archidiaconus et ceteri fratres Sancti Stephani Divionensis
« ecclesie. Notum esse volumus omnibus hominibus sancte Dei ecclesie fi-
« delibus, de quodam fidele nostro, nomine Constancio, cum uxore sua
« Gislane et filio suo Enrici, clerici, ut illis concederemus aliquid ex terra
« sancti Stephani, que est in pago Oscarense, in villa que dicitur Visinnio, in
« loco qui vocatur Mortua Aqua : hoc est, jornalem unum de terra arabile,
« ad plantare atque edificare vel instruere ad medietatem. Qui terminat :
« de uno latus, racio Sancti Mauricii; ex alio latus, Constantius tenet; de
« uno fronte, Sancti Benigni; ex alio vero fronte, ipsa Aqua Mortua. Infra
« istas terminationes totum causa plantationis illi damus, cum uxore sua
« et filio suo ; hoc quod fidelis noster petebat, gratanter ei concedimus. Hec
« omnia, sicut superius ita insertum est, ad plantare atque instruere non
« dubitent ac medietatem. Ut autem omni tempore vite illorum teneant, et
« ad congregationem Sancti Stephani facta recognoscant, ego Teudo, archi-
« diaconus, manu propria firmavi, et ceteris fratribus firmare rogavi.

« S. Wilenco, preposito. Warnerii, levite. Warnerii, levite. Widonis, sub-
« diaconi. Romei, subdiaconi. Grifoni, presbiteri. Euvrardi, presbiteri. Lan-
« berti, subdiaconi. Waldierii, presbiteri. Ursoni, presbiteri. Constancii, pres-
« biteri. Gotescali. Gotsuini, diaconi. Roberti, diaconi. Duranni, presbiteri.
« Umberti, subdiaconi. Lamberti, layci. Gonselini, layci. Teubaldi, layci.
« Rodulfi, subdiaconi.

Ego, in Dei nomine, Eldufus, sacerdos, per jussionem Wilenco preposito,
« scripsi et subscripsi. Datavi die Jovis iii idus januarii, anno vii regnante
« Roberto rege. »

xv (Capitulum LIV).

De terra, in villa Bicis, Roberto ejusque infantibus in censum data.

Febr. 996. « In nomine regis eterni et Salvatoris nostri Jhesu Christi.
« Ego, Teudo, archidiaconus, nec non et Wilencus, prepositus, et ceteri fra-
« tres Sancti Stephani Divionensis ecclesie. Notum esse volumus omnibus
« sancte Dei ecclesie nostre fidelibus, de quodam fidele nostro, nomine
« Roberti, cum filiis suis duobus, Ricardo nomine et Aginoni, ut illis con-
« cederemus aliquid ex terra Sancti Stephani : hoc sunt, jornales v de terra
« arabile, IIII ad edificare, et alterum ad laborare. Et est ipsa terra in pago
« Hoscarense, in villa que dicitur Bicis. Ad edificare vel meliorare non dubi-
« tent, ut omnibus diebus vite illorum teneant atque possideant; eo scili-
« cet tenore, ut, omnibus annis quibus advixerint, in festivitate sancti
« Petri, VIII kalendas Martii, solidos duos in censum persolvant; et, si negli-
« gentes extiterint, in duplum componant. Ad cujus humillimam postula-
« tionem aures nostre inclinantes, et devote suscipientes, quatinus securius
« meliusve, omni tempore vite illorum, teneant atque possideant; post
« discessum vero illorum ac Bernardi, qui censum recepit, ad mensam fra-
« trum revertat. Et hec securitas omni tempore firma et stabilis permaneat.

« Ego, Teudo, archidiaconus, manu propria firmavi, et ceteri fratres fir-
« maverunt. Signum Wilenco, preposito. Warnerii, levite. Warnerii, levite.
« Widonis, subdiaconi. Bernar, levite. Grifoni, presbiteri. Constantii,
« presbiteri. Duranni, presbiteri. Ursoni, presbiteri. Waldierii, presbiteri.
« Euvrardi, presbiteri. Wicherii, levite. Rodulfi, presbiteri. Hugoni, sub-
« diaconi.

« Ego, Eldulfus, sacerdos, per jussionem Wilenci, prepositi, scripsi et sub-
« scripsi. Datavi die lunis, VII kalendas Martii, anno VIIII regnante Roberto
« rege. »

XVI (Capitulum LVI).

Warnerius et Volfreius reddunt vineam, in villa Gibriaco sitam.

Circ. a. 1000. « Ego, Warnerius et Volfreius, reddidimus vobis jornales II
« de vinea, que est in pago Hoscarensi, in villa Gibriaco, quos vobis ca-
« lumpniabamus. Habet terminationes : de uno latus, sancta Maria; de alio
« latus, Beraldus clericus; pro uno fronte, terra fiscale; ex fronte strada. Infra
« istas terminationes, vobis reddimus talem calumpniam, quam contra vos

« facimus, propter amorem et bonam voluntatem. Et accepimus de vobis
« precium solidos xviii. Si quis vero, quod futurum esse non credo; si nos
« ipsi, aut ullus de heredibus nostris contra hanc venire aut reclamare vo-
« luerit, unctias xx componat.

« Actum Divioni castro.

« Signum Warnierii, Wolferii et Constancii, qui werpitionem fecerunt,
« et firmari precaverunt. »

xvii (Capitulum lviii).
Donum Constantii.

Febr. 1003. « Ego Constantius, de duobus jornalibus de vinea, talem
« partem, que ad me pervenit, wirpivi, et filius meus Humbertus, Sancto Ste-
« phano et ad fratres ipsius congregationis; et accepi in servitio unum ves-
« timentum et denarios xii in argento. His presentibus, vigilia sancti Johannis
« Baptiste. Signum Dominicus. Radbaldus. Constantius. Bassus. Magnaldus.
« Borgaldus. Deudadus. Bertranus. Adelrii. Rogerii. Euvrardus. Bernardus.
« Ebroinus. Odolerius. Durannus, presbyter. Rodulfus, subdiaconus. Hugo.
« Amalricus. Constantius. Gotsuinus, levita, scripsit et subscripsit. Datavi
« die Veneris in mense februarii, anno xv regnante Roberto rege. »

xviii (Capitulum lviiii).
Donatio servi unius ejusque liberorum, Sancto Stephano facta.

Febr. 1012. « In Christi nomine, eterni regis, et Salvatoris nostri, Jhesu
« Christi. Ego Humbertus, sacerdos, et frater meus, Samsonus scilicet, et
« consobrinus noster, Raginardus, notum esse volumus, qualiter pervenit ad
« aures nostras humillima deprecatio de quodam servo nostro, nomine Wi-
« chelmo et infantibus suis et heredes illorum, ut illis aclinemus, sive
« donamus ad mensam fratrum Sancti Stephani Divionensis ecclesie, pro re-
« medium anime nostre vel parentum nostrorum, et pro eterna retributione,
« ut Deus omnipotens retributor sit nobis ante tribunal Christi in die judicii.
« Eo scilicet tenore ut, omnibus annis, in festivitate sancti Stephani, prope
« natalis Domini, de suo capite, ad mensam fratrum denarios iii in censum
« persolvat, et heredes sui, qui de ipsis procreati fuerint, sive masculi sive
« femine, denarios duos ad ipsam festivitatem persolvant; et, si negligentes
« extiterint, in duplum componant. Si quis vero, quod futurum esse non cre-
« dimus; si nos ipsi, aut ullus de heredibus nostris, qui contra hanc elemo-

« sinam sive donationem aliquid contradicere aud repetere voluerit, non hoc
« valeat evindicare; sed insuper ei cui litem impresserit uncias v de auro
« componat, et sua reclamatio minime valeat. Et hec elemosina omnique
« tempore firma stabilisque permaneat, stipulatione subnixa.

« Actum Divionis castri.

« Signum Humbertus et Sanson nec non et Raginardus, qui hanc dona-
« tionem fecerunt et firmare rogaverunt. Signum Hugonis, qui consensit.
« Robertus. Adaldo. Amalgerio. Laudri. Wicheramni. Raginerius. Teutlan.

« Ego Eldulfus, sacerdos, scripsi et subscripsi. Datavi die Martis, mense
« februario, regnante Roberto rege annos xxIIII.

XIX (Capitulum LXIIII).

Lambertus tradit servum unum, quem tenebat beneficii nomine.

1046. « Gratia Dei presul, Hugo, nostre diocesi, famulantibus sive pre-
« sentibus seu absentibus, notifico, domnum Lanbertum, dictum clericum,
« fidelem nostrum, Fulconem dictum, seniorem suum, adisse, et quendam
« hominem, dictum vocitatum Widonem, quem de eo tenebat in benefi-
« cio, ut, in communis servitii dono, canonicorum Divioni prothomartiri
« Stephano devote obsequenter traderet subjectioni, exposcisse. Hoc ille
« libenter ut annuit, me utrique adierunt, et auctoritate nostra, quatinus
« corroborata etiam scripto permaneret, poposcerunt. Quod ego cernens
« ecclesie in nullo obesse, immo proficium fore, et assessum illis ad presens
« dedi, et demum Divione apud illos constitui. Rocelino Bernardoque pri-
« dem calumpniantibus, tunc tamen cum stipulatione laudantibus, per me
« meosque auctorizabile, ut obtant, feci.

« Acta sunt hec Divioni, anno dominice Incarnationis millesimo quadra-
« gesimo sexto, indictione quarta decima, tercio regnante Henrico Franco-
« rum. »

XX (Capitulum LXVII).

Rodulfus et uxor ejus sese tradunt Sancto Stephano.

Circ. a. 1040. « Rodulfus et uxor sua, Sufficia, dederunt se Sancto
« Stephano, ad duos denarios, Warnerio preposito et Waldierio sacerdote
« et Hunfredo sacerdote et aliis canonicis videntibus; Rodulfo layco mi-
« nistro. »

xxi (Capitulum lxxiiii).

Donum Hugonis sacerdotis et Nocherii levitæ, nepotis ejus.

Circ. a. 1040. « In Christi nomine, sancte prothomartiris Stephani Divio-
« nensis ecclesie canonicisque vobis ibidem degentibus, nos, vestri cumfra-
« tres, Hugo, misericordia Dei sacerdos, et ego, Nocherius, levita, nepos ejus,
« pro veri judicis amore ac prothomartiris vestraque dilectione, ad vestram
« communem mensam donamus vobis imperpetuum, in pago Oscharensi et
« in villa Casneacho : ego Hugo, unam coloniam Alrei, cum quodam servo,
« nomine Fucredo, unoque, cum piscatione, molendino; ego vero Noche-
« rius, aliam coloniam Lanberti. Itaque tradimus vobis in agris, olcis, pratis,
« silvis, pascuis, aquis aquarumque decursibus, exis, regressiis, nemini ser-
« vitium dantes. Hec vobis prebemus, ut nostri memores sitis post obitum
« nostrum, piumque orationum officium animabus nostris impendatis. Item
« in Casneaco, ego Licilinia, pro Hugone filio meo, anime mee remedio,
« dono vobis curtiles duos. »

CHARTULARIUM

MONASTERII SANCTI BENIGNI DIVIONENSIS.

TITULI CHARTARUM.

NUMERI		ANNI.	ARGUMENTA.	PAGINÆ	
CHARTULARII.	COLLECTIONIS			COD. MSS.	COLLECTIONIS
XXXIX.	1	"	Fragmentum donationis a quadam muliere factæ monasterio Sancti Benigni.	LXXXVI.	96
XLIX.	2	852	Saivardus presbyter vendit Sancto Benigno res suas, sitas in villa Norvia, in pago Oscarensi.	XCI.	97
L.	3	853	Constantinus et Teodrada, uxor ejus, donant res quas possident Rubiliaci, in pago Cabillonensi.	XCI v°.	98
LI.	4	843	Warnerius et Agnosia, uxor ipsius, donant Sancto Benigno jornales IV terræ arabilis.	Ibid.	99
LIII.	5	850	Airfonnus presbyter vendit vineam in pago Divionensi.	XCII v°.	100
LV.	6	862	Donum Ebonis, Sufficiæ, uxoris ejus, et Achardi, eorum filii.	XCIII v°.	101
LVI.	7	847	Commutatio terrarum inter Amalsannum et Olifium.	XCIV.	102
LVII.	8	862 vel 863	Alia inter Ingobertum et monasterium Sancti Benigni.	XCIV v°.	Ibid.

MÉMOIRES PRÉSENTÉS PAR DIVERS SAVANTS.

NUMERI		ANNI.	ARGUMENTA.	PAGINÆ	
CHARTULARII.	COLLECTIONIS			COD. MSS.	COLLECTIONIS
LVIII.	9	863	Donatio a Balduino facta Sancto Benigno, de rebus quas possidebat in fine Fontanensi.	XCV.	103
LIX.	10	Idem.	Odolberga infantesque ipsius dant Sancto Benigno mansum unum.	XCV v°.	104
LX.	11	866	Commutatio terrarum inter Bernoart et Bertilonem abbatem.	XCVI.	105
LXII.	12	868	Flnduinus, presbyter, vendit curtilem unum nepoti suo Isaac.	XCVI v°.	106
LXVII.	13	870	Fulchardus vendit Sancto Benigno mansum unum et campos nonnullos.	XCIX.	107
LXIX.	14	869	Eldeiarnus vendit Sancto Benigno casale unum et campos in fine Asiriacensi.	C v°.	109
LXXV.	15	875	Teintfredus, presbyter, largitur Sancto Benigno nonnullas res suas, sitas in villa quæ dicitur Bargas, in pago Atoariorum.	CIII v°.	111
LXXVI.	16	876	Menlodinus, presbyter, donat Sancto Benigno campum, pratum et servum unum, nomine Wandelbertum.	CIV.	112
LXXVII.	17	869	Donatio a quodam Widrico facta.	CIV v°.	113
LXXVIII.	18	874	Commutatio terrarum inter Gotescalcum et Bertilonem, episcopum atque abbatem.	Ibid.	114
LXXX.	19	875	Donatio quam fecit Amalgerius de vineis duabus, sitis in pago Divionensi, in villa Colonicas, in loco qui dicitur Varennas.	CV v°.	115
LXXXI.	20	874 vel 875	Res a Ricbaldo donatæ Sancti Benigni monasterio.	CVI.	116

Sav. Étrang. IIe série, t. II.

NUMERI		ANNI.	ARGUMENTA.	PAGINÆ	
CHARTULARII.	COLLECTIONIS			COD. MSS.	COLLECTIONIS
LXXXIV.	21	878 vel 879	Moyses et uxor ejus, Ragimburgis, dant monachis Sancti Benigni res nonnullas, in pago Divionensi sitas.	CVII.	117
LXXXV.	22	878	Commutatio terrarum inter Isaac episcopum et Epplenum.	CVIII.	118
LXXXVI.	23	879	Waltelinus, presbyter, res quasdam Sancto Benigno confert.	CIX.	120
LXXXVIII.	24	880	Commutatio terrarum inter Ingonem abbatem et quemdam Hubertum.	CX.	121
LXXXIX.	25	881	Donatio a Bettone, presbytero, facta monasterio Sancti Benigni, de rebus quas possidet in fine Curtemulinise.	CX v°.	122
XC.	26	879	Flotbertus dat Sancto Benigno vineam in villa Marcennaco.	CXI.	123
XCI.	27	880	Folcradus, Teutgerius et uxores eorum, vendunt campum unum, in villa Asciriaco situm.	CXI v°.	124
XCII.	28	880	Teutfredus uxorque ipsius, Arieldis, vendunt campum, situm in fine Aziriaco.	Ibid.	125
XCIV.	29	880	Commutatio prædiorum inter Evroardum et Ingonem abbatem.	CXII v°.	Ibid.
XCV.	30	880	Donum a Ricuifo factum de campo uno, in villa Asinaria.	CXIII.	127
XCVI.	31	880	Deodatus monasterio Sancti Benigni mansum unum et mancipia nonnulla largitur.	Ibid.	Ibid.
CI.	32	882	Warnerius, Eriburgis, uxor, filiaque, Doda, condonant terram quamdam, sitam in pago Belnensi, in fine Cusciniacensi, in villa Bovonis Corte.	CXVI v°.	129
CX.	33	841 vel 842	Donatio facta a Leotaldo, presbytero.	CXXI v°.	131

NUMERI		ANNI.	ARGUMENTA.	PAGINÆ	
CHARTULARII.	COLLECTIONIS			COD. MSS.	COLLECTIONIS
CXV.	34	878	Præceptum Ludovici regis pro Baldrico, fideli ipsius, de quibusdam rebus et mancipiis, sitis in locis nonnullis pagi Tornadrinsis.	Arch. eccl. S. Benign. L. II, c. VI.	133
CXVI.	35	897	Præceptum Odonis regis concessum Gisleberto, de quibusdam mansis, in pago Atoariorum sitis.	Ibid. l. II.	134

CHARTULARIUM

ECCLESIÆ SANCTI STEPHANI DIVIONENSIS.

TITULI CHARTARUM.

XV.	1	909	De restitutione bonorum, in villa Acellis sitorum.	8 v°.	135
XXIX.	2	913	Gaubertus, canonicus, largitur Sancto Stephano plurimas res, in villa Mervelco sitas.	13	137
XXX.	3	902-954	Donatio a Ratherio, Sancti Stephani primicerio, constituta.	13 v°.	138
XXXI.	4	Circ. 920	Guandericus et Alcherius, presbyteri, dant sive vendunt Sancto Stephano res nonnullas, sitas in pago Belnensi.	14	139
XXXII.	5	902-954	Possessiones domini Ratherii.	14 v°.	140
XXXIII.	6	923	Archenbaldus, presbyter, donat Sancto Stephano vineam, in villa Fissiaco sitam.	Ibid.	Ibid.

NUMERI		ANNI.	ARGUMENTA.	PAGINÆ	
CHARTULARII.	COLLECTIONIS			COD. MSS.	COLLECTIONIS
XXXIV.	7	928	Achinus, presbyter, de familia Sancti Stephani, donat servum cum ejus infantibus.	14 v°.	141
XXXV.	8	932	Teutbaldus, levita, et Gotzmannus et Dominicus, donant jornalem unum vineæ.	15	142
XL.	9	944	De casali uno, sito in villa Duemensi, fideli Seguino, census nomine, concesso.	16 v°.	Ibid.
XLII.	10	953	Durannus dat servos cum familia eorum.	17 v°.	143
XLVI.	11	977	De terris, sitis in villa Poliaco, Widoni, familiari, censualiter concessis.	18 v°.	144
XLVII.	12	959-1005	De vinea, in villa Duemensi, in censum data.	19	145
XLIX.	13	972 (?)	Commutatio terrarum inter Ingelrannum et Teudonem, præpositum.	19 v°.	146
LII.	14	994 (?)	De terra in villa Visinnio, census nomine data.	20	147
LIV.	15	996 (?)	De terra in villa Bicis, Roberto ejusque infantibus in censum data.	21	148
LVI.	16	Circ. a. 1000	Warnerius et Volfreius reddunt vineam, in villa Gibriaco sitam.	22	Ibid.
LVIII.	17	1003 (?)	Donum Constantii.	Ibid.	149
LIX.	18	1012 (?)	Donatio servi unius ejusque liberorum, sancto Stephano facta.	23	Ibid.
LXIV.	19	1046	Lambertus tradit servum unum, quem tenebat beneficii nomine.	23 v°.	150
LXVII.	20	Circ. a. 1040	Rodulfus et uxor ejus sese tradunt sancto Stephano.	24 v°.	Ibid.
LXXIV.	21	Item.	Donum Hugonis sacerdotis et Nocherii levitæ, nepotis ejus.	25 v°.	151

INDEX ONOMASTICUS.

La lettre B indique le Cartulaire de Saint-Bénigne, et la lettre E celui de Saint-Étienne.

A

Abolonus, B. n. 53, 58.
Abonus, B. n. 35.
Accilonus, B. n. 49.
Achardus, B. n. 55, 88.
Achinus, E. c. 34.
Acledeus, E. c. 29, 40.
Aclonus, B. n. 67.
Adalbertus, notarius, B. n. 75, 84, 110. E. c. 40.
Adaldus, B. n. 88. E. c. 59.
Adalgerius, propositus, B. n. 84. E. c. 67.
Adalgius, B. n. 55, 75.
Adallandus, clericus, E. c. 11.
Adalmansus, B. n. 56.
Adalmundus, presbiter, B. n. 110.
Adalrannus, B. n. 110.
Adargaudus, E. c. 40.
Addana, B. n. 78.
Addelelmus, presbyter, E. c. 29.
Adelardus, B. n. 67.
Adelrius, E. c. 58.
Adigarius, B. n. 81.
Adrianus, E. c. 40.
Aduinus, B. n. 81. E. c. 33, 35.
Agalonus, B. n. 53.
Aganon, B. n. 89.
Aganus, clericus, E. c. 40.
Agefridus, B. n. 56.

Agenbaldus, B. n. 57.
Agenulfus, E. c. 33.
Aginonus, E. c. 54.
Agnosia, B. n. 51.
Agrimus, episcopus, E. c. 15.
Aia, B. n. 85.
Aidulfus, B. n. 88.
Aimo, B. n. 80.
Ainart, B. n. 55.
Ainoldus, B. n. 84.
Ainonus, B. n. 89, 77, 80.
Airardus, presbyter, B. n. 57, 58, 80, 84.
Airfonnus, B. n. 53.
Airfredus, B. n. 57, 75.
Airsenda, B. n. 85.
Alaricus, B. n. 60.
Albericus, episcopus, B. n. 102.
Alcherius, presbyter, E. c. 31.
Aldana, B. n. 85.
Aldiero, B. n. 69. E. c. 29.
Aldrio, B. n. 69.
Alerannus, B. n. 87.
Aleus, B. n. 80.
Alexander, B. n. 53, 86.
Alicerius, B. n. 87.
Allevertus, E. c. 15.
Almarus, B. n. 77.
Alsenna, B. n. 95.

Alteus, presbyter, B. n. 57, 110.
Amalbertus, B. n. 51, 57.
Amalgerius, B. n. 80, 81. E. c. 59.
Amalricus, B. n. 51. E. c. 42, 46, 58.
Amalsanus, B. n. 56.
Amedeus, levita sive decanus, E. c. 46, 47, 49.
Amelius, E. c. 90.
Amelonus, E. c. 67.
Amoinus sive *Amonus*, B. n. 50, 57.
Andraldus, B. n. 1108.
Anffredus, B. n. 49. E. c. 40.
Angalbertus, B. n. 56.
Anglent, B. n. 55.
Ansaldus, B. n. 55.
Anscherius, E. c. 42.
Ansedeus, B. n. 81.
Anserius, B. n. 96.
Ansiarda, B. n. 96.
Ansterius, Lugd. arch. E. c. 15.
Arbertus, presbyter, E. c. 35.
Archembaldus, E. c. 33.
Archenricus, E. c. 33.

Ardradinus, Cab. episc. E. c. 15.
Ariandus, subdiaconus, E. c. 15.
Arieldis, B. n. 92.
Arierius, B. n. 50.
Arlebadus, E. c. 46.
Arlafredus, *Arlefredus*, sive *Aldefredus*, B. n. 49, 56, 60, 86, 89, 110.
Arlevergiana, E. c. 34.
Armannus, B. n. 90. E. c. 35.
Arnaldus, presbyter, E. c. 49.
Arnaudus, archidiaconus, E. c. 15, 32, 40.
Arnevaldus, B. n. 86.
Arredus, B. n. 96.
Arrian, B. n. 69.
Arulfus, B. n. 67, 75.
Asquinnus, B. n. 75.
Attnis, B. n. 89.
Aubertus, acolyta, E. c. 15.
Avon, B. n. 89.
Aygrannus, villanus, E. c. 40.
Aymericus, B. n. 95.
Aziriacus, B. n. 67.

B

Babtilerius, B. n. 96.
Balcinus, B. n. 58.
Baldricus, B. n. 115.
Balduinus, B. n. 58.
Balterius, B. n. 49, 86.
Barnart, *Bernau* sive *Bernardus*, B. n. 59, 60, 90, 92.
Bassus, E. c. 38.
Belferius, B. n. 59.
Benedictus, B. n. 53. E. c. 35.
Beraldus, E. c. 36.
Berardus, E. c. 40.
Berengerius, B. n. 88.
Bernardus, E. c. 15, 46, 47, 54, 64.
Beroaldus, B. n. 89.
Beroart, sive *Bernoart*, B. n. 59, 60.

Bertelus, B. n. 60.
Berthenda, E. c. 42.
Berthoanus, villanus, E. c. 40.
Bertilo, abbas et corepiscopus, B. n. 60, 67, 69, 75, 78, 80, 81
Bertran, B. n. 84.
Bertranus, E. c. 38.
Betto, presbyter, B. n. 89.
Biliarda, E. c. 42.
Bladanonus, B. n. 49.
Blismodus, B. n. 49.
Blitgerius, B. n. 89.
Bonefridus, B. n. 95.
Bonevassus, B. n. 31.
Borgaldus, E. c. 38.
Bosmarus, B. n. 51.

Brandalenus, presbyter, B. n. 31.
Broctolenus, presbyter, B. n. 110.

Burgherdus, E. n. 62.
Buroaldus, B. n. 95.

C

Constantinus, B. n. 50.
Constantius, E. c. 34, 40, 42, 46, 52, 54, 56, 58.

Cristianus, E. c. 42.

D

Dadgon, B. n. 51.
Dado, B. n. 69.
Dadonnus, B. n. 67.
Dedadus, B. n. 85.
Deodatus, B. n. 96.
Desiderius, B. n. 67, 92.
Deudadus, E. c. 58.
Deusadinda, B. n. 101.

Deutimius, B. n. 62.
Doda, B. n. 101.
Dodo, B. n. 89, 96.
Dominicus, E. c. 15, 35, 58.
Drotardo, B. n. 59.
Durannus, presbyter, E. c. 42, 46, 47, 49, 52, 54, 58.

E

Ebono, B. n. 55.
Ebroinus, E. c. 58.
Edelbertus, E. c. 42.
Edenelinus, B. n. 81.
Eisenbaldus, B. n. 101.
Eldebertus, B. n. 84, 86.
Eldefridus, B. n. 57.
Eldegaudus, B. n. 86.
Eldeiarnus, B. n. 69.
Eldevertus, B. n. 53.
Eldradus, B. n. 58.
Eldulfus, E. c. 49, 52, 54, 59.
Eliseus, B. n. 110.
Elmoaldus, B. n. 31.
Elradus, presbyter, E. c. 34.
Elselmus, B. n. 58.
Elseus, B. n. 80.
Embrolfus, B. n. 86.
Engebertus, archidiaconus, E. c. 15.
Enricus, E. c. 52.

Eplenus, B. n.
Eptagius, B. n.
Erfonus, B. n. 97.
Eriburgis, B. n. 101.
Erlerius, diaconus, B. n. 110.
Erluinus, B. n. 86.
Ermenbaldus, B. n. 50.
Ermenbertus, B. n. 57.
Ermengisus, B. n. 50.
Ermenricus, B. n. 90.
Ermoinus, B. n. 50.
Ero, B. n. 58.
Eudo, E. c. 42.
Euroinus, B. n. 50. E. c. 34.
Euvrardus, E. c. 40, 46, 49, 52.
Eva, B. n. 51.
Evrardus, B. n. 85. E. n. 47.
Evroardus, B. n. 92.
Eynns, B. n. 37.

F

Farmannus, B. n. 86.
Fedevalt, E. c. 33.
Ferlaius, E. c. 40.
Filo, B. n. 86.
Flabonius, B. n. 59.
Flodocent, B. n. 77.
Flotbertus, B. n. 86, 90.
Flotsindana, B. n. 90.
Fluduinus, B. n. 62.
Folbertus, B. n. 51.
Folcradus, B. n. 91.

Frameria, B. n. 67, 80.
Framerius, B. n. 60, 85.
Fredevert, B. n. 77.
Fridricus, B. n. 59.
Frodinus, præpositus, B. n. 57.
Fulbodus, B. n. 93, 97.
Fulcardus sive *Fuscardus*, B. n. 67, 69, 76, 78, 86, 94.
Fulco, E. c. 64.
Fulcridus, E. c. 74.
Fuschildis, B. n. 57.

G

Galemannus, E. c. 15.
Gandalbaldus, E. c. 34.
Gandinus, B. n. 76.
Gardineus, B. n. 84.
Gaslerius, subdiaconus, E. c. 15.
Gaubertus, presbyter, E. c. 29.
Gautzuinus, subdiaconus, E. c. 40.
Genuinus, B. n. 88.
Genulfus, E. c. 29.
Geraldus, B. n. 62. E. c. 29, 33, 49.
Geraldus, episc. Matiscon., E. c. 15.
Gerbertus, B. n. 62.
Germanus, B. n. 75.
Gertrudis, B. n. 62.
Gilevertus, presbyter, E. c. 34.
Girbaldus, B. n. 62.
Gisbergia, E. c. 42.
Gislana, E. c. 52.
Gislebertus, B. n. 116.
Glombenus, B. n. 59.
Goardo, E. c. 42.
Godefridus sive *Gotefredus*, B. n. 31, 60, 67.

Godinus, B. n. 31, 92.
Gonfredus, B. n. 59.
Gonselinus, B. n. 52.
Gosbertus, B. n. 47.
Gotescalcus, B. n. 78, 80, 86, 89.
Gotescalus, E. c. 52.
Gotsaldus, E. c. 46, 47.
Gotserius, B. n. 60.
Gotsuinus, E. c. 47, 49, 52.
Gotzelinus, E. c. 42.
Gotzmannus, E. c. 35.
Goyla, B. n. 31.
Graffion, B. n. 31.
Gribertus, B. n. 78.
Grifonus, E. c. 49, 52, 54.
Grimonus, B. n. 53, 58.
Gripho, presbyter, E. c. 46.
Guandelricus, E. c. 31.
Gundricus, B. n. 92.
Guntaldus, B. n. 85.
Guntrannus, presbyter, B. n. 110.

H

Halinardus, B. n. 26.

Helbertus, B. n. 85. E. c. 29.

Heldricus, B. n. 101.
Hengerricus, clericus, E. c. 40.
Heriveus, notarius, B. n. 116.
Herleiodus, B. n. 92.
Hermengarda, regina, B. n. 26.
Hermoinus, E. c. 32.

Hildebernus, B. n. 85, 92.
Hludowicus, Franc. rex, B. n. 115.
Hugo, E. c. 49, 54, 58, 59, 61, 67, 74.
Humbertus, E. c. 58, 59.
Hunfredus, E. c. 67.

I

Ideralis, B. n. 50, 101.
Ifardus, B. n. 75.
Ingalmarus, E. c. 35, 46, 53.
Ingalotra, B. n. 77.
Ingalrannus, B. n. 67. E. c 49.
Ingebaldus, B. n. 50, 101.
Ingelbergana, B. n. 59.
Ingellulfus, E. c. 33.

Ingelricus, E. c. 46, 49.
Ingelrius, B. n. 80.
Ingeltrudis, B. n. 110.
Ingo, abbas S. Benigni, B. n. 88, 89, 90, 91, 92, 94, 95, 96.
Ingobertus, B. n. 57.
Isaac, Ling. episc., B. n. 85.
Isomus, subdiac. B. n. 77.

J

Jenulfus, levita, B. n. 90.
Johannes, Re. E. c. 15, 42.

Jotsaldus, E. c. 49.
Jozbertus, B. n. 96.

L

Lambertus, E. c. 46, 47, 52, 64.
Landrus, B. c. 59.
Landuinus, B. n. 31.
Leotaldus, B. n. 110.
Leotulfus, B. n. 53.
Letardus, B. n. 58, 89.
Letfredus, B. n. 59.
Leucius, B. n. 57.

Leutgaudus, B. n. 67.
Leutgisius, B. n. 91.
Licilinnia, B. c. 74.
Liduinus, B. n. 62.
Literius, B. n. 55.
Lotsilinus, B. n. 94.
Lliomus, B. n. 62.

M

Madalfredus, B. n. 49.
Madalgerius, B. n. 60, 84.
Madelbertus, B. n. 84.
Madelgaudus, B. n 84.
Magnaldus, E. c. 58.

Manegradus, presbyter, E. c. 40.
Maria, E. c. 42.
Matalbertus, E. c. 42.
Maymbrannus, E. c. 34.
Menlodinus, presbyter, B. n. 76.

Milo, B. c. 35.
Mongus, B. n. 84.
Montanus, B. n. 84.

Moringus, laicus, B. n. 69, 76, 91.
Moyses, B. n. 84.
Mungonus, B. n. 57.

N

Nantoardus, B. n. 80, 84.
Nocherius, levita, E. c. 74.

Normamus, B. n. 53.

O

Odo, Francorum rex, B. n. 89, 116.
Ododalintus, B. n. 110.
Odolberga, B. n. 59.
Odolerius, E. c. 58.
Odolgerius, B. n. 86.
Odolmarus, E. c. 29, 46.
Odolricus sive Odelricus, B. n. 76, 85.
Odonus, B. n. 59.
Olbertus, B. n. 88.
Olifius, præpositus, B. n. 53, 56, 110.
Orsnadus, B. n. 85, 89.

Osberga, B. n. 67.
Ostrent, B. n. 49.
Ostrigilus, B. n. 89.
Otbertus, præpositus et archidiaconus, B. n. 95. E. c. 15.
Otboldeus, E. c. 32.
Otgerius, B. n. 86.
Otolgerius, E. c. 33, 42.
Otolgitus, B. n. 91.
Otto, comes, B. n. 20.

R

Radbaldus, E. c. 58.
Radolfus sive Rodulfus, B. n. 55, 78, 86, 96. E. c. 40, 52, 54, 58, 67.
Ragenardus, B. n. 53, 40.
Ragenbaldus, B. n. 75.
Ragenulfus, E. c. 33.
Ragimburgis, B. n. 84.
Ragina, B. n. 96.
Raginardus, E. c. 40, 59.
Raginerius, E. c. 59.
Rago, subdiaconus, B. n. 75. E. c. 29.
Rainaldus, comes, B. n. 26.
Rangulfus, B. n. 96.
Rataldus, B. n. 88.
Ratbodus, B. n. 91.
Ratherius, præp. archid. E. c. 15, 29, 30, 31, 32, 35, 40.

Ramestanius, E. c. 85.
Remigius, E. c. 42, 46.
Ricardus, E. c. 54.
Ricbaldus, B. n. 81.
Ricbertus, B. n. 60.
Richardus, comes, B. n. 116.
Richelmus, B. n. 31.
Ricolfus sive Riculfus, B. n. 55, 95.
Riferius, B. n. 96.
Robertus, Rotbertus sive Ratbertus, B. n. 57. E. c. 52, 54, 58.
Rocelinus, E. c. 64.
Rodulfus, Burg. rex, B. n. 26.
Rogerius, E. c. 58.
Romanus, B. n. 50.
Romeus, subdiaconus, E. c. 52.
Romoreldis, B. n. 96.

Rorigus, B. n. 85.
Rotfridus, B. n. 94.
Rotlannus, E. c. 42.

Rotlant, B. n. 77.
Rudericus, E. c. 29, 40.
Rudricus, B. n. 53, 56, 58.

S

Saifardus, B. n. 80, 81, 95, 96.
Saivardus, presbyter, B. n. 49.
Salacon, B. n. 88.
Salamannus sive *Salamon*, B. n. 88, 93.
Salgus, B. n. 69.
Samsonus, E. c. 59.
Sarilonus, B. n. 49, 75.
Servadus, B. n. 110.
Servinus, B. n. 69.
Sicebelmus, E. c. 35.

Sichelmus, E. c. 78.
Sigebertus, E. c. 89.
Siginus, E. c. 66.
Siguinus, diaconus, E. c. 15, 40.
Silvanus, B. n. 78.
Sinannus, B. n. 56.
Siverannus, B. n. 56.
Suavilon, B. n. 89.
Sufficia, B. n. 55. E. c. 67.

T

Teduinus, B. n. 78.
Teintfredus, *Teutfredus* sive *Teodfredus*, B. n. 75, 90, 91, 92, 110. E. c. 40.
Tenduinus, B. n. 16, 59.
Teutbedus sive *Teutbaldus*, B. n. 35, 49, 52, 90.
Teodericus, B. n. 101.
Teodrada, B. n. 50.
Teotmarus, B. n. 49.

Teudo, præpositus, E. c. 46, 47, 49, 52, 54.
Teutburgis, B. n. 91.
Teutgisius, E. c. 42.
Teutlon, B. n. 59.
Torpuinus, B. n. 90.
Treidulfus, B. n. 110.
Tribertus, E. c. 59.

U

Ubertus sive *Umbertus*, B. n. 88. E. c. 49, 52.
Umbroldus, B. n. 95.
Unencus, B. n. 59.

Unericus, E. c. 15.
Ursonus, presbyter, E. c. 52, 54.
Uticonus, B. n. 85.

V

Valo, Eduens. episc. E. c. 15.
Vaninus, B. n. 58.
Vaudricus, E. c. 46.
Velfeisus, B. n. 50.

Vicherius, E. c. 46, 59, 64.
Victor, B. n. 88.
Viroardus, B. n. 97.
Volfreius E. c. 56.

Vulfardus, monachus, levita, B. n. 78, 80, 84, 85, 86, 88, 89, 94, 96.
Vulfelmus, presbyter, B. n. 59, 110.
Vulfelmus, B. n. 110.
Vulfemannus sive *Vulfemarus*, B. n. 53. E. 35.
Vulfrannus, B. n. 94.

W

Walaricus sive *Valericus*, B. n. 49. E. c. 47, 49.
Walbertus, B. n. 81.
Walcaudus, E. c. 32.
Walderius, B. n. 86.
Waldierius, B. n. 60. E. c. 52, 54, 67.
Waldo, E. c. 34.
Waldrada, E. c. 34.
Waldric, B. n. 85.
Walericus, B. n. 85.
Walicherius, B. n. 84.
Waltelinus, B. n. 86.
Walterius, E. c. 34, 42.
Wandalarius, B. n. 92.
Wandalesius, B. n. 59.
Wandalmarus, B. n. 57, 60.
Wandelbertus, B. n. 76.
Wandelgerius, B. n. 85.
Wandermarus, E. c. 15.
Warinus, B. n. 60.
Warnerius, B. n. 49, 51, 53, 56, 59, 60, 101. E. c. 40, 42, 46, 47, 49, 52, 54, 56, 67.
Wibaldus, notarius, B. n. 115.
Wichelmus, E. c. 59.
Wicherannus, E. c. 59.
Wido, E. c. 46, 47, 52, 54, 64.
Widricus, B. n. 60.
Wilbaldus, B. n. 89, 92.
Wilencus, E. c. 32, 47, 54.
Wilton, B. n. 90.
Winerannus, E. c. 15.
Winevaldus, E. c. 33.
Witbertus, B. n. 76.
Witson, B. n. 91.
Wleus, diaconus, E. c. 15.

INDEX GEOGRAPHICUS.

A

Acollis, Arcelot, commune d'Arceau, arrondiss. de Dijon, Côte-d'Or. E. c. 15.
Aguliacum, lieu détruit sur le territoire de St-Apollinaire, même arr. B. n. 94. E. c. 49.
Alba Terra, inconnu. B. n. 81.
Alsensis pagus, pays d'Auxois, tirant son nom d'*Alesia*, Alise, aujourd'hui Ste-Reine, canton de Flavigny, Côte-d'Or. B. n. 55.
Arcis, Arcey, arrondissement de Dijon. B. n. 84.

Asinarium, Asnières, arrondiss. de Dijon. B. n. 95.
Ateias, Athée, arrondiss. de Dijon. B. n. 96.
Attoariorum pagus, pays d'*Attouar*, Côte-d'Or, Haute-Marne et Haute-Saône. B. n. 75, 80, 85, 116. E. c. 15.
Avena fluvius, ruisseau d'Aiserey. B. n. 57, 67.
Aziriacum, Aiserey, arrondiss. de Dijon. B. n. 57, 67, 69.

B

Bargas, Barges, arrondissement de Dijon. B. n. 75, 94.
Belnensis pagus, le Beaunois, arrondiss. de Beaune. B. n. 81. E. c. 31.
Bicis, Bray (la rente de), dépendance de Dijon. E. c. 15.
Blacia, Blaisy, arrond. de Dijon. B. n. 81.
Blancana Curtis, Comblanchien, arrondiss. de Beaune. B. n. 81.

Blankeni Cortis, lieu détruit, entre Breligny et Clenay, arr. de Dijon. B. n. 116.
Bovonis Curtis, Boncourt, arrondissem. de Beaune. B. n. 88.
Buceyo villa, Bussy-la-Pèle (?), arrondiss. de Dijon. B. n. 62.
Bunciacum, Buncey, arrondissement de Châtillon. B. n. 96.

C

Cangiaci finis, Congey. B. n. 84.
Carentiacum, Charencey. E. c. 34.
Caruscum, Carco, arrondiss. de Dijon. E. c. 32.
Casneachum, Chaignot, commune de Varois, arrondissement de Dijon. E. c. 74.
Casnedum, Chaignay, arrondiss. de Dijon. B. n. 85.

Cavaniacum, Chevigny-St-Sauveur, arrondissement de Dijon. B. n. 85.
Cavillonensis pagus, le Châlonnois, Saône-et-Loire. B. n. 50.
Chenevas, Chenove, arr. de Dijon. B. n. 88.
Ciconias, Chichée. B. n. 115.
Corcellas, Corcelles-lez-Mont, arrondiss. de Dijon. B. n. 60, 85.

Cossiniacensis ou *Cussiniacensis finis*, Cussigny, arrondissement de Beaune. B. n. 81, 101.

Criciacum, Cressey-sur-Tille, arrondiss. de Dijon. B. n. 85.

Cromachum, Cromois, arrondissement de Dijon. E. c. 32.

Curtmulinisis villa, Crimolois, arrond. de Dijon, B. n. 89.

D

Divio, castrum, burgus, villa, château et bourg de Dijon. B. n. 56, 57, 58, 59, 60, 65, 75, 76, 78, 80, 81, 84, 85, 86, 89, 94, 95, 96, 110. E. c. 1, 3, 4, 8, 11, 13, 15, 18, 19, 20, 30, 31, 35, 46, 49, 59, 64, 67.

Divionensis pagus, le Dijonnais, Côte-d'Or. B. n. 56, 53, 58, 59, 75, 80, 81, 95. E. c. 8, 11, 12, 35, 46, 47.

Dusmensis villa, Domois, arrondissement de Dijon. E. c. 40, 47.

E

Estrabanca fluvius, ruisseau de Bussy-la-Pèle, arrondissement de Dijon. B. n. 62.

F

Fissiacum, Fixey, arrondissem. de Dijon. E. c. 33.

Fontanas, Fontaine-lez-Dijon. B. n. 53, 58. E. c. 35.

G

Gibriacum, Gevrey, arrondiss. de Dijon, E. c. 36.

Gironensis finis, Giron, dépendance de Dijon. B. n. 86.

L

Landioni fluvius. B. n. 115.
Lapiacum, Clichy, près de Paris. B. n. 115.

Longoviana finis, territoire de Longvic, arr. de Dijon. B. n. 77, 78. E. c. 40.

M

Magnimontensis pagus, le Mémontois, Côte-d'Or. B. n. 81.

Manniacensis finis, Magny-lez-Villers, arr. de Beaune, Côte-d'Or. B. n. 81.

Marcenniacum, Marsannay-la-Côte, arrondissement de Dijon. B. n. 90.

Mervelcum, Morveau, dépendance de Dijon. B. n. 51. E. c. 29.

Miliciacum, B. n. 115.

Mudeliacum, Meuilley, arrondissement de Beaune. E. c. 31.

N

Nantolium, Nantouillet. B. n. 116.
Norgia fluvius, la Norge, rivière, arrond. de Dijon. B. n. 94, 116.

Norvia, Norges, arr. de Dijon. B. n. 49.

O

Olgium, Ouges, E. c. 42.
Ormensio, l'Armançon, rivière qui se jette dans l'Yonne. Côte-d'Or et Yonne. B. n. 115.
Oscara, Oscera sive *Uscara*, l'Ouche, rivière qui se jette dans la Saône. Côte-d'Or. B. n. 67, 69, 89.
Oscarensis centena, centaine; *pagus*, pays d'Ouche. B. n. 49, 51, 57, 60, 69, 76, 77, 78, 90, 91, 92, 96.

P

Patriniacum, Perrigny-lez-Dijon. B. n. 77, 78.
Poliacum, Pouilly-lez-Dijon, commune de Dijon. E. c. 46.

Pontiliacum[1], Pontailler, arrondissement de Dijon. B. n. 85.
Provisum, Prenois, arrondiss. de Dijon, B. n. 56.

Q

Quintiniacum, Quetigny, arrondissement de Dijon, B. n. 85.

R

Roringorum, finis et centena. B. n. 51, 94.
Rubiliacum, Ruilly, arrondissement de Châlon, Saône-et-Loire. B. n. 50.

Rufiacum, Ruffey-lez-Dijon, arrondiss. de Dijon, B. n. 86.

S

Salaona, Saulon, arrondiss. de Dijon, B. n. 88.
Sarmacium, Salmaise, arrond. de Sémur, Côte-d'Or. B. n. 55.
Seciliacensis finis, Serrigny, arrondiss. de Beaune. B. n. 81.
Siliciacum, Sennecey, arrond. de Dijon. B. n. 77.

Soselgias, Échigey, arrondiss. de Dijon, E. c. 30.
Stolvicus, Écorvy, arrondissem. de Tonnerre, Yonne. B. n. 115.
Sulliacum, Sully (rente de), commune de Saint-Apollinaire, arrondiss. de Dijon. E. c. 49.

---

[1] Il y avait à Pontailler un *palais royal*, dont le *fiscus* s'étendait jusqu'à Quetigny. (*Cartulaire de Saint-Bénigne*, n. 85.)

T

Talornaium, Salornay, Saône-et-Loire. B. n. 69.
Tornodorensis pagus, le Tonnerrois, Yonne et Côte-d'Or. B. n. 115.

Tremolensis villa, Trimolois, lieu détruit entre Chenove et Dijon, B. n. 110.
Troallam, Trouhaut, arrondiss. de Dijon, B. n. 101.

V

Valesmensis finis, B. n. 115.
Verona, Veronnes, arr. de Dijon. B. n. 116.
Visinnium, Chevigny-Fénay (?), arrondissement de Dijon, B. n. 78. E. C. 52.
Vitricum, Verrey-sous-Salmaise, arrondiss. de Semur. B. n. 55.

ERRATA.

Page 20, Franscaut, *lisez* Franxaut.
37, *note* 1, Noiron, *lisez* Noirot.

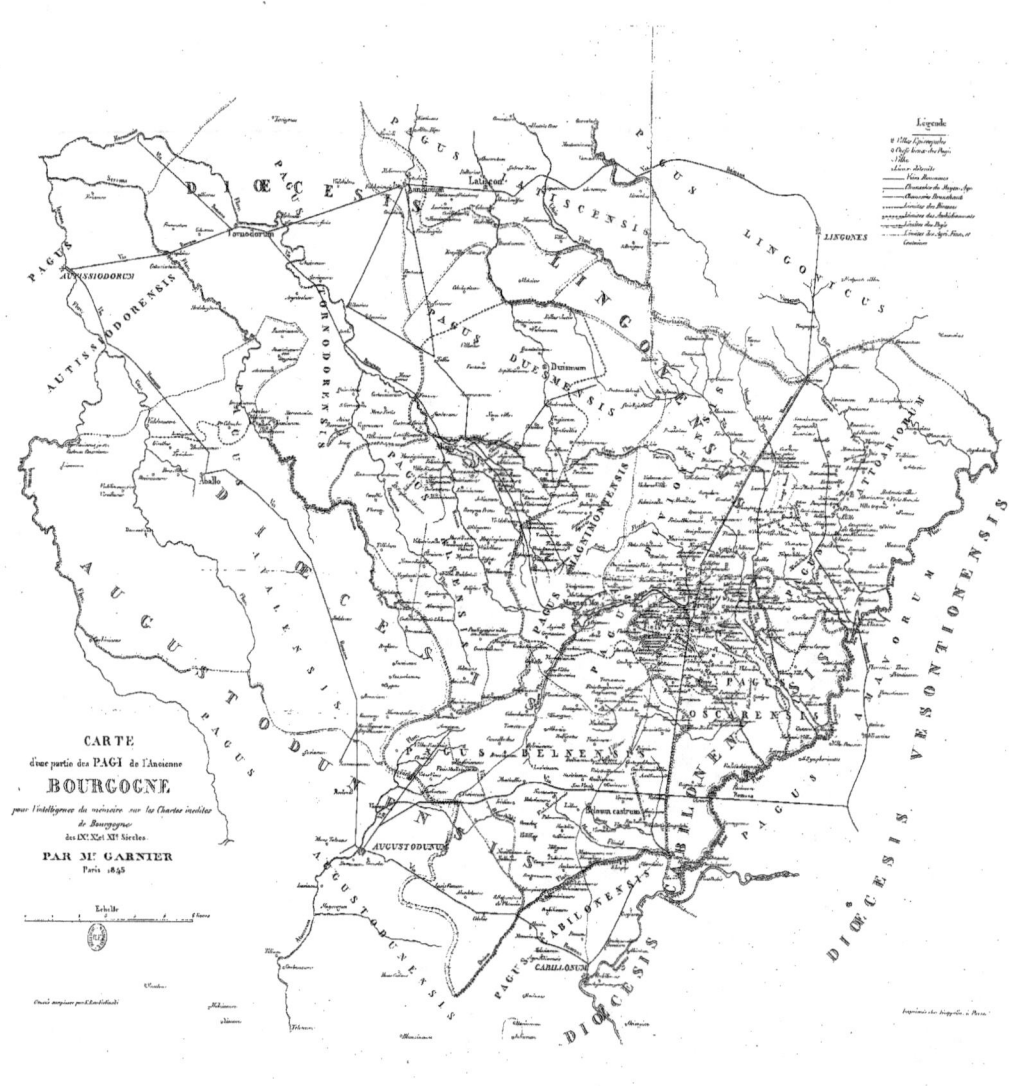

MÉMOIRES

SUR

LA VILLE ET LE PORT DE FRÉJUS,

PAR M. CHARLES TEXIER.

> Inde Forum Juli parvam nunc venimus urbem;
> Apparent veteris vestigia magna theatri,
> Ingentes arcus et thermæ et ductus aquarum;
> Apparet moles antiqui diruta portus,
> Atque ubi portus erat siccum nunc littus et horti.
> Mich. de L'Hopital, Epist. lib. v.

PREMIER MÉMOIRE.

SUR LES ANTIQUITÉS DE FRÉJUS.

APERÇU HISTORIQUE.

La tyrannie d'Harpale, gouverneur de l'Ionie, avait soulevé les habitants contre la puissance de ce satrape.

Phocée, l'une des villes les plus puissantes de la contrée, s'était déclarée ouvertement contre lui; Harpale, après avoir employé tous les moyens pour la faire rentrer dans l'obéissance, se décida à en faire le siége. Déjà la ville était pressée de toutes parts, lorsque les habitants, convaincus que leur résistance ne devait les conduire qu'à de plus grands malheurs, profitent d'une trêve que leur avait accordée le tyran. A la faveur de la nuit, ils montent sur leurs vaisseaux avec

Amm. Marc. l. XV,
p. 51, Paris, 1833.

leurs femmes et leurs enfants, et abandonnent une patrie qui ne pouvait plus leur offrir que l'esclavage.

Errant de mer en mer pour chercher un pays hospitalier, ils vont en vain demander un coin de terre chez les autres peuples de la Grèce. Enfin, ils abordèrent en Italie, où ils fondent *Velia;* mais bientôt ils se séparèrent, et une partie, sous la conduite de Simos et de Protis[1], vint aborder dans les Gaules, vers le pays des Salyens, sur les confins de la Ligurie.

Nannus, roi des Ségobrigiens, les reçut avec bienveillance, leur donna des terres, et leur permit de fonder une ville. C'est alors qu'on vit s'élever Marseille, dont la puissance s'accrut rapidement sous la protection du roi; et l'alliance du chef Euxénus avec Aristoxène, fille de ce roi, fut le gage d'une amitié durable entre les deux peuples.

Le goût des arts et du commerce, que la colonie avait apporté de la Grèce, étendit bientôt au loin sa renommée et son influence. Les Salyens, qui en étaient voisins, résolurent d'anéantir une peuplade dont la fortune leur faisait envie; mais leurs projets furent habilement déjoués, et ils furent forcés à demander la paix.

Plus prompts à oublier leur ressentiment que les secours qu'ils avaient reçus à leur arrivée, les Phocéens contractèrent de nouveau une alliance avec ces peuples; mais elle ne fut pas de longue durée, et les dissensions se perpétuèrent jusqu'à ce que Rome, portant ses armes dans la Gaule, eût assuré à ses alliés la possession paisible de leur territoire.

Le nombre des habitants s'était accru avec la puissance de la colonie; Marseille, ne pouvant plus se borner à l'enceinte étroite de ses murailles, avait formé d'autres établissements. Depuis l'embouchure du Rhône jusqu'au delà du Var, la côte

---

[1] Euxénus, selon Athénée.

se trouvait couverte de villes florissantes. L'ancien peuple se retira dans les montagnes, et les Marseillais fondèrent successivement Antibes, Toulon, Hières, et d'autres villes de la côte: Fréjus fut de ce nombre; mais c'est en vain qu'on chercherait son nom antérieurement à l'époque romaine. La manière dont s'exprime Strabon prouve que le nom de *Forum Julii* lui avait été donné peu d'années avant lui.

<small>Strab. *Geogr.* liv. IV, p. 184. Pl. liv. III.</small>

« La côte qui s'étend depuis Marseille, dit-il, jusqu'au Var et la Liguerie, attenante à ce fleuve, est bordée de villes marseillaises, telles que *Tauroentum*, *Olbia*, Antibes, Nice. On y trouve de plus le port d'Auguste;... on le nomme *Forum Julium*. »

<small>Strab. *Geogr.* liv. IV, p. 184.</small>

Quoique les Liguriens fussent, à proprement parler, les peuples qui habitaient au delà du Var, on donnait aussi ce nom à tous les habitants des côtes jusqu'à l'Espagne.

Fréjus était la métropole du pays des Oxybiens, voisins des Déciates; ils étaient bornés au nord par les Suétriens.

Pline nous donne une ample connaissance des peuples parmi lesquels Fréjus était située. On trouve sur les côtes le port de Citharista, le pays des Camatullicains, ensuite les Suétriens, peuple au delà du fleuve d'Argent; au-dessus, les Verruciniens. En redescendant vers la mer, on trouve Athénople des Marseillais, Fréjus, colonie des Octaviens, qui porte le surnom de Pacifique et de Navale; la rivière d'Argent y coule: c'est le pays des Oxybiens et des Ligauniens; ils sont bornés au nord par les Suétriens, les Quariates et les Adunicates, après quoi on arrive à Antibes, ville latine, région des Déciates.

La plupart de ces peuples avaient concouru à élever à Auguste le trophée dont on voit les ruines vers la pointe de Monaco; ils faisaient partie de la vraie Ligurie.

Il n'y a pas lieu de croire que Fréjus soit une ville et un port de fondation toute romaine; car Tacite, dans la Vie

<small>Ex veteri et illustri colonia Forojuliensium. Lib. III.</small> d'Agricola, citoyen de Fréjus, dit que son beau-père était de l'illustre et ancienne colonie des Fréjusiens.

<small>De situ orbis; lib. II, 5.</small> Pomponius Méla ne parle de Fréjus que comme d'une colonie de la huitième légion, sans faire mention de son port; il indique, dans son voisinage, les mêmes villes qui sont nommées dans Pline.

Fréjus fit d'abord partie de la Ligurie. Quelques siècles après, César ayant conquis les Gaules et les ayant réduites en provinces, y ajouta les terres des Liguriens, qui étaient situées à l'occident des Alpes.

Peu de temps après, César Auguste ayant divisé les Gaules en quatre provinces, Fréjus fit partie de la Narbonnaise, et perdit son rang de métropole, quoiqu'elle conservât toujours son importance. La notice des provinces assigne ce rang à Aix, et les villes qui en dépendaient, sont :

Apta Julia.	Vapincum.
Reii Apollinares.	Segustero.
Forum Julii.	Antipolis.

A cette époque, la Narbonnaise avait été subdivisée en deux provinces, l'une au delà du Rhône, et la seconde, qui s'étendait depuis le Rhône jusqu'aux Alpes maritimes.

La Gaule contenait alors dix-sept provinces : dix au nord, en comptant les deux Germanies et les deux Belgiques, et sept au midi, dans lesquelles on comptait une seule Viennoise et deux Narbonnaises.

Mais sous Constantin, cette division changea, et, tout en conservant le nombre de dix-sept provinces, la Viennoise s'étendit le long du cours du Rhône jusqu'à la mer, et Fréjus <small>Amm. Marc. l. XV.</small> se trouva comprise dans la troisième Viennoise.

Les établissements des Marseillais sur cette côte ayant toujours eu pour but le commerce maritime, Fréjus dut sa fondation à la petite anse que forme la côte en cet endroit; et César, en arrivant dans les Gaules, trouva déjà un port ouvert à ses vaisseaux.

Le titre de *Colonia Pacensis*, qui lui est donné par Pline, ne peut s'entendre que d'un traité des anciens habitants du pays avec les Romains, car c'étaient les Salyens eux-mêmes qui avaient appelé les Romains au delà des Alpes.

César, profitant de cette alliance, choisit la ville et le port de Fréjus pour établir la correspondance par mer entre les Gaules et la métropole; il fonda un entrepôt pour les besoins de son armée; peu à peu, le nom de *Marché de Jules*, qui lui avait été donné par les Romains, prévalut sur le nom ancien et fut le seul sous lequel, dans la suite, la ville de Fréjus fut connue.

Les principales places de la Narbonnaise avaient été fortifiées par les Romains. Des gouverneurs, établis par César dans les provinces, assuraient, de la part des Gaulois, une obéissance qui permettait de compter sur une paix de longue durée, lorsque la commotion produite par la mort du dictateur vint ébranler ces nouvelles conquêtes et allumer, parmi les Romains, les discordes civiles.

Plancus avait été nommé au gouvernement du Dauphiné; celui de la Provence était échu à Lépide. Quoique ce dernier ne fût pas regardé comme un général expérimenté et qu'il passât, au contraire, pour être gonflé de vanité, son illustre naissance et la protection de César, qu'il avait servi de tous ses moyens, lui avaient valu le gouvernement d'une province qui était regardée comme une partie de l'Italie.

Quoique les deux consuls Hirtius et Pansa eussent péri au siége de Modène, Antoine avait été mis en fuite avec son armée; il s'était retiré dans les Alpes; là, il conçut le projet de passer dans les Gaules.

Brut. *Epist.*

Il annonça à son armée que ses liaisons avec Lépide le mettaient à même de recommencer la guerre ou de s'emparer de quelque province. Lépide, qui était dans les intérêts de la république, ayant été averti de ses projets, résolut de s'opposer à Antoine, qu'il regardait comme son ennemi. Son armée était campée au bord du Rhône lorsqu'elle reçut l'ordre de s'avancer vers les Alpes; cependant, étant arrivé au fleuve d'Argent, il apprit qu'Antoine avait déjà passé les Alpes, que Ventidius et ses trois légions s'étaient joints à lui, et que les deux armées étaient campées près de la sienne. Il écrivit à Cicéron :

<small>Cicer. *Epist.*
l. X, ep. xxxiv.</small>

« Marcus Lépide, tribun des soldats, général et grand pontife, à Cicéron, salut.

« ..... J'ai appris qu'Antoine s'avance vers ma province à la tête de son armée; déjà Lucius Antoine est arrivé avec une partie de sa cavalerie. J'ai décampé du confluent du Rhône et j'ai marché au devant d'eux; j'ai gagné, à marches forcées, le *Forum Vocontium*, et j'ai fait camper mes troupes au delà de cette ville, près du fleuve d'Argent, pour m'opposer à Antoine. Ventidius a joint ses trois légions à lui, et leur camp se trouve au delà du mien.

« Dans tout ce qui dépendra de cette guerre, soyez persuadé que je ne manquerai jamais à la fidélité que je dois au sénat et à la république.

« Si ma vie entière, si tous mes soins ont autrefois été consacrés au service de la patrie, soyez persuadé, Cicéron, que, dans la suite, vous n'aurez pas moins à attendre de moi. Je compte sur l'appui de votre autorité; j'aurai cela à ajouter à tout ce que je vous dois. Salut. »

<small>Le 12° des kalendes de juin, au camp du pont d'Argent.</small>

Cependant Plancus, ayant été instruit des projets d'Antoine, crut devoir songer à ce qu'il devait à la république ; il écrivit à Lépide, quoiqu'il fût brouillé avec lui, pour l'engager à ne pas suivre le parti d'Antoine. Lépide le lui promit et l'assura, de plus, que, s'il ne pouvait empêcher Antoine de s'avancer jusqu'à lui, il le recevrait les armes à la main. Cependant, Antoine marchait toujours avec son armée ; il connaissait l'ascendant qu'il avait sur Lépide, et il comptait beaucoup sur une entrevue pour l'attirer dans son parti ; c'est alors que Plancus, informé de ce mouvement, écrivit à Cicéron :

« Plancus salue Cicéron. » *Cicer. Epist. l. X, ep. XVII.*

« J'ai appris qu'Antoine est arrivé à Fréjus avec son avant-garde vers les ides de mai ; Ventidius est à deux journées de lui ; Lépide est campé vers *Forum Vocontium* : ce lieu est à vingt-quatre milles de Fréjus ; il m'a écrit qu'il avait résolu de m'attendre. Si Lépide et la fortune me favorisent, je vous réponds que j'en finirai bientôt suivant mes souhaits. »

Cependant l'assurance d'Antoine augmentait à mesure qu'il s'approchait de Lépide ; il comptait sur l'alliance qui existait entre leurs familles et s'était déjà vanté publiquement de voir bientôt l'armée de Lépide réunie à la sienne.

A peine Antoine fut-il arrivé à Fréjus, qu'il chercha à mettre son dessein à exécution ; il écrivit à Lépide, en lui faisant envisager, sous l'aspect le plus brillant, le résultat de sa trahison. C'était au nom de leur ancienne amitié, au nom de leurs enfants, qu'il le priait de se joindre à lui ; les richesses qu'ils allaient amasser devaient être réunies dans leur commune famille. Il terminait en disant que, si ses offres étaient rejetées, il saurait bien s'ouvrir par force un passage dans les Gaules.

Lépide, ébranlé par les lettres d'Antoine, voulait cependant rester fidèle au sénat; mais ses propres soldats, auxquels Antoine avait aussi envoyé des émissaires, vinrent eux-mêmes le prier de les réunir à ceux d'Antoine.

Peu à peu la fermentation augmentant parmi eux, la sédition était prête à éclater, et peut-être Lépide serait-il mort fidèle à la république, si Antoine, passant la rivière d'Argent, ne fût venu en personne prier Lépide de ne pas résister plus longtemps. Les soldats le reçurent avec joie, augurant bien de sa présence au milieu d'eux. Mais Lépide, ne voulant pas prendre part à cette trahison, menaçait d'abdiquer le commandement; Antoine se contenta de le partager, et les troupes de Lépide, passant le pont d'Argent, vinrent, dans la plaine de Fréjus, camper auprès de celles d'Antoine et de Ventidius.

Les deux généraux entrèrent dans la ville pour mettre à fin l'exécution de leurs desseins. Pour gagner du temps, Lépide écrivit au sénat qu'une sédition s'était élevée dans son armée, mais que ses efforts tendaient à l'assoupir; il prit de nouveau le ciel à témoin de son inviolable attachement à la république.

Cependant, il fut convenu que les troupes de Plancus seraient mises hors d'état de s'opposer à leurs projets.

Lépide lui envoya un courrier pour l'avertir que son secours était inutile et que son armée tiendrait facilement tête à celle d'Antoine; il priait Plancus de l'attendre au bord de l'Isère. Mais ni le sénat, ni le général, ne se laissèrent prendre à de pareils artifices. Plancus marcha sur Antoine malgré les avis qui lui parvenaient de toutes parts, et il faillit être surpris par l'armée des nouveaux alliés; c'est alors qu'il écrivit à Cicéron pour lui détailler les motifs de sa conduite. Il avait pris des Voconces avec lui pour lui tracer le chemin, et il était arrivé jusqu'aux rives de l'Argent.

Lépide et Antoine, ayant appris que Plancus se trouvait

dans leur voisinage, s'avancèrent à sa rencontre : ils n'étaient séparés que par une distance de vingt milles. Mais ce dernier, considérant la faiblesse de son armée relativement à la leur, battit en retraite sans perdre un seul homme ; il regagna le pays des Voconces, d'où il résolut d'écrire à Octave pour le prier de se joindre à lui contre les ennemis de la république. Ce fut à cette époque que la ville de Lyon fut fondée par Plancus, qui transporta dans son territoire une partie des habitants de Vienne.

Antoine et Lépide restèrent quelque temps à Fréjus pour régler leur plan de conduite. Octave, vers qui les deux partis tournaient déjà les yeux, et sur lequel ils comptaient l'un et l'autre pour faire pencher la balance, fut aussi l'homme auquel les deux généraux pensèrent d'abord. Le regardant en même temps comme le seul obstacle à leur ambition, ils résolurent de lui écrire pour l'attirer dans leur parti, mais non pas au nom de la patrie, comme Plancus avait cru devoir le faire. Ils cherchèrent à exciter son propre intérêt: car c'était plutôt à lui-même qu'à eux qu'il appartenait de venger la mort de César; et, si le sénat l'avait chargé de marcher contre eux après l'avoir laissé si longtemps dans l'inaction, c'était bien moins pour réparer son offense que pour les détruire les uns par les autres. Ils terminaient en disant que, s'il refusait, eux-mêmes ne tarderaient pas à se joindre à Brutus et à Cassius pour le renverser lui-même.

Octave ne balança pas longtemps entre le parti de Plancus et celui d'Antoine ; aussi les négociations furent-elles bientôt terminées. Lépide et Antoine, sur la foi d'Octave, allèrent le joindre ; ils repassèrent les Alpes et descendirent en Italie à la tête de dix-sept légions.

Antoine avait laissé pour garder la Narbonnaise Varius

Cotylas, l'un de ses favoris, qui commandait encore six légions comme armée de réserve, si la fortune le forçait de nouveau à chercher un refuge dans les Gaules. Il espérait conserver pour lui le gouvernement de cette province, qui lui fut en effet accordé dans le partage de la république. Mais la guerre des Parthes, qui avait suivi la bataille de Philippes, le retenant dans l'Orient, Octave profita de son absence pour s'adjuger le commandement des Gaules, qu'il conserva désormais sans partage.

Agrippa, qui devait bientôt être appelé à jouer un grand rôle dans le nouvel empire, commençait à se distinguer contre les ennemis du peuple romain.

Après avoir apaisé quelques troubles dans l'Aquitaine, il avait traversé la Gaule pour s'opposer aux Suèves, qui avaient fait une irruption dans les Belgiques; et, le premier depuis César, il avait eu l'honneur de passer le Rhin. Auguste voyait avec plaisir que le génie et la valeur de son favori pourraient heureusement le seconder dans le besoin; il lui laissait une puissance fort étendue, dont Agrippa ne profita que pour faire oublier aux peuples vaincus les malheurs d'une domination étrangère.

La guerre contre Pompée nécessitait des armements considérables dans tous les ports de l'empire. Octave, qui avait su éloigner ses collègues par des expéditions lointaines, ne voulait pas les rappeler pour les mettre à la tête de cette importante entreprise. Peut-être prévoyait-il déjà qu'il aurait les mêmes moyens à employer pour les anéantir par la suite.

Octave n'avait personne près de lui sur qui son ambition pût se reposer : Agrippa fut le seul en qui il crut pouvoir mettre sa confiance.

Il venait d'en recevoir une preuve de dévouement trop éclatante pour hésiter un instant : Agrippa avait habilement refusé le triomphe qui lui était offert pour ses victoires sur les Germains.

Depuis longtemps la république, n'ayant plus rien à redouter des puissances maritimes, avait négligé ses forces navales. Les ports de l'Italie et des Gaules devenaient insuffisants pour contenir les flottes qu'Octave voulait créer.

Agrippa, revenu vers la Narbonnaise, prit d'abord soin de faire exercer ses légions au service de la marine. Dans ces circonstances, il était aussi important de garder les côtes des Gaules que celles de l'Italie. Le général se dirigea vers ce dernier pays, afin de chercher un lieu convenable pour y établir une partie de la flotte; il s'arrêta à Pouzzole, comme offrant la situation la plus convenable.

Après avoir ordonné la plus grande activité dans l'exécution des travaux, il revint vers ses légions, qui étaient restées à Fréjus. Quoique le port eût déjà reçu quelques gros navires, il entreprit de le mettre en état de contenir une grande flotte; sa position dans le voisinage de petites îles et sa proximité de l'Italie durent le faire préférer aux ports qui existaient alors.

D'ailleurs, Jules César avait déjà commencé des travaux importants; la ville avait reçu son nom, et cette circonstance ne dut pas peu contribuer à décider celui dont toute l'ambition était de plaire à Octave.

Les grands travaux entrepris par Agrippa furent terminés assez promptement pour que le port fût en état de recevoir les restes de la flotte de Pompée; mais ces murailles devaient bientôt renfermer de plus illustres débris.

La victoire d'Actium suivit de près la bataille de Mylæ. En vain Antoine opposait-il cinq cents galères aux légers vaisseaux d'Octave; le phare de Fréjus éclaira bientôt le dernier désastre de celui que la ville avait protégé dans sa première fortune. Trois cents galères conduites dans le port apprirent aux habitants le triste sort d'Antoine, qu'ils avaient vu, peu d'années auparavant, traverser leur ville à la tête d'une si brillante armée.

Les principaux monuments qui existent encore dans le territoire de Fréjus doivent être rapportés à cette époque. Cette ville maintint le rang honorable auquel Octave l'avait élevée : des magistrats furent chargés de surveiller le port et les galères ; les flottes qui durent garder les côtes des Gaules restèrent stationnées dans ce port jusqu'au déclin de l'empire. Si, sous les règnes suivants, les historiens parlèrent peu de Fréjus, des inscriptions trouvées dans ses ruines et même dans des villes éloignées, témoignent qu'elle n'avait pas déchu sous le dernier des Antonins.

La ville de Fréjus vit naître plusieurs citoyens dont le génie servit utilement l'empire.

Les victoires que Julius Agricola remporta sur les Bretons, et qui le placèrent au rang des plus célèbres généraux, auraient suffi pour transmettre son nom à la postérité, lors même qu'il n'aurait pas eu le bonheur d'admettre dans sa famille le prince des historiens. C'est dans les murs de Fréjus que Tacite est venu choisir une épouse, et il a eu trop soin de la gloire de son beau-père pour qu'il soit nécessaire d'en parler ici.

DE LA SITUATION ET DES MONUMENTS DE FRÉJUS.

La ville de Fréjus était située sur le penchant d'une colline dont le pied était baigné par les eaux de la mer. Une chaîne de montagnes, qui séparait le pays des Oxybiens de celui des Déciates, l'enferme du côté du levant ; l'occident est borné par le cours de la rivière d'Argent, qui vient du pays des Suétriens.

Le sol sur lequel la ville est bâtie offre, dans plusieurs endroits, des traces de feux volcaniques; les montagnes qui l'environnent ne contiennent aucune espèce de pierre calcaire, et les seuls matériaux employés dans les constructions sont des grès, des porphyres, des granits et des laves [1].

Les pierres calcaires ne se trouvent que dans les cantons situés au delà des montagnes de l'Esterelle, vers la ville de Fayence. C'est là que les anciens allaient chercher leurs pierres à chaux, mais ils venaient la fabriquer dans les environs de la ville. En suivant le cours de l'aqueduc, on trouve plusieurs emplacements des anciens fours; les résidus sont employés dans les masses de béton qui forment l'épaisseur des murailles.

Tous les monuments sont construits en petits moellons essémillés, qui ont un décimètre et demi en carré pour le parement de face, et dont la queue a trois décimètres. La dureté des matériaux n'a pas empêché les constructeurs de former un appareil très-régulier; le porphyre et le grès paraissent travaillés avec la même facilité.

Il reste peu de monuments construits en gros quartiers de roches. La rareté des pierres a peut-être été une cause de destruction pour ces monuments: on ne remarque plus aujourd'hui que le pied-droit d'une porte de la ville, qui est construite en grands morceaux de grès; mais tous les parapets des murailles, les créneaux et les marches, qui étaient formés de grandes dalles, ont été enlevés. Le grès qui a servi à la construction offre deux variétés : l'une verte et peu attaquable par la gelée, l'autre rouge, mais très-gélive; de sorte que, dans

---

[1] Sur les matériaux employés par les Romains, voyez le 3ᵉ mémoire ci-après.

quelques monuments, les joints en mortier ont seuls persisté, et le parement est tombé en poussière.

Les porphyres sont aussi employés avec abondance. La belle variété violette, qui a servi pour les amarres de navires dans le port, est la plus remarquable. Les carrières sont situées aux environs d'Agay, à trois lieues de Fréjus, dans les montagnes. La variété brune se trouve dans toute la chaîne de l'Esterelle.

Le sol de Fréjus présente d'excellentes carrières d'argile. Les Romains ont employé avec abondance les briques de dimensions très-variées.

Le ciment, préparé avec de la brique très-cuite, était mis en réserve dans de grandes fosses placées auprès des édifices. En creusant dans les environs, on retrouve souvent de ces fosses qui en contiennent encore. A côté, les fosses à chaux se retrouvent aussi.

Quoique le pays n'offrît aucune carrière de marbre, cette matière était employée dans presque tous les monuments. Ceux qui existent encore présentent des traces de revêtements précieux, et on trouve d'énormes fragments de marbre blanc qui indiquent que des monuments en étaient entièrement construits. Plusieurs fûts de colonnes des marbres les plus rares subsistent encore. La brèche violette d'Afrique, la brèche universelle d'Égypte, le campan, le carrare, blanc et gris, s'y trouvaient employés en abondance; mais la cause qui a fait démolir beaucoup de monuments de grès a fait aussi employer ces précieux matériaux, et les restes que l'on trouve dans la ville font partie des constructions modernes.

Aucun monument n'était construit en moellons apparents; ceux qui n'étaient pas revêtus de marbre étaient recouverts en stuc avec des peintures. Le stuc était fixé sur le mur au moyen de grands clous, en forme de marteau, plantés dans les joints.

Quelques monuments en conservent encore un grand nombre; en fouillant au pied, on retrouve le stuc et les clous.

LES MURAILLES, L'AQUEDUC, LES PORTES.

Le pourtour des murailles de Fréjus offre la forme irrégulière d'un polygone dont le périmètre est de 3,500 mètres environ, sans compter l'enceinte du port. Ces murailles, qui sont généralement de l'épaisseur de 2 à 3 mètres, sont encore bien conservées dans toute leur étendue. La hauteur de celles qui sont entières est de près de 8 mètres, sans compter le parapet, qui manque presque partout; les arrachements qui restent des créneaux peuvent faire supposer qu'ils étaient de la hauteur de 1 mètre 65 centimètres. Ces murailles sont toutes en béton, revêtues de petits moellons; les joints étaient refaits en mortier. Il ne reste pas de traces de stuc à l'extérieur de la ville. A la distance moyenne de 15 mètres, ces murs étaient flanqués de tours de 9 mètres de diamètre extérieurement; ces tours s'élevaient beaucoup au-dessus du parapet du mur; elles contenaient des escaliers par lesquels on arrivait aux chemins de ronde et qui conduisaient aux deux citadelles.

Dans la partie du nord, il reste encore deux tours demi-circulaires, d'une hauteur de plus de 15 mètres; elles sont ruinées par le haut; on remarque dans l'intérieur les traces de plusieurs étages et de deux escaliers.

Le premier étage, qui communiquait avec l'aqueduc, formait une espèce de château d'eau pour le service des curateurs des eaux (*curatores aquarum*); le second étage, éclairé par des fenêtres fort étroites, était destiné à contenir quelques soldats.

Dans plusieurs endroits, on trouve les égouts de la ville, qui viennent déboucher sur la campagne; ces conduits, qui seraient assez grands pour qu'on pût s'introduire par là dans la ville, étaient fermés par des grilles dont il reste encore des scellements. Plusieurs de ces égouts sont même assez bien conservés pour qu'on puisse en parcourir l'étendue pendant une grande longueur, jusqu'à ce qu'un éboulement intercepte le passage. Quelques-uns sont cintrés à l'issue et voûtés dans toute leur étendue; d'autres sont couverts par de larges plates-bandes de grès.

L'aqueduc qui portait à Fréjus les eaux de la rivière de Siagne, parcourait une étendue de 40,000 mètres environ, en comptant tous les détours qu'il fait dans les montagnes. Dans ce trajet, les eaux tantôt passent dans les collines, et tantôt traversent de petites vallées; mais il n'existe en aucun endroit plus de deux rangs d'arcades les unes au-dessus des autres; la largeur moyenne des arcades est de 5 mètres, avec une hauteur double. De grands contre-forts, en talus, viennent battre contre les pieds-droits. La construction en est la même que celle des murailles; mais, dans quelques endroits où l'aqueduc a été réparé, on a intercalé trois assises de briques entre les assises de moellons. Il est à remarquer que, généralement, ces réparations sont faites avec plus de soin que l'ouvrage principal. Les moellons sont mieux appareillés, les assises de briques, posées régulièrement, offrent un mode d'exécution plus soigné. Il ne reste aucun indice qui puisse faire soupçonner à quel prince la ville de Fréjus était redevable de ce travail gigantesque; mais il est probable que cet aqueduc a été construit peu de temps après celui de Lyon, bâti par Claude, et que les réparations ont été faites sous le règne de Vespasien, après la guerre entre Othon et Vitellius.

La prise d'eau se trouvait exactement à la hauteur des murailles. Les anciens ont profité de cet accident pour faire passer les eaux sur les remparts. Aussi la direction des eaux suit le pourtour des murailles jusqu'à ce que, l'angle des deux remparts se trouvant trop aigu, elles passent par un conduit en ligne diagonale pour reprendre ensuite la direction des murailles, tendant vers l'amphithéâtre.

La partie du nord était entièrement fermée. Il n'y avait que trois portes à la ville, elles subsistent encore : la première, voisine de l'amphithéâtre, conduisait de l'Italie dans les Gaules; la seconde, diamétralement opposée, conduisait à Antibes et aux Alpes. La voie Aurélienne, qui passait à Fréjus, suivait la direction indiquée par ces deux points. (Voy. pl. I.)

La porte des Gaules est encore assez bien conservée pour qu'on puisse juger de son aspect. Au fond d'une demi-lune de 50 mètres de diamètre, elle s'ouvre par trois arcades; les deux latérales, d'une très-petite dimension comparativement à la grande proportion de la porte, étaient destinées aux piétons; des arrachements, qui subsistent dans la baie, paraissent indiquer quelques marches pour monter sur un trottoir. Cette porte, construite en petits moellons, était décorée par deux grandes chaînes en pierre de taille. On trouve, sur la face, des arrachements de piédestaux, mais qui sont trop ruinés pour qu'on puisse savoir s'ils portaient des colonnes ou des figures. (Pl. VI, fig. 6, 7.)

Le système de défense permettait de ne pas employer les herses, comme dans beaucoup d'autres portes anciennes; les soldats, montés sur les tours et sur les murailles, auraient pu écraser tout ennemi qui aurait tenté de pénétrer dans la ville.

Cette partie des murailles de la ville est celle qui offre la plus belle conservation; le mur est dans toute sa hauteur, sauf les créneaux, qui ont disparu; il y a lieu de croire qu'ils étaient en pierre de taille, et qu'ils auront été employés pour bâtir.

La porte d'Italie était défendue de la même manière; seulement, à la tour d'angle qui subsiste en entier, et où l'aqueduc vient se perdre aux remparts, on remarque la poterne par laquelle on entrait quand la grande porte était fermée. Cette tour servait évidemment de corps de garde, et l'on était obligé de passer au milieu des soldats. La même précaution a été observée dans la défense du port. Il ne reste plus qu'un pied-droit de cette porte; elle a été abattue dans le siècle dernier, parce qu'elle menaçait ruine. Il paraît qu'elle était ornée et décorée de pilastres.

La troisième porte, qui n'a qu'une arcade, est aussi au fond d'une demi-lune, mais comme celle-ci n'a que 13 mètres de diamètre, une seule tour suffit pour la défendre. Cette porte, le tombeau qui se trouve dans le champ voisin, et les thermes, donnent la direction d'une seconde voie, qui allait à *Citharista*, en côtoyant la mer.

LE PORT, LES MÔLES, LA CITADELLE [1].

Vers la partie méridionale de la ville, au pied de la colline sur laquelle elle était bâtie, on rencontre les ruines du port. C'est au milieu des champs qu'il faut aujourd'hui en chercher les traces. Les eaux de la mer, éloignées de plus de mille mètres, ont depuis longtemps abandonné son enceinte, et les cultures qui les ont remplacées permettent à peine d'y reconnaître les traces de leur séjour.

Le grand axe était incliné vers le sud-est, et le port s'ouvrait obliquement dans cette direction. En suivant le pourtour des

[1] Voy. planches I, II, et planche V, fig. 1, 2.

murailles, depuis la citadelle située au levant, jusqu'à celle du couchant, qui défend le port et la rade, on remarque une enceinte circulaire taillée en partie dans le rocher, qui paraît être un reste de l'ancien port de César; mais le grand môle, le phare et la citadelle du couchant, sont les ouvrages qu'Agrippa y ajouta dans la suite. La mer n'ayant pas assez de profondeur en cet endroit pour qu'on pût y faire arriver de grandes galères, on fut obligé de creuser un nouveau port à mains d'hommes. Les sables amoncelés dans le fond ont servi à élever la redoute qui la ferme, et en même temps à défendre l'enceinte des vents du sud-ouest. Depuis la citadelle du couchant jusqu'à la pointe du môle, le port a une longueur de 540 mètres. Vers le dernier quart de cette longueur, il s'arrondit en arc d'ellipse, et laisse aux navires une entrée large d'environ 100 mètres.

L'autre côté de l'enceinte était défendu par un quai parallèle au grand môle, dans une étendue de 180 mètres; ensuite il retournait directement vers la ville et rejoignait les anciennes constructions par des murs qui sont aujourd'hui détruits.

La citadelle élevée sur les terres extraites du port est encore dans un état parfait de conservation; les murailles du couchant sont construites avec un soin remarquable pour résister aux machines de guerre. Des substructions circulaires soutiennent le mur de face. Intérieurement, ces espèces de niches sont remplies de sable marin pilonné; à 6 mètres de distance dans le massif du terrain, on découvre un grand mur parallèle au mur de face, destiné à soutenir les terres si le premier venait à être démoli. Ces substructions étaient en même temps destinées à soutenir la poussée des eaux de la mer, qui venaient battre de l'autre côté de la citadelle.

La partie méridionale est construite plus simplement, parce

que la muraille n'avait à soutenir que les terres; les tours qui se trouvent de ce côté suffisaient pour s'opposer aux machines. Vers le tiers supérieur du môle, on rencontre les vestiges d'une petite consigne par laquelle il fallait passer pour arriver à la citadelle. Des ruines, qui se voient à la pointe, indiquent aussi quelques constructions analogues; mais on n'en retrouve plus que les soubassements.

Le port était séparé de la grande rade par toute la longueur du quai. Pour défendre l'enceinte de ce côté, on avait construit sur le môle un grand mur qui le suivait dans toute son étendue. Ce mur était soutenu par de grands pilastres, entre lesquels se trouvaient des bancs pour les marins; il se termine par un grand exèdre, sur lequel on venait s'asseoir pour voir entrer et sortir les vaisseaux.

Les constructions qui se remarquent à la pointe du môle sont tellement ruinées que l'on a peine à en reconnaître la destination; mais la tourelle octogone couverte en pyramide qui subsiste encore n'a, sans doute, été construite que pour indiquer l'entrée aux petites barques. Son peu d'élévation ne permettait pas de s'en servir pour faire des signaux éloignés, mais on a pu tracer, sur chacune de ses faces, un cadran solaire. Le grand phare était situé sur la citadelle; il était composé de plusieurs étages servant aux observations. Quoique ruiné en grande partie, il en subsiste encore une portion haute de 25 mètres.

La salle du rez-de-chaussée servait de communication avec le port; on montait au premier étage par un escalier extérieur, qui subsiste encore aujourd'hui.

On a quelquefois supposé que la mer s'était retirée de ces côtes par suite de l'abaissement successif de son niveau; mais il y a plutôt lieu de croire que ce niveau est resté le même sur tout le rivage. Il est évident, du moins, que le port de Fréjus a été comblé par les sables qu'a amoncelés la rivière d'Argent. Les précautions que les anciens avaient prises pour les éloigner, en sont une preuve : Vitruve, en recommandant d'éviter les embouchures des rivières pour y placer des ports, signale les dangers de cette position. D'ailleurs, nous n'avons pas besoin d'un exemple aussi ancien; on sait que le port d'Aigues-Mortes, situé à l'embouchure du Vidourle, a été fermé par les mêmes causes.

L'éloignement actuel de la mer a fait croire à quelques personnes que jamais elle n'était venue battre le pied de la colline. Ce serait supposer que le port communiquait avec la mer par le moyen d'un canal ; mais cette supposition ne saurait être admise; car des fouilles faites dans les sables, depuis la pointe du môle jusqu'à la mer, n'ont en aucun endroit laissé à découvert une seule trace de construction : puisque les deux quais et les murailles sont encore parfaitement conservés, on ne peut admettre que toutes les traces du canal se seraient entièrement perdues.

Secondement, on remarque au pied de la citadelle du levant une grande pente en maçonnerie qui conduit à de vastes magasins souterrains : cette pente était évidemment destinée à tirer à terre les petites galères pour les renfermer dans les magasins. Or elle ne communique pas avec l'enceinte du port, mais avec cette partie que les anciens appelaient *cothon*, et qu'aujourd'hui on appelle la *darce*. Dans les ports de la Méditerranée la darce est un lieu où les petits navires se mettent à l'abri lorsqu'ils ne veulent pas entrer dans le port; le cothon était principalement destiné aux navires de commerce.

Mais la preuve la plus évidente que la mer a baigné toutes ces terres, c'est que les jardins des Thermes, éloignés de plus de 500 mètres, étaient défendus par un môle semblable à celui du port; il subsiste encore dans son intégrité. Sa longueur est de 132 mètres, et sa largeur de 4; il est coupé à angle droit par un second môle de 100 mètres de long. Que ces constructions aient été faites pour repousser les eaux, cela est hors de doute. D'ailleurs, les sables accumulés en cet endroit, l'eau que l'on trouve à une petite profondeur, ne peuvent laisser à cet égard la moindre incertitude.

LES THERMES [1].

Les Thermes, situés hors de l'enceinte des murailles, se trouvaient sur le bord de la mer.

L'étendue des bâtiments qui existent encore paraît comprendre la totalité de l'ancien édifice. Les champs environnants n'offrent aucune trace de ruines, et on remarque toutes les dispositions nécessaires dans un édifice de ce genre.

La partie la plus endommagée est la salle qui précède la piscine (*apodyterium*); on y arrivait par trois arcades dont les arrachements subsistent encore sur le mur du fond. A droite et à gauche étaient des salles pour des bains particuliers; les réservoirs occupaient des cellules ménagées dans les cintres; l'eau descendait par des conduits placés dans l'intérieur de la muraille.

Les deux salles carrées, dont les voûtes et les stucs sont encore en bon état, paraissent destinées au même usage. Du vestibule on passe dans la piscine, dont le bassin est comblé et existe encore en entier. On descendait dans l'eau par deux escaliers qui se trouvent aux extrémités. La grande niche qui est au milieu était destinée à ceux qui voulaient assister

---

[1] Voy. planche V, fig. 3 à 6.

aux exercices. La piscine était alimentée par un grand réservoir placé à l'extrémité de la salle, et les eaux s'écoulaient par un canal, qui se voit immédiatement au-dessous. Tout l'intérieur du *labrum* est encore couvert d'enduits qui ont été peints. La voûte, en plein cintre, a été démolie; de là on passait par un conduit tortueux dans le *spheristerium*, qui servait en même temps d'étuve. Les fourneaux étaient placés dans une salle voisine, et l'eau, en vapeur, arrivait par des conduits situés au fond des grandes niches.

Un bassin circulaire, placé au milieu, était rempli d'eau chaude, à l'usage de ceux qui ne se contentaient pas de la vapeur. Les douze niches que l'on trouve encore à l'entour de la salle étaient trop petites pour que les baigneurs pussent s'asseoir dedans; il est probable qu'elles étaient destinées à recevoir des réchauds pour chauffer la salle ou pour brûler des parfums.

La voûte est entièrement démolie; mais d'après tous les indices, la salle était couverte par un grand cône percé au sommet et fermé par le *laconicum*. C'est la même disposition que celle du *spheristerium* trouvé dans les thermes de Pompéi, et dont la voûte conique, encore existante, sert à confirmer cette conjecture; on y voit de même le bassin, avec les marches et les trois grandes niches servant à prendre les bains de vapeur.

Il est impossible de deviner par quel moyen les eaux étaient conduites dans le réservoir; un trou carré, qui se trouve à la voûte, est le seul endroit par où elles pouvaient y pénétrer. Si ce réservoir était destiné à contenir les eaux venant de l'aqueduc, il fallait qu'elles fussent apportées par des conduits souterrains qu'aujourd'hui on ne peut découvrir.

Tombeau. — En remontant vers la ville, on trouve, sur le chemin, un tombeau d'une grande dimension, dont toute la partie supérieure est démolie. La décoration extérieure de cet édifice consistait en grandes pierres incrustées irrégulièrement et qui portaient des inscriptions; mais peu à peu ces pierres ont été enlevées, et maintenant il n'en reste plus que les encaissements.

L'intérieur était décoré d'un grand sarcophage placé dans une niche spacieuse; cinq vases funèbres étaient placés à l'entour. Les murailles étaient décorées de fresques à fond bleu d'azur.

L'AMPHITHÉÂTRE [1].

En suivant le rempart qui remonte vers le nord, on arrive à l'amphithéâtre; la rareté des pierres de taille a fait, ici comme ailleurs, prévaloir le système de construction en moellons. Il est probable que telle est la circonstance qui nous a conservé jusqu'à ce jour cet important édifice, qu'on doit ranger parmi les monuments de première classe.

Il est bâti sur le penchant d'une colline volcanique, et toute la partie septentrionale est assise sur une large coulée de laves.

Les galeries et les gradins de l'entrée sont, en partie, d'une conservation parfaite; on retrouve toutes les traces des escaliers dont les dalles ont été enlevées. Les voûtes sont intactes dans une grande étendue; les impostes sont en terre cuite; la masse de l'amphithéâtre est en grès rouge et en liais.

L'état de conservation des parties supérieures fait penser que ce qui est sous terre est encore bien conservé; les remblais s'élèvent jusqu'au milieu de la deuxième précinction.

Les larges briques qui forment les impostes sont timbrées du nom *Castoris*; un tombeau découvert il y a quelques années était couvert avec des briques marquées du même nom.

[1] Voy. planche III et le deuxième mémoire ci-après.

On y a découvert le squelette d'une jeune femme qui portait entre les dents une médaille de Septime-Sévère : circonstance singulière qui, si elle n'est pas propre à donner l'époque de la fondation du monument, peut au moins faire présumer que l'édifice est à peu près du temps de cet empereur.

LE THÉÂTRE[1].

Le théâtre est bien plus ruiné. Il paraît avoir été construit à une époque antérieure aux amphithéâtres de pierre. Il est situé sur le sommet de la colline et tourné vers la mer; son grand diamètre est de 71 mètres, et le diamètre de l'orchestre est de 28 mètres. Toute la portion hors de terre a été en grande partie détruite; mais on retrouve, en fouillant les décombres amoncelés dans son enceinte, toute la précinction inférieure, le mur de la scène, et des fondations qui sont peut-être celles des salles destinées aux mimes.

LA CITADELLE DU LEVANT, LA CITERNE, SUITE DU PORT ET DES MÔLES.

L'orient de la ville est défendu par une citadelle d'une étendue aussi grande que celle du couchant; ses contours irréguliers, qui suivent les sinuosités du rocher, ainsi que son voisinage de la mer, ont dispensé d'y établir des tours de défense; les murailles sont d'une épaisseur considérable et sont soutenues par de grands contre-forts.

Il est à remarquer que cette citadelle n'est point défendue par des tours, comme toutes les autres fortifications de Fréjus. Les citadelles que l'on trouve dans les anciennes villes du Latium et de la Sicile ont une certaine analogie avec cette

---

[1] Voy. planche IV, fig. 5, 6.

construction, qui était d'une vaste étendue et contenait les dispositions nécessaires pour loger un grand nombre de soldats. Un escalier intérieur conduisait vers une poterne, et de là, jusque hors des remparts.

Au milieu se trouve, dans le terre-plein, une grande citerne destinée à contenir les eaux pour l'usage des troupes [1]. Des fouilles, faites sur la partie supérieure de cette citerne, ont mis à découvert un dallage en pente et des murs disposés en carré, qui paraissent indiquer qu'elle se trouvait au milieu d'une *area* ou cour. On se contentait alors d'y recueillir l'eau des pluies; peut-être aussi quelque source voisine, actuellement tarie, y portait-elle ses eaux.

L'intérieur de cette citerne est soutenu par deux rangées d'arcades transversales et divisé ainsi en trois nefs. Le mortier qui les recouvre a été fabriqué et appliqué avec un soin particulier; les angles sont arrondis, tant aux arêtes des arches que dans la jonction du sol avec les murs.

Comme, dans la première année que je visitai les ruines (1828), je n'avais trouvé dans cette construction aucun conduit destiné à y amener les eaux, j'avais pensé d'abord qu'on pouvait la considérer comme une réserve de grains.

L'attention que j'avais portée sur l'enduit avait contribué à m'induire en erreur. En effet, j'avais remarqué, sous la première couche du ciment, une épaisse couche de charbon pilé et de chaux; or, suivant le texte de Vitruve (l. VII, c. IV), les anciens employaient cette précaution pour détourner l'humidité des constructions exposées à cet inconvénient; j'en concluais que cette salle avait dû servir à recevoir des matières sèches, telles que des grains.

Mais, à un second voyage, lorsque j'étudiai l'aqueduc, j'y

---

[1] Voy. pl. VI, fig. 8-10.

vis la même couche de charbon recouverte par le mortier. De plus, je retrouvai les conduits de l'aqueduc qui portaient l'eau à la citerne : ces conduits sont obstrués dans l'intérieur, mais on les observe fort bien dans un château d'eau voisin.

Ces conduits et cet aqueduc sont évidemment du temps où la ville a été agrandie.

La grande pente en maçonnerie dont nous avons parlé mène à de vastes salles voûtées qui existent encore dans le massif de l'édifice. La largeur de ces magasins varie depuis 3 mètres jusqu'à 5 mètres 40 centimètres. On les a considérés comme ayant pu servir à renfermer les agrès de la marine; mais, comme la pente en maçonnerie descendait jusque dans les eaux du port, on doit croire, ainsi que nous l'avons dit, qu'ils ont servi à mettre à couvert les galères romaines.

L'usage de tirer à sec les navires, pendant qu'ils n'étaient pas employés, remonte aux temps les plus reculés (Homère, *Il.* I, v. 485-486; XIV, v. 31-32) : il s'est conservé jusqu'à nos jours. Les vaisseaux dont Auguste s'était servi pour vaincre Antoine à Actium, étaient de la forme la plus légère (*liburnicæ*); Antoine, au contraire, avait employé des galères à cinq et dix rangs de rames, qu'il fut obligé d'abandonner et de brûler pendant le combat. Les vaisseaux qu'Octave envoya à Fréjus (Tacite, *Annales*, IV, 5) devaient être aussi des vaisseaux légers.

La construction de la citadelle est en petits moellons de grès et de laves. Les additions qui y ont été faites sont en ouvrage réticulé.

Les rochers qui s'étendent circulairement ont été taillés à pic pour former le bassin du port. La citadelle dominait toute l'enceinte de la ville, qui elle-même est assise sur une haute terrasse couronnant le port et la rade.

Au point où finit l'enceinte de rochers, a été jeté un long môle qui s'étend de l'ouest à l'est. Sur la partie sud, on remarque les traces d'un grand mur, qui servait à mettre les navires à l'abri, en même temps qu'il défendait le port.

Ce môle venait s'ouvrir sous les traits de la citadelle par une embouchure étroite. (Voy. pl. V, fig. 1, 2, et pl. II.)

Des colonnes de grès, plantées de distance en distance, servaient à amarrer les navires : on en retrouve encore une en place, quoique plus tard les amarres aient été remplacées par des colonnes de porphyre.

Le port de Fréjus a dû subir, à une certaine époque, les changements nécessaires pour qu'il fût possible d'y introduire une grande armée navale.

Les constructions faites par Jules César, suffisantes pour y recevoir les convois qu'on y envoyait d'Italie, n'offraient ni pour l'étendue, ni pour la défense, la sécurité nécessaire aux besoins d'une guerre maritime.

Le môle et le port de Jules ont été conservés et employés pour former un bassin propre aux bâtiments de commerce.

Un vaste terrassement, établi dans la direction du nord au sud, servit pour la fondation d'une citadelle. La rade qui, en cette partie, n'offrait sans doute pas assez de profondeur, fut creusée de main d'homme, et les terres furent transportées dans le terre-plein de la citadelle.

Celle-ci se joignait à la ville par une plate-forme fortifiée, mais en était séparée par le canal de l'Argent, dont l'embouchure se trouvait dans le fond du port. (Voy. pl. II.)

Un môle d'une longueur de 460 mètres, se dirigeant de l'ouest à l'est, prenait naissance au pied de la citadelle, et, par une courbe elliptique, allait former l'embouchure de ce nouveau port dans le voisinage de l'ancien.

La citadelle, du côté de la terre, fut fortifiée de hautes tours, dans la partie opposée au port. Le mur fut construit avec une attention particulière, puisqu'il devait soutenir, non-seulement la poussée des terres, mais encore une partie du poids des eaux.

On établit, dans l'intérieur du massif, un mur droit, sur lequel fut construite une longue suite de niches circulaires. La poussée des terres se trouva ainsi parfaitement soutenue par cette grande série de cintres qui présentait une résistance considérable entre le premier mur et les niches. On pilonna du sable marin extrait de l'intérieur du port, et, enfin, la suite des niches fut masquée par un grand mur droit qui formait le rempart. (Voy. pl. V, fig. 1, 2.)

Cette citadelle, d'une construction ingénieuse, est encore entièrement conservée; quelques parties dégradées permettent d'apercevoir sa construction intérieure. On atteignit ainsi le double but de bien soutenir les terres et de faire en sorte que le rempart pût résister facilement aux efforts du bélier.

Le mur du sud, situé entre deux tours rondes, est construit suivant un autre système.

Ici le vide intérieur, au lieu d'être rempli par des niches, est contre-butté par des murs qui sont perpendiculaires à la face. La longueur du rempart est ainsi divisée en un grand nombre de cellules carrées, qui étaient aussi, sans doute, remplies de sable ou de terre.

Les tours, dont la hauteur est double de celle du rempart, étaient rondes, et engagées dans la muraille d'environ un tiers de leur diamètre.

Elles étaient divisées en deux étages auxquels on arrivait par un escalier intérieur en bois (on en retrouve les traces sur le mur, ainsi que les scellements des supports).

Un chemin de ronde qui donnait sur l'extérieur du rempart

circulait dans tout le pourtour de la citadelle. Il communiquait dans les tours, de sorte que le service de garde pouvait se faire sans que les sentinelles fussent aperçues.

La partie supérieure des tours est détruite : dans le dessin, je l'ai restaurée d'après les parties du rempart qui sont conservées. (Voy. pl. IV, fig. 1 et 2.)

La plate-forme de la citadelle, qui est aujourd'hui couverte de cultures, contenait sans doute les habitations des soldats.

Des murs, situés à distances égales, que l'on retrouve à peu de profondeur au-dessous du sol, paraissent avoir appartenu à des casernes disposées en forme de camp.

LE PHARE.

La citadelle, dont les gardiens étaient chargés spécialement de veiller sur le port, était destinée aussi à guider sûrement les vaisseaux vers ce point. Une haute tour, dont les ruines s'élèvent encore à plus de 24 mètres, était construite à la naissance du môle; au niveau de la plate-forme était une salle basse; des escaliers extérieurs conduisaient du chemin de ronde dans une salle située au premier étage.

La disposition de cette tour diffère de celle des deux tours voisines par des avant-corps percés de portes et de fenêtres; la partie qui existe est trois fois plus haute que les vestiges restants des autres tours. Une grande pente conduit du môle dans la salle du rez-de-chaussée; en fouillant à son pied, j'ai trouvé un grand nombre de briques en forme de secteurs, paraissant avoir appartenu à des colonnes de briques placées dans la partie supérieure de la tour. On a trouvé là une grande console en grès. Toutes ces considérations, réunies à celles que je vais exposer, m'ont conduit à conclure que les ruines de l'édifice ne sont autre chose que les restes de l'ancien phare destiné à éclairer le port et la rade. (Voy. pl. IV, fig. 1 à 4.)

Il est remarquable que, toutes les fois que les anciens historiens ont parlé de grands fanaux élevés dans les ports, ils n'ont pas manqué de les comparer au phare d'Alexandrie.

La description la plus détaillée de cet édifice qui soit parvenue jusqu'à nous se trouve dans les Commentaires de César[1].

« Pharus est in insula turris magna altitudine, mirificis ope-
« ribus exstructa, quæ nomen ab insula accepit; hæc insula
« objecta Alexandriæ portum efficit : sed a superioribus regio-
« nibus in longitudinem passuum DCCCC in mare jactis mo-
« libus, angusto itinere et ponte cum oppido conjungitur.....
« iis autem invitis a quibus pharus tenetur non potest esse per
« angustias navibus introitus in portum. »

Ce phare n'était pas une tour isolée, destinée seulement à éclairer les navires; une salle placée dans la partie supérieure devait servir à des surveillants qui rendaient compte de tout ce qu'ils voyaient.

Dans la disposition du phare de Fréjus, on retrouve toutes ces conditions; il communiquait directement avec la citadelle par le moyen de chemins couverts dans lesquels on pouvait circuler en sûreté. La citadelle, séparée de la ville par le canal de l'Argent, tenait au môle par l'intermédiaire du phare.

Dans cette tour, on trouve à chaque étage des salles dont l'usage peut avoir été consacré à recevoir les surveillants (*cohortes vigilium*) et à renfermer les substances combustibles que l'on brûlait dans la lanterne, *ut ad nocturnos ignes cursum navigia dirigerent*.

Plusieurs médailles nous retracent des phares antiques, notamment celles du phare d'Alexandrie, qui nous le repré-

[1] *De bello civili*, l. III, c. CXII.

sentent comme une tour ronde, percée de fenêtres, à laquelle on arrivait par une pente. La lanterne placée dans la partie supérieure devait contenir les feux. Les figures posées sur la tour ne représentent pas des statues, mais le génie de la vigilance. (Pl. IV, en c, d, e.)

Dans la colonne Trajane, on voit un débarquement de soldats romains; les galères sont rassemblées au pied d'une haute tour, à laquelle on arrive aussi par une grande pente. Cette tour n'est point fortifiée dans sa partie supérieure; elle est couverte par un grand cône percé, qui est sans doute la représentation d'un fanal. (Pl. IV, fig. 4, en a.)

Le môle de Fréjus[1], qui était joint à la citadelle par une pente semblable à celles qui sont retracées dans les monuments, s'avançait en pleine mer; le lieu n'étant pas propre en soi pour couvrir les vaisseaux et les défendre contre la tempête; comme d'ailleurs il n'y avait pas de rivière qui gênât; enfin, comme la profondeur était suffisante d'un côté, il fallait bâtir de l'autre côté un môle qui enfermât le port et qui s'avançât dans la mer, ainsi que les môles d'Ostie bâtis par Claude.

Le port était abrité par un long mur élevé sur le môle[2] et soutenu, de distance en distance, par des pilastres ou des contre-forts; un banc régnait tout le long de ce mur, de manière qu'on pouvait y jouir tranquillement du spectacle du port et de la mer.

Il n'était pas permis de circuler sur le môle; dans toute sa longueur, il était intercepté par des portes et par de petits corps de garde ou consignes.

L'un était situé à 193 mètres de la citadelle; il était construit sur un massif en maçonnerie, dans lequel avaient été pra-

[1] Voy. ci-dessus, p. 186 à 190. — [2] Voy. *ibidem.*

tiquées des salles voûtées, qui servaient sans doute à renfermer les barques destinées au service du port. Un pied-droit en saillie sur le long mur indique une porte à cet endroit. (Pl. II, au point d sur le môle.)

Un second corps de garde était situé à l'endroit où commence la courbure du môle.

Dans le voisinage est un grand exèdre, sans doute placé là pour la commodité des promeneurs ou des inspecteurs du port.

La position du phare, loin de l'entrée du bassin, ne doit point surprendre : encore aujourd'hui nous en voyons des exemples.

Je citerai le port d'Ambleteuse, qui est disposé d'une manière semblable.

Le phare éclairait les vaisseaux qui se trouvaient au large; un feu, placé à la pointe du môle, indiquait l'entrée.

L'usage de ces fanaux portatifs, composés d'une grille de fer profonde, emmanchée d'un long bâton, était très-répandu chez les anciens : on voit figurer ces fanaux sur plusieurs bas-reliefs.

J'en présente un qui est extrait de la colonne Trajane. (Pl. IV, fig. 4, au point k.)

Cette manière d'éclairer ou de faire des signaux s'est conservée en Italie jusqu'à nos jours. Plusieurs tours du moyen âge portent encore à leur sommet de ces grilles destinées à brûler des bois résineux.

A l'endroit où se termine le môle, on remarque un grand massif en maçonnerie. L'usage voulait qu'un temple fût placé à l'entrée des ports : cette masse, aujourd'hui informe, était peut-être le soubassement d'un édicule.

ÉDIFICE PRISMATIQUE.

Près de l'exèdre, on remarque un monument singulier, dont la destination n'est pas facile à retrouver : sur un soubassement demi-circulaire s'élève un prisme à six faces, dont le plan est un hexagone régulier. Ce prisme est couronné par une pyramide également à six faces. La hauteur du monument ne dépasse pas 10 mètres 50 centimètres.

J'ai retrouvé à la Bibliothèque royale (dép^t des Estampes) un plan manuscrit sur lequel d'Anville paraîtrait avoir composé sa Description de *Forum Julii*. Cet édifice y est désigné comme étant le reste du phare; mais cette opinion ne saurait être admise, car l'édifice est massif : aucun escalier ne conduisait au sommet. La hauteur, qui égale à peine celle des remparts de la ville, ne permettait pas de l'apercevoir de la pleine mer, tandis que la tour de la citadelle, quoique démolie dans sa partie supérieure par la foudre, qui l'a frappée plusieurs fois, atteint encore une hauteur de 26 mètres au-dessus du sol actuel du port, près de 32 au-dessus du niveau de la mer. Tout concourt à démontrer que le petit monument dont je parle n'était point un phare. Les faces ont été revêtues de stuc.

Si j'osais hasarder un mot sur sa destination, je supposerais que les faces du prisme ont été disposées pour un cadran solaire, comme les faces de la tour des Vents, à Athènes. Le sommet pyramidal était surmonté d'une girouette qui indiquait le vent aux navigateurs. Telle est la destination qu'il me semble le plus convenable d'assigner à ce bâtiment.

Des six faces de l'ehxagone, deux seulement se trouvent dirigées vers les points cardinaux; mais on aurait pu les faire servir toutes à porter des cadrans, car on peut en tracer sur un plan orienté d'une manière quelconque.

LA PORTE D'ORÉE, L'ÉDIFICE DE LA PORTE D'ORÉE.

Une grande arcade, tenant à d'autres ruines, s'élève au fond du port, dans la partie nord en regard du phare. Cette portion d'une construction exécutée avec beaucoup de soin est faite, comme les autres édifices de la ville, en moellon de grès rouge et de porphyre; mais les assises sont séparées par des rangs de grandes briques. La différence qui existe entre cette construction et celles que l'on retrouve dans Fréjus, suffit pour indiquer que ce monument date d'une autre époque. Il était décoré avec magnificence, car on retrouve aux environs de nombreux fragments de marbre, de chapiteaux et des morceaux d'entablement. (Pl. VI, fig. 1, 2.)

Il était recouvert de stucs peints, dont on aperçoit encore plusieurs portions. Ces stucs étaient retenus sur les murs par de grands clous de fer que l'on a regardés, jusqu'à présent, comme la principale décoration du monument.

La porte d'Orée, disait-on (voir Piganiol de la Force et autres écrivains qui l'ont copié), était ainsi nommée parce que servant de communication entre la ville et le port, elle ouvrait l'accès de la colonie à toutes les richesses apportées d'Orient : elle mérite doublement son nom, disent-ils; car elle est décorée de larges clous dont les têtes sont dorées. On remarque, au pied des pilastres, de grands anneaux de bronze qui servaient à amarrer les navires, etc.

Cette description de Piganiol n'a rien d'exact; cependant, elle a été répétée par tous ceux qui ont parlé des antiquités de Fréjus.

Je croyais, en arrivant dans ce pays, trouver, comme tous les voyageurs, le monument décoré de clous dorés; mais il a fallu en revenir à la vérité et au positif. Quelques fouilles, faites aux environs, m'ont mis à même de présenter à l'Académie le véritable état actuel des lieux.

En cherchant dans les maisons voisines de cet édifice, on s'aperçoit bientôt qu'elles sont assises sur des constructions antiques. Dans une cave, on retrouve un pied-droit semblable à ceux qui supportent la porte d'Orée; l'autre se remarque dans une écurie voisine. En continuant une tranchée transversale, on reconnaît toutes les limites de cet édifice.

La porte d'Orée n'est autre chose que le débris d'un grand portique ou *stoa,* qui se trouvait dans le voisinage du port. Il avait environ 21 mètres de long sur 10 mètres de large; il était éclairé par de grandes arcades, dont une seule est encore entière; mais dans les pieds-droits on reconnaît les arrachements des archivoltes des autres. Cinq de ces arcades étaient fermées par des murs à hauteur d'appui, dont on retrouve tous les arrachements. On entrait dans le portique par l'arcade située du côté de la ville. (Pl. VI, fig. 1 à 5.)

L'édifice était décoré d'un ordre ionique en marbre blanc; mais les restes de cet ordre ayant été trouvés dans les fouilles, il est difficile de dire s'il était employé intérieurement ou à l'extérieur.

Il paraît, par les arrachements qui restent dans la partie supérieure, que ce portique était, non point voûté, mais couvert par un toit en charpente. On trouve une suite d'évidements faits dans la construction, qui n'ont pu servir qu'à maintenir des fermes. Une voûte d'une aussi grande dimension (20 mètres sur 10) aurait eu une poussée beaucoup trop forte, surtout à l'élévation où elle se trouvait.

Du côté de la ville, le portique était précédé d'une avant-salle dont l'usage est indéterminé; au-dessous est une citerne souterraine : elle a évidemment contenu de l'eau qui était conduite dans le port par une vanne; les gonds de cette vanne sont en fer et encore en place.

L'eau arrivait par un canal dans lequel on peut pénétrer aujourd'hui; il se prolonge très-avant sous terre, et n'est intercepté que par les fondations d'une maison moderne. C'est en vain que j'ai cherché, dans l'intérieur de la ville, à en retrouver quelques embranchements.

Cet ensemble constitue le groupe de ruines dépendantes du portique; mais, à une petite distance, on trouve plusieurs constructions dont le plan et le niveau sont tels qu'on ne saurait dire si elles dépendaient du lieu qu'on vient de décrire.

Une fouille faite parallèlement au portique a mis à découvert les vestiges d'une grande salle décorée de niches : elle a 27 mètres 64 centimètres de long, sa largeur n'a pu être déterminée, vu la difficulté des fouilles; elle est décorée de six niches, alternativement rondes et carrées; au milieu, il en existe une plus grande, qui a environ 2 mètres 90 centimètres (9 pieds) de diamètre, et enfin aux deux extrémités, il en existe deux autres dans le fond desquelles il y a des conduits en plomb. Le mur dans lequel sont pratiquées ces niches, a une grande épaisseur (2 mètres 64 centimètres); de là au mur de soutenement de la citadelle, il y a une distance de 1 mètre 98 centimètres. (Voy. pl. VI, fig. 1.)

Toutes ces niches étaient revêtues de marbre blanc et de marbre turquin. Au milieu de la salle, on trouve une excavation profonde de 2 mètres, qui paraît avoir servi de piscine; elle est pavée en grandes dalles de marbre blanc : on n'en a déblayé qu'une petite partie, attendu que l'exhaussement du terrain rendait la fouille très-dispendieuse. Le plan de cette salle porte tous les caractères d'un bain; cependant, les renseignements fournis par l'examen des fouilles sont trop vagues pour qu'on puisse avancer aucune opinion certaine. (Pl. VI, fig. 1, au point F.)

Un grand escalier en grès conduit ensuite à une salle basse, dont le sol devait être au niveau des eaux de l'ancien port. Elle était voûtée d'une manière toute particulière, ainsi qu'on peut le voir dans la coupe (pl. VI, fig. 4, 4'); le mur était orné de peintures et de stucs rouges. D'autres petits escaliers, qui se croisent pour monter dans la partie supérieure, compliquent encore cette disposition, qu'il est plus facile de dessiner que de décrire. Dans cette salle, on trouva plusieurs tuyaux de plomb.

Il est certain qu'on est là sur l'emplacement d'un vaste et intéressant édifice; mais il y a lieu de craindre qu'il ne soit pas complétement connu de longtemps. Les fouilles que j'y ai faites en 1829, déjà très-dispendieuses, n'ont mis à découvert qu'une très-petite partie du terrain. La ville avait fait faire en 1822 quelques travaux qui ont mis à découvert les escaliers et la salle basse. Aujourd'hui, on ne pourrait les continuer avec fruit qu'en achetant une petite maison assise sur les soubassements antiques et une partie du jardin attenant.

Quant au nom de la porte d'Orée, il est motivé par la position de cette porte.

Les Sarrasins avaient ravagé la ville de Fréjus et incendié les bâtiments qui se trouvaient dans le port. Les fortifications de l'enceinte furent, sans doute, démolies, et les principaux édifices qui bordaient le port eurent la triste destinée des vaisseaux. Le *stoa*, qui, comme on l'a vu, était couvert en charpente, ne put échapper aux flammes; il fut détruit, et l'arcade de la porte d'Orée fut le seul débris qui resta debout. Cependant, le port fut encore fréquenté par de légers bâtiments; les sables accumulés n'en avaient pas encore fermé l'entrée, mais, de la ville, on n'y arrivait plus qu'en franchissant les ruines qui l'entouraient. La seule porte du portique offrait un abord praticable : c'est par elle qu'on arrivait à l'*orée* de la mer. Ce vieux mot est encore usité dans le langage provençal; on dit même encore : « l'orée d'un jardin. » La porte d'Orée n'était donc pas autre chose que la porte du bord de la mer.

Ceux qui ont décrit la ville de Fréjus ont cru la rendre plus remarquable en revêtant de dorure les vieux clous qui hérissent les restes de cette arcade.

MAISONS PARTICULIÈRES.

Divers obstacles m'ont empêché de donner à l'Académie des détails positifs sur les habitations et sur les parties de la ville où se trouvaient les maisons particulières. Derrière le théâtre, on voit un alignement qui indique la direction d'une rue; à droite et à gauche, des murs sortant de terre déterminent assez bien l'étendue occupée par chaque maison; mais, ce terrain étant employé à des cultures et planté d'oliviers, il est impossible d'y pratiquer des fouilles. Si l'on peut en juger par des dispositions encore apparentes, les maisons de Fréjus différaient peu de celles que l'on connaît à Rome et à Pompéi : c'est toujours un corridor conduisant dans l'*atrium*, autour duquel sont rangées les chambres de la maison; sur la rue sont disposées des boutiques. La maison découverte qu'on voit au pied de la citadelle n'avait pas de boutique : il paraît qu'elle était située dans le fond d'un jardin; car des fouilles exécutées aux environs n'ont mis à découvert aucun autre débris. Les déblais étaient entièrement composés de terre végétale, tandis que, lorsqu'on se trouve sur un sol qui a dépendu de quelque édifice, on rencontre des couches superposées assez uniformément, d'abord un lit de tuiles, puis des décombres et des fragments d'ornements, ensuite des objets qui ont appartenu aux usages intérieurs, comme des débris de vases, des clefs, des médailles. Enfin, l'on arrive au dallage de l'édifice, qui est recouvert d'un salpêtre durci offrant assez de consistance.

LE FORUM.

L'Académie avait recommandé de rechercher l'emplacement du forum et d'en déterminer les principales dispositions. Je crois avoir réussi dans la solution de cette question, parce que plusieurs des édifices qui dépendaient du forum sont encore faciles à reconnaître, et que le terrain sur lequel il était situé n'est envahi ni par les constructions, ni par les cultures.

Le forum était situé dans le champ qui s'étend depuis la citadelle de Jules César jusqu'au théâtre. (Voy. pl. II.)

Cet édifice en était séparé par la grande voie aurélienne qui passait devant la façade. Les limites étaient, d'un côté, une des portes de la ville décorée de pilastres et de sculptures, et, de l'autre, un édifice construit tout en marbre blanc et qui paraît avoir été un temple. Il s'étendait vers le petit port, dont il était séparé par des magasins et des arsenaux, et était décoré par un portique attenant à la citadelle. D'un autre côté, on retrouve un grand mur percé de portes et formant aussi un portique : il est impossible d'affirmer s'il y avait là plutôt des édifices publics que des boutiques ou des maisons particulières, car ce mur ne se retrouve qu'en fondation.

Les colonnes du forum étaient en marbre vert campan; les chapiteaux étaient corinthiens et en marbre blanc.

Au milieu du forum, on trouve une légère dépression dans le terrain; une tranchée peu profonde m'a fait découvrir là un mur épais recouvert d'un enduit.

On avait suppléé à la rareté des eaux douces, dans la ville de Fréjus, par un aqueduc qui amenait les eaux de la rivière de Siagne, prises à plus de 30,000 mètres de Fréjus, jusque dans les tours qui servent de château d'eau[1]. On en remarque une dans laquelle est pratiquée une descente propre à un volume d'eau considérable. Ce château d'eau porte son tribut à la citadelle; mais on remarque, dans la partie inférieure du mur, un conduit souterrain, dirigé vers la place, qui portait peut-être ses eaux dans le bassin situé au milieu du forum. Ce bassin ne devait être autre chose qu'un de ces réservoirs, comme il s'en trouvait un très-grand nombre dans la ville de Rome.

LA RIVIÈRE D'ARGENT.

Le territoire de Fréjus est arrosé par un petit fleuve qui contribue à la grande fertilité du pays; il prend sa source aux environs de la ville appelée autrefois *Tegulata*, aujourd'hui Saint-Maximin, sur la voie Aurélienne. Son cours, très-restreint, est alimenté par plusieurs gros torrents qui descendent des montagnes.

Le terrain mobile que parcourt cette rivière est entraîné par ses eaux, qui déposent sur leur passage un épais limon.

De même que les eaux blanchâtres du Tibre reçurent jadis le nom d'*Albula* (Plin. *Nat. hist.* III, 5), ce fleuve reçut le nom

---
[1] Voy. ci-dessus, p. 183.

d'*Argenteus*, à cause de la couleur argentine de ses eaux : *amnis in ea Argenteus.* (Plin. *Nat. hist.* lib. III, c. 4.)

La rareté des eaux dans la ville de Fréjus, qui est située sur une colline aride, a rendu nécessaire l'usage de celles de l'*Argenteus.* Son embouchure était bien plus voisine de la ville qu'elle ne l'est aujourd'hui, mais le niveau du sol empêchait de conduire ses eaux jusqu'aux parties hautes de Fréjus. On creusa un canal, qui prenait naissance à douze milles de la ville, sur le chemin de *Forum Vocontii*, et qui apportait les eaux de l'Argent dans la partie basse de Fréjus.

LE PONT (*pons Argenteus*)[1].

Le canal traversant la route qui conduisait à *Forum Vocontii*, on y jeta un pont, qui bientôt fut entouré de quelques habitations. De là naquit le lieu dit *pons Argenteus*, où Lépide fit camper ses troupes.

Ce pont existe encore; c'est de ce lieu que Lépide écrivait à Cicéron :

« . . . . . . Itaque continuis itineribus ad Forum Vocontium
« veni, et ultra castra ad flumen Argenteum contra Antonios
« feci. . . . . xii kal. jun. ex castris, ex ponte Argenteo[2]. »

Ce pont, qui peut être regardé comme un des plus antiques ouvrages que les Romains aient faits aux environs de la ville, est remarquable par sa forme gracieuse et l'harmonie de toutes ses parties. Sa belle conservation est une preuve de la solidité avec laquelle il a été établi.

Il est composé de trois arches : celle du milieu est large de 6 mètres 25 centimètres. Le canal devait passer sous celle-ci; les arches extrêmes, qui n'ont que 3 mètres de largeur,

---

[1] Voy. pl. VI, fig. 11, 12. — [2] Cic. *Epist.* l. X, ep. xxxiv.

étaient destinées à donner passage aux eaux dans les grandes crues.

On trouve dans presque tous les ports d'Italie les dispositions observées dans celui de Fréjus, c'est-à-dire qu'on y observe des môles jetés au loin dans la mer, le port, fermé par le moyen de chaînes, les magasins et les places publiques dans le voisinage, enfin des portiques pour se tenir à l'abri.

Si l'on compare les dispositions du port de Fréjus avec celles des anciens ports connus, on voit que le même système de sûreté et de défense avait été adopté presque généralement par les anciens. On peut diviser ces ports en deux classes : les uns, formés par la nature, comme Carthage, Athènes, Brindes, Syracuse, et les autres, formés par l'art, comme Ostie, Misène, Ravenne, *Forum Julii* et *Centum-Cellæ*.

En général, les ports ne communiquaient pas directement avec la ville; ils en étaient séparés par des murailles fortifiées et presque toujours par des citadelles; ils étaient tous clos de murs du côté de la mer.

DEUXIÈME MÉMOIRE.

SUR LES FOUILLES EXÉCUTÉES, EN 1828, DANS L'AMPHITHÉÂTRE
DE FRÉJUS, POUR RETROUVER LES DISPOSITIONS PRIMITIVES DE
CE MONUMENT.

L'amphithéâtre de Fréjus est, de tous les anciens monuments de cette ville, celui qui attire d'abord les regards par son aspect pittoresque, par sa masse et par son état de conservation.

Cet édifice, situé à l'extrémité ouest de la ville ancienne, se trouve aujourd'hui séparé de la ville moderne par des champs et des jardins, qui jadis étaient couverts de nombreuses maisons. En arrivant à Fréjus, on l'aperçoit sur la grande route d'Italie. Les terrains environnants, envahis par les cultures et fermés par des murailles, empêchent d'approcher de son enceinte. Les anciens remparts, que l'on retrouve près de là, se prolongeaient depuis la porte des Gaules jusqu'à ce monument; ils s'élevaient sur la colline dans laquelle l'amphithéâtre est enclavé, et venaient ceindre toute la partie nord du monument, pour remonter ensuite vers le nord-est. Cette portion du rempart recevait un embranchement de l'aqueduc, qui était destiné à porter de l'eau à l'amphithéâtre : les conduits sont encore apparents dans toute l'étendue des murailles. La colline sur laquelle la ville est construite, dernier prolongement de la chaîne du mont Vinaigre, s'abaisse ici dans la plaine. Ce terrain, d'une nature volcanique, a fourni quelques carrières aux anciens pour la construction de leurs murailles. On a profité de la pente du sol pour y asseoir la moitié de l'amphithéâtre. Les produits des excavations ont fourni des matériaux. Les terres ont été relevées par des murs de soutènement qui existent encore; de sorte que, dans cette partie de la ville, les maisons s'élevaient en amphithéâtre fort au-dessus des remparts. Des vestiges de mosaïques, et une quantité prodigieuse de tuiles et de débris dont les terres sont couvertes, indiquent que ce quartier était très-peuplé. Il est difficile de reconnaître, plus haut, la forme du terrain, parce que des fortifications, établies à plusieurs époques différentes, ont tellement changé l'aspect du sol, qu'il n'y a plus d'espérance de rien retrouver en cet endroit. Au-dessous des bastions en terre, on remarque la prise d'eau du canal qui alimentait l'amphithéâtre; il descendait vers le sud-ouest, pour gagner le rempart, et de là portait les eaux au monument. Les murs de terrassement suivent une ligne parallèle au rempart; à l'endroit où ils sont interrompus, il est probable qu'il existait de grands emmarchements qui établissaient une communication entre les différents étages du quartier. Le rempart venait atteindre l'amphithéâtre vers le milieu de la hauteur de la colline : là on retrouve deux exèdres qui sont tournés vers le sud, et d'où l'on pouvait jouir du spectacle de la mer. Toute la partie nord-est de l'édifice, engagée dans la colline, ne s'élève qu'à partir de la galerie du premier étage; le reste était assis sur le rocher. Avant de commencer les fouilles, nous ne remarquâmes en cet endroit qu'une masse de terre en pente et couverte de broussailles, qui ne permettait pas de voir quelles étaient les dispositions des dégagements. Les murs des arcades portant des escaliers étaient eux-mêmes enfouis sous les décombres.

La partie sud, dégagée de toutes parts, offre encore des restes assez importants : la galerie du rez-de-chaussée est conservée dans toute son étendue, ainsi que toute la première galerie. Le grand axe est orienté nord-ouest un quart sud-ouest; de sorte que les grandes portes sont positivement dans la direction du vent du nord-ouest, connu en Provence sous le nom de *mistral*. En s'engageant dans l'intérieur de l'édifice, sans doute avec un grand bruit, ce vent devait nuire beaucoup à la célébration des jeux. Dans cette disposition, on est loin d'avoir suivi le précepte de Vitruve (lib. I, cap. VI), qui recommande surtout de « placer les édifices de manière que les vents ne puissent pas nuire aux habitants, et d'éviter d'aligner les rues comme celles de Mitylène, où le vent du midi et celui du nord-ouest incommodent beaucoup ceux qui les fréquentent. » La longueur du grand axe de l'arène est de 67 mètres 71 centimètres; la longueur du petit axe est de 39 mètres 7 centimètres, et la longueur totale du monument, dans son grand axe, est de 113 mètres 85 centimètres, et de 82 mètres 20 centimètres dans le petit. Ces dimensions placent l'amphithéâtre de Fréjus au nombre des monuments importants de cette espèce.

Des fouilles, entreprises dans le courant de l'année 1820, avaient mis à découvert une partie du *podium*, du côté du sud; les terres de la colline, qui cachaient toute l'autre moitié, avaient fait penser qu'il était entièrement détruit dans cette partie.

D'après les mesures prises, la courbe formée par le *podium* n'est pas régulière: c'est une courbe elliptique, dans laquelle les sommets sont terminés par des arcs de cercle. En prenant un point quelconque de la courbe, on en trouve qui satisfont à l'équation de l'ellipse, d'autres qui n'y satisfont nullement. On l'a relevée en la divisant de mètre en mètre, et en menant des ordonnées par tous ces points; mais comme l'irrégularité du terrain et la longueur des lignes pourraient avoir donné lieu à quelque erreur, après avoir mené un rayon à 45 degrés, on a joint ce point avec les sommets du grand et du petit axe, et en divisant ces lignes d'emprunt de mètre en mètre, on a pu obtenir des ordonnées d'une dimension moins sujette à erreur. On a trouvé peu de différence entre les deux courbes ainsi obtenues : il est vrai que le mur du *podium,* sur lequel les mesures ont été prises, n'était pas le mur extérieur de l'arène, et qu'il était recouvert d'un épais revêtement retrouvé ensuite dans les fouilles; d'un autre côté, en prenant une ellipse quelconque, il est toujours facile de trouver, par le moyen d'arcs de cercles, une courbe qui s'en rapproche un peu; de sorte que, en faisant la part de l'irrégularité de la maçonnerie et des erreurs qui ont pu se commettre sur de si longues mesures, on peut regarder l'arène de l'amphithéâtre comme une ellipse dont le grand axe égale, comme ci-dessus, 67 mètres 71 centimètres, et le petit axe, 39 mètres 7 centimètres. Au reste, il n'est pas rare de rencontrer des irrégularités dans les courbes que suivent les murailles des monuments de Fréjus : quoique l'enceinte de la porte des Gaules soit bien évidemment une demi-circonférence, il est facile de trouver des points qui sont plus éloignés ou plus rapprochés du centre de quelques centimètres.

Les portes du grand axe sont encore conservées en entier, mais celle de l'extrémité sud-ouest se trouve enclavée dans une maison qui est bâtie sur toute cette partie de l'amphithéâtre : c'est un ancien couvent de pénitents noirs, qui est devenu une propriété particulière.

Comme l'amphithéâtre se trouve intermédiaire entre la grande route et le torrent du Rayran, il s'est établi un chemin au dedans, qui passe par le premier vomitoire après la grande porte du sud-est, et qui va sortir par la grande porte du nord-ouest.

La partie du sud-ouest qui communique avec l'arène et avec la galerie du rez-de-chaussée est aussi conservée en entier. Elle conduit à deux petits escaliers par lesquels on arrive sur les gradins, mais la porte correspondante, qui se trouve sur la colline, est entièrement cachée par les terres; il serait même permis de douter de son existence, puisque toute cette partie est un rocher dur de lave et de grès rouge. On a remarqué autrefois des traces de gradins taillés dans le rocher, mais une exploitation de pierres, établie dans l'intérieur du monument, les a fait disparaître entièrement. Il ne reste plus de gradins que sur le côté sud : c'étaient de gros blocs de grès tirés des carrières des environs de la ville, et posés sur des massifs en moellon de 50 centimètres de hauteur, qui formaient des emmarchements dans tout le pourtour de l'arène. La première précinction était formée par cinq rangées de gradins, au bas desquels se trouvait un passage pour circuler autour du *podium*; dans la moitié sud, elle était desservie par treize portes, qui communiquaient avec la galerie du rez-de-chaussée. Des marches élevaient le sol jusqu'à la moitié de la hauteur des gradins, qui eux-mêmes étaient entaillés pour servir d'escalier. Un mur de 1 mètre de hauteur séparait cette première précinction d'avec les supérieures. Le dernier rang de gradins était d'une largeur seulement égale à la moitié de celle des autres, parce qu'il n'était pas destiné à recevoir les pieds du spectateur placé au-dessus. Cette précinction était portée sur des voûtes qui suivaient la courbe de l'arène, et qui étaient, de distance en distance, reliées par des murs capables d'en retenir la poussée. On y remarque des conduits destinés à l'écoulement des eaux pluviales, qui étaient portées dans l'euripe.

Dans la galerie qui conduit de la grande porte sud-ouest du petit axe à l'arène, on remarque, à droite et à gauche, deux salles basses dans lesquelles on pénétrait par des portes d'un mètre de large. Ces salles étaient destinées à recevoir les corps des gladiateurs et des animaux tués pendant le combat. Elles se fermaient par des portes de bronze dont on a retrouvé les scellements; nulle part on n'aperçoit les vestiges du fer employé dans la construction de l'édifice: aucun des trous de scellement ne porte de traces de ce métal, traces toujours si faciles à reconnaître[1]; mais il est bien certain que le bronze a été généralement employé, ainsi qu'on le verra ci-après. On pouvait faire le tour de la moitié de l'arène dans ces corridors souterrains; aujourd'hui, non-seulement ils sont comblés par les terres, mais encore ils sont inondés. La première précinction se trouvait ainsi divisée en douze *cunei* ou loges destinées aux familles de distinction. Comme les gradins de pierre ont été enlevés, on ne saurait dire si ces loges étaient séparées par des barrières de bois ou de marbre, ainsi qu'on l'a remarqué dans quelques autres amphithéâtres. Vers la partie nord, adossée à la colline, il ne reste aucune espèce d'indication, même pour les divisions des gradins; cependant, on a trouvé dans la fouille un arrachement d'un petit mur d'appui qui correspond à la division de la première précinction, et fait voir que la disposition des gradins était la même dans les deux moitiés de l'édifice. Le corridor du rez-de-chaussée, qui communique avec les grandes portes du grand axe, a 3 mètres 23 centimètres de large. Il dessert douze vomitoires du rez-de-chaussée, qui conduisent aux portes de l'arène. Il est à remarquer qu'une partie du vomitoire communiquait à un trumeau du mur de l'arène, afin que la foule pût se diviser en se plaçant. L'inspection du plan fera mieux comprendre cette disposition.

La hauteur de la galerie est de 4 mètres, à partir de l'imposte; elle était dallée en grès houiller tiré de la vallée du

---

[1] Le fer paraît avoir été employé dans l'édifice de la porte d'Orée. (V. p. 203, 204, ci-dessus.)

Rayran. L'amphithéâtre est percé dans son pourtour de vingt-quatre arcades, sans compter les quatre grandes portes (il n'est question ici que de la moitié sud); sur ces vingt-quatre arcades, treize desservent la galerie du premier étage, le reste communique avec le corridor du rez-de-chaussée. La façade extérieure de ce monument ayant été dépouillée de tout son mur de revêtement, les naissances des murs formant les vomitoires ne présentent plus que des arrachements informes. Toutes les impostes des voûtes sont en briques. L'état de dégradation dans lequel se trouve le dehors de l'édifice, empêche d'abord de reconnaître s'il a eu un portique extérieur, comme les principaux amphithéâtres connus. On aurait pu en attribuer la démolition aux mêmes causes qui ont anéanti tout ce qui se trouvait en pierres d'appareil; mais les fouilles, et une inspection plus approfondie, ont fait reconnaître la disposition primitive. On a ouvert quelques tranchées dans les directions des murs des vomitoires, l'une au droit de la grande porte du petit axe, les autres vers les deux portes du grand axe. On a reconnu d'abord, par les arrachements que l'on remarque en tête de tous les murs des vomitoires, qu'un revêtement en belles pierres de grès enfermait tout l'amphithéâtre.

Les têtes des murs étaient décorées de pilastres dont on a retrouvé des assises en place : ces pilastres étaient sans base. La tranchée, prolongée dans la direction du mur, n'a rien offert d'intéressant; seulement, on a reconnu que le terrain contigu à l'édifice est composé de sables, qui ont été apportés par le Rayran, lorsqu'on l'a détourné pour combler le port de Fréjus. (Voyez la planche Ire.) Sous une couche de terre végétale, de 75 centimètres environ, on remarque une couche de cailloux roulés et de sable. En creusant plus profondément, on commence à trouver les eaux, qui deviennent de plus en plus abondantes à mesure que l'on descend. Les fouilles faites par ordre des États de Provence, pour ouvrir un canal qui devait amener le Rayran dans l'intérieur du port, ont singulièrement exhaussé le sol de l'intérieur. Il paraît même qu'il a servi de décharge à ces fouilles, si l'on en juge par les sables trouvés au fond des tranchées. Ce sol intérieur est composé de plusieurs couches bien distinctes : la première, celle qui touche l'arène, est un composé de limon et de pierres provenant des démolitions d'une partion de l'édifice : ce sol s'est retrouvé dans toutes les parties où l'on a ouvert des fouilles; la seconde est une espèce de grès schisteux, qui ne paraît pas être en place, mais qui semble avoir été entraîné par les eaux de la partie supérieure de la colline. On rencontre ensuite une grande couche de décombres qui indique que l'intérieur de l'amphithéâtre a servi longtemps de décharge publique, soit pour relever le sol déjà inondé, soit par l'effet de l'abandon auquel l'édifice a été livré pendant des siècles. On trouve ensuite une couche de terre végétale assez épaisse, apportée là par les eaux de la colline. Enfin, le sol actuel, composé d'un salpêtre durci par le passage des chariots qui vont au Rayran, se compose, presque en entier, des démolitions apportées de différents endroits. Si l'on ajoute à cette masse de débris ceux des voûtes et des gradins, qui, de temps à autre, ont roulé dans l'arène, on aura une idée de la hauteur du terrain qu'il a fallu déplacer pour mettre à nu le sol antique.

Tout ce qui reste de l'édifice a été sauvé d'une destruction totale, parce que, la construction étant en petits moellons de grès et en béton, il a été presque impossible de les enlever pour les employer ailleurs. Cependant, on remarque, en beaucoup d'endroits, que la destruction n'est pas un effet du temps, ni de la nécessité qui forçait de prendre partout des matériaux pour bâtir; cet édifice, dominant le chemin de la ville, a dû être fortifié à plusieurs reprises dans les assauts qu'elle a eus à soutenir, tant de la part des Sarrasins que de l'armée de Charles V. Les voûtes sont construites en grès et en laves cimentés par un béton solide, composé de cailloux du Rayran, de sable et de chaux. Les traces des cintres placés pour la construction sont encore apparentes dans toutes les voûtes de l'édifice.

On rencontre des trous à différentes hauteurs dans les murs de l'édifice. Il est difficile d'admettre que ces trous n'aient servi qu'à la pose de l'échafaud; car on aurait facilement pu les pratiquer à des distances doubles, tant en hauteur qu'en largeur. Quelques-uns traversent, de part en part, des murailles de 1 mètre d'épaisseur, ce qui n'était évidemment pas nécessaire pour la pose des boulins.

Il est probable que ces épaisses murailles étaient construites par encaissement; le béton liquide, placé entre deux parements qui n'ont souvent qu'une épaisseur de 25 centimètres, aurait fait écrouler toute la muraille pendant la construction: il était donc nécessaire de poser des traverses en bois, qui retenaient des ais placés verticalement, et formant des caisses capables de contenir la masse du mur jusqu'à ce que le mortier eût pris de la consistance. Alors on battait le béton dans l'intérieur de ces caisses, de manière à ce qu'il ne restât aucun vide dans l'intérieur.

Les voûtes, qui doivent avoir été construites dans le même système, portent l'empreinte des planches qui revêtaient les cintres afin de contenir le mortier. Il existe, à peu de distance de la ville, un tombeau de famille qui est entièrement construit dans ce système, au point qu'on enlève des bancs de béton de 1 mètre 24 centimètres de hauteur, portant huit assises de moellon, qui formaient le parement de tout le bloc. Chaque banc est posé sur un lit de mortier fort uni, qui paraît avoir été très-longtemps pilonné. On peut faire la même observation au massif en tuf qui se trouve au milieu du port. On peut en enlever une assise, comme un banc de pierre de taille à la carrière.

Le nombre des trous dont nous avons parlé n'augmente pas en raison de la hauteur du mur, il croît en raison de son épaisseur. Il est même des murailles fort élevées qui n'en sont point percées, tandis que des murs plus bas en ont plusieurs rangées.

Les escaliers qui desservent le premier étage étaient posés sur des voûtes rampantes dont il reste plusieurs traces. Les marches étaient en grès, posées sur les voûtes et scellées dans les murs d'échiffre. Comme les marches ont été enlevées dans tous les vomitoires, il n'est pas facile de reconnaître s'il y avait des paliers; mais il est certain que la pente en était très-rapide et la montée très-rude; car les débris des marches que l'on retrouve ont au moins 30 centimètres de hauteur.

Les trois vomitoires à gauche de la porte du nord-ouest communiquent tous avec la première galerie, cette partie se trouvant aussi taillée dans le rocher; ensuite, les escaliers sont alternativement interceptés par des vomitoires qui conduisent dans la galerie du rez-de-chaussée. Au premier étage, une arcade de la galerie correspond à une porte conduisant aux gradins; la foule étant moindre à cet étage, il n'était pas nécessaire de la diviser par le moyen employé au rez-de-chaussée. Cet escalier, montant du rez-de-chaussée, se trouve entre deux arcades qui mènent au second étage : mais ici les escaliers deviennent plus étroits et plus rapides; ils n'ont de longueur que les deux tiers de la longueur des murs. Ils conduisent à un corridor construit sur les reins des arcs doubleaux des arcades du rez-de-chaussée, de sorte que le mur d'enceinte, aujourd'hui détruit, montait de fond jusqu'au sommet de l'édifice et fermait en même temps le corridor du deuxième étage. Les reins de la voûte de la galerie du rez-de-chaussée portaient la deuxième précinction, qui était composée de six rangs de gradins desservis par quatorze portes. Comme cette galerie régnait dans tout le pourtour de l'arène, on avait vingt-huit portes pour le service du premier étage. La troisième précinction, entièrement détruite, paraît, d'après les mesures, avoir porté cinq rangs de gradins, ce qui donnait seize rangs pour la totalité des sièges de l'amphithéâtre.

En montant au troisième étage de l'amphithéâtre, on se trouve au niveau du sommet de la colline. Toute la partie nord, qui est enclavée dans le roc, est rasée au niveau du terrain. On remarque que chaque vomitoire ascendant de la partie opposée communique avec un escalier descendant vers la galerie du premier étage. Une partie des gradins taillés dans le grès rouge ont été détruites par suite de la décomposition de la roche; mais le reste, qui était taillé dans la lave, a subsisté jusqu'à ces derniers temps. On ne sait si ces gradins se raccordaient avec les massifs de maçonnerie qui existent dans les autres précinctions; mais il est probable qu'ils étaient revêtus uniformément de blocs de grès blanc, qui donnaient à tout l'intérieur du monument un aspect uniforme. Ces blocs, dont quelques-uns ont été retrouvés dans les fouilles, ont 2 mètres 50 centimètres à 3 mètres de longueur, sur environ 70 centimètres de largeur et 60 centimètres de hauteur. Ils étaient reliés en dessous par des queues d'aronde en bois; ceux qui se trouvaient au-devant des portes étaient entaillés pour servir d'escaliers.

La porte du petit axe, du côté du nord, étant entièrement cachée sous les terres, il était important de reconnaître en quel état se trouvait cette partie du monument. Ce fut en ce point qu'on établit la première fouille.

A peine les travaux furent-ils commencés, que l'on découvrit une partie de la galerie du premier étage cachée sous ses propres débris. La voûte s'était écroulée depuis bien des années et avait formé un massif qu'on eût beaucoup de peine à enlever. Il est à remarquer que toutes les parties de l'édifice qui se trouvèrent enfouies dans cet endroit étaient cachées sous un terrain rougeâtre et schisteux qui avait tout à fait l'aspect du grès rouge. On avait beaucoup de peine à le détacher des pierres qu'il couvrait en plusieurs endroits. On abandonna même la fouille, croyant être arrivé au rocher; mais, plus tard, on reconnut que c'était une sorte de roche de nouvelle formation, et on parvint à déblayer les constructions recouvertes sous ces masses. On dégagea cette galerie afin d'avoir un point pour fixer le sommet du petit axe. En continuant la tranchée, on découvrit le sommet d'une voûte qui se prolongeait bien avant sous terre. Elle ne paraissait avoir aucune communication au dehors, et semblait seulement destinée à soutenir un escalier ou quelques gradins; mais en continuant la fouille, on remarqua que les angles des pieds-droits étaient arrondis, ce qui paraissait indiquer un passage fréquenté. Des ouvriers furent placés sur la colline, dans la direction de la galerie que l'on cherchait : ils furent bientôt arrêtés par des masses de décombres provenant des parties supérieures de l'édifice, et par des pierres d'une grosseur et d'un poids énormes, qu'il était presque impossible de remuer. On fut obligé de reprendre les travaux par la partie inférieure; on découvrit des sommets de murailles, qui indiquaient une galerie taillée dans le rocher, parallèle à la courbe de l'arène. Les angles qui formaient les murailles étaient tous arrondis. Bientôt, on aperçut deux nouveaux embranchements, l'un se dirigeant vers l'arène, et l'autre vers la voûte à laquelle on travaillait depuis longtemps. On était déjà parvenu jusqu'au rocher; dans l'intérieur de la galerie, on avait extrait plusieurs débris de gradins, des fûts de colonnes et des morceaux d'un entablement largement exécuté. Les difficultés augmentaient à mesure que l'on pénétrait dans la galerie: les terres s'éboulaient au moindre coup de pioche, et les dégagements fermés de tous côtés ne permettaient pas d'enlever la terre à mesure qu'on la tirait de la voûte. Enfin, on trouva la fin de la voûte horizontale, mais on ne pouvait pas atteindre le sol. La voûte qui, depuis des siècles, était contre-buttée par cette masse de terre, parut fléchir sous le poids des masses latérales; il fallut y faire poser un cintre avec un entrait. Depuis ce temps, le mouvement n'eut pas de suite. Pour faire descendre les pierres qui interceptaient les travaux dans la partie supérieure, on employa la pince qui sert à faire rouler les pierres plus petites. Pendant ce temps, les ouvriers continuaient de dégager la galerie. Enfin, on fit tomber plusieurs débris énormes, parmi lesquels on reconnut deux fragments de doucine de 30 centimètres de hauteur, provenant de la partie supérieure de l'édifice; une grande console percée, destinée à recevoir les mâts qui retenaient la *vela*; plusieurs morceaux informes, et des débris de l'entablement dont on avait déjà trouvé des traces. Les travaux, étant continués dans le haut et dans le bas de la galerie, permirent de mettre le sol à découvert : ce fut là qu'on rencontra une masse de grès rouge, qui recouvrait les marches en grès encore en place. Ce grès rouge s'était moulé parfaitement sur les marches. Il paraît d'une formation très-récente; sa dureté est médiocre; il ne s'enlève pas par lits, mais par masses agglomérées. Ensuite, on mit à jour un grand escalier, montant depuis la galerie jusqu'au sommet de la colline. Là était une porte qui communiquait directement avec la ville, et c'est par là qu'on arrivait à la première précinction du côté du nord. L'escalier communique au rez-de-chaussée par trois embranchements, dont l'un conduisait dans l'arène, les deux autres, à la première précinction.

On trouva des marches encore en place : quelques-unes paraissent avoir été restaurées peu de temps avant la destruction du monument, car elles sont intactes; les autres sont fort usées. L'escalier devait être composé de dix-neuf marches; il conduisait à un point élevé de 5 mètres 73 centimètres, ce qui donne une hauteur moyenne de plus de 28 centimètres pour chaque marche, attendu qu'il existe un palier qui rachète une pente de 23 centimètres. C'était un usage assez général dans les édifices de ce genre, de donner aux paliers une pente équivalant à peu près à la hauteur d'une marche. Comme l'étendue que l'on pouvait donner aux escaliers était très-limitée, c'était autant de diminution sur la hauteur, mais aux dépens de la commodité. Cette galerie n'est pas couverte par une voûte rampante comme toutes les autres, elle l'est par deux voûtes horizontales qui s'élèvent avec la pente de l'escalier. La partie supérieure de la voûte s'étant écroulée, on fut obligé, pour la sûreté des ouvriers, de la faire étayer solidement.

Les amphithéâtres d'Arles et de Nîmes présentent le même système de construction; mais, les paliers étant plus larges, la pente totale est beaucoup plus forte. Il y en a qui rachètent jusqu'à 45 centimètres : la hauteur moyenne est à peu près la même. Il est clair, par ce qui précède, que l'amphithéâtre communiquait avec la ville au moyen de cette galerie. Toutes les autres portes conduisaient dans le corridor du premier étage. En prolongeant la fouille dans la direction de l'escalier, on trouva de gros blocs de grès enclavés dans la maçonnerie, qui paraissent être des restes du mur d'enceinte de l'édifice. La galerie qui conduit dans l'arène s'ouvre d'abord sur une porte menant à un autre escalier dont on trouve encore quelques marches en place; mais cette partie est écroulée.

En continuant la fouille, on mit à découvert une conduite souterraine, couverte par une plate-bande en grès et s'ouvrant sur une petite salle de 4 mètres de longueur sur $2^m,10$ de largeur. La pente de cette conduite descendait rapidement vers la petite enceinte, dont le sol, composé d'un béton uni, avait une inclinaison du côté de l'arène. On déblaya, autant que possible, cette conduite, pour voir si elle n'allait pas rejoindre le canal de l'aqueduc; mais on fut arrêté par des décombres et par des eaux. Cependant, un conduit vertical témoignait que ce canal était destiné à l'écoulement des eaux pluviales. Cette disposition est différente de celle que l'on remarque de l'autre côté, parce que, les gradins n'étant pas portés sur des voûtes, l'euripe ne peut pas passer par-dessous.

Les eaux, venant en abondance, interrompirent ces travaux pendant quelque temps. M. le préfet maritime de Toulon ayant envoyé à Fréjus des pompes et tous les ustensiles nécessaires, on put établir d'autres fouilles sur une plus grande étendue.

Dans celles qui furent faites à la porte du nord-est, on trouva plusieurs fragments de gradins, deux morceaux de l'entablement, un chapiteau corinthien en pierre calcaire, et quantité de débris de marbre informes.

Comme les pompes envoyées de Toulon étaient d'une grande dimension, il fut permis d'espérer que l'on trouverait bientôt le sol de l'arène. On ouvrit une fouille à la porte du nord-ouest, pour reconnaître la hauteur des terres qui encombraient le monument, et celle du *podium*. On avait déjà commencé à faire quelques recherches dans cette partie de l'édifice, mais les eaux qui s'étaient montrées empêchaient de continuer les travaux. On mit d'abord à découvert un petit escalier qui conduisait de la grande porte du nord-ouest à la première précinction; il se compose de cinq marches fort hautes : c'est en cet endroit que l'on plaça la grande pompe. Quatre femmes y pompèrent depuis cinq heures du matin jusqu'à la clôture des travaux, et cependant les eaux reparaissaient toujours aussi abondamment. Le lendemain, un trou fait dans l'autre extrémité de l'amphithéâtre, et dans lequel on mit une canne graduée, fit voir que l'eau diminuait dans toute l'étendue de l'arène, à mesure que les pompes pouvaient en enlever : ce qui démontra que les eaux qui inondaient cet édifice ne se renouvelaient pas par des sources, et qu'elles n'avaient aucune communication avec le dehors. Il s'éleva d'autres difficultés pour l'écoulement; car les terrains environnants étant tous supérieurs au sol de l'arène, les pompes faisaient à peine monter l'eau à une hauteur suffisante pour la diriger ensuite dans le Rayran. On entailla le rocher pour établir une rigole; mais, la pente n'étant pas assez forte, il fallut encore renoncer à ce moyen. Enfin, on prit le parti de diriger les eaux dans l'ancien canal d'assèchement, à 55 mètres de la fouille : on attacha le manche de la pompe au sommet de la voûte; des rigoles, disposées avec une pente convenable, y portèrent les eaux; le sol étant composé de sable et de galets, elles s'écoulèrent promptement dans la terre.

Chaque coup de piston donnant un volume moyen de 7 litres, on évacuait par heure 560 litres, car il ne fut guère possible d'obtenir plus de 80 coups de piston par heure, ce qui fournissait par jour 5 mètres 60 centimètres cubes d'eau; et cependant, à l'échelle, elle ne diminuait que d'un centimètre et demi. En fouillant plus profondément, on en reconnut la cause, lorsqu'on vit l'eau qui s'était infiltrée dans les lits du schiste, sortir à gros bouillons et inonder de nouveau la fouille; mais ces eaux tarirent bientôt, et le lendemain il fut facile de mettre la fouille à sec. Bientôt le dallage de la grande galerie, sous la porte du nord-ouest, fut découvert. On remarquait, à droite et à gauche, dans le mur du *podium*, des arrachements; en nettoyant le dallage, on découvrit de nombreuses traces de scellements, avec des trous pour des ferrures de portes; des stries marquées sur le grès indiquaient qu'une lourde barrière s'était souvent mue sur ses pivots; les débris trouvés dans la fouille, prouvèrent ensuite que chaque grande porte de l'arène était fermée par une barrière de marbre, qui s'attachait aux extrémités du *podium*. Cette barrière était formée de quatre parties, deux dormantes et deux mobiles; elle était retenue dans le dallage par des crampons en bronze, ainsi qu'il a été facile de le voir par le plomb resté dans les trous; elle reposait sur un petit socle en grès, qui était de 4 centimètres de haut, taillé dans l'épaisseur des dalles.

Le sol s'abaisse suivant une pente moyenne de 3 centimètres pour mètre. On mit à découvert par la fouille une partie de 4 mètres 50 centimètres de largeur, sur une longueur de 7 mètres 80 centimètres; à gauche de la porte, on déblaya une espèce de cellule irrégulière, qui avait cependant été fermée par une porte de métal : elle paraît avoir été destinée à enfermer quelques objets relatifs aux jeux ou au service de l'amphithéâtre, comme les clefs des vannes, etc. La largeur de cette cellule, à son entrée, est de 2 mètres 12 centimètres; elle se termine en triangle. La pompe, se trouvant placée dans la partie supérieure de la pente, il devint très-difficile de dessécher entièrement la fouille; les ouvriers travaillaient avec peine dans un terrain qui était devenu une boue liquide, très-difficile à enlever. On avait renoncé à employer les brouettes et les paniers; on se servait de grands seaux de bois destinés à porter la chaux. Voyant que la pompe ne pouvait dessécher entièrement le terrain, on construisit un batardeau. Deux hommes, par le moyen de grands seaux de fer-blanc, enlevaient l'eau du fond de la fouille et la jetaient dans le nouveau bassin; c'est de là que la pompe portait les eaux au dehors. Cependant, on ne connaissait pas encore la hauteur du *podium* ni le véritable sol de l'arène, quoiqu'on eût pu supposer qu'on en était bien près; on ouvrit une tranchée dans la partie gauche de la fouille; enfin, après des difficultés qui s'augmentaient avec l'étendue des travaux, on mit à découvert le pied du *podium*. On trouva, en place, de grands socles de marbre blanc, de 24 centimètres d'épaisseur et d'une hauteur égale, retenus, par des goujons de bronze, dans un massif en grès dur sur lequel le *podium* est construit; on trouva quatre de ces goujons, en place, dans une étendue de 6 mètres : ils entraient de 4 centimètres dans les blocs de grès, perçaient de part en part les socles de marbre, et sortaient d'environ un décimètre, pour retenir en place les dalles de marbre posées de champ qui revêtaient le *podium;* ce qui expliquait les nombreux débris de marbre que l'on a rencontrés. Il paraît qu'il s'est établi, dans l'intérieur du monument, à une certaine époque, une exploitation des marbres qui le décoraient. Le dallage est composé de grands blocs de grès dur, de 1 mètre 25 centimètres à 1 mètre 30 centimètres de longueur, sur une largeur de 75 centimètres et de 30 centimètres d'épaisseur.

Il est probable, si l'on en juge par ce qu'on a découvert, que tout le pourtour du *podium* est encore aujourd'hui environné de ses socles de marbre avec les goujons de bronze, au-devant des scellements retrouvés; il y a encore un champ de 45 centimètres de large, après lequel le dallage manque entièrement. On creusa plus avant la fouille dans cette partie; mais les ouvriers, dans l'eau jusqu'à la ceinture, ne pouvaient, dans un jour, faire que très-peu d'ouvrage, attendu la profondeur. La moitié du temps se passait à épuiser les eaux : six ouvriers étaient continuellement occupés à la pompe, et deux aux seaux de fer-blanc. Il n'était pas possible de transporter la pompe tout au fond de la fouille, parce que son poids énorme aurait eu besoin d'un échafaudage considérable pour être soutenu; pour la brinqueballe de 3 mètres, avec les boulets formant le contre-poids, il aurait été nécessaire d'un système de charpente fort élevé et dispendieux. La pompe était appuyée contre le pied-droit de la grande porte, et au moyen d'un arbre placé sur la seconde précinction de gradins, on suspendait la brinqueballe sans beaucoup de frais.

On devait rencontrer le rocher au fond de la fouille, puisqu'on le trouve au delà de l'arène, dans les vomitoires qui sont à gauche de la grande porte. On descendit encore à 95 centimètres sans aucun résultat; cependant, d'après les découvertes faites au pied du *podium*, il y avait lieu de penser qu'on avait atteint le sol de l'arène. La fouille était parvenue à 2^m,90 au-dessous du sol actuel; le dallage en grès se trouvait à 2 mètres 10 centimètres et à 4 mètres 21 centimètres au-dessous de l'imposte de la galerie du rez-de-chaussée. On commença à découvrir les eaux à 80 centimètres au-dessous du sol actuel, dans les voûtes qui portent les gradins de la première précinction : il y en avait toujours un volume considérable ne tarissant jamais; cependant, il est presque certain qu'aucune source ne venait alimenter l'inondation ; mais les terrains environnants, étant tous supérieurs au sol, même actuel, de l'amphithéâtre, les eaux se rassemblaient dans ce lieu ainsi qu'en un vaste réservoir. Comme le roc se prolonge au-dessous du sol de l'arène, les eaux, n'ayant pas d'écoulement, s'y conservent : une des causes majeures de cet état de choses sont les crues fréquentes des eaux du Rayran, pendant l'hiver. Les hautes eaux de ce torrent, qui s'élèvent fort au-dessus du sol actuel, franchissent une barre naturelle formée par un prolongement du rocher, et viennent se verser dans l'amphithéâtre. Là, étant privées d'écoulement et de moyen d'évaporation, elles séjournent constamment : dans les plus grandes chaleurs, on est certain d'en rencontrer à une grande profondeur. Il faut ajouter que le canal de l'Argent passe dans le voisinage ; quoiqu'il soit conduit sous le lit même du Rayran, il se trouve encore plus élevé que le sol de l'arène, et ses inondations doivent y pénétrer.

Bien qu'on eût trouvé à la porte du nord-est un sol qui paraissait indiquer le voisinage de l'arène, on n'avait pas pu s'assurer de la profondeur, les eaux étant venues harceler les ouvriers. Il fut nécessaire de poser une nouvelle pompe dans cette fouille, afin de mettre à sec ce qu'on pourrait découvrir. Le terrain, de ce côté, ne paraît pas formé des mêmes couches que celui qu'on découvre à la grande porte du nord-ouest : il se compose d'une épaisse couche de terre végétale, qui recouvre une masse sablonneuse, semblable au terrain du Rayran. Lorsqu'on a ouvert le canal du port, il est possible qu'on ait établi derrière l'amphithéâtre un lieu de décharge. Une grande traverse fut appuyée sur les débris de gradins qui s'élèvent à droite et à gauche, et la pompe, attachée à cette pièce de bois, fut descendue dans la fouille un peu obliquement. On fit, dans l'intérieur de la galerie, un massif en pierres sèches, sur lequel on appuya une sapine, qui fut contre-fichée par un arbre enfoncé dans le canal. La sapine servait à suspendre la brinqueballe; mais, comme tout le terrain environnant était trop élevé pour le service de la pompe, les ouvriers furent obligés de se placer dans l'eau, ce qui gênait beaucoup les travaux. On tenta, à plusieurs reprises, d'établir un plancher au-dessus de la surface des eaux; mais il fallait qu'il fût appuyé au fond de la fouille, et les terres, descendant à mesure que les travaux s'avançaient, contraignaient de le déplacer chaque jour. Cette pompe, se trouvant éloignée de la première d'une distance de 34 mètres, on ne pouvait espérer de conduire les eaux jusqu'au canal du Rayran, puisqu'il eût fallu établir de nouveau 89 mètres de rigoles. On fut contraint de creuser, dans le terrain de l'arène, une conduite qui suivait le pourtour du *podium*. La pompe déversait les eaux dans une conduite en tuiles creuses, établie sur la pente du rocher, et qui les portait dans le canal; de là elles se rendaient dans la grande fouille, d'où on les épuisait par le moyen de la grande pompe.

On découvrit encore plusieurs morceaux appartenant à l'ordre d'architecture dont on avait déjà retrouvé l'entablement; on vit aussi des morceaux de marbre du revêtement, qui portaient les traces des sciages, ce qui confirme dans la pensée que toute la décoration de l'édifice a été enlevée pour être employée ailleurs. En prolongeant la tranchée vers l'arène, on découvrit un puits, dont il fut impossible de trouver le fond, vu l'abondance des eaux qui en sortaient. Ce puits carré, situé dans la direction de la conduite, paraît avoir été destiné à recevoir les eaux de toute la partie qui est assise sur le rocher, pour leur donner issue hors de l'édifice. Soit que les terres sablonneuses qui forment le sol dans cette partie eussent plus facilement donné passage aux eaux qui s'infiltraient, soit qu'elles fussent réellement plus abondantes dans cet endroit, on les voyait sortir, avec une grande impétuosité, du fond de ce trou, et elles s'élevaient rapidement au niveau des eaux de l'échelle. Ce puits était défendu par une petite porte dont les scellements et les traces ont été mis à découvert. On trouva, en cet endroit, une grande pierre portant les traces d'une vanne qui avait dû fermer le canal d'écoulement.

Le chemin tracé dans le milieu de l'amphithéâtre étant fréquenté de temps immémorial, il était impossible de le fermer sans avoir pris des mesures en conséquence, d'autant plus qu'il n'en existe pas d'autre pour aller au bord du Rayran et aux campagnes voisines. Les travaux de la moisson, qui commençaient, obligeaient de rétablir la circulation; on fut obligé de fermer la grande fouille de la porte du nord-ouest. Ne pouvant plus faire marcher qu'une pompe, les ouvriers avaient à peine le temps, dans la journée, de mettre à sec l'endroit où ils travaillaient; bientôt on s'aperçut que les terres que l'on jetait dans la grande fouille, refoulant la nappe d'eau contre le sol de l'arène, la faisaient monter dans la fouille du nord-est, à mesure que la pompe en enlevait. Les ouvriers, en manœuvrant pendant un jour entier, ne diminuaient le volume des eaux que de quelques centimètres; on vit alors qu'il était impossible d'espérer de conserver cette fouille à sec, et qu'il était nécessaire de la combler au moins jusqu'au niveau des eaux.

On avait ouvert plusieurs autres tranchées au dehors de l'édifice, pour chercher les traces du portique extérieur; on n'abandonna ces fouilles qu'après s'être assuré que le portique n'avait jamais existé. On reconnut dans plusieurs endroits les traces des outils qui ont servi à la démolition : il paraît qu'il y a peu d'années, il restait encore quelques débris du mur de l'enceinte; on les employa à la construction d'un pont qu'on remarque dans le voisinage, ouvrage de M. Séguin, ingénieur, chargé de combler le port de Fréjus. Mais, dans un amphithéâtre, il doit exister nécessairement un endroit pour mettre les spectateurs à l'abri en cas de mauvais temps; aussi une observation plus attentive fit voir que cette disposition avait existé.

Les blocs de grès, portant architrave et frise, furent examinés attentivement. On remarqua que l'entablement était tourné vers l'arène. Les morceaux de colonnes trouvés s'accordent bien pour la dimension avec cet entablement. Comme il n'existe plus que deux précinctions de gradins parmi les ruines de l'édifice, on ne saurait reconnaître les traces de la pose des colonnes; mais on est porté à croire que la partie supérieure de l'édifice était couronnée par un portique décoré de colonnes, sous lequel on se retirait lorsqu'il faisait mauvais temps.

Cet étage offrait en dehors un attique, dans l'entablement duquel étaient posées des consoles; ces consoles étaient percées pour recevoir les grands mâts destinés à retenir la *vela*. Le portique se trouvait de plain-pied avec le haut de la colline, et servait d'arrivée à l'amphithéâtre du côté de la ville, ce qui donnait au monument un aspect régulier. Les morceaux d'entablement découverts dans les fouilles ne sont pas les seuls qui aient été reconnus; on en avait déjà trouvé beaucoup sur la colline même.

On fit quelques recherches dans l'extérieur de la galerie du rez-de-chaussée, pour reconnaître le nombre de marches des petites portes conduisant sur les gradins. On retrouva presque tous les massifs des escaliers, mais les marches de grès étaient enlevées.

Il est facile de suivre le canal de l'aqueduc depuis son embranchement jusqu'à l'amphithéâtre; mais, à la hauteur des exèdres, on le perd, et on se demande comment il fournissait les eaux à l'édifice. Il est probable que des fouilles poussées plus profondément éclairciraient le fait.

Si le temps seul eût été l'agent de la destruction de cet édifice, on le verrait encore s'élever intact à l'entrée de la ville : la solidité de sa construction et les masses de pierres qui le revêtaient, l'auraient garanti contre toutes les atteintes des siècles; mais l'avantage de sa position pour la défense des abords de Fréjus a dû se faire remarquer dans toutes les invasions que la ville a eues à souffrir. C'est là que les Sarrasins formèrent un camp retranché, lorsqu'ils débarquèrent sur cette côte pour saccager la Provence. La ville ayant été détruite de fond en comble, les habitants l'avaient abandonnée; mais les soins des évêques qui gouvernaient l'église de Fréjus depuis le VIIe siècle, rappelèrent autour d'eux les familles dispersées, jusqu'à ce que Riculphe, au xe siècle, craignant une nouvelle descente des Barbares, fit entourer la nouvelle ville de remparts et de tours. L'église n'avait pas été épargnée dans ce désastre; les soins de l'évêque la rétablirent à l'aide des nouveaux habitants qu'il avait appelés autour de lui. Les pierres des édifices détruits, ou dont l'usage était proscrit, furent employées à ces pieux travaux. La rareté des grandes pierres aux environs de la ville forçait d'aller chercher des matériaux dans les anciens monuments, et aucun ne pouvait offrir une carrière plus abondante que l'amphithéâtre; d'ailleurs, il fallait le détruire, si l'on voulait ne pas laisser aux Sarrasins une retraite contre les efforts des habitants. Il fut donc dépouillé de son mur d'enceinte et de tous ses gradins; les parties supérieures s'écroulèrent bientôt après; il fut abandonné pendant plusieurs siècles, jusqu'au jour où l'armée de Charles-Quint, qui avait passé le Var et menaçait toute la Provence, vint mettre le siége devant Fréjus.

Malgré la faiblesse de cette place, les habitants songèrent à se défendre. De nouvelles fortifications en terre furent établies dans toute la partie nord de la ville; la portion de l'amphithéâtre qui restait debout sur la colline fut rasée. Malgré de si grands préparatifs de défense, la ville de Fréjus n'eut pas à supporter un siége; l'empereur, après avoir laissé quelques troupes en observation, se dirigea sur le Muy, où fut livrée une grande bataille : c'est là qu'un jeune officier, renouvelant l'action de Mutius Scævola, dirigea ses coups contre un officier de Charles-Quint, croyant tuer l'empereur lui-même.

RESTAURATION DE L'AMPHITHÉÂTRE.

Les fouilles exécutées à l'amphithéâtre ont été couronnées d'un succès complet, puisque j'ai été mis à même de présenter à l'Académie une description et des plans de cet édifice dans son état primitif. Un seul point est conjectural, c'est la décoration du mur extérieur; mais ce point est de peu d'importance dans un édifice de ce genre, où la disposition est la partie principale et où les détails n'apprennent rien de nouveau. Il y a lieu de croire que le mur extérieur était décoré d'arcades, séparées par des pilastres doriques. Cet ordre du rez-de-chaussée soutenait un attique qui servait de soubassement à un grand mur portant les consoles.

Le plan de l'amphithéâtre est une ellipse dont le grand axe, pris en dehors des constructions, est de 113 mètres, et le petit axe, de 85 mètres.

Ainsi qu'on l'a dit, l'arène a 67 mètres 71 centimètres dans son grand axe, et 39 mètres 6 centimètres dans son petit. L'arène de l'amphithéâtre de Nîmes a 69 mètres 14 centimètres sur son grand axe, et 39 mètres 7 centimètres sur son petit; ainsi, dans les deux amphithéâtres, les arènes sont à peu près égales.

On arrivait à l'arène par trois portes qui étaient fermées par de grandes barrières en marbre. Quoique le *podium* eût près de huit pieds d'élévation, il était encore séparé de l'arène par un canal profond, qui empêchait les bêtes de s'élancer sur les spectateurs. Les animaux étaient conduits dans l'amphithéâtre par les portes du grand axe; les salles souterraines, situées sous les gradins de la première précinction, servaient à les renfermer. On remarque une petite salle près de la porte du petit axe (*porta Libitina*), qui servait à déposer les corps des gladiateurs et des animaux tués pendant les jeux. Chaque grande salle est séparée de celle qui la suit par une petite cellule ayant deux portes, sans doute pour y faire passer les animaux l'un après l'autre par le moyen de trappes. Ces salles souterraines ne règnent que dans la moitié sud de l'amphithéâtre, l'autre moitié étant assise sur le rocher.

La porte consulaire, ou porte nord-est du petit axe, était ouverte sur la colline : toute cette partie étant élevée au niveau du premier étage, on arrive dans la galerie du rez-de-chaussée par le moyen d'escaliers descendants. La porte du milieu ne communique pas directement avec cette galerie au grand escalier, lequel est encore bien conservé. Elle conduit directement à la première précinction; dans cette partie, il n'a jamais existé de gradins. Un autel en marbre, brisé en morceaux, a été trouvé dans la fouille; de plus, on remarque un massif en maçonnerie formant une plate-forme, où devaient se placer les principaux de la colonie; l'autel se trouvait au milieu : c'est là qu'on célébrait le sacrifice avant de commencer les jeux. A droite et à gauche de l'entrée, sont deux couloirs conduisant à la première précinction.

L'amphithéâtre de Fréjus était percé, dans sa circonférence, de cinquante-deux arcades : trois mènent à l'arène, vingt-deux dans la galerie du rez-de-chaussée, et le reste au premier étage.

La galerie du rez-de-chaussée conduisait à la première précinction par vingt-quatre portes.

Cette première précinction, composée de six rangs de gradins, était, suivant l'usage introduit par Scipion, destinée aux premières familles de la ville, comme on le voit dans les amphithéâtres dont les gradins sont conservés. On remarquait, dans cette précinction, des divisions par loges, que je n'ai pu rétablir ici, faute de documents. Ces loges étaient données aux familles illustres et aux principales corporations du pays, par des décrets des décurions. On trouve, sur le mur du *podium*, à Nîmes, une inscription qui lègue un certain nombre de places au collége des nautonniers du Rhône et de la Saône.

Le *podium*, qui sépare la première précinction de l'arène, était revêtu de marbre blanc.

Près des sommets des axes, il existait de petits escaliers qui allaient directement dans l'arène.

On arrive à la galerie du premier étage par les vingt-six autres arcades conduisant à la seconde précinction, et par les vingt-six portes situées en face des escaliers : cette précinction est composée de six rangs de gradins.

Enfin, on arrive au corridor de la troisième précinction, qui est aussi desservie par vingt-six portes; elle n'est composée que de cinq rangs de gradins.

De ce corridor, on va de plain-pied, au troisième étage, sous le portique qui règne tout autour de l'amphithéâtre. Il était soutenu par cent cinquante-six colonnes de pierre blanche; les chapiteaux étaient de l'ordre composite simple. Le mur de ce portique portait les consoles destinées à soutenir la tente;

toute la toiture était en bois. Ce portique servait à mettre les spectateurs à l'abri lorsqu'il survenait de la pluie.

L'amphithéâtre de Nîmes n'avait point de portique semblable, attendu que l'on pouvait se tenir dans le portique extérieur, qui est vaste et bien couvert. Au Colysée, où tous les genres de luxe ont été apportés, outre le double portique qui règne à l'entour, il y avait encore, dans sa partie supérieure, un portique corinthien, soutenu par des colonnes de marbre blanc.

L'amphithéâtre de Fréjus pouvait contenir 9095 spectateurs; car on a pour développement du gradin supérieur. 256 mètr.
Développement du gradin inférieur............ 172
$$\text{Ensemble}............\overline{428}$$

La moitié, ou 214 mètres, donne une longueur moyenne pour les gradins, qui, au nombre de dix-sept, produisent un développement de 3638 mètres pour tous le gradins; et, en supposant qu'un spectateur prenne 40 centimètres de place, on a un nombre de neuf mille quatre-vingt-quinze spectateurs. Si l'on suppose que le portique ait pu être occupé pendant la représentation, on pourra porter ce nombre à douze mille pour le maximum.

On trouve, par le même calcul, que l'amphithéâtre de Nîmes contenait plus de vingt-trois mille spectateurs; il n'avait point de portique dans la partie supérieure, mais il avait trente-cinq rangs de gradins. La surface occupée par l'amphithéâtre de Nîmes est de 1,074,844 mètres carrés ou 107 hectares 48 ares. La surface occupée par celui de Fréjus est seulement de 83 hectares 59 ares, différence 23 hectares 89 ares; ce qui est peu de chose, si l'on considère que l'amphithéâtre de Nîmes contenait quatorze mille deux cent soixante et seize spectateurs de plus que celui de Fréjus, c'est-à-dire près du double.

TROISIÈME MÉMOIRE.

SUR LES ANCIENNES CARRIÈRES DE FRÉJUS, ET SUR LES MATÉRIAUX EMPLOYÉS PAR LES ROMAINS.

GÉOLOGIE ET TOPOGRAPHIE.

La grande variété des produits géologiques de cette contrée, les catastrophes qu'elle a éprouvées à une époque éloignée, et les changements auxquels le territoire est encore soumis par l'action des eaux, sont des sujets trop intéressants pour que je m'abstienne d'en présenter un aperçu. Quoique ces recherches ne se lient pas immédiatement à l'histoire des antiquités de la France, cependant, l'étude des terrains dans lesquels les Romains ont fondé leurs places fortes, et des matériaux qu'ils ont employés, peut jeter quelque jour sur leur système de fortifications et sur les moyens d'exécution qu'ils ont mis en pratique dans l'art de bâtir.

La position de Fréjus, jadis un grand port, aujourd'hui situé dans l'intérieur des terres, et l'analogie que sa situation présente avec trois autres ports célèbres, Ravenne, Ostie et Aigues-Mortes, méritent aussi une attention particulière.

Enfin, les vicissitudes qu'ont éprouvées les établissements antiques situés aux bords de la Méditerranée, se rattachent à une question géologique d'un haut intérêt : peut-être des observations assidues, faites pendant l'espace de deux années consécutives, pourront-elles y apporter quelque lumière.

Cette retraite de la mer a été un problème pour les savants

du siècle passé, qu'ils ont résolu en supposant un abaissement de niveau; mais l'inspection du littoral prouve que cette opinion est hasardée.

Ces quatre ports s'étant trouvés dans une position semblable, l'étude du territoire de l'un résoudra la question pour les autres.

Une chaîne de hautes montagnes qui va se rattacher aux derniers chaînons des Alpes maritimes, s'étend, parallèlement au rivage, depuis Nice jusqu'à Saint-Tropez. Elle forme, sur la côte, un rempart contre les vents du nord, et contribue à donner à ce climat toute la douceur et les charmes que l'on chercherait en vain dans des pays plus méridionaux. La côte, sinueuse et élevée, forme plusieurs rades qui, de tout temps, ont été remarquées des navigateurs, et les îles qui existent à peu de distance du rivage indiquent que ces montagnes s'abaissent sous les eaux, et que leurs escarpements sous-marins ne sont pas moindres que ceux qui s'élèvent dans les airs.

De Fréjus jusqu'à Cannes, les montagnes sont de la classe de celles que les géologues regardent comme primordiales. Sans entrer dans la question de leur formation, il est évident qu'elles ont existé avant toutes les montagnes voisines, puisque, outre que celles-ci sont calcaires et renferment des débris organisés, leurs stratifications sont toujours superposées aux premières.

La plus haute de ces montagnes, le mont Vinaigre, dont le sommet est élevé d'environ 1329 mètres au-dessus du niveau de la mer, est une montagne porphyrique, qui termine la chaîne de la Napoule. (Voy. pl. I.) Son pied a longtemps été baigné par les eaux de la mer, qui se sont étendues à plus de six lieues dans les terres actuelles, jusqu'aux montagnes de Fayence. Le golfe de Fréjus avait alors une étendue considérable, et la mer couvrait tout le pays où est située la ville de Mons. Le séjour des eaux se reconnaît dans les roches calcaires qui forment le contour de ce bassin immense ; on y retrouve, dans le lias, des débris marins d'une époque très-reculée, tels que des gryphites, des bélemnites, des ammonites.

Cet état des côtes paraît avoir été antérieur aux deux catastrophes, diluvienne et volcanique, que le pays a successivement éprouvées à des intervalles de temps considérables. Un terrain houiller s'est formé dans le fond du golfe. Soit qu'à cette époque la terre, plus échauffée, produisît dans nos contrées des végétaux qui ne naissent aujourd'hui que sous les tropiques, soit qu'un vaste débris d'un autre continent eût été entraîné par les courants jusqu'en ces lieux, on trouve, au milieu des couches de houille, les débris d'une forêt de bambous d'une grandeur gigantesque. Plusieurs fragments, qu'on a extraits d'un puits de recherche, ont 58 centimètres de diamètre ; on en voit d'un volume beaucoup moindre, qui décroît jusqu'à la grosseur d'une canne ordinaire. Tous ces bambous paraissent avoir été écrasés, sur le terrain même qu'ils occupaient, par des dépôts supérieurs ; ils sont tous inclinés dans le même sens, et déprimés au point que leur coupe a la forme ovale.

Les recherches de charbon combustible ont été infructueuses ; la houille que l'on trouve est schisteuse et laisse un résidu très-considérable ; elle est recouverte par le grès.

Ce vaste dépôt a dû occasionner une retraite de la mer sur l'étendue de plusieurs milles.

Mais le pays, après avoir subi l'épreuve des eaux, devait encore subir celle du feu. Les volcans devaient apporter leurs terribles tributs pour changer entièrement la face de la contrée.

Quelle que soit l'époque où cette seconde catastrophe est arrivée, il est évident qu'elle a eu lieu après le dépôt de la houille, car le grès la recouvre, et on retrouve des laves poreuses sur le grès.

Les feux souterrains se firent jour, au milieu des porphyres, sur le flanc du mont Vinaigre. Il est difficile de se figurer un plus grand désastre que celui qui dut avoir lieu à cette époque. Ni les ravages de l'Etna, ni les fatales éruptions de l'Épomée dans l'île d'Ischia, n'ont laissé de traces aussi terribles. Les tremblements de terre durent être épouvantables, pour que le feu pût se faire jour au milieu d'un sol porphyrique. Des quartiers de la montagne s'écroulèrent dans la mer, où ils ont formé des caps. Une autre partie s'abîma sur elle-même, et le porphyre calciné coula avec les laves liquides.

Une portion de la contrée fut couverte des matières sorties du volcan. Les laves coulèrent dans la mer, où elles formèrent un promontoire à la distance de plus d'une lieue. Il est impossible de déterminer combien de temps dura l'action des feux souterrains, ni combien de cratères s'ouvrirent. Le laps de temps qui s'est écoulé depuis cette époque, en décomposant la lave et en la couvrant de nombreuses végétations, a, sans doute, effacé la trace de plusieurs cratères; mais on reconnaît, dans plusieurs directions différentes, le chemin des laves, et l'on voit qu'elles n'ont pas pu sortir de la même bouche.

Une large coulée, qui s'étend de l'est à l'ouest, a formé, comme on vient de le dire, un promontoire au milieu des eaux de la mer. Les atterrissements qui sont survenus, ayant consolidé le terrain, ont apporté dans le territoire de la contrée des modifications qui ont dû la rendre habitable. Les débris des montagnes de porphyre, roulés par les eaux, finirent par s'agglomérer, et formèrent ces poudingues qui constituent les terrains modernes de Fréjus. La mer, s'éloignant peu à peu, abandonna sur ses anciens rivages les débris de ses produits organiques, qui furent recouverts par d'autres terrains de transport.

L'inspection du pays fait donc voir, d'une manière précise, que le grand golfe de Fréjus est incessamment comblé par les atterrissements des montagnes qui l'environnent[1]. Ce mouvement, qui a lieu depuis les temps les plus reculés, marche rapidement, puisque, depuis les Romains jusqu'à nos jours, les terres ont gagné une longueur de 1050 mètres sur les eaux. Il est évident qu'il arrivera un temps où les deux caps de Saint-Raphaël et de Saint-Aigous seront la limite des terres, et où le golfe de Fréjus sera entièrement comblé.

L'eau étant très-rare à Fréjus, les anciens furent obligés d'amener dans la ville une dérivation de la rivière d'Argent, qui venait se jeter dans le port; ce canal prenait naissance au pont d'Argent. La grande voie Aurélienne le traversait, non loin du village du Puget; un pont, composé de trois arches, subsiste encore en cet endroit, mais le canal ne passe plus dessous; il a été détourné et coule maintenant au nord de la route d'Italie : c'est encore le seul moyen de procurer de l'eau à Fréjus. (Voy. la planche I.)

Il est probable que l'établissement de ce canal est antérieur à la construction de l'aqueduc. C'est de là qu'on tirait les eaux pour le service des thermes situés au sud-ouest de la ville. Les ruines de ces thermes, aujourd'hui transformées en métairie, sont situées au milieu d'une prairie peu élevée au-dessus du niveau de la mer. (Voy. planche I.) On remarque là un grand

[1] Voy. pl. I.

môle qui s'étend vers le nord dans une longueur de 160 mètres et qui tourne à angle droit vers l'ouest et vers l'est. Ce môle, destiné évidemment à repousser les eaux de la mer, prouve, d'une manière irrécusable, qu'elles inondaient tout ce terrain : en y creusant à la profondeur de 1 mètre, on rencontre aussitôt le sable marin et les eaux. Comme toute la plaine est de niveau avec le sol actuel du port, il est impossible que la mer ait touché ce môle sans avoir été baigner le pied de la colline de Fréjus; alors le môle formait une jetée au milieu de la mer, et le long mur qui est à son extrémité, défendait les navires contre le vent du sud-ouest. Ce môle d'équerre fermait la partie du port que l'on appelait ναύσ]αθμος, aujourd'hui la *darce*, et que l'on retrouve dans les ports de Civita-Vecchia (*Centum-Cellæ*) et d'Anzio (*Antium*). En descendant vers le sud, on rencontre un sol marécageux qui, cependant, tend toujours à se dessécher de plus en plus. L'embouchure du fleuve était jadis beaucoup plus près de l'entrée du port (*ostium*), mais l'exhaussement continuel des terres le repousse toujours vers les collines de Saint-Aigous; il existe encore une grande dérivation, qui porte le nom d'*Argent-Vieux,* et dont les eaux se perdent dans les sables en formant un étang au bord de la mer. L'autre bras, qu'on appelle le *Gros-Argent,* passe au nord de l'étang de Villepey, et forme, avec l'Argent-Vieux, un delta qui se dessèche chaque année davantage. Autrefois, celui-ci était inondé pendant l'hiver, au point qu'on y allait avec des barques; maintenant, les plus forts débordements de l'Argent n'atteignent pas son niveau.

Nous avons dit que les anciens connaissaient tellement l'inconvénient qui résulte de l'embouchure d'une rivière aux environs d'un port, que Vitruve recommande expressément d'éviter une pareille position. La construction du grand môle, et les deux murs qui tournent vers le sud-ouest près de l'entrée du port, ont été évidemment élevés pour éloigner les sables de la rivière et du torrent. Le port d'Aigues-Mortes s'est trouvé, dans un espace de temps beaucoup moindre, entièrement comblé par les sables charriés par le Vidourle, qui avait aussi son embouchure près de l'entrée du port : on sait que cette rivière est sujette, comme l'Argent, à des débordements fréquents.

Au pied de la colline de Saint-Aigous, qui est aussi éloignée de la mer que celle de Fréjus, on retrouve des conserves souterraines, qui paraissent destinées au service de la marine ; il y en a une semblable sur la côte de Saint-Raphaël ; mais comme en cet endroit rien n'a pu accumuler les sables, elle se trouve encore au bord de la mer.

DES MATÉRIAUX EMPLOYÉS PAR LES ROMAINS À FRÉJUS.

Quoique les anciens historiens ne nous aient conservé aucun vestige du nom de Fréjus antérieurement à la domination romaine dans la Provence, il est difficile de ne pas admettre que la fondation de cette ville remonte au delà de l'invasion de César. Si le témoignage de Tacite n'était pas suffisant pour appuyer cette opinion, l'étude seule du pays ne saurait manquer de la faire naître. Si les Romains n'eussent pas trouvé, en cet endroit, un établissement déjà formé par les Marseillais, on se demande en vain quel motif aurait pu les décider à choisir ce lieu pour y établir le principal port de toutes les Gaules, surtout quand on accepte l'opinion commune, qu'il a été entièrement creusé de mains d'hommes.

Fréjus, située sur le penchant d'une colline qui s'étend de l'est à l'ouest en suivant le rivage de la mer, se trouve privée des matériaux les plus nécessaires à la construction. Son territoire, entouré d'une chaîne de montagnes primitives, ne fournit aucune source un peu abondante. Vers le midi, il est borné par le fleuve d'Argent, dont les débordements désolent les environs sans que la ville puisse en retirer aucun bienfait. La colline sur laquelle Fréjus est bâtie est un terrain volcanique, stratifié par le grès rouge. Ces roches n'ont pu fournir aucune pierre d'appareil pour la construction de la ville; on a été obligé de tirer de fort loin les pierres de taille nécessaires pour quelques édifices. Tous ceux qui subsistent encore sont construits en moellons smillés et en béton.

1° *Le grès.* Les remparts de la ville sont bâtis avec des matériaux pris sur les lieux et aux environs. On y remarque le grès rouge, extrait des roches sur lesquelles la ville est élevée. La variété la plus répandue est un grès brun, renfermant des rognons de porphyre roulé. Cette qualité de pierre est tellement attaquable par la gelée, que, dans bien des endroits, le moellon a disparu, et le mortier forme des espèces de cellules.

L'amphithéâtre est construit avec la variété verte, extraite du pied des montagnes de Bagnols. Ce grès est beaucoup plus dur que le précédent; on en a employé des morceaux d'appareil pour l'entablement; mais les gradins étaient en grès de Fréjus. Le dallage des galeries et du pourtour de l'arène était en grès houiller, dur et à grain fin, qui doit avoir été tiré de la vallée du Rayran.

2° *Le porphyre rouge.* Il est extrait des montagnes de l'Esterelle et de Bagnols. Toute la chaîne du Vinaigre qui entoure le territoire de Fréjus est composée, presque en entier, de cette roche; elle présente peu de variétés. La montagne de l'Esterelle en renferme quelques gisements d'assez bel échantillon; il ressemble beaucoup au porphyre de Suède, mais, en général, il se trouve coupé en tous sens et comme délité, ce qui empêche d'en extraire des morceaux d'un volume un peu considérable. Les Romains l'ont toujours employé en moellon smillé dans la construction des aqueducs et du port. Le gisement des porphyres s'étend au delà de l'Esterelle, sur le revers du mont Vinaigre, jusqu'au bord de la Siagne; là commence le granit rose qui ferme tout le port de Cannes. En remontant vers le nord, on trouve les calcaires de Grasse, curieux par leurs nombreux fossiles.

3° *L'argilophyre ou porphyre décomposé.* Il se trouve en général sous les coulées de laves qui ceignent la base des montagnes de la Basse-Violette et qui s'étendent jusqu'à Fréjus. Cette roche est employée en petite quantité. On remarque, en suivant la côte, des roches porphyriques qui paraissent avoir entièrement été décomposées par les feux souterrains. Les deux rochers qui s'avancent dans la mer au devant du port de Saint-Raphaël, portent des traces évidentes d'un feu volcanique. Ces rochers sont de porphyre.

4° *Les laves.* Ces roches, très-abondantes dans le territoire de Fréjus, sont celles qui offrent le plus de variétés. Tout le revers nord de la colline sur laquelle la ville est bâtie présente des traces nombreuses d'exploitations de laves, tant anciennes que modernes. Dans cet endroit la lave offre un aspect spongieux, qui l'a fait rechercher par les Romains pour la composition de leurs bétons. Le grand môle du port, qui a 9 mètres d'épaisseur et 640 mètres de longueur, est entièrement formé d'un béton composé de débris de laves et de grès rouge; il est paremente en moellons de même espèce. Ce môle s'étend aujourd'hui parallèlement au rivage, et est éloigné de 1050 mètres de la mer. Jusqu'à présent il a été dit que les eaux arrivaient dans ce port par le moyen d'un canal;

mais comment, dans un canal d'une si grande étendue, ne reste-t-il plus un seul débris pour en marquer la place, lorsqu'on voit les deux môles conservés dans toute leur intégrité ? Pourquoi refuser de reconnaître que les atterrissements sont formés par les eaux de l'Argent et du Rayran réunies, qui ont leur embouchure vers la partie moyenne de la rade ? (Voy. pl. I.)

Il faudrait, pour résoudre la question, donner, dans l'enceinte du port, plusieurs coups de sonde.

Le second môle, parallèle à celui-ci, et qui tourne ensuite vers le nord, n'a que 360 mètres de visibles; il est probable qu'il s'étendait jusqu'à la citadelle de Jules César.

Les différentes variétés de laves offrent des spellites très-curieux, renfermant en abondance des cristaux de chaux carbonatée. La roche sur laquelle est construit l'amphithéâtre est l'endroit où ce phénomène est le plus fréquent; cependant, vers la petite montagne de Sainte-Brigite, on en trouve aussi de grands échantillons. Cette roche, extrêmement dure et assez semblable à la lave de Volvic, a été aussi employée par les Romains pour le pavage des rues de la ville; c'est encore aujourd'hui un des matériaux dont on se sert le plus souvent dans la ville moderne. Les trapps sont plus communs dans la vallée du Rayran et vers le pied de l'Esterelle: en général, cette roche, quoique très-dure, ne peut être utilisée qu'en petits fragments, à cause des fils qui la coupent en tout sens: les anciens ne l'ont employée qu'en moellons. Elle prend un beau poli, mais elle est d'un ton noir et terreux; on l'exploite aussi pour faire des bornes qui offrent une grande solidité. Vers 1796, on établit dans l'enceinte de l'amphithéâtre une exploitation à la mine pour le pavage de la grande route d'Italie: c'est ainsi que se sont trouvés détruits les derniers gradins taillés dans le roc. Encore aujourd'hui, on tire cette pierre d'une carrière qui a été ouverte dans le voisinage de la route. On trouve aussi dans la lave poreuse des rognons de trapp, qui paraissent d'une formation antérieure; la montagne des Adrets en fournit abondamment. On rencontre de ces fragments dans les ruines de Fréjus, qui paraissent avoir été employés comme pierres de fronde.

Le revers de la colline de Fréjus est baigné par le cours du Rayran, gros torrent qui coule du nord au sud, et qui va se jeter dans l'Argent un peu au-dessus de son embouchure. Le Rayran est alimenté par les versants des montagnes d'Esquine et d'Auriasque; il reçoit dans son cours deux autres torrents considérables: le Gargalon, remarquable par la belle rangée d'arcades qui le traverse pour porter à Fréjus les eaux de la Siagne, et le torrent de Contiguières, qui sort des montagnes de Bagnols. Le Rayran traverse dans son cours les terrains les plus variés, les calcaires de Maraus, les gneiss et les granits d'Escole, les terrains houillers de la vallée d'Esquine et les porphyres du Gargalon, qui viennent rouler jusqu'à Fréjus. Les paysans recueillent avec soin les pierres calcaires qui se trouvent dans son lit: c'est un des moyens de se procurer de la chaux à Fréjus.

Le sable du Rayran est fort estimé pour les mortiers; les Romains le préféraient à celui de l'Argent pour la confection de leurs bétons. Ce sable, formé par les débris de roches très-dures, est préférable, en effet, au sable boueux de l'Argent. Les cailloux roulés ont été employés principalement dans la conduite d'eau de l'aqueduc. On avait soin de les casser pour les rendre d'égale grosseur; les plus volumineux étaient posés en dessous et noyés dans le mortier; ceux d'un moindre volume formaient les murs latéraux du canal. Ces murs étaient d'abord couverts d'une couche de chaux et de charbon pilé, sur laquelle on appliquait un enduit de brique pilée et de chaux, de 3 ou 4 centimètres d'épaisseur. Jusqu'ici je n'ai pas pu me rendre raison de cette méthode de construire : je l'avais primitivement remarquée dans une construction souterraine, à la citadelle de Jules César ; j'avais pensé (d'après ce que dit Vitruve) que le charbon était destiné à intercepter l'humidité, et j'avais supposé que cette construction devait renfermer des grains ou des farines; mais, depuis, j'ai découvert les conduites d'eau dans la partie supérieure; en outre, j'ai retrouvé cette couche de charbon dans le grand réservoir des thermes et à l'aqueduc. On ne peut, au reste, supposer que ce charbon a été destiné à purifier l'eau, puisqu'il est recouvert par un enduit fort épais de ciment et de mortier. (Voy. plus haut, pag. 194.)

C'est ainsi que les Romains durent tirer parti des mauvais matériaux qui les entouraient, pour construire leurs monuments ; mais il leur manquait une chose de première nécessité : la chaux ne se trouve nulle part aux environs de Fréjus ; il fallait la faire venir de fort loin. On est conduit à croire qu'ils la tiraient des montagnes de Fayence, et qu'elle arrivait à Fréjus par l'embranchement de la voie romaine passant à Auriasque ; car il est certain qu'ils ne la faisaient pas venir du pays de Draguignan, qui la fournit aujourd'hui. En effet, on remarque dans leurs bétons des morceaux de calcaire qui ont échappé à la cuisson, et cette roche ne se retrouve qu'aux environs de Grasse et de Fayence : c'est une pierre blanche, compacte, qui produisait une chaux grasse, mais de bonne qualité. Rien n'indique qu'ils ont employé de la chaux maigre ou hydraulique. Le mortier du môle est composé de chaux grasse, de sable du Rayran et de pouzzolane, qu'ils tiraient probablement de *Centum-Cellæ* (Civita-Vecchia).

En suivant le cours de l'aqueduc, on rencontre, de loin en loin, dans la forêt, des traces des emplacements où l'on fit cuire la chaux qui servit à la construction ces places sont remarquables par les pierres calcinées qui les couvrent; le feu paraît avoir été très-violent, car on trouve des morceaux de grès et de porphyre entièrement vitrifiés. Les matériaux de l'aqueduc varient suivant la nature des roches qu'il traverse : ici, il est construit en grès houiller; plus loin, le porphyre entre seul dans sa construction, puis le grès rouge et le granit. Lorsque cet aqueduc traversait des régions où le gneiss compose seul les montagnes, pour obtenir une plus grande solidité, on intercalait des assises de grandes briques entre les assises de moellons. On remarque, dans d'autres endroits, plusieurs parties qui ont été restaurées de cette façon.

Les matériaux propres à la confection du mortier étaient déposés dans de grandes fosses carrées construites en maçonnerie; on en a retrouvé plusieurs : les unes contenaient de la chaux qui n'avait pas perdu toutes ses qualités, et les autres, du tuileau pilé.

Les terres cuites ont suppléé, en grande partie, à la disette de matériaux; cependant, on ne trouve aucun édifice qui en soit entièrement construit. On remarque un beau lit d'argile au pied de la citadelle de l'est; il est probable que les anciens en ont extrait de ce lieu. Les formes des briques sont extrêmement variées : on en compte plus de trente modèles. Un canal souterrain, découvert récemment dans le voisinage du port, est entièrement couvert par des briques plates, carrées, de 75 centimètres de côté, et de 75 millimètres d'épaisseur : ce sont les plus grandes briques que l'on connaisse. La cassure paraît indiquer qu'elles sont fabriquées avec des terres lavées; elles sont aussi bien cuites, dans leur intérieur, que celles qui n'ont que 3 centimètres. Dans le nombre de celles qu'on a déposées, on n'a pas trouvé de nom de fabricant.

La plupart de celles qui forment les assises horizontales, dans les murs des édifices, ont une surface d'un pied romain; ce sont les briques que les Grecs appellent πλίνθος.

L'amphithéâtre en présente de trois espèces :

Des briques carrées, de 25 millimètres d'épaisseur, formant les impostes des petites arcades;

De grandes briques de 45 centimètres de longueur sur une largeur de 30. Celles-ci portent le nom du fabricant : CASTORIS. A la citadelle d'Agrippa, on en trouve d'une dimension à peu près semblable, fabriquées par un certain L. Herennius : L. HERENN. Les variétés des tuiles sont très-nombreuses. La forme générale est un grand rectangle portant les deux bords relevés et une rainure au milieu, pour former un larmier. Les antéfix qui se plaçaient au devant des tuiles creuses de recouvrement étaient généralement fabriqués dans des moules; cependant, on en trouve qui paraissent modelés à la main.

Nous avons déjà fait remarquer que c'est à la rareté des pierres de taille que l'on doit la démolition des monuments de Fréjus. Les gradins de l'amphithéâtre ont été enlevés, en l'an 980, pour construire les tours de la cathédrale, sous l'épiscopat de Riculphe. Une de ces tours, démolie dernièrement, a permis de reconnaître un grand nombre de pierres qui avaient été employées par les Romains. C'est aussi au même motif que l'on doit attribuer la disette d'inscriptions et, par conséquent, de documents certains pour l'histoire de *Forum Julii*.

Quant aux restes des monuments construits en marbre, il

en sera question en parlant des matériaux employés en décoration.

La voie Aurélienne, qui traversait la Ligurie, passait par Antibes, et, à la hauteur de Cannes, elle se divisait en deux. Une branche montait vers le nord, passait vers l'endroit appelé *Horreum belli* (Auribeau), le bois d'Auriasque; l'autre branche suivait le bord de la mer et arrivait à Fréjus par la porte d'Italie, où on la retrouve encore. On la suit pendant plusieurs milles dans les montagnes de la Napoule, vers l'endroit appelé Aurel. Une borne milliaire se trouve encore en place au pied de la montagne de la Sainte-Baume: c'est la neuvième à partir de Fréjus. Cette borne est en grès, comme toutes celles que l'on a retrouvées. Le massif de la voie est composé d'un lit de pierres sèches, posées sur un sol uni. Sur ce lit de pierres sèches est un second lit de gros blocs de grès, de 45 centimètres de hauteur, unis ensemble par un mortier de chaux et sable. Vient ensuite une couche de béton de 93 centimètres de hauteur, composé de laves et de grès dur concassés. Dans les montagnes, ce sol est immédiatement recouvert par les pavés de granit et de porphyre extraits des environs de Cannes et de l'Esterelle. Lorsque le chemin passait sur des rochers, le sol était dressé, et l'on y posait la même hauteur de maçonnerie pour maintenir le pavé.

Le reste de la grande voie qui se trouve dans l'intérieur de la ville présente une surface composée de chaux blanche et de briques concassées; on n'a pas encore examiné les couches inférieures. Dans toute l'étendue de cette voie, on ne retrouve plus aucune trace des pavés.

Mais une fouille faite hors de la ville, au devant de la porte des Gaules, a mis à découvert le prolongement de la voie, construit ainsi qu'il a été dit ci-dessus. On la perd pendant environ un mille, pour la retrouver au pont dont'il a été parlé : elle suivait à peu près la même direction que la grande route actuelle allant à Aix. Entre Brignoles et Saint-Maximin, elle a servi de communication jusqu'à ces derniers temps.

On compte d'Antibes à Aix huit bornes milliaires, dont les inscriptions sont conservées : elles sont d'Auguste, Tibère, Néron, Antonin et Constantin.

DES MATÉRIAUX EMPLOYÉS POUR LA GRANDE DÉCORATION.

(On comprendra sous ce titre les revêtements, les colonnes et toutes les pierres portant moulure.)

1° Roches étrangères au pays.

Le marbre de Carrare. — La plupart des monuments subsistants, comme il a été dit, ont été construits en petits moellons, mais ils portaient des revêtements plus ou moins riches, qui cachaient aux yeux ces matériaux de peu de valeur. Le marbre de Carrare était le plus communément employé pour cet objet.

Les fouilles exécutées à l'amphithéâtre ont mis à découvert un revêtement de marbre qui couvrait toute l'étendue du *podium;* les dalles, épaisses de 15 centimètres, étaient posées de champ sur un socle de même matière, saillant de 4 centimètres, et retenues par des goujons de bronze qui sortaient de 12 centimètres. D'autres goujons de bronze traversaient le socle de part en part et étaient scellés en plomb dans le dallage en grès qui entoure le *podium;* nulles traces n'indiquent la manière dont les dalles étaient retenues dans la partie supérieure; mais il est probable qu'il existait de grands crampons de bronze scellés dans le mur du *podium*, et qui devaient se rattacher à la grille de couronnement.

Les deux portes du grand axe étaient fermées par des barrières de marbre, dont il a été trouvé de nombreux débris; tous les scellements, dans le dallage de la grande porte, subsistent encore et ont été mis à découvert par les fouilles. Parmi les marbres de Carrare blanc, employés dans les monuments de Fréjus, on distingue deux variétés : la première est le marbre compacte, employé généralement par les statuaires; la seconde est connue sous le nom de marbre pouf : cette variété est sujette à tomber en poussière par l'effet du froid; elle a été employée, dans le midi de la France, pour plusieurs monuments. On en retrouve dans les ruines du monastère de Lerins, construit dans le ve siècle; depuis ce temps, on a commencé à y renoncer; aujourd'hui, on ne l'emploie plus guère. En fouillant dans l'amphithéâtre, on rencontre souvent des revêtements d'un marbre gris et translucide, qui paraissent d'une espèce différente; mais une observation plus exacte fait apercevoir que ce marbre s'est trouvé dans des circonstances favorables pour réabsorber son eau de carrière. C'est ainsi que les marbres importés en France, et extraits nouvellement, présentent un aspect translucide et gris, qui les fait paraître d'une qualité inférieure; mais si l'on en fait sécher un échantillon dans un four, il devient aussi blanc que tous les autres.

Les droits établis à Marseille sur les carrares, étaient moindres pour cette prétendue qualité; mais, depuis que l'on s'est aperçu qu'en séchant il acquérait la blancheur du plus beau marbre, les droits ont été rétablis. Dans les ruines de l'édifice connu sous le nom de la porte d'Orée, on trouve un grand nombre de revêtements de ce marbre. Une grande piscine, découverte dans le voisinage, est parée de grandes dalles de 1 mètre 50 centimètres de long sur 60 centimètres de large. En général, il est à remarquer que tous les revêtements de l'amphithéâtre avaient une très-grande épaisseur; aussi, dans un temps dont le souvenir est perdu, avait-on établi un atelier de marbrerie dans ce monument pour en employer tous les revêtements; la grande quantité de recoupes que l'on trouve dans les fouilles ne permet pas d'en douter. D'ailleurs, on a rencontré des morceaux portant l'empreinte de plusieurs sciages, ce qui paraît démontrer que quelques-unes des dalles de revêtement ont été refendues pour être employées autre part. Le petit cloître de la cathédrale, construit par Arnulphe, évêque de Fréjus, est un des bâtiments pour lesquels ont été employés les marbres de l'amphithéâtre. Il est entouré d'un double rang de petites colonnes, qui n'ont que 23 centimètres d'épaisseur et 1 mètre de hauteur; elles sont d'une dimension telle, que les dalles du revêtement auraient pu les fournir.

Au théâtre, on rencontre des débris de marbres d'une grande épaisseur, qui paraissent avoir décoré le pourtour de l'orchestre et le *proscenium*. Les fouilles faites pour les fondations de l'hôpital ont fait reconnaître l'emplacement d'un édifice construit tout en marbre. On a extrait, d'une profondeur de 5 mètres 50 centimètres, deux grands morceaux d'entablement portant frise et architrave en un seul bloc, de nombreux débris de chapiteaux et des fragments de statues qui paraissent avoir été brisées à dessein en très-petits morceaux; enfin, on y a découvert deux morceaux de fûts de colonnes, qui indiquent une grande richesse dans cet édifice.

Dans les fouilles du *stoa* (à la porte d'Orée), on a trouvé un grand chapiteau ionique appartenant à l'ordre qui ornait ce monument et des débris de colonnes, qui prouvent que le marbre décorait avec profusion les édifices de la ville.

Le marbre gris veiné a également été employé dans la décoration des édifices. On rencontre beaucoup de petites moulures d'intérieur faites de ce marbre, des chambranles de porte et de petites corniches, mais il a principalement servi pour les colonnes des grands édifices. A la porte d'Orée, on en a trouvé de nombreux débris, provenant du même ordre ionique dont nous venons de parler; on en voit aussi, dans plusieurs endroits de la ville, qui servent de bornes.

Brèche. — Les fûts de colonnes trouvés dans les fouilles de l'hospice sont de belle brèche africaine verte, tachée de rouge et de blanc. On sait que la dureté de cette roche égale sa beauté[1]. Il est probable, d'après les débris que l'on rencontre en cet endroit, que l'on se trouve sur l'emplacement d'un temple. Cependant, on n'a découvert aucune inscription qui pût en donner la certitude.

Au-dessous de la ville, vers la route de Saint-Raphaël, on voit un fût de colonne qui a été reconnu pour du véritable campan; ainsi les plus grandes difficultés n'effrayaient pas les anciens lorsqu'il s'agissait du luxe des édifices. Cependant, Fréjus n'était qu'un lieu militaire (*navale Cæsaris Augusti*), plus célèbre par son port et ses fortifications que par ses monuments somptueux. Si à ces marbres on ajoute quelques débris de jaune de Macédoine et de grand antique, on aura toutes les variétés tirées des pays étrangers pour la décoration de Fréjus.

---

[1] Il s'agit de la brèche universelle (*la breccia verde d'Egitto*), qu'on n'a rencontrée, jusqu'à présent, que dans les déserts qui séparent la mer Rouge de la Thébaïde; c'est de cette précieuse matière qu'est fait le grand sarcophage égyptien, extrait par les Français, au commencement de ce siècle, d'une ancienne mosquée d'Alexandrie.

(*Note de l'Éd.*)

2° Roches du pays employées pour la décoration.

Le grès. — Le grès a été employé pour des fûts de colonnes et des entablements. On a trouvé dans les fouilles de l'amphithéâtre plusieurs blocs, portant architrave et frise, en grès de Bagnols; la corniche, formant une assise à part, a aussi été retrouvée. La courbe du parement est rentrante, d'où il suit que le couronnement était tourné vers l'arène: on a donc lieu de croire qu'il faisait partie d'un portique placé dans la partie supérieure de l'édifice; cela est d'autant plus probable que l'amphithéâtre n'avait pas de portique extérieur pour mettre les spectateurs à couvert en cas de mauvais temps.

La pierre calcaire. — La rareté de la pierre calcaire dans ce pays, l'a fait mettre au nombre des matériaux propres à la décoration. Les colonnes qui portaient l'entablement trouvé dans l'amphithéâtre sont faites du calcaire de Fayence. C'est une roche très-blanche et très-compacte, et qui n'est pas sans qualités. Aux thermes, on a trouvé des fûts de colonne de cette même matière; elle a aussi été taillée en petits cubes pour la confection des mosaïques.

On a trouvé dans l'amphithéâtre un chapiteau de pierre d'Arles; cette roche, qui est aussi dure que celle de Fayence, est cependant plus facile à travailler: elle est moins cassante et plus moelleuse. Elle renferme dans sa substance quelques parties cristallines qui nuisent à son poli; cependant, encore aujourd'hui, on l'emploie pour la décoration. Les chapiteaux de la chapelle de Saint-Mandrier, à Toulon, sont formés de cette même pierre.

Il existe un débris de frise en pierre calcaire, qui a été découvert en 1820. Ce morceau provient d'un petit édifice circulaire; il est décoré d'une tête de taureau en bas-relief, dans le même style que celui de la frise du temple de Tivoli.

On trouve aussi quelques fûts de colonnes d'un calcaire verdâtre, dont la surface blanchit à l'air. Ce calcaire est extrait des carrières des environs de Calian, département du Var.

Le marbre d'Empus. — Les carrières d'Empus, à l'ouest de Draguignan, qui sont encore exploitées aujourd'hui avec avantage, ont fourni des marbres aux anciens habitants de Fréjus; mais les débris que l'on en rencontre ne paraissent provenir que de dalles de revêtement.

Rien n'indique qu'on en ait tiré des fûts de colonnes. Ce marbre, d'un beau ton jaune avec quelques veines violettes, peut remplacer, avec avantage, le jaune de Sienne. La facilité de l'exploitation permet de le donner, à Draguignan, à 400 fr. le mètre cube. Le mètre carré de dalles, de 5 centimètres d'épaisseur, coûte 30 francs, et le mètre carré de parement poli se fait pour 9 à 10 francs. Il est d'une dureté moyenne et se travaille facilement.

Les granits. — C'est une opinion qui a longtemps passé pour constante, que les monuments de granit gris, que l'on découvre dans les anciennes villes de la Provence, avaient été tirés de l'Égypte par les Romains. La tradition, qui rappelait qu'une foule de monuments de la grandeur égyptienne étaient venus décorer les cirques et le champ de Mars, ne permettait pas même d'examiner si les carrières de France produisent ces roches indestructibles, qui ont transmis jusqu'à nous les travaux des âges les plus reculés: les obélisques découverts dans le cirque d'Arles, les colonnes qui décorent le baptistère d'Aix, ont été classés parmi les nombreux trophées que Rome avait rapportés d'Égypte, et cette opinion, une fois établie, n'a pas été soumise à la moindre investigation. Cependant, les roches granitiques découvertes dans les montagnes qui bordent le cours du Rhône, ont commencé à soulever le voile; on a regardé comme possible, que les Romains eussent porté le ciseau dans ces montagnes. Il est vrai que la comparaison des granits romains avec ceux de l'Ardèche laissait entrevoir quelque différence; les monuments d'Arles, d'Aix, de Riez et de Fréjus sont d'ailleurs d'une syénite d'un noir violâtre, d'une pâte fine et homogène, qu'on ne retrouve pas dans les granits de l'Ardèche : mais ces roches ne sont pas les seuls gisements qui ont pu présenter aux anciens des exploitations avantageuses. Près du village de Callas, département du Var, on rencontre un banc granitique qui s'étend jusque vers Pennafort. C'est là que se trouvent les traces les plus irrécusables d'une exploitation ancienne. Les syénites que produit la montagne sont identiques avec les principaux restes en granit que l'on rencontre à Fréjus; savoir, huit colonnes de 3 mètres de hauteur, employées dans le baptistère, et plusieurs débris et fûts servant de bornes dans différents endroits. Les colonnes de Riez, qui sont d'une dimension beaucoup plus forte, sont tirées des mêmes carrières. Toutefois, les débris que l'on connaît jusqu'à présent ne sont pas en rapport avec l'exploitation considérable qui a eu lieu et dont on distingue les traces dans la montagne. Une colline du voisinage est entièrement formée de recoupes de ces roches, et, loin que les anciens aient importé du granit dans ces contrées, il est plutôt probable qu'ils en ont extrait pour l'envoyer même jusqu'à Rome, où il est regardé aujourd'hui comme du granit égyptien.

Les plus gros fûts de colonnes que l'on remarque dans les ruines de Fréjus, ne dépassent pas 5o à 6o centimètres de diamètre; mais, à Arles, on rencontre des colonnes beaucoup plus grosses.

Les granits ont été employés partout en dallage et en revêtement; on en voit des fragments qui n'ont pas plus de 2 centimètres. On ignore pour quels monuments ils ont servi. Dans la partie de la voie romaine située à l'est de Fréjus, on voit quelques pavés d'un granit verdâtre, dont les gisements n'ont pas été retrouvés; il est probable qu'il est tiré des montagnes de la Napoule ou des environs de Cannes.

Porphyre. — De tous les matériaux précieux dont les Romains ont enrichi la ville de Fréjus, il n'en est point qui puisse soutenir la comparaison avec les porphyres bleus qui ont été employés dans plusieurs monuments.

Sur le grand môle et dans le môle du nord, on trouve, encore en place, d'énormes colonnes qui ont servi à amarrer les navires. Les traces de scellement de quatre anneaux de bronze témoignent que tel était leur principal usage. Les anneaux n'existent plus, mais on reconnaît les trous de scellement et le point sur lequel ils venaient frapper. Ils devaient avoir 24 centimètres de diamètre.

Ce porphyre, d'un ton gris bleu tacheté de blanc, était généralement regardé comme du granit d'Égypte. Rien n'indiquait que les carrières fussent dans le voisinage de la ville. Les étrangers qui visitent Fréjus en emportaient des échantillons comme d'une roche très-rare, dont le gisement était inconnu : des observations faites à la hâte et des renseignements recueillis sur ouï-dire sont peu propres à éclaircir des questions mal étudiées; l'étude de la géologie du pays pouvait seule donner quelques notions positives.

Les anciens ont employé ce porphyre dans d'autres endroits que dans le port. On trouve quelques fûts de colonnes d'un diamètre moindre que les amarres du môle.

Un bloc parallélipipède de cette matière, qui se trouve

dans un égout à l'ouest de la ville, paraît provenir d'un morceau d'architrave; on en rencontre aussi quelques débris sans forme dans les murailles qui environnent le théâtre. Il a été employé comme dallage ou comme revêtement. L'on trouve aussi quelques débris de très-petite dimension, mais on ignore de quels édifices ils proviennent.

La beauté et la dureté de cette roche, qui offre une solidité à toute épreuve pour les dallages des monuments publics, faisaient regretter de n'avoir aucune donnée sur la position des carrières qui l'ont fournie. C'est en vain que je les avais cherchées en 1828; cependant, j'avais lieu de croire qu'elles existaient dans le pays et non loin de la ville; car, en côtoyant la mer du côté de l'est, j'avais reconnu quelques galets de porphyre identique avec l'objet de mes recherches. De nouvelles courses, faites en 1839 dans cette direction, produisirent un résultat satisfaisant. A un myriamètre environ à l'est de Fréjus, je commençai à rencontrer quelques indications de ces roches dans les cailloux roulés d'un torrent qui prend naissance dans les petites montagnes de Caus.

Ce groupe paraît, de loin, ne devoir renfermer que des roches tendres; en effet, on n'y remarque pas ces déchirements et ces pics saillants que l'on rencontre à l'Esterelle et dans la Sainte-Baume; leurs sommets arrondis sont loin de déceler la dureté de la roche qui les compose.

Le gisement des porphyres couvre plusieurs kilomètres carrés, mais tout n'est pas propre à l'exploitation; la formation de la roche a suivi une marche constante de dégradation dans le volume des éléments dont elle se compose. Les premières roches que l'on rencontre, à l'ouest, sont composées de cristaux très-volumineux de quartz et de feldspath. La partie grise, quoique également dure partout, ne présente ici aucune force de cohésion, parce que les cristaux de feldspath, qui ont jusqu'à trois centimètres de longueur et qui sont excessivement abondants, détruisent, lorsqu'ils viennent à se décomposer, toute l'agrégation de la roche; elle passe alors à l'état de kaolin : ce kaolin pourrait être employé utilement dans la fabrique des porcelaines communes.

La présence de l'amphibole lui ôte une partie de sa pureté; peut-être, par des cavages bien dirigés, pourrait-on l'obtenir pure. Les eaux pluviales, en lavant la surface de la roche décomposée, entraînent dans les torrents les cristaux de quartz dodécaèdre, plus ou moins intacts; avec un peu d'attention, il serait facile d'en recueillir une grande quantité.

Le gisement suit le bord de la mer depuis l'endroit nommé les *Caus* (*Cahous*) jusqu'à la grande rade d'Agay (*Agathon* de Ptolémée); en suivant la côte, on rencontre le torrent de Bouleric[1], qui conduit droit aux carrières exploitées par les anciens.

En avançant de l'ouest à l'est, on remarque que les éléments du porphyre diminuent d'une manière sensible. Bientôt les cristaux de feldspath ne présentent plus qu'une longueur d'un centimètre dans la hauteur du rhomboïde. Il est remarquable que les cristaux de quartz suivent la même dégradation. La couleur de la roche est constante; c'est une pâte bleu turquin, bardée de cristaux de feldspath blanc, de quartz hyalin et d'amphibole.

Là on découvre la première carrière exploitée par les Romains. Elle est ouverte dans une roche qui présente des cristaux de grande dimension, à mi-côte d'une petite montagne qui s'abaisse dans le torrent de Bouleric. Elle se trouve

---

[1] A 8,000 mètres à l'est de Fréjus. Voy. pl. Ire.

à 750 mètres environ de la mer et seulement à 65 mètres au-dessus de la surface des eaux.

En remontant le torrent, on se trouve dans une vallée qui s'élargit tout à coup; elle est environnée de petites montagnes, dont la plus haute n'a pas plus de 350 mètres au-dessus du niveau de la mer.

Au milieu de la vallée, on voit une bastide où demeure le métayer qui dirige la culture de la vallée. La bastide est à 90 mètres environ au-dessus du niveau de la mer, et les carrières sont à mi-côte de la montagne du grand Deffends.

C'est là que se trouvent les plus grands restes d'exploitation. Trois carrières sont encore dans l'état où les anciens les ont laissées. Le porphyre était exploité par banquettes et à la trace; on remarque, dans le roc taillé à pic, les rainures pratiquées pour enlever le bloc. Elles se traçaient à la masse et au poinçon, suivant une pente de 50 degrés; lorsque l'ouvrier était arrivé au bas de la roche, il reprenait dans un sens opposé, ce qui formait sur la pierre de grandes hachures en épi ou en arêtes de poisson.

On trouve encore, dans la première des trois carrières, deux blocs parallélipipèdes, ébauchés et prêts à être enlevés; ils sont dégagés des quatre côtés qui tenaient à la roche par des rainures profondes de 35 à 45 centimètres, et larges de 25 centimètres. Pour enlever entièrement ces blocs, il serait seulement nécessaire de les séparer du plan horizontal par le moyen d'une entaille à la masse et au poinçon; on les détacherait ensuite à l'aide de coins. Ces blocs, qui ont 7 mètres de long sur 80 centimètres de hauteur et 80 centimètres d'épaisseur, paraissent avoir été préparés pour des fûts de colonnes. Comme les terres supérieures et les recoupes couvrent tout le sol, il n'est pas certain que ce soient les seuls blocs qui aient été préparés. En général, les couches supérieures ont des fils et des gerçures qui ont exigé un grand travail pour arriver au cœur de la montagne ; mais si, par la suite, on désirait rétablir en ces lieux une exploitation, on ouvrirait facilement une nouvelle carrière par le moyen de la poudre.

Dans cette partie, les cristaux de feldspath sont d'un plus petit volume ; ils sont plus intimement liés avec la pâte du porphyre, de sorte que la roche présente une égale solidité pour les masses et pour les éléments. Dans le porphyre à gros cristaux, au contraire, quoique la masse de la roche soit très-dure, la pierre s'écrase facilement quand on en sépare un éclat, parce que les cristaux se détachent de la pâte.

Dans la seconde carrière, il paraît qu'on extrayait principalement des blocs cubiques pour les dalles et revêtements ; plusieurs blocs, de 60 à 80 centimètres, se trouvent encore au chantier ; il en est même qui paraissent avoir été abandonnés au milieu du chemin ; on en rencontre, de distance en distance, dans toute la longueur du vallon jusqu'à la mer ; ils sont tous percés de ce trou de quatorze centimètres sur six, pratiqué à la louve, que l'on rencontre dans toutes les pierres travaillées par les Romains. Les blocs qui étaient destinés à être refendus portent le trou de la louve sur la face la moins large.

Il est probable que de vastes ateliers étaient établis dans cet endroit même, car on voit un grand nombre de débris de briques, d'amphores et de tuiles. Le porphyre n'était pas seulement exploité pour des dalles et des colonnes : on a trouvé des petits autels, des vases, des cubes ébauchés ; malheureusement, tous ces objets ont été brisés pour être employés dans la construction de la bastide dont j'ai parlé.

Il est probable que les ouvriers travaillant à l'exploitation de ces carrières étaient des esclaves et des condamnés. Les débris de vastes magasins que l'on trouve dans la vallée ont sans doute servi de demeure à ces ouvriers. On remarque, près des blocs qui sont encore en place, de petits trous de scellement qui ne paraissent pas destinés à l'exploitation. Ces trous servaient peut-être à retenir les chaînes auxquelles étaient attachés tout le jour les malheureux chargés de ce pénible travail.

Chez les Romains, le supplice des carrières était infligé aux grands criminels; car lorsque Constantin abolit les jeux de l'amphithéâtre, il ordonna, par un édit daté de Buthrote en Épire, que l'on transportât dans les carrières les hommes condamnés aux bêtes.

Il ne reste plus de traces du chemin que parcouraient les blocs qui devaient être embarqués; il y a lieu de penser qu'ils étaient charriés à mi-côte, dans le pourtour de la vallée, pour aller gagner ensuite la rive gauche du torrent. La petite baie de Bouleric servait aux embarquements.

Quelques éboulements qui sont survenus dans la deuxième carrière empêchent de voir à quelle profondeur elle s'étend; mais il est certain que, pendant un temps, les exploitations ont été très-considérables, si l'on en juge par les collines environnantes, qui sont toutes composées de recoupes.

La troisième carrière, la plus éloignée de la mer, se trouve à une distance de 1,700 mètres du rivage; le terrain a une pente moyenne de 8 centimètres.

Cette carrière porte les traces d'une exploitation qui diffère de celle des deux autres; des excavations qui ont laissé une empreinte cylindrique dans le rocher annoncent qu'on en a tiré des colonnes : les masses ébauchées dans la roche sont cylindriques et non en parallélipipède; les traces sont inclinées à l'horizon de 28 degrés; on n'en connaît pas la longueur, parce qu'elles se prolongent dans la terre.

C'est le porphyre de cette carrière qui a produit toutes les amarres qu'on voit dans le port, et toutes les colonnes que l'on connaît à Fréjus.

La quatrième carrière au sud, qui fournit du porphyre noir solide, ne peut avoir servi que pour la décoration; on ne connaît rien à Fréjus qui en ait été fabriqué.

La variété qui se trouve en ce lieu à la surface du sol, en rognons plus ou moins gros, mais qui compose toute la côte depuis Bouleric jusqu'à Agay, offre, dans sa cassure, des éléments qui se confondent presque au premier coup d'œil avec du granit. Il n'existe pas de carrières pour l'exploitation en grand de ce porphyre, parce qu'en général il se trouve coupé par des fissures qui en rompent la continuité. D'ailleurs, il ne serait pas préférable au granit et il est d'un travail beaucoup plus difficile. On s'est contenté de l'employer pour le pavage de la voie romaine.

Ce porphyre n'est pas sujet à se décomposer comme celui qui contient de gros cristaux ; il se trouve, en partie, recouvert par les grès rouges et les trapps qui bordent la côte.

La vallée du Petit-Caus offre en même temps d'autres minéraux intéressants. Les deux petites montagnes au nord-est ont leurs sommets composés de calcaire primitif posant sur le porphyre. La montagne qui est le plus au nord contient un filon de fer oxydulé qui paraît s'étendre assez loin. Le terrain volcanique se retrouve en cet endroit comme sur toute la côte de Fréjus.

L'étendue des exploitations établies dans ces montagnes devait faire présumer que les anciens en avaient extrait des porphyres pour les employer dans d'autres villes. En effet, les restes de monuments que l'on trouve à Fréjus ne sont pas assez nombreux pour faire croire que ces carrières n'ont servi qu'à la seule colonie de Fréjus. On voit ici les traces de cinq ateliers qui ont été en pleine activité, sans compter ceux qui se trouvent sur le revers de la montagne et qui ont été abandonnés anciennement, sans doute à cause de la profondeur à laquelle on était parvenu.

A la vérité, dans les autres villes de Provence, je n'avais trouvé aucun fragment de ces porphyres, et je ne pensais pas qu'il fût possible qu'on en eût exporté hors du territoire des Gaules. Mais, de même que la Grèce et l'Égypte avaient été mises à contribution pour orner la métropole de l'empire, la Provence le fut à son tour, et ses richesses minéralogiques vinrent augmenter le luxe de Rome.

La facilité d'embarquer les blocs n'était pas considérée comme de peu d'importance dans l'exploitation des carrières: les anciens surent toujours faire concilier cet avantage avec la qualité des matériaux. Les rives du Nil, les îles de la Grèce, les montagnes du Pentélique furent exploitées autant à cause de leurs abords faciles qu'à cause de la richesse des marbres qu'elles produisaient.

Les anciens, qui avaient appris à accommoder à leurs constructions tous les matériaux que leur fournissaient les pays conquis, ne destinèrent jamais à l'exportation que les roches voisines des grands fleuves et de la mer. C'est toujours dans cette situation qu'on doit rechercher les carrières antiques des roches qui n'ont point été employées sur place.

Le petit golfe qui se trouve à l'extrémité du vallon de Bouleric leur donnait toutes les facilités pour le transport des porphyres de Fréjus en Italie.

Les chefs chargés de l'exploitation de ces carrières pouvaient demeurer également à *Agatha* ou à *Forum-Julii*; il en est de même des bâtiments destinés à les exporter, le port d'Agay étant aussi voisin du lieu d'exploitation que celui de Fréjus.

J'emportai en Italie des échantillons des granits de Riez et des porphyres de Fréjus, afin de les comparer aux roches de même nature que je rencontrerais à Rome, sans me flatter cependant de les y retrouver employées dans les anciens monuments; mais, après quelques recherches, j'eus la satisfaction de découvrir un grand nombre de fragments de porphyre de Fréjus.

Agrippa ayant été quelque temps gouverneur de la Narbonnaise, et ayant fait d'importants travaux dans ce pays, eut sans doute une connaissance exacte des produits géologiques de toute cette contrée. C'est à lui qu'on doit attribuer la première exploitation des porphyres de Fréjus, puisqu'on en retrouve dans les constructions du port. Il songea sans doute à enrichir la métropole du fruit de cette découverte, d'autant que le luxe des matériaux commençait à devenir extrême dans la ville de Rome, et que, parmi les tributs des conquêtes, on estimait surtout les marbres rares et les pierres inconnues.

Je retrouvai d'abord un fût de colonne de porphyre gris, servant de borne à l'angle du palais du Quirinal et de la place de Monte-Cavallo.

J'en retrouvai un second fragment du même diamètre à l'angle de l'église de la Minerve.

Enfin, dans le musée du Vatican, j'en retrouvai une colonne de 8 pieds et demi de haut, dans la petite cour octogone.

Ce porphyre est connu des sculpteurs romains sous le nom de *granito morviglione* (à taches de petite vérole); on le regarde comme venant d'Égypte. Le savant avocat Cardi (*Delle pietre antiche*, 126) le regardait comme le *lapis memphites* de Pline.

Voici la description qu'il en donne :

« Il y a beaucoup de porphyres différents du porphyre proprement dit, et de ceux que l'on appelle serpentins ; ils ressemblent à ceux-ci par la forme des cristaux; leur couleur est toujours grise, mais tantôt claire, tantôt obscure. Pline (liv. XXXVI, ch. VII) les appelle *tephrias*. Les carrières étaient presqu'en face de Memphis, ville d'Égypte, d'où ils prirent leur premier nom, et cet auteur les décrit ainsi : « Parmi les ophites, « il y a une espèce qu'on vante beaucoup, celle qui s'appelle « *tephria;* elle est de couleur de cendre, et elle s'appelle aussi « *memphites,* du lieu près duquel on la trouve. » Cette roche a été classée par Pline parmi les ophites, parce que les cristaux parallélogrammes et croisés ont quelque ressemblance avec la peau des serpents; mais, du reste, elle est dure, puisqu'on s'en servait pour faire des mortiers. Les deux vases de cette matière qui sont au musée du Vatican, dans la galerie des Candélabres (n°s 1622 et 1667), sont uniques. »

M. Cardi fut bien étonné lorsque je lui dis que nous en possédions en France un gisement de quatre lieues carrées.

Plus tard, j'en remarquai une colonne d'une seule pièce de 31 pieds de haut, servant à décorer la chapelle Saint-Grégoire, dans l'église de Saint-Pierre.

Ceci semble prouver que les anciens Romains ont employé avec profusion les porphyres de Fréjus dans la décoration de la métropole.

En 1829, j'en envoyai plusieurs échantillons à la direction des travaux publics de Paris.

Tels sont les matériaux employés par les anciens dans la ville de Fréjus. On pourrait en grossir la nomenclature par plusieurs espèces de marbres dont on retrouve quelques fragments, tels que le vert de mer, le grand antique, le bleu turquin, etc.; mais ces marbres ont été employés en si petite quantité, qu'à peine on peut en réunir quelques échantillons.

Le cipolin, qui se trouve parmi ces débris, pourrait bien être aussi un marbre de la contrée; les roches talqueuses de Saint-Tropez doivent en recéler quelques gisements.

On ne trouve aucune trace, dans les monuments romains, de l'emploi de la serpentine qui se rencontre aux environs de cette dernière ville. La mode ne commença à s'en répandre que sous les comtes de Provence : à cette époque, les maisons des gentilshommes en étaient décorées. Cet usage finit par devenir un apanage de la noblesse, et il se perpétua jusqu'à ce que la Provence fût réunie à la France.

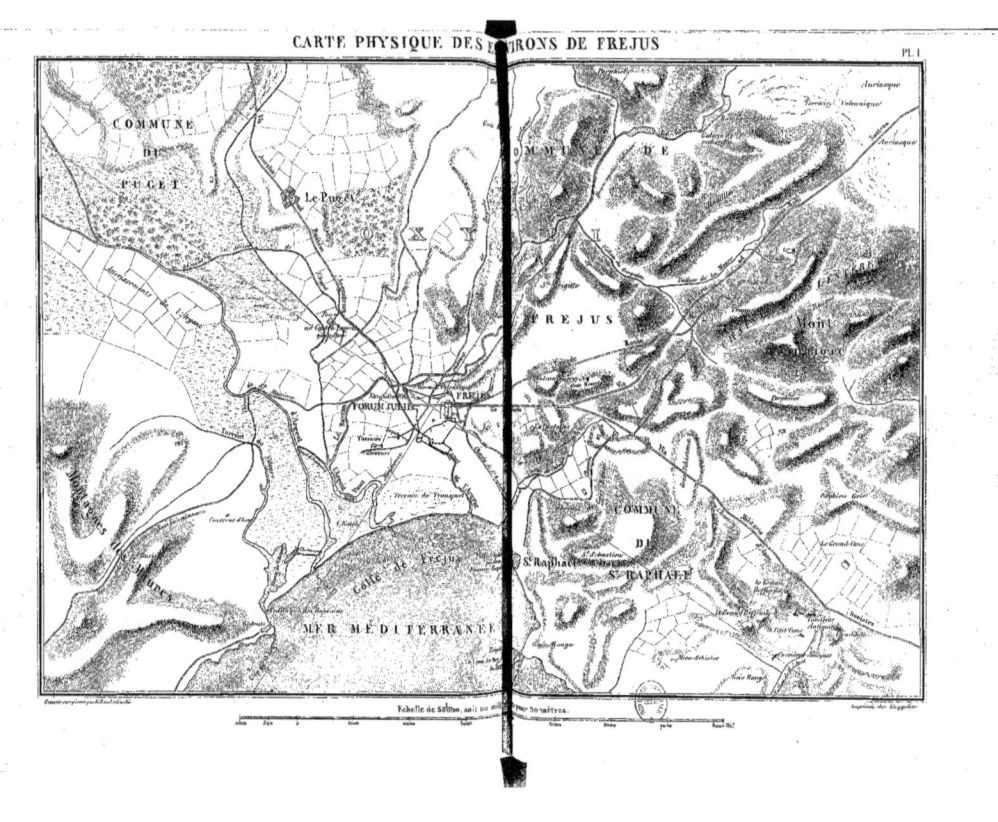

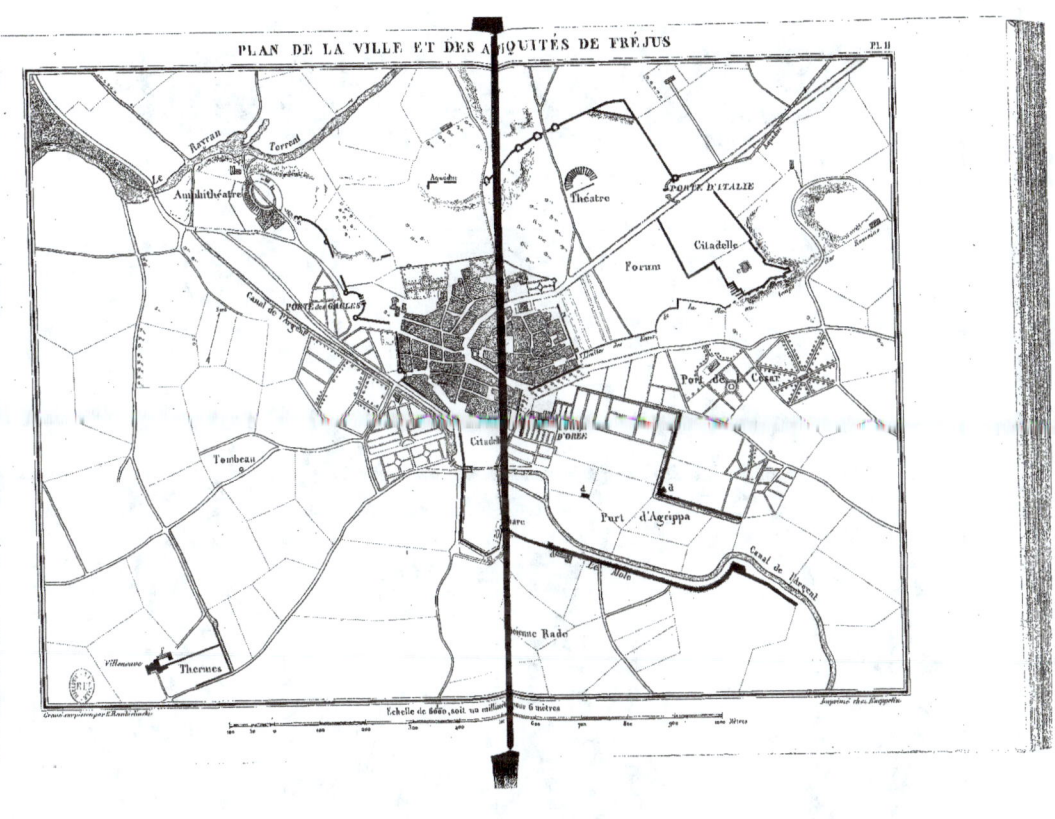

FRÉJUS

Fig. 4. Amphitheatre Restauré
Coupe sur CD

Fig. 3. État actuel de l'Amphitheatre
Coupe sur AB

Fig. 2.   Fig. 5.   Fig. 1.

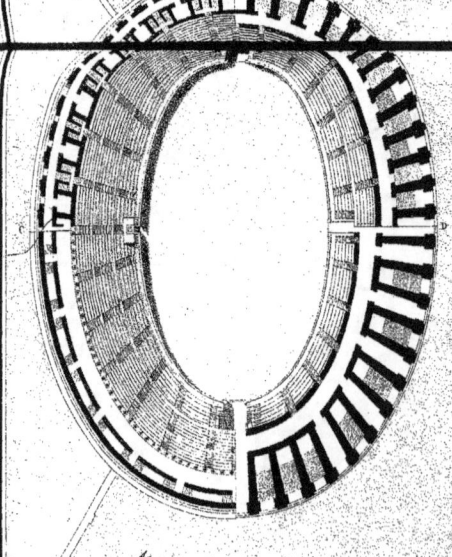

Amphitheatre Restauré

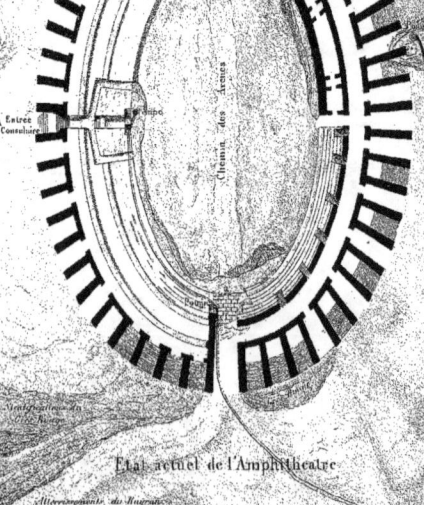

État actuel de l'Amphitheatre

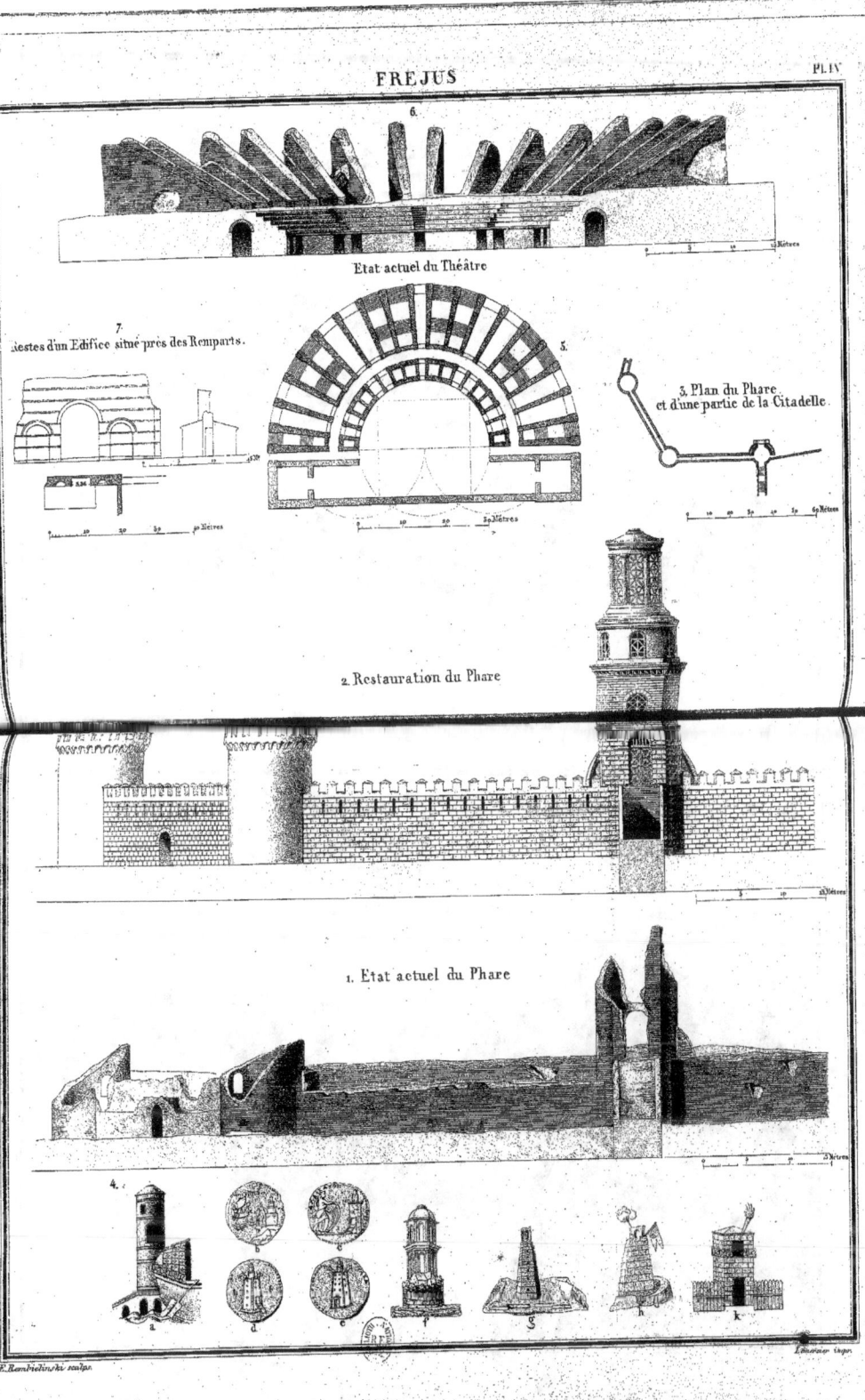

FRÉJUS

Pl. V

6. Les Thermes (Coupe sur EF)

5. Les Thermes (Coupe sur CD)

4. Les Thermes (Coupe sur AB)

3. Plan des Thermes

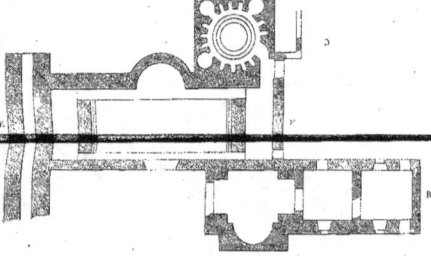

Le Port et la Citadelle

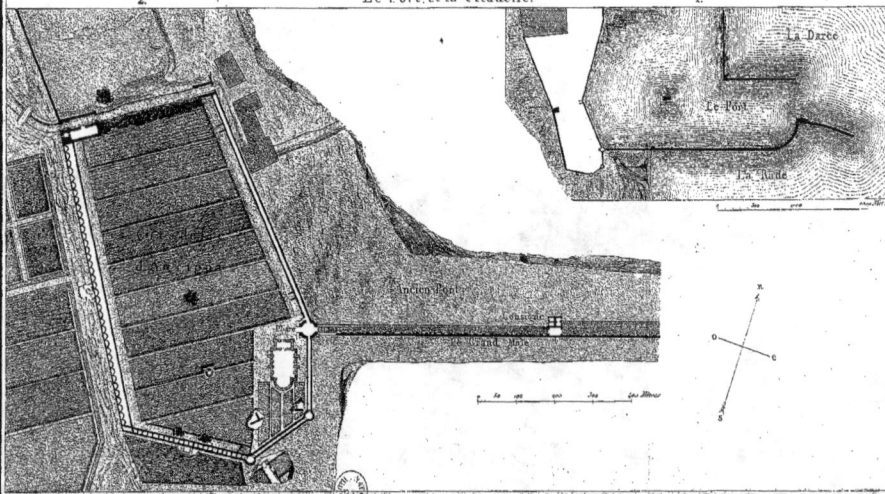

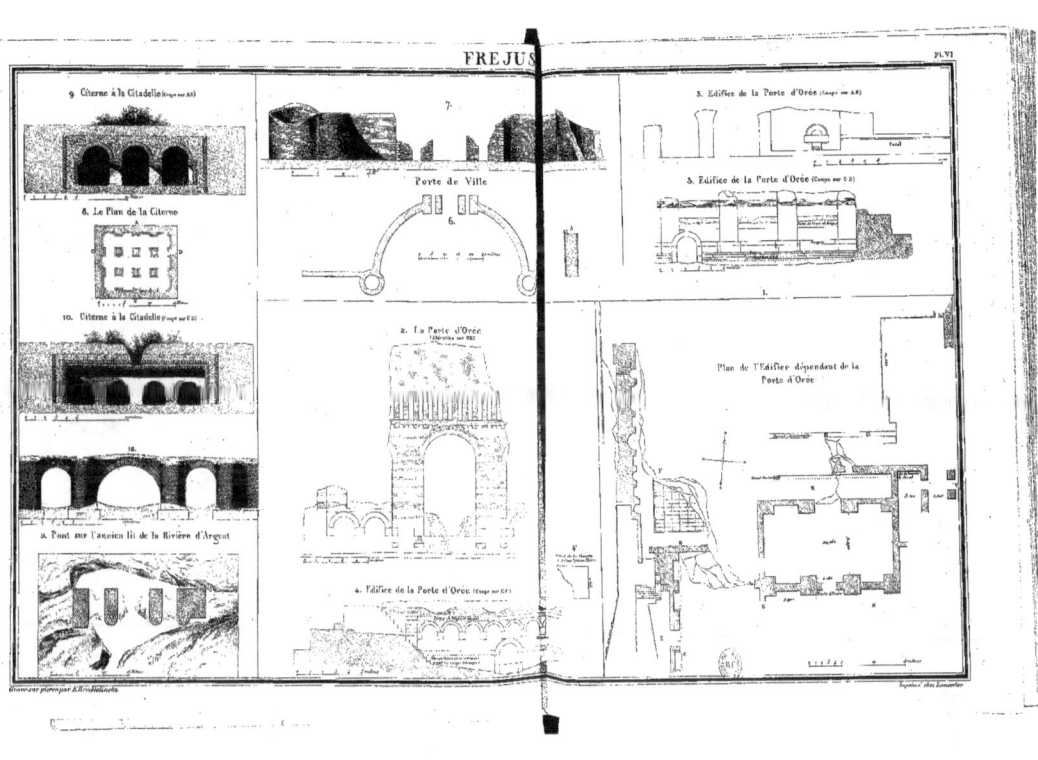

EXPLICATION DES PLANCHES.

PLANCHE Iʳᵉ.

CARTE PHYSIQUE ET TOPOGRAPHIQUE DES ENVIRONS DE FRÉJUS, À L'ÉCHELLE DE 1 POUR 50,000.

Cette carte a été dressée dans le but de bien faire connaître le système des eaux du territoire de Fréjus.

La ville fut primitivement fondée à la pointe d'un cap qui commandait deux vallées, celle du Rayran et celle de l'Argent. Les terres charriées par ces deux rivières ont peu à peu comblé le fond du golfe.

Toute la topographie a été relevée au moyen d'une triangulation à la boussole, repérée sur un jalon de Cassini, qui existe encore, sous forme de pyramide quadrangulaire, au sommet de la montagne de Sainte-Baume, l'un des mamelons du mont Vinaigre.

Depuis l'année 1828 où ce travail a été fait, les connaissances géologiques ont fait de notables progrès. On doit considérer comme trachytes tous les terrains qui sont notés, dans cette carte, comme porphyres rouges.

PLANCHE II.

PLAN DE LA VILLE ET DES ANTIQUITÉS DE FRÉJUS, À L'ÉCHELLE DE 1 POUR 6,000.

L'ensemble de cette planche comprend, avec la ville moderne de Fréjus, la totalité des monuments et murs romains de l'ancienne ville de *Forum Julii*.

La ville moderne occupe la cinquième partie du territoire de l'ancienne. Toutes les constructions teintées en noir sont antiques.

L'amphithéâtre était contigu au mur d'enceinte, comme l'*amphitheatrum castrense* à Rome. La disposition particulière de la défense des portes est très-remarquable; on en rencontre peu d'exemples en France ou en Italie.

Le pourtour des murailles a été relevé par une triangulation à la boussole, d'après une base tracée entre la *porte des Gaules* et la *porte d'Italie*.

Ce plan fait parfaitement comprendre la disposition respective des divers édifices. La tour, que l'on regarde comme l'ancien phare, était placée sur une terrasse que forme la citadelle du sud.

a. Porte d'Orée.
b. Cathédrale.
c. Citerne.
d. Consignes.
e. Exèdres.
f. Conserves d'eau.

PLANCHE III.

L'AMPHITHÉÂTRE.

Échelle des plans, 1 pour 800. — Échelle des coupes, 1 pour 400.

Fig. 1. — Plan de l'amphithéâtre dans son état actuel.

Avant le commencement des travaux des fouilles, les terres, charriées par les pluies et les décombres des parties supérieures, s'élevaient au-dessus du *podium* de la première précinction.

Dès que l'on eut ouvert la tranchée, les fouilles furent inondées par une nappe d'eau souterraine provenant du torrent le Rayran, qui coule près de l'édifice. On fut obligé d'établir trois pompes qu'on apporta de Toulon, et, pendant toute la durée des travaux, douze hommes furent constamment occupés à pomper les fouilles; ils ont mis à découvert:

1° Le pourtour du *podium*, qui permit de déterminer la courbe de l'amphithéâtre;

2° Le dallage des portes du grand axe;

3° L'escalier dit consulaire, avec un reste d'autel qu'on a placé, dans la restauration, sur la petite plate-forme en avant du *podium*.

Il a été reconnu, par la fouille extérieure, que l'amphithéâtre n'avait pas de galerie dans son pourtour.

Un grand nombre de fûts de colonnes ayant été mis à découvert, on a pensé qu'ils appartenaient au portique supérieur.

Fig. 2. — Plan de l'amphithéâtre restauré.

On a exprimé dans ce plan toutes les restitutions qui ont été motivées par les fouilles. Ce plan est divisé en quatre parties :

Le premier quart ou section, occupant le côté ouest du plan, donne le plan du rez-de-chaussée au niveau du *podium*.

La seconde section, occupant le côté sud, est prise au niveau de l'entre-sol.

La troisième section, côté est, donne le plan au niveau de la galerie du premier étage.

Enfin, la quatrième section, côté nord, est prise au niveau du portique.

Fig. 3. — Coupe sur le petit axe de l'amphithéâtre dans son état actuel.

Fig. 4. — Coupe sur le même axe avec les restitutions indiquées dans le plan.

Fig. 5. — Plan de détail d'une fouille faite sur l'axe, à l'échelle de 1 pour 50. (Voir le plan, fig. 1, en a.)

PLANCHE IV.

LE PHARE, LE THÉÂTRE, DÉTAILS.

Fig. 1. — Élévation du phare dans son état actuel, à l'échelle de 1 pour 400.

Cette tour est placée à la naissance du môle et fait partie du système de défense de la citadelle; elle communique aux chemins de ronde, de sorte que les signaux pouvaient se transmettre sans que personne parût au dehors. On arrivait au premier étage par un escalier intérieur qui existe encore. L'édifice est conservé jusqu'à la base de la lanterne.

Fig. 2. — Le phare restauré; échelle de 1 pour 400.

On a rétabli cet ancien édifice au moyen des débris découverts dans les fouilles faites à la base de la tour. Des briques circulaires ont donné le diamètre des colonnes.

Fig. 3. — Plan du phare et d'une partie de la citadelle, à l'échelle de 3 pour 5,000.

Fig. 4. — a–k, neuf représentations différentes de phares antiques, tirées de divers monuments, et servant de base à la restauration qu'on voit fig. 2.

    a. Tiré de la colonne Trajane;

    b, c, d, e. Le phare d'Alexandrie, d'après les médailles. (Voir Zoega, *Numi Ægyptii*, pl. VII, X; Tiepolo Haym, *Tesoro britannico*, etc.)

    f. La tour d'Arles, d'après Peiresc[1];

    g, h. La tour d'ordre, à Boulogne;

    k. Tiré de la colonne Trajane.

---

[1] Voir Gibelin, *Lettre sur les tours antiques qu'on a démolies à Aix*. In-4°; Aix, 1787.

Fig. 5. — Plan du théâtre dans son état actuel, à l'échelle de 1 pour 800.

Fig. 6. —Élévation du théâtre dans son état actuel, à l'échelle de 1 pour 400.

Fig. 7. — Restes d'un édifice situé près des remparts; échelle du plan, 1 pour 1000; échelle de l'élévation, 1 pour 500.

PLANCHE V.

LA CITADELLE DU COUCHANT, LES THERMES, LE PORT.

Fig. 1. — Plan général du grand môle et de la citadelle à l'échelle de 1 pour 50,000.

La citadelle est une terrasse élévée d'environ 7 mètres; elle est entièrement composée de terres rapportées; aussi les murs de soutenement sont-ils construits avec un soin particulier. Le grand môle, qui prend son amorce à la citadelle, s'étend, en ligne droite, dans une direction parallèle à la ville; il se pourtourne ensuite en arc de cercle. Une partie du môle est encore apparente dans les sables; elle est évidemment d'une construction plus moderne et moins soignée que le reste. Le môle, en équerre, servait à enclore le port.

Fig. 2. — Plan particulier de la citadelle, à l'échelle de 1 pour 10,000.

Cette figure donne le détail du môle de la petite consigne qui interceptait la circulation. Le phare, situé en E, s'élève encore à une grande hauteur. Les détails de construction de la citadelle sont indiqués.

Fig. 3. — Plan des thermes, à l'échelle de 1 pour 400.

On a vu au plan général que cet établissement thermal est situé dans la plaine; il était jadis au bord de la mer, ainsi que l'indique le grand môle qui s'y rattache. On trouve dans ces thermes une piscine commune et un *laconicum* ou bain de vapeur.

Fig. 4. — Coupe générale des thermes sur la ligne A B (du plan, fig. 3), à l'échelle de 1 pour 200. La construction est en petits moellons de porphyre.

Fig. 5. — Coupe et élévation sur la ligne C D; échelle de 1 pour 200.

On voit, dans la partie gauche de l'élévation, le *laconicum* ou bain de vapeur; il est exactement semblable à celui qu'on a découvert à Pompéi.

Fig. 6. — Coupe sur la ligne E F; échelle de 1 pour 200.

Cette coupe fait voir la piscine et l'*exedra* ou hémycicle.

Fig. 7. — Plan d'un petit édifice dépendant des thermes.

PLANCHE VI.

LA PORTE D'ORÉE, LA PORTE DES GAULES, LA CITERNE, LE PONT SUR LA RIVIÈRE D'ARGENT.

Fig. 1. — Plan de l'édifice appelé porte d'Orée, à l'échelle de 1 pour 400. Elle est ainsi nommée parce qu'elle était à l'orée ou au bord de la mer.

L'inspection sur le plan suffit pour faire reconnaître que cette porte dépendait d'un grand édifice qui a tous les caractères d'un bain; elle forme l'arcade-milieu d'une grande salle carrée, qui était percée de trois fenêtres semblables; les amorces des claveaux apparaissent encore à droite et à gauche.

Les fouilles ont mis à découvert une piscine dallée en marbre avec des escaliers pour descendre dedans.

Fig. 2. — Élévation de l'arcade appelée porte d'Orée, à l'échelle de 1 pour 200.

Fig. 3. — Profil du mur en élévation dans la piscine de la porte d'Orée. Coupe sur la ligne C D du plan (voyez fig. 1), à l'échelle de 1 pour 200.

Fig. 4. — Élévation du mur orné de niches dans la piscine. Coupe sur la ligne E F, à l'échelle de 1 pour 200.

Fig. 4. — Détail des consoles; édifice de la porte d'Orée.

Fig. 5. — Coupe sur la ligne A B, à l'échelle de 1 pour 200, faisant voir les conduites d'eau et les élévations du porche.

Fig. 6. — Plan de la porte de ville située du côté de l'ouest, et qu'on appelle, par cette raison, porte des Gaules.

Le système de défense est remarquable. Détail de construction intérieure de la muraille; l'épaisseur est de $3^m,20$ (près de 10 pieds).

Fig. 7. — Élévation de la même porte.

Fig. 8. — Plan de la citerne au milieu de la seconde citadelle, à l'échelle de 1 pour 500.

Fig. 9, 10. — Coupes sur les lignes A B, C D du plan de la citerne; échelle 1 pour 250.

Fig. 11. — Plan du pont sur la rivière d'Argent, appelé, dans l'antiquité, *pons Argenteus*. Ce pont est aujourd'hui dans les terres, le cours de la rivière ayant été détourné. Échelle 1 pour 500.

Fig. 12. — Élévation du pont, à l'échelle de 1 pour 250.

RECHERCHES

SUR

LES ANTIQUITÉS ROMAINES

DU PAYS DES VOCONTIENS,

PAR M. JEAN-DENIS LONG,

DOCTEUR MÉDECIN À DIE (DRÔME).

Extant adhuc reliquiæ.
(Plin. *Hist. nat.* l. XXXVI, c. xii.)

INTRODUCTION.

Les événements contemporains et ceux du moyen âge fixent aujourd'hui l'attention des esprits. L'étude des temps plus reculés offre moins d'attraits, parce qu'elle est pleine d'incertitude, et parce qu'elle s'éloigne trop des intérêts présents. Cependant, cette étude ne doit pas être négligée. Les monuments de l'époque romaine que l'on rencontre en France sont aussi des monuments de nos ancêtres.

Les documents relatifs au pays des Vocontiens (*Vocontii*), pays qui, sous les Romains, comprenait à peu près la moitié du Dauphiné et des cantons de la Provence, se réduisent à quelques lignes de Strabon et de Pline, à quelques mots de Tite-Live, de Pomponius Méla, de

Tacite, de Ptolémée, et aux noms des villes inscrites dans les itinéraires romains. Le pays que nous attribuons aux Vocontiens offre un nombre considérable d'inscriptions. Ces débris d'un grand naufrage peuvent fournir quelques suppléments au silence de l'histoire. Ce sont des monuments de la domination romaine qui témoignent de l'opulence que l'état actuel des lieux ne fait pas présumer. Des contrées plus célèbres, le théâtre de grands événements, ne présentent pas la même sorte de richesse. Ces inscriptions, que nous insérons toutes dans ces mémoires, peuvent avoir quelque intérêt au moment où M. le ministre de l'instruction publique se propose de faire réunir toutes les inscriptions latines. Parmi celles que nous rapportons, il en est d'inédites, qui peuvent être rangées parmi les matériaux destinés à la construction de l'édifice immense que la France élève à la science épigraphique. Elles ne sont pas seulement d'un intérêt local; elles se rattachent quelquefois à l'histoire, aux mœurs, à la religion et à la législation des Romains. Il est vrai, toutefois, que les lieux dont il s'agit dans ces mémoires n'offrent pas des édifices remarquables, comme les autres parties de la Narbonnaise méridionale.

Aymar du Périer, citoyen de Die, conseiller au parlement de Grenoble, dans son Discours historique touchant l'estat général des Gaules[1], a donné la première notice sur les Vocontiens. Cet ouvrage, le plus important sur le sujet qui nous occupe, est dédié au célèbre Lesdiguières, qui, au milieu du tumulte des armes et des intrigues de la politique, savait apprécier l'étude de l'antiquité. Aymar du Rivail, dont l'ouvrage a été publié par M. de Terrebasse[2], avait auparavant consacré un chapitre aux Vocontiens.

M. Moreau de Vérone, président à la Cour des comptes de Dauphiné, a laissé un Mémoire sur les Voconces, resté manuscrit pendant plus de cinquante ans, que M. Jules Ollivier a fait imprimer dans le Bulletin de la Société de statistique du département de la Drôme (Valence, 1837). On regrette que ce mémoire, recommandable sous bien des rapports,

[1] Lyon, 1610. In-8°. — [2] Aymari Rivallis, *Delphin. et Allobrogib.* p. 117, Vienn. Allobr. 1844, in-8°.

n'embrasse pas tout le *Vocontium*, et qu'il passe légèrement sur son étendue, sur les voies romaines, si importantes dans l'étude de la géographie ancienne. Moreau de Vérone s'est occupé principalement des inscriptions de Vaison. Son ouvrage n'est pas terminé, mais il offre un grand intérêt.

M. Bourgeat a laissé une Histoire des Voconces et des Allobroges prouvée par les monuments. Elle fut couronnée par la Société des sciences et arts de Grenoble, le 30 août 1813, à la suite d'un concours ouvert en janvier 1810. On peut voir ce manuscrit de plus de 400 pages à la bibliothèque publique de la même ville. M. Bourgeat, dans cette histoire, s'occupe peu des Vocontiens et des Allobroges, mais un peu trop de la géologie des Alpes, de granits, de chimie, de minéralogie, d'histoire naturelle et des produits du sol.

MM. Delacroix[1], Dupré de Loire[2] et Jules Ollivier[3] ont écrit sur les Vocontiens.

Nos recherches embrassent la géographie ancienne, les voies romaines, les lieux mentionnés par les itinéraires et les antiquités romaines du pays occupé par les Vocontiens. Les inscriptions de Vaison et de la Bâtie-Mont-Saléon sont connues depuis longtemps. Mais la plupart de celles de Die et de quelques lieux dans les départements de l'Isère, des Hautes et Basses-Alpes et de Vaucluse, qui ont appartenu à ce peuple, étaient dispersées, ou rapportées avec peu d'exactitude; nous les avons réunies.

Nous avons dressé la carte du *Vocontium* d'après Strabon et Pline, et d'après la circonscription des anciens diocèses.

---

[1] *Statistique du département de la Drôme;* 1835. In-4°.

[2] *Annuaire de la Drôme;* 1835.

[3] *Ibidem;* 1837.

SOMMAIRE.

PREMIER MÉMOIRE.

Description générale, limites du *Vocontium*. Strabon, Pomponius Méla, Pline, Ptolémée. — Gallo-Ligures. *Lygures-Vocontii*. — Les Vocontiens occupaient une partie des départements de la Drôme, de l'Isère, des Hautes-Alpes, des Basses-Alpes et de Vaucluse. — Diocèses. — *Vertacomicori*, le Vercors, *pagus* des Vocontiens. — Montagnes, fleuves, rivières. La Drôme. — Le pays de Vocance, dans le département de l'Ardèche, n'a pas fait partie du *Vocontium*. — Historiettes de Pline. — Noms gaulois de quelques localités. — Aucune trace de culte druidique. — Fête *Majume*. — Population. — Gouvernement.

Voies romaines. — Itinéraires. Table Théodosienne.

DEUXIÈME MÉMOIRE.

Aperçu historique. — Fondation de Novarre par les *Vertacomicori*. — Les Oxubies. — Les Massaliotes et les Salyes. — Passage d'Annibal. — Les Massaliotes, Fulvius Flaccus, Sextus Calvinus, Domitius Ænobarbus et Fabius Maximus Allobrogicus. — Les Cimbres et les Teutons.—Le préteur Fonteius. Ses exactions. Catilina.—Les Vocontiens subjugués.—Droit latin.—Médailles autonomes des Vocontiens.— J. César.—Auguste visite les Gaules.—Fabius Valens. — Lvcvs-Avgvsti. — Le fils de Postume. — Delmatius. — Défaite de Magnentius à Mons-Selevcvs, la Bâtie-Mont-Saléon. — Les Barbares. — Démembrement du 2ᵉ royaume d'Arles. — Les comtés de Die, de Gap et de Forcalquier.

TROISIÈME MÉMOIRE.

Villes anciennes des Vocontiens éloignées des voies romaines.

Vasio, Vaison, première capitale du *Vocontium*, Pont sur l'Ouvèze. Théâtre, bas-reliefs. — Il n'est pas constaté que Vaison fût une colonie romaine.

Aletanvm. Taulignan, *pagus* des Vocontiens, l'une des dix-neuf villes de cet état. — Ces deux villes sont éloignées des voies romaines indiquées sur les itinéraires.

Villes anciennes des Vocontiens placées sur la première voie romaine de Valentia, Valence, à l'*Alpis-Cottia*, le mont Genèvre.

Avgvsta, Aouste en Diois. — Inscription. — Ce n'est point Avgvsta Tricastinorvm de Pline. — Antiquités romaines trouvées à Crest. Bustes des poètes *Ibycus* et *Philetas*. — Aouste appartenait aux Vocontiens et non aux *Tricastini*. — Elle était au nombre des dix-neuf petites villes des Vocontiens.

Darentiaca, Salians, n'est point le *Solonium* de Dion Cassius. — Delmatius. — Constance Chlore et Maximien. — Inscriptions. Colonne milliaire. — Une des dix-neuf villes des Vocontiens. — Le village de Pontaix. Inscription. — Le village de Sainte-Croix. — Le Château de Quint. — Saint-Étienne en Quint. — Inscription.

Dea Avgvsta Vocontiorvm, Die. — Auteurs qui ont écrit sur les antiquités de cette ville, colonie romaine. — Inscription. — La déesse *Andarta*. Inscriptions nombreuses. — Arc de la porte Saint-Marcel. — Colonne de granit. — Aqueducs. — Autels et inscriptions tauroboliques. — Mosaïques. — Diverses antiquités. Inscriptions aux dieux domestiques. — Collège de sénateurs. Arène. Gladiateurs. Inscriptions. — Décurions. — Dea, l'une des dix-neuf villes du *Vocontium*, prit le rang de Vasio et de Lvcvs Avgvsti, les deux capitales.

Lvcvs Avgvsti, le village de Luc. — Éboulement d'un rocher. Formation d'un lac. Édit du dauphin (Louis XI). — Lvcvs, *municipium*, éprouve les violences de Fabius Valens. Tacite. — Inscriptions en petit nombre. — Antiquités. — Cette ville était la deuxième capitale du *Vocontium*. — Vologatae, le village de Baurières, ou celui de Lêches. — Nul vestige de voie romaine. — *Mons de Gavra*, le col de Cabre. — Cambonvm, le village de la Baume-des-Arnauds, dans le département des Hautes-Alpes.

Mons Selevcvs, le village de la Bâtie-Mont-Saléon. — Défaite de Magnentius. — champ Batailler. — Édifices romains mis au jour. Cette ville a été ruinée par les révolutions politiques et non par la formation d'un lac. — Bimard de la Bâtie, savant antiquaire. — Mons Selevcvs, une des dix-neuf villes du *Vocontium*. — Davianvm, le bourg de Veines. — Fines, le village de la Roche-des-Arnauds.

Vapincvm, Gap. Point de monuments. Doit être cependant rangé parmi les xix *oppida* de Pline.

Villes anciennes du *Vocontium* situées sur la voie romaine de Lvcvs Avgvsti, à l'*Alpis Cottia*.

Gemint, le bourg de Mens dans le département de l'Isère, n'est point le *forum Neronis* de Pline. — Table Théodosienne. — Gerainae. — La vallée du Bez-Châtillon. Objets antiques. — Route de Mens à Die. — Le mont inaccessible. — Carrière exploitée par les Romains. — Vallée de Romyer. — Geminae pourrait être rangée parmi les villes des Vocontiens.

Villes anciennes du *Vocontium* situées sur la voie romaine de Vapincvm à Nemavsvs.

Extrait des itinéraires d'Antonin et de la table Théodosienne. — Alarante ou Alamons, le Monêtier d'Alemont. — Inscriptions. — Il n'appartenait ni aux *Tricolli*, ni aux *Tricorii*, mais aux Vocontiens. — Epotivm, le village d'Opaix, *pagus* mentionné dans l'inscription de *Cætronius*, au château de Ventavon. C'était une des dix-neuf petites villes du *Vocontium*.

Segvstero, Sisteron, l'une des dix-neuf petites villes des Vocontiens. — Inscription fausse. — Le village de Lagrand. — Alavnivm, le village d'Alaun.

Forvm Calcarivm, Forcalquier, n'est pas le *Forum Neronis* de Ptolémée. — L'une des dix-neuf villes du *Vocontium*. — Catyiaca, Carluc, limite des Vocontiens et des *Vulgientes*.

QUATRIÈME MÉMOIRE.

Quelques lieux modernes du *Vocontium*.

Nions, autrefois résidence des barons de Montauban, n'est pas le *Neomagus* de Ptolémée. — Le village des Pyles.

Le Buis, résidence des barons de Mévouillon. — Inscription.

Valréas. — Antiquités. — On a placé l'ancienne *Aeria* dans son voisinage. — Inscription. — Grignan. Inscription.

Saint-Jean en Royans. — Inscriptions. — Grottes de Sassenage.

Vif. La fontaine ardente. — Inscriptions.

Rosans. Son origine ne peut remonter aux Rhodiens.

La Motte-Chalançon. Médailles. — Objets antiques.

Inscriptions de Die et de Vaison.
Passages de Strabon relatif au *Vocontium*.

PREMIER MÉMOIRE.

GÉOGRAPHIE COMPARÉE, ÉTENDUE, LIMITES DU *VOCONTIUM*,
VOIES ROMAINES.

TABLE THÉODOSIENNE.

I.

La Gaule transalpine était habitée par quatre races différentes : les *Aquitains* ou *Gallo-Ibères*, les *Gallo-Ligures*, les *Celtes* et les *Belges*. Ces derniers appartenaient à la race germanique. L'ethnologie peut indiquer encore aujourd'hui quelques caractères de ces races différentes chez les habitants de la France. Strabon et Pline rapprochaient de la race ligurienne les peuples de la Narbonnaise, et les nommaient *Celto-Ligyes* ou *Gallo-Ligures*[1]. Aviénus dit que le Rhône séparait les *Ligyes* des *Ibères* :

> .... Hujus alveo
> Ibera tellus atque Ligyes asperi
> Intersecantur[2].

Les deux inscriptions suivantes des marbres capitolins, des années de Rome 630 et 633, sont relatives aux victoires de Fulvius Flaccus et Sextius Calvinus sur les *Ligures Vocontii*, les Vocontiens dont nous nous occcupons :

M.FVLVIVS.M.F.Q.N.FLACCVS PROCOS
DCXXX.DE LIGVRIBVS VOCONTIEIS

C.SEXTIVS.C.F.C.N.CALVINVS.PROCOS
..... DE LIGVRIBVS VOCONTIEIS
SALVIEISQVE

---

[1] Strab. *Geogr.* l. IV. — Plin. l. III, c. v. — [2] *Ora maritima*, v. 608.

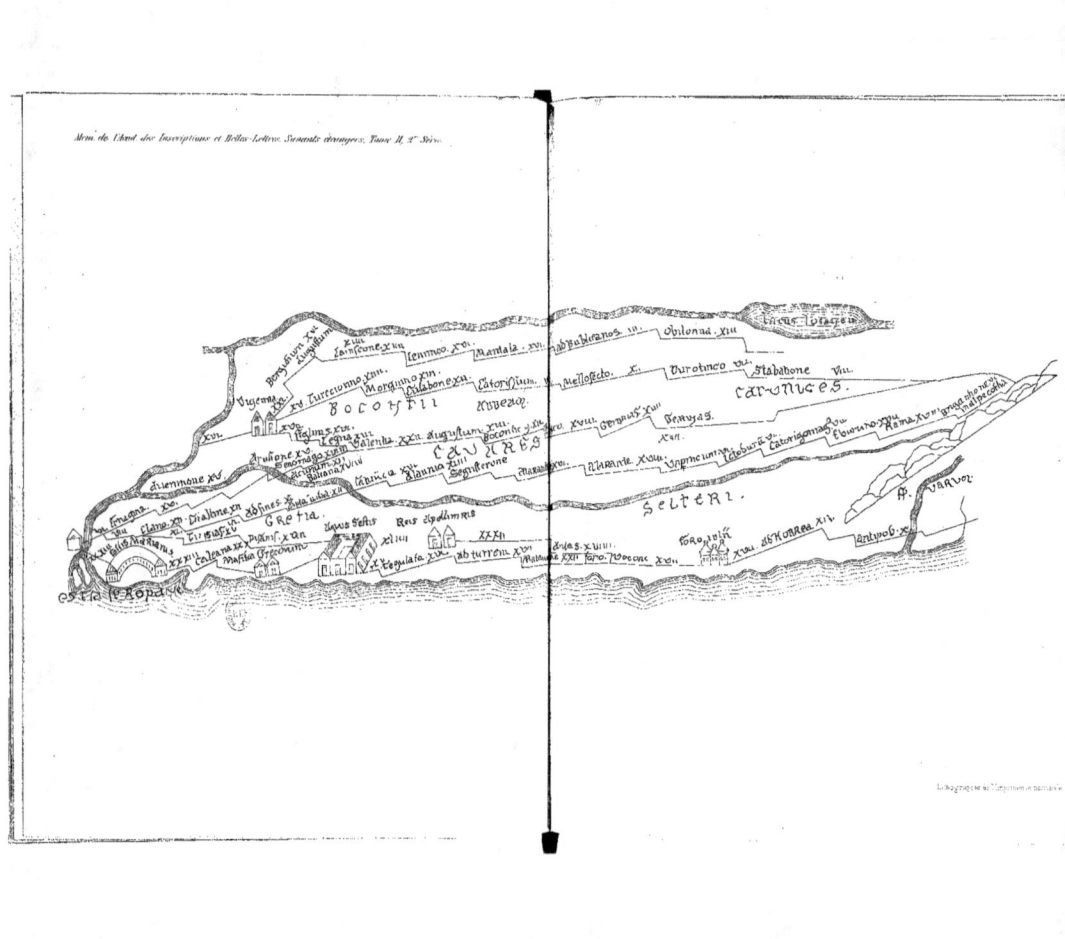

Strabon a laissé des documents peu nombreux, mais importants, sur les Vocontiens, un des peuples principaux de la Narbonnaise, avec les *Salyes*, les *Albiœci*, les *Cavari* et les *Allobroges*. Pomponius Méla, en faisant l'énumération des villes de cette province, se borne à citer Vasio, Vaison, chez les Vocontiens, parmi les plus opulentes : *Urbium quas habet (Gallia Narbonensis) opulentissimæ sunt* Vasio *Vocontiorum,* Vienna *Allobrogum, etc.* [1].

La Géographie de Pline, nomenclature abondante pour la Narbonnaise, n'est qu'un catalogue un peu confus, mais précieux au milieu de notre pénurie : *Rursus a mari Tricoriorum, et intus Tricollorum,* Vocontiorum *et Segovellanorum, mox Allobrogum*[2]. Il nomme encore les Vocontiens et leurs deux capitales, Vaison et Luc en Diois : *Vocontiorum civitatis fœderatæ duo capita*, Vasio *et* Lvcvs Avgvsti. *Oppida vero ignobilia* xix, *sicut* xxiv *Nemausiensibus attributa*[3] : *Vasio* et *Lucus Augusti*, les deux capitales de l'état allié des Vocontiens, et de plus dix-neuf petites villes, comme les vingt-quatre qui dépendent de *Nemausus*. Tite-Live avait placé ce peuple à côté des *Tricastini*, près des Allobroges, et au-dessous des *Tricorii*[4]. Strabon, dans sa Géographie historique, nomme plusieurs fois les Vocontiens, et semble leur donner de l'importance au milieu des *Cavari* et des Allobroges. Il faut recourir aux documents qu'il nous a transmis pour se faire une idée de la situation et de l'étendue du *Vocontium*. On traverse la Durance avec un bac pour se rendre à Cavaillon, où commence le territoire des *Cavari*, qui s'étend jusqu'à la jonction du Rhône et de l'Isère....... Au-dessus des *Cavari*, on trouve les *Vocontii*, les *Tricorii*, les *Iconii* et les *Medulli*[5]. Ce pas-

---

[1] *De situ orbis*, l. II, c. v.
[2] *Hist. nat.* l. III, c. iv.
[3] *Ibid.*
[4] *Hist.* l. XXI, c. xxxi.
[5] *Géogr.* l. IV, traduction de Laporte du Theil.

sage de Strabon établit les Voçontiens au-dessus des *Cavari*, sans fixer des limites entre les deux peuples. En étendant le territoire de ces derniers jusqu'à l'Isère, d'après Strabon, les Voçontiens doivent être placés à l'est, dans les montagnes. Les *Tricastini* et les *Segalauni*, mentionnés par Pline et Ptolémée, peuvent probablement être compris dans l'état des *Cavari* et sous leur dépendance[1]. Strabon n'a parlé que des peuples importants.

Au-dessus, et dans la partie septentrionale des Alpes, habitent les *Albienses*, les *Albioeci* et les *Vocontii*. Ces derniers s'étendent jusqu'au pays des Allobroges, et occupent dans l'intérieur des montagnes de vastes vallées, qui ne le cèdent pas à celles même des Allobroges. Ceux-ci, comme les Ligyes, sont soumis aux préfets qui sont envoyés dans la Gaule narbonnaise, mais les *Vocontii* se gouvernent par leurs propres lois..... Après les *Vocontii*, viennent les *Icorii*, les *Tricorii* et les *Medulli*[2]. Aymar Durivail, Salvaing de Boissieu, Chorier et le P. Monet, ont confondu les Voçontiens, dans les Allobroges, avec les autres peuples des Alpes. Mais Strabon et Pline font remarquer que le gouvernement des Voçontiens était différent.

Les limites du *Vocontium*, au sud-est, sont indiquées par Strabon. Quant au chemin qui traverse le pays des Voçontiens et l'état de Cottius, on suit depuis Nîmes jusqu'à Vgernvm (Beaucaire) et Tarascon la même route que la précédente. De là, le chemin se partage en deux branches : la première, par la Durance et Cavaillon, jusqu'aux frontières des Voçontiens, et à l'endroit où l'on commence à monter les Alpes, à 63 milles (98 kilom.) ; on compte pour la seconde 99 milles (146 kilom.), depuis le même point jusqu'à l'autre extrémité du pays des Voçontiens, du côté de l'état de Cottius, et jusqu'au bourg Ebro-

---

[1] Hardouin, Bouche, Ménard, M. de Gasparin. — [2] *Geogr.* l. IV.

DVNVM (Embrun)[1]. Les 63 milles, en partant de Beaucaire et en remontant la rive droite de la Durance, aboutissent à Catviaca des itinéraires, qui répond, selon d'Anville, Gosselin et M. le baron Walckenaer, à Oppedette, ou mieux à Carluc, près de Cereste, limite entre les *Vulgientes* et les Vocontiens. Ensuite, Strabon, de cette frontière, arrive à Embrun, et compte 99 milles. Il semble que cette étendue du *Vocontium* prend sur le territoire des *Caturiges*, peuple important des Alpes, dont parlent César et Pline. Leur capitale Catvrigas, Catorigas, Catorimagvs, à 12 milles de Vapincvm, et à 17 d'Ebrodvnvm, répond au bourg de *Chorges*, de deux mille habitants, où l'on trouve une inscription, civ catvr, rapportée par Spon. D'Anville et M. le baron Walckenaer ont fixé les limites du territoire des Vocontiens à Fines, *Mutatio*, à 11 milles au-dessous de Vapincvm, dans l'itinéraire de Jérusalem. Le géographe grec a pu exagérer de ce côté l'étendue du *Vocontium*. Nous portons cette limite, avec quelque doute, près de Gap; et les 99 milles se trouvent réduits à 74 (109 kilom.). J. César, harcelé par les peuplades des Alpes, embarrassé par ses bagages, mit sept jours, en partant d'Ussaux, Ocelvm, pour arriver sur le territoire des Vocontiens[2]. Il parcourut un espace d'environ 28 à 30 lieues, à 4 lieues par jour; ce qui répond aux limites de ce peuple entre Gap et Embrun. L'itinéraire de Bordeaux à Jérusalem remarque que les Alpes Cottiennes commencent à cette dernière ville : *inde incipiunt Alpes Cottiæ*. Strabon dit que la route de Nîmes à l'*Alpis Cottia*, par Tarrascon, passait sur le territoire des Vocontiens. Cette route se partage en deux chemins; le plus court est celui qui va directement aux Alpes, à travers le pays des *Vocontii*, etc.[3]. Si l'on bornait le territoire de ce peuple près de Serres et de Sault, sans des-

[1] *Geogr.* l. IV. — [2] *De bell. gall.* l. I, c. III. — [3] *Geogr.* t. II, l. IV, p. 30.

cendre jusqu'aux bords de la Durance, la route dont parle Strabon n'atteindrait pas le *Vocontium* à Catviaca. L'autorité de ce géographe ancien doit être placée en première ligne, et la circonscription des diocèses n'est qu'un moyen subsidiaire, qui ne doit pas être toujours pris dans un sens absolu, pour parvenir à connaître l'étendue du territoire des anciens peuples. Les lettres de Plancus à Cicéron font présumer que l'état des Vocontiens s'étendait jusqu'à l'Isère[1]. Chorier, Cellarius et M. Champollion Figeac placent même Grenoble, Cularo, dans sa circonscription[2].

Les géographes anciens ne nous donnent pas les limites qui séparaient les Vocontiens des *Tricastini* et des *Segalauni*, au couchant; des *Cavari*, des *Memini* et des *Vulgientes*, au midi; des Allobroges, au nord; des *Tricorii* et des *Caturiges*, au levant. Pour parvenir à quelques probabilités, nous prendrons les limites des diocèses, lesquels ont remplacé les circonscriptions politiques, *ad formam imperii* (Baron. *Annal*.). Ces limites répondent à ce qui formait les *cités*, dit d'Anville. Selon M. Guérard, de l'Académie des inscriptions, les diocèses doivent être considérés, sauf quelques exceptions très-rares, comme représentant parfaitement les anciennes *cités* des Gaules, et les géographes ont eu raison d'admettre, pour leurs travaux, une pareille correspondance[3]. Nous pensons, cependant, que la *cité* ou l'état, *civitas*, a formé plusieurs diocèses, lorsqu'elle était trop étendue. Par exemple, du *Vocontium* on a fait les diocèses de Die, de Vaison, de Sisteron, une partie de ceux de Gap et de Grenoble. Le diocèse de Die est un des plus étendus, parce que Die, à l'époque de cette formation, au commencement du IVe siècle, était la ville

---

[1] *Epist. famil.* l. X, 9, 27, 28, 29, 30, 31, 32.
[2] Chor. *Hist. de Dauph.* t. I, p. 11.
[3] Champpoll. *Antiq. de Grenoble*. — *Essai sur le système des divisions territoriales de la Gaule*, p. 87; 1832.

la plus importante, la capitale du *Vocontium*. Le diocèse de Grenoble ne fut d'abord formé que d'une portion de l'Allobrogie. Il fut agrandi, dans la suite, par le territoire de la rive gauche de l'Isère, aux dépens de celui des Vocontiens. L'Allobrogie, à cause de sa grande étendue, forma les diocèses de Vienne, de Belley et de Genève, et, comme nous l'avons dit, la partie de celui de Grenoble où se trouvent les terres de la rive droite de l'Isère.

Les institutions de l'Église se sont conservées au milieu des révolutions politiques, et la hiérarchie a survécu à la chute de la domination romaine dans la Gaule, vers 410. Le diocèse de Die n'a subi aucun changement depuis son origine. Il s'étendait dans la grande vallée de Trièves jusqu'au Drac, qui séparait les Vocontiens des *Tricorii*. S'il franchissait la grande chaîne des hautes montagnes du Vercors et de Gresse, c'est qu'il représentait l'étendue du *Vocontium*, et que Dea était alors une ville importante. Le comté de Die, d'une formation plus récente, possédé en Dauphiné par la famille des Poitiers, n'était point aussi étendu que le diocèse de ce nom; celui-ci se prolongeait jusqu'à Mens, Geminae de la table Théodosienne. Le diocèse de Valence, qui n'a point subi de changement, très-rétréci, suivait la rive gauche du Rhône, de l'Isère à Montélimar. Il nous représente l'étendue du petit pays des *Segalauni*. Le petit diocèse de Saint-Paul-Trois-Châteaux, de cinq lieues de longueur sur une de largeur, comprenait une grande partie de l'arrondissement de Montélimar jusqu'à la rivière de Roubion. Il représente le pays des *Tricastini*. Le diocèse de Die s'étendait vers Sisteron et presque jusqu'à Vaison, qui, depuis longtemps, déchu de son ancienne splendeur, forma un très-petit diocèse. Ce dernier touchait à celui de Carpentras, chez les *Memini*, et à celui d'Apt, chez les *Vulgientes*.

Les Vocontiens occupaient une grande partie du Dauphiné, une partie de la Provence et du comtat Venaissin, la partie haute, la plus étendue, mais la plus montueuse du département de la Drôme, presque tout le bassin de cette rivière ; au sud, l'arrondissement de Nions; à l'est, l'arrondissement de Die, moins la portion orientale des deux cantons de Crest, qui reviennent aux *Segalauni*. En partant du nord au midi, parallèlement au Rhône, les limites se trouvaient de Roche-Chinard à Château-Double, Eure, Cléon-d'Andran, Grignan, Richerance à Tulette, jusqu'à la rivière d'Eygues. Voilà la portion du département de la Drôme qui appartenait aux Vocontiens, où l'on trouve les villes anciennes : Aletanum, Taulignan; Avgvsta, Aouste; Darentiaca, Saillans; Dea Avgvsta Vocontiorvm, Die, et Lvcvs Avgvsti, Luc, autrefois la seconde capitale du *Vocontium*. Au nord, l'Isère, depuis Grenoble jusqu'à Saint-Nazaire en Royans, séparait les Vocontiens des Allobroges. Au nord-est, le Drac, torrent impétueux, qui n'est pas nommé chez les anciens, les séparait encore des Allobroges et des *Tricorii*. A l'est, la petite rivière de Luye, à Gap, faisait la limite des Vocontiens et des Caturiges. La Durance, en descendant de Tallard jusqu'au village de Volx, formait une barrière naturelle encore à l'est. Au midi, au delà d'une partie de la chaîne de Lure, jusqu'au mont Ventoux, se trouvaient les *Vulgientes,* les *Memini* et les *Cavari*. Les Vocontiens, outre la plus grande partie du département de la Drôme, dans laquelle nous remarquons le *pagus* des *Vertacomicori,* possédaient, dans l'Isère, les cantons de Pont-en-Royans, la portion du canton de Vinai, sur la rive gauche de cette rivière; les cantons de Sassenage, du Villars-de-Lans, de Vif, du Monestier-de-Clermont, de Clelles et de Mens (Geminae). Les Vocontiens occupaient, dans les Hautes-Alpes, où nous trouvons Mons Selevcvs (la Bâtie-Mont-Saléon) et Epotivm

(Upaix), les cantons de Rosans, d'Orpierre, de Serres, d'Aspres, de Laragne, de Ribiers, de Veynes, de Tallard, de Saint-Étienne-en-Devoluy, de Barcillonette et de Gap. Dans les Basses-Alpes, le canton de Noyers; sur la rive droite de la Durance, la petite portion de celui de Sisteron, et, sur la même rive, une partie de celui de Volonne; les cantons de Banon, de Saint-Étienne, de Forcalquier (Forvm Calcarivm) et de Peruis. Le département de Vaucluse fournit aux Vocontiens les cantons de Malaucène, de Valréas et de Vaison, Vasio, la première capitale de ce peuple. Nous examinerons séparément, dans ces mémoires, les villes anciennes que nous venons de nommer.

L'état le plus important entre la Durance et l'Isère, entre le Rhône et les Alpes, était le *Vocontium*, dans lequel on remarque deux municipes, Vasio et Lvcvs Avgvsti, et une colonie romaine, Dea Avgvsta Vocontiorvm.

Nous avons donné l'étendue du pays des Vocontiens sous Auguste. Cette étendue a pu subir des changements dans la suite. Peut-être le diocèse de Die la représentait-elle à l'époque de Constantin, à l'établissement des circonscriptions ecclésiastiques; mais nous manquons de documents sur ce sujet. Les métropoles ecclésiastiques, qui avaient remplacé les métropoles romaines, ne nous apprennent rien sur la circonscription des anciens peuples, parce que celles-ci n'étaient que des divisions de l'administration politique.

Sanson, oubliant l'importance que Strabon et Pline avaient donnée aux Vocontiens, rétrécit leur territoire, au point qu'il le fait plus petit que celui des *Tricastini*.

D'Anville place les frontières de l'est du *Vocontium* sur celles du département de la Drôme avec les Hautes-Alpes, et attribue aux *Iconii* de Strabon la contrée qui s'étend depuis le Colde-Câbre jusqu'à Gap. C'est à peu près l'étendue du diocèse de Die, plus le diocèse de Vaison. Mentelle, dans l'Encyclopédie méthodique, a copié ce géographe. Il convient mieux de placer, avec M. le baron Walckenaer, les *Iconii* dans le val d'Oysans.

M. Larauza, afin d'expliquer la marche d'Annibal de l'embouchure de l'Isère aux Alpes, s'ingénie pour prouver que les *Tricastini* n'occupaient pas la position que leur assignent d'Anville et presque tous les géographes dans le diocèse de Saint-Paul-Trois-Châteaux; il les place plus au nord, le long de l'Isère, dans le Royannais[1]. Les partisans de ce déplacement veulent appuyer leur opinion par le séjour de Bellovèse sur le territoire des *Tricastini*, dont ils font le Royannais, pour rapprocher des Alpes ce chef gaulois. Ils pensent que le Tricastin moderne serait trop éloigné de cette direction. Il nous semble, d'après le récit de Tite-Live, que Bellovèse pouvait séjourner près de Saint-Paul-Trois-Châteaux, dans la belle plaine de la rive gauche du Rhône, pour se diriger ensuite vers le mont Genèvre, en remontant la Durance. Ces Gaulois émigrants, agités par un vague désir de chercher une patrie nouvelle, parcouraient les cantons des Gaules, comme le firent, dans la suite, les Cimbres et les Teutons pendant douze ans, et comme presque tous les barbares du nord à la dissolution de l'empire. La position des *Tricastini*, donnée par Tite-Live[2], peut correspondre au Tricastin moderne, et Bellovèse n'était pas bien éloigné des Alpes et des Phocéens de *Massalia*. Aventurier comme eux, il prit leur parti contre les Salyes, contre des Gaulois, pour des étrangers, ce qui est étonnant. Bellovèse, sur le territoire de Saint-Paul-Trois-Châteaux, était mieux à

---

[1] *Histoire critique du passage des Alpes par Annibal*, p. 74-77, et la carte annexée à la dissertation, 1826. — [2] *Hist.* l. V, c. xxxiv.

portée de secourir les Massaliotes; mais ce déplacement, adopté par M. Larauza, est plus commode pour l'explication du texte de Tite-Live sur la marche d'Annibal de l'Isère aux Alpes. La position des *Tricastini*, le seul peuple de la Narbonnaise dont le nom s'est conservé presque sans altération jusqu'à nous, le Tricastin, est contestée. On ne doit admettre des variations dans les limites des peuples que sur les textes des écrivains de l'antiquité. S'il en était autrement, l'histoire et la géographie ancienne seraient dans la confusion.

Aymar du Périer dit que *le contenu des Voconces n'est autre chose que peu plus, peu moins de pays que le diocèse de Die*[1]. M. le baron Walckenaer pense qu'indépendamment des deux diocèses de Die et de Vaison, les Vocontiens s'étendaient jusqu'à la Durance, qui formait leur limite à l'est, et à la mutatio FINES de l'itinéraire de Jérusalem, et que ce lieu est aujourd'hui *Blaynie-les-Fonts*[2]. D'Anville le place à la Roche-des-Arnauds, à trois lieues au-dessous de Gap. Il ne prolonge pas leur frontière au nord jusqu'à l'Isère; il s'arrête de ce côté aux limites du diocèse de Die.

Chorier place les *Tricorii*, les *Memini* et les *Tricastini* parmi les Vocontiens; il comprend ces derniers et les *Cavari* sous le nom d'Allobroges. Il donne à ceux-ci tout le Dauphiné. D'un autre côté, le P. Monet porte les limites des Vocontiens jusqu'à Fréjus. Peut-être, avant Strabon, la domination de ce peuple s'étendait-elle au delà de la Durance. Nous avons vu, sur les marbres capitolins (125 avant J. C.), Fulvius Flaccus triompher des Ligures Vocontiens, *de Liguribus Vocontieis*. Les Romains venaient à peine de mettre le pied dans la Gaule transalpine. Cette inscription fait présumer et

---

[1] *Discours touchant l'état général des Gaules*, p. 6.

[2] *Géogr. ancienne, histor. et comparée des Gaules*, t. I, p. 258.

de l'étendue de leur territoire et de leur importance. Les géographes étrangers qui ont écrit sur les peuples de la Narbonnaise, méritent, en général, peu de confiance; ils sont tombés dans des erreurs étranges. (Voy. Marliani, *In. J. Cæs. Commentar.*)

On ne connaît, d'après les monuments romains, qu'un petit nombre de *pagi* dans la Gaule. Leur réunion formait la cité ou l'état. Les dix-neuf *oppida*, dont parle Pline pour le *Vocontium*, étaient les chefs-lieux de ces *pagi* ou districts. Les inscriptions que nous rapporterons dans ces mémoires nomment ALETANVM et EPOTIVM, aujourd'hui *Taulignan* et *Upaix*, que nous comprenons dans cette *cité*. Pline dit que le *pagus* des *Vertacomicori* (*Veramacori* dans quelques manuscrits) dépendait du *Vocontium*, et qu'ils avaient fondé la ville de Novarre dans la Cisalpine : *Novaria ex Vertacomicoris. Vocontiorum hodieque pago, non ut Cato existimat, Ligurum*[1]. Caton n'est point en opposition avec Pline, si l'on admet que les Vocontiens étaient de race ligurienne, *Ligures Vocontii*. Aymar du Périer, Salvaing de Boissieu et Chorier avaient placé les *Vertacomicori* dans une vallée au nord de Die, dans le diocèse de ce nom, appelé le Vercors (*Vercortium*). Cette indication est peu contestée. Le Vercors forme, dans l'arrondissement de Die, un canton dont la population ne dépasse pas cinq mille habitants. Cette contrée ignorée, et d'un abord difficile de tous côtés, a conservé quelque chose de son ancien nom, que Pline nous a transmis en parlant de Novarre. Mais ce *pagus*, comme l'a fait remarquer l'abbé Chalieu, devait être plus important pour fonder une colonie dans la Cisalpine[2]. Nous pensons que le territoire des *Vertacomicori* comprenait, non-seulement la vallée de Vercors, mais encore

---

[1] *Hist. nat.* l. III, c. XVII.
[2] *Mémoire sur diverses antiquit. du département de la Drôme*, p. 99. Valence, 1810.

le Royannais jusqu'à l'Isère. L'ancien diocèse de Die s'étendait presque jusque-là. Chorier et M. Delacroix placent les *Triulatti* de Pline dans cette contrée. Ce peuple cisalpin, inscrit sur le trophée de la Turbie, *Tropea Augusti*, ne peut trouver sa place dans un pays aussi éloigné des grandes Alpes.

Les peuples de la Gaule étaient nombreux. Appien en a compté quatre cents, Plutarque trois cents, Tacite soixante-quatre, Strabon, en parlant du temple de Lyon élevé à Auguste par tous les peuples de la Gaule, soixante, et J. César plus de quatre-vingts. Quelquefois on a compris les *pagi* dans la nomenclature des *cités*. Ce grand nombre de petits états a facilité l'asservissement de la Gaule. Il était dans l'intérêt de Rome d'entretenir ce morcellement, en conservant l'ancienne limitation d'états qu'elle avait trouvée à la conquête. La division de la Gaule en provinces plus ou moins nombreuses, à diverses époques, et l'établissement des métropoles, ne touchèrent point au territoire des anciens peuples.

Le *Vocontium* est couvert en grande partie de forêts et traversé en diverses directions par des chaînes de montagnes calcaires ou Alpes secondaires, dont les principales suivent une direction parallèle aux grandes Alpes de la Savoie et du Piémont. Au nord, s'élèvent les montagnes du Royannais, la Mouchérolle, le grand Vémont et le Glandas; à l'est, celles de Luz et du Dévolui; au midi, Chamousse, Angèle, la Lance et la chaîne de Lure, qui se termine au mont Ventous. Les *Vocontii* s'étendent jusqu'au pays des Allobroges, et occupent dans l'intérieur des Montagnes de vastes vallées qui ne le cèdent point à celles même des Allobroges [1]. En jetant les yeux sur notre carte, on voit que le pays assigné aux Vocon-

[1] Strab. *Geogr.* l. IV.

tiens est presque en totalité dans les montagnes; il réunit les diverses productions des climats de la France.

Trois rivières, considérables par le volume d'eau, ou par la rapidité de leur cours, forment les limites naturelles de trois côtés du *Vocontium*, l'Isère vers le nord. Strabon et Ptolémée la nomment Ἴσαρ. Il est probable qu'on doit lire *Isara* au lieu d'*Arar*, dans Tite-Live, lorsqu'il s'agit de l'*Insula* des Allobroges. On lit ΣΚΑΡΆΣ, ΣΚΟΡΆΣ et ΣΚΩΡΆΣ dans Polybe. Plancus écrit à Cicéron que cette rivière séparait les Allobroges des Vocontiens : *Itaque in Isara flumine maximo quod in finibus est Allobrogum, exercitum... traduxi*[1]. Au nord-est, le Drac, torrent profond et impétueux, que les anciens n'ont pas nommé, se jette dans l'Isère au-dessous de Grenoble, après avoir parcouru une grande étendue de pays dans des vallées profondes, et sépare les Vocontiens des *Caturiges* et des *Tricorii*. A l'est la Durance, Δρουεντίας[2], dont Tite-Live, Silius Italicus et Ausone ont peint la rapidité depuis Tallard jusqu'au village de Volx, au-dessous de Sisteron, établit une barrière naturelle entre les Vocontiens et les peuples de la confédération des *Albioeci*. D'autres petites rivières arrosent diverses vallées du *Vocontium* : la Bourne, dans le Royannais; l'Ébron et la Gresse, dans la vallée de Trièves, qui se perdent dans l'Isère et dans le Drac; les deux Buechs du Gaponçais; le Gabron et le Lançon, qui se jettent dans la Durance; le Roubion et l'Eygues se perdent dans le Rhône, et l'Ouvèze dans la Sorgue.

Mais la Drôme ne doit pas être oubliée. D'Anville, dans sa Notice de l'ancienne Gaule, ne fait que la nommer. Elle traverse une grande partie du pays des Vocontiens, du levant au couchant. La voie romaine de Valence à Gap, et la nouvelle route royale dans la même direction, ne quittent plus cette rivière jusqu'au-

---

[1] Cicer. *ad Famil.* l. X, ep. 15. — [2] Strab. *Geogr.*

dessus du village de Luc, Lvcvs Avgvsti, après avoir parcouru environ 61 kilomètres 701 mètres. Les lieux principaux de la vallée de la Drôme, Luc, Die, Saillans, Aouste et Crest, sont sur la rive droite. Le poëte Ausone nomme la Drôme, *te Druna, te sparsis Druentia ripis*[1]. Torrent impétueux en automne et pendant la fonte des neiges, elle se perd dans le Rhône, près de Livron, en ravageant les terres; mais, pendant six mois de l'année, elle est presque sans eau. Son cours, d'environ 15 myriamètres, est souvent obstrué par des rochers. La Drôme n'a jamais pu être navigable sous la domination romaine, quoiqu'on ait dit le contraire. Elle traverse le pays des *Segalauni*, le Valentinois, dans sa longueur. D'Anville plaçait les lieux de Vanciana ou Batiana et d'Vmbenvm, de la table Théodosienne, sur la rive droite du Rhône, de manière qu'il fallait traverser ce fleuve deux fois pour arriver d'Orange à Valence : c'était apparemment pour éviter le passage de la Drôme. Ce n'est là qu'un obstacle bien ordinaire. Peut-on comparer la difficulté de la construction d'un pont sur cette petite rivière à celle de deux ponts sur le Rhône? Ce grand géographe a été séduit par le rapport du nom du bourg de Baix, sur la rive droite du fleuve, en Vivarais, avec Batiana de l'Itinéraire. On a découvert, il y a longtemps, au quartier de Bance, près de Mirmande, vis-à-vis Baix, sur la route de Montélimar à Valence, une colonne milliaire et des restes de voie romaine, à la distance indiquée par la Table : c'est la Batiana de la Table, Vacianis de l'Itinéraire de Bordeaux à Jérusalem, sur la rive gauche du Rhône, chez les *Segalauni*, et non chez les *Helvii*. Les mêmes raisons nous font placer sur la rive gauche du Rhône Vmbenvm, vis-à-vis de Beauchastel; mais il n'est pas probable que cette dernière position soit à Embonils;

---

[1] *Mosella*. — Scaliger, *in* Auson. l. I, c. v, 30.

elle s'éloignerait de la direction la plus courte pour arriver à Valence.

Entre la Durance et l'Isère, il y a d'autres fleuves encore qui descendent des Alpes et se jettent dans le Rhône. Deux de ces fleuves, après avoir passé près de la ville des *Cavari*, joignent leurs eaux et les déchargent dans le Rhône. Un troisième, nommé *Sulgas*, se joint à ce dernier près de la ville de *Vindalon*, où Cneius Ænobarbus défit, dans un grand combat, plusieurs milliers de Gaulois [1]. Parmi ces rivières, Strabon ne nomme que la Sorgue, *Sulgas*. Les autres, la Véoure, la Drôme, le Roubion, le Lez, Eygues et l'Ouvèze, sont des affluents du Rhône. Joseph Scaliger corrige le texte de Strabon, et pense que les mots Κουάρον et Οὐάρον, sont les noms altérés des deux rivières la Drôme et le Bez, qui, se joignant au-dessous du bourg de Châtillon, à 16 kilomètres au-dessus de Die, se perdent ensuite dans le Rhône [2]. Cette interprétation n'est pas combattue par Casaubon; mais elle ne nous paraît pas satisfaisante. La jonction de la Drôme et du Bez se fait à une trop grande distance du Rhône, plus de 60 kilomètres. D'ailleurs, Strabon dit que les deux rivières se réunissent pour se perdre dans ce fleuve, après avoir passé près de la ville des *Cavari*. Valois pense que cette ville serait CULARO, Grenoble; mais Strabon place ces rivières entre l'Isère et la Durance. D'Anville dit qu'il s'agit ici d'Orange. Les deux rivières seraient Eygues et une autre, plus petite, qui se jettent dans le Rhône, non loin de cette ville [3]. Cette position conviendrait peut-être à Montélimar, baigné par le Roubion et le Jabron, qui se réunissent et se perdent dans le Rhône. Les *Cavari* occupaient le littoral du Rhône, de la Durance et de l'Isère. Pour fortifier notre conjecture, il faudrait que la ville de Montélimar

---

[1] Strab. l. IV. — [2] *In* Auson. l. I, c. xxx. — [3] *Notice de l'ancienne Gaule*, p. 257

répondît à Acvsion de Ptolémée. Nous ne voyons aucune position, entre la Durance et l'Isère, qui réponde entièrement au texte de Strabon. Il est pourtant à remarquer que la rivière la plus considérable entre ces deux fleuves, la Drôme, sur la voie *Domitia*, a échappé à l'exactitude du géographe grec. Mandajors a pensé qu'elle est le *Durio* de Strabon; mais son opinion est dénuée de preuves [1]. Le P. Monet dit simplement que la petite rivière *Veoure* est le *Vouaron* de Scaliger [2]. Casaubon, dans ses commentaires sur Strabon, place la ville des *Cavari*, dont nous venons de parler, sur l'emplacement d'Ancône. Ce village, au bord du Rhône, se trouve à une lieue du Roubion.

Aymar du Périer, Chorier et M. Guérard, ont cru reconnaître une dépendance des Vocontiens au delà du Rhône, dans le pays de *Vocance*, arrondissement de Tournon, département de l'Ardèche [3], dépendance qui ne semble établie que sur l'orthographe fautive du nom de cette contrée. On trouve, sur des cartes anciennes du Vivarais, le même nom écrit autrement, *Vaucance*; ce qui signifie *Valcance*, ainsi nommée de la petite rivière la *Cance*, qui se jette dans le Rhône. Cette vallée, la Vocance, ou mieux la *Vaucance*, comprend une population d'environ cinq mille habitants distribués dans les villages de Saint-Julien, le Monestier, Vanosc, Villeneuve et Vaucance. Il est d'ailleurs difficile de rattacher ce pays aux Vocontiens, dont il était séparé par les Allobroges et par le Rhône.

Tout ce qui se rapporte aux Vocontiens, même indirectement, est si rare chez les anciens, qu'on nous permettra de rappeler ici deux historiettes que Pline a intercalées dans le magnifique tableau des sciences naturelles et des arts de son temps:

---

[1] *Hist. de la Gaule narbonnaise*, p. 452.
[2] *Gall. Geogr.* 1634.
[3] *Discours touchant l'hist. générale des Gaules*, p. 11. — *Histor. de Dauph.* t. I, p. 114. — *Annuaire histor. de la société de l'hist. de France*, 1837, p. 59 et 147.

« Equitemque romanum Julium Viatorem e Vocontiorum gente
« fœderata, in pupilaribus annis aquæ subter cutem fusæ morbo,
« prohibitum humore a medicis, naturam fecisse consuetudine,
« atque in senecta caruisse potu [1]. » — « Julius Viator, de l'état
allié des Vocontiens, chevalier romain, s'était habitué à se priver
de toute boisson jusqu'à un âge avancé, depuis que les méde-
cins lui avaient conseillé ce régime pour être guéri d'une ana-
sarque dont il fut atteint dans son enfance. » « Ad victorias
« litium ac regum aditus mire laudatur (ovum anguinum),
« tantæ vanitatis, ut habentem id in lite in sinu equitem roma-
« num e Vocontiis a Divo Claudio interemptum, non ob aliud
« sciam [2]. » — « On vante l'œuf de serpent comme ayant la vertu
prétendue de faire gagner les procès et de concilier la faveur
des rois. L'empereur Claude fit mourir, non pour autre raison,
que je sache, un chevalier romain du pays des Vocontiens, parce
qu'il avait sur sa personne, dans un procès, un œuf de cette
espèce. » La cruauté de Claude paraîtrait sans motif et conforme
à son caractère, si l'on ne pensait que cette superstition venait des Druides, et qu'il les poursuivait jusqu'à l'extermina-
tion. Pline est l'historien fidèle de la nature, lorsqu'en parlant des pierres tombées du ciel, il dit : « Ego ipse vidi in
« Vocontiorum agro paulo ante delatum (lapidem) [3]. » Ce fait,
qu'on aurait contesté il y a cinquante ans, désigne un phénomène mieux observé de nos jours, la chute d'une aérolithe.

Le nom de la ville de Serres, dans les Hautes-Alpes, celui
de Pennes en Diois, de la Penne, du diocèse de Vaison, de
Mons Lugdunum (Montlahuc), de Bezaudun et d'*Assedunum* (Sa-
hune), dans le département de la Drôme, nous rappellent des
noms gaulois que l'on retrouve plusieurs fois dans la gaule
Narbonnaise. Le patois du Dauphiné conserve bien encore des

[1] *Hist. nat.* l. VII, c. XVIII. — [2] *Ibid.* l. XXIX, c. III. — [3] *Ibid.* l. II, c. LVIII.

mots de la langue celtique, mais ces mots sont en plus grand nombre dans les dialectes de l'ouest et du nord de la France. La Gaule du midi a presque entièrement oublié sa langue nationale, pour adopter la langue latine, qui domine dans l'idiome vulgaire, le romano-provençal. Ces mots celtiques, débris d'une langue perdue, pourraient être comparés aux petits fragments de roches détachés des Alpes et portés au loin jusque sur le rivage de la mer. Le géologue parvient à reconnaître leur origine. On pourrait aujourd'hui rencontrer des mots gaulois dans les provinces de l'Asie qui furent soumises aux Gaulois [1].

Nous n'avons pas vu dans le pays des Vocontiens les monuments du culte druïdique appelés *dolmen, peulven, menhir*, soit que la religion des druïdes fût peu répandue dans la Narbonnaise, et que le polythéisme de *Massalia* eût prévalu avant la domination romaine, soit que les nouveaux maîtres de cette province, en établissant des colonies, eussent fait oublier à ses anciens habitants leur religion et leurs usages. Les monuments druïdiques sont en grand nombre dans le centre et l'ouest de la France, contrées qui n'ont pas été imbues de la civilisation des vainqueurs comme le furent celles de l'Est et du Midi. Trouverait-on la cause d'une différence aussi marquée, en admettant que les Vocontiens, ainsi que les peuples de la Narbonnaise, appartenaient primitivement à la race gallo-ligure (*celto-ligye*), que Strabon distingue des Gaulois et de la race ibère? On expliquerait aussi de cette manière la facilité des Vocontiens à adopter les mœurs romaines, et à se séparer des Gaulois pendant la guerre de J. César. La politique romaine (sous le prétexte de la défense de la cause de l'humanité) extermina le culte druïdique et ses ministres,

[1] Voy. saint Jérôme, *Ad Galat.*

qui s'identifiaient trop avec la nationalité gauloise. Le culte des vainqueurs prévalut. Rome imposa à la fois aux nations sa religion et sa langue, *per pacem societatis*, dit saint Augustin [1]. Nous ne connaissons que ce que Rome a voulu nous apprendre sur les peuples vaincus, sur les grandes nations, sur Carthage, sur les Espagnes et sur les Gaules. Les langues de l'ancienne Europe sont perdues. César lui-même n'a parlé que des mœurs du centre de la Gaule, des Celtes. Ses mémoires sont consacrés aux détails de ses opérations militaires. Les renseignements qu'il a donnés sur les Gaulois, quoique précieux, sont bien insuffisants. A l'article de Dea, nous rappellerons plusieurs inscriptions votives à une divinité vocontienne, *Andarta*, dont le culte était particulier à cette ville.

Le pays qui a appartenu aux *Vocontium* a conservé quelques usages de l'ancienne civilisation gréco-romaine. Des restes du régime municipal se montrent encore de nos jours dans les archives des villes. Ce résultat doit être attribué aux colonies romaines établies, en grand nombre, dans la Narbonnaise [2], qui s'était identifiée en peu de temps avec l'Italie. *Italia verius quam provincia.* Le romano-provençal, dont l'origine remonte à ces grands civilisateurs, est la langue vulgaire du pays, avec quelques modifications de localité ; elle rivalise avec la langue française. Ce sont deux monuments vivants de deux races différentes, la race gallo-romaine et la race franke, que le sentiment de la nationalité française n'a pas encore entièrement confondus, quoique la grande révolution de 1789 efface tous les jours quelques-unes des nuances qui existent entre les Français du Nord et les Français du Midi.

Un usage répandu dans le midi de la France existe encore aujourd'hui dans le pays dont il s'agit ici. Le premier dimanche

---

[1] *De civit. Dei*, l. XIX, c. vii. — [2] Bodin, *Méthod. histor.* c. ix.

de mai, des petites filles, parées de fleurs et de rubans, appelées *Maïa,* et reines de mai à Grenoble, se placent dans les carrefours et demandent l'étrenne aux passants, en récitant des vers en patois pour célébrer le retour du printemps. C'est un reste de la fête *Majuma,* si chère au peuple de Rome, dont l'empereur Julien a parlé dans son *Misopogon.* Le code Théodosien contient un rescrit d'Arcadius et d'Honorius, qui autorisait cette fête licencieuse[1]. M. de Gasparin pense que les *Maïa* rappellent le culte de Cybèle et des *lares compitales,* dieux des carrefours[2]. La *farandoule,* espèce de danse plus particulière à la Provence, et qui se rapporte, selon quelques-uns, à Thésée vainqueur du Minotaure dans le labyrinthe, est aussi exécutée dans les grandes occasions par les habitants de l'ancien *Vocontium.*

Strabon rappelle plusieurs fois, dans sa Géographie historique, la grande population de la Gaule. Les agronomes latins, Columelle et Pline, rapportent les procédés employés par les Gaulois.

Les vins de la Gaule, d'après Pline, étaient recherchés à Rome, comme ils le sont aujourd'hui. Il décrit la méthode qui était suivie dans le pays des Vocontiens pour obtenir une espèce de vin doux : « Est etiamnum aliud genus per se quod vocat « dulce Narbonensis provincia, et in ea maxime Vocontii. As- « servatur ejus gratia uva diutius in vite, pediculo intorto. Ab « aliis ipse palmes inciditur in medullam, ab aliis uva torre- « tur in tegulis, etc. » — « Il y en a une espèce bien distincte appelée vin doux dans la Narbonnaise, et surtout dans le *Vocontium.* Pour faire ce vin, on laisse longtemps le raisin sur pied, après lui avoir tordu le pédoncule. Quelques-uns fendent

---

[1] *Cod. Theod.* l. XV, tit. 6. — [2] *Notice des travaux de l'acad. du Gard,* p. 396; 1810. — [3] *Hist. nat.* l. XIV, c. xi.

le sarment jusqu'à la moëlle, d'autres font sécher le raisin sur la tuile, etc. »

Ce passage semble prouver que le climat de la France n'a point éprouvé de changement remarquable. Le vin muscat du Diois soutient encore la réputation qu'il avait sous Vespasien. On pratique, dans la même contrée, le procédé recommandé par Columelle : « Quidam uvam passam foliis ficulneis « involvunt et assiccant [1]. » — « Quelques personnes font sécher leurs raisins, après les avoir enveloppés de feuilles de figuier. »

Varron dit que, sur les bords du Rhin on amandait les terres avec la marne[2]. L'Agriculture, perfectionnée par les Grecs et les Romains, était florissante; tout était mis en culture, excepté les marais et les forêts[3]. Le Diois, comme la Provence et le Languedoc, avait retenu des Romains une espèce de cadastre ou perréquaire, sous la désignation, au moyen âge, de *ordinationis super talliis*[4]. La longue paix qui avait suivi la conquête de la Narbonnaise exerça son influence sur les peuples et changea leurs habitudes. « Autrefois, dit Strabon, les Allobroges faisaient la guerre avec des armées nombreuses, mais aujourd'hui (sous Tibère), ils s'occupent à cultiver les plaines et les vallons des Alpes[5]. » Ce que Strabon dit de la Gaule en général et des Allobroges, peut s'appliquer au *Vocontium*. Cette contrée était peut-être alors autant peuplée qu'elle l'est aujourd'hui. On trouve souvent sur des montagnes arides et dépouillées de terre végétale, sur des lieux déserts, abandonnés aux ravages des torrents, des vestiges d'habitations. On s'étonne d'y rencontrer des médailles, des fragments

---

[1] *De re rustic.* l. XII, c. xvi.
[2] *Ibid.* l. I, c. vii.
[3] Strab. *Geogr.* l. IV.
[4] Vincent, *Plaidoyer pour le tiers-état de Dauphiné*, 1598. — *Répons. et salvat.* par Cl. Lagrange, 1599.
[5] *Geogr.* l. IV.

de marbre, et, à cette distance de la mer, des écailles d'huîtres, non fossiles, en grand nombre (*ostrea palma mensorum*, Pline), témoignage d'un luxe raffiné qui est toujours la suite d'une grande population. Strabon (sous Tibère) ne nomme aucune ville des Vocontiens. Méla (sous Claude) ne nomme que Vasio, Vaison, en la mettant à la tête des villes les plus opulentes de la Narbonnaise; et Pline (sous Vespasien) nous fait connaître Vasio et Lvcvs Avgvsti comme les deux capitales de ce peuple. Il ajoute qu'on comptait de plus dans le *Vocontium* xix *oppida ignobilia*, ou petites villes. Parmi ces dernières, nous verrons que Dea Avgvsta, Die, colonie romaine, la plus importante, avait des arènes et était un centre du culte de la grande déesse Cybèle. Une longue paix et l'abondance des produits de l'agriculture devaient augmenter la population de ce pays, surtout à une époque où le calcul de l'égoïsme et les prévisions du luxe n'avaient pas encore fait sentir, dans un état nouvellement civilisé, les tristes résultats que Rome éprouvait sous Auguste.

La population actuelle du pays jadis occupé par les Vocontiens, s'élève à environ deux cent soixante mille individus, pris parmi les cantons des départements de la Drôme, de l'Isère, des Hautes-Alpes et de Vaucluse, que nous avons nommés. En admettant ce nombre d'habitants, le *Vocontium* pouvait, dans un besoin pressant, armer près de quarante mille combattants. Il semble que ce nombre devait être plus considérable, pour y trouver le sujet des triomphes de Flaccus, de Sextius Calvinus, de Domitius, de Fabius Maximus et de Pontinus.

La cité ou l'état des Vocontiens était composée de plusieurs *pagi*, districts ou cantons, à la tête desquels se trouvaient Vasio et Lvcvs Avgvsti. Ensuite, venaient ceux de Dea Avgvsta, de Segvstero, Sisteron; de Vapincvm, Gap; de Mons Selevcvs, la Bâtie-Mont-Saléon; d'Epotivm, Opaix; de Geminae, Mens;

de Darentiaca, Saillans; d'Avgvsta, Aouste en Diois; de Forvm Calcarivm, Forcalquier, et d'Aletanvm, Taulignan. On ne connaît pas le nom du chef-lieu du *pagus* des Vertacomicori. Quelques autres petites villes, réunies à celles que nous venons de nommer, s'élevaient au nombre de xix *oppida ignobilia*, dit Pline, et qu'il n'a pas daigné nommer. Ces petites villes, de peu d'importance pour un grand seigneur romain, pouvaient être de quelque considération dans la Narbonnaise; et il en est parmi elles qui ont acquis depuis de l'importance dans l'ordre politique et dans l'organisation ecclésiastique.

Le *Vocontium*, avec ses dix-neuf villes, serait comparé aux cantons Suisses. Il est probable que son gouvernement, avant la domination romaine, était aristocratique, comme dans la plus grande partie de la Gaule, et que les rois n'étaient que des chefs choisis dans l'assemblée générale, à la suite d'une proclamation de guerre, le *concilium armatum*[1]. Leur pouvoir temporaire était surveillé par les grands. On ne peut regarder les Vocontiens comme une confédération des peuples divers que nous trouvons nommés dans le catalogue de Pline. Strabon a bien distingué les Vocontiens de leurs voisins.

Les Romains, après la conquête, accordèrent aux Vocontiens la jouissance du droit latin. « Les Ligyes, dit Strabon, sont soumis aux préfets qui sont envoyés dans la Gaule Narbonnaise; mais les Vocontiens se gouvernent par leurs propres lois, comme nous l'avons dit des Volques de Nîmes[2]. » Ceux des habitants de Nîmes qui parviennent à la questure et à l'édilité sont censés Romains; c'est pourquoi ce peuple n'est pas non plus soumis aux gouverneurs envoyés de Rome. Pline, en parlant des Vocontiens, ajoute: *civitas fœderata*, état allié[3]. Sous

[1] Cæs. *Comment.* l. V, c. xiii.
[2] *Geogr.* l. IV.
[3] *Hist. natur.* l. III, c. iv; — l. VIII, c. xviii.

le droit latin, les peuples vivaient selon les lois de leur pays, le gouvernement politique excepté, sans l'intervention des Romains. Les particuliers qui avaient exercé des charges municipales, devenaient citoyens romains. Ce titre, dont on était si fier dans les premiers temps, et dont le refus aux peuples latins pensa perdre la république dans la guerre sociale, Héliogabale l'accorda, dans la suite, à toutes les provinces de l'empire, alors que les peuples conquis étaient mêlés depuis longtemps avec les vainqueurs. Mais le citoyen romain ne participait plus aux droits politiques. Une inscription donne à DEA le titre de colonie romaine, et Tacite celui de *municipium* à LVCVS AVGVSTI. Le municipe jouissait du droit de citoyen par concession, mais sans droit de suffrage aux élections dans les comices, ni d'élection aux magistratures de Rome. Les colonies suivaient les lois et les coutumes du peuple romain. Les municipes se gouvernaient par leurs propres lois, ce qui leur était quelquefois plus avantageux. Mais la condition des colonies, comme image de la majesté romaine, était bien au-dessus [1]. « Populi romani effigies parva ac simulacra erant. » Toutes les colonies fondées hors de l'Italie étaient composées de vétérans, et devenaient des établissements militaires [2]. Bien différentes des colonies grecques, qui n'étaient que des comptoirs ou des essaims séparés de la mère patrie, livrée elle-même à l'anarchie, les colonies romaines devenaient une extension de l'empire, les instruments de sa puissance, une petite Rome dans un pays conquis. Elles ne se séparèrent jamais de leurs souche, dont le gouvernement était si solidement établi.

Le *Vocontium*, sous la domination romaine, appartint d'abord à la *Provincia*, qui fut ensuite nommée Gaule Narbonnaise

---

[1] A. Gellius, *Noct. attic.* l. XVI, c. xiii. — [2] Vell. Patercul. l. I, c. xv.

sous Auguste. Il fit ensuite partie de la deuxième Narbonnaise, dont AQVAE SEXTIAE, Aix, était la métropole. Enfin, il fut attaché à la Viennoise. Sa plus grande longueur, d'après les limites que nous lui avons assignées, est à peu près de 159 kilomètres (35 lieues communes de 25 au degré); sa plus grande largeur, de près de 100 kilomètres (22 lieues), et sa superficie de 840,000 hectares (425 lieues carrées).

II.

VOIES ROMAINES.

La Table Théodosienne ou carte de Peutinger, qui représente l'étendue de l'empire avec ses cent seize provinces et les voies de communication établies sur tous les points, nous donne l'idée d'une puissance étonnante, même à une époque de décadence. Ces voies, que l'histoire et la jurisprudence romaine appellent *viæ consulares, prætoriæ, regiæ, militares, solemnes, etc.* et les colonies militaires, étaient des moyens efficaces pour assurer les conquêtes. Toutes les nations, quand elles participèrent aux droits de citoyen romain, croyaient ne pouvoir exister sans se rattacher au Capitole... *Patrias sed Roma supervenit omnes* (Auson.). Rutilius a exprimé la même pensée: « Vous avez donné la même patrie à des nations différentes : *Fecisti patriam diversis gentibus unam.* » Les Romains avaient fait ce que l'Europe fait aujourd'hui, dans des vues différentes, par ses chemins de fer. Si l'on jette les yeux sur la carte de l'ancienne Gaule, on est étonné du grand nombre de routes qui se croisaient en tout sens sur cette vaste surface; mais ces voies étaient presque toutes pour les armées. Aujourd'hui, nos voies de communication ont pour but principal le commerce et l'industrie, qui, chez les anciens, à cause de l'esclavage, n'étaient que des objets secondaires. D'ailleurs, le commerce ne pouvait s'accorder, dans les provinces, avec l'avidité des traitants de l'ordre équestre, avec la dureté des proconsuls et les usures des sénateurs; et même, parmi ces derniers, la vertu rigide des Caton et des Brutus n'est pas sans reproche.

La voie la plus étendue de la Gaule, qui reliait l'Italie à la Grande-Bretagne, parcourait un espace de 914 milles (1347 kilomètres), en partant de Milan à Boulogne, *Gessoriacum*. Elle traversait le pays des Vocontiens, du levant au couchant, sur une ligne de 118 kilomètres, de Gap, Vapincvm, à la Bâtie-Mont-Saléon, Mons Selevcvs; à Luc, Lvcvs Avgvsti; à Die, Dea Avgvsta Vocontiorvm; à Saillans, Darentiaca; à Aouste, Avgvsta, pour arriver à Valence, Valentia, chez les *Segalauni*, sur la voie *Domitia*[1].

Une autre voie, partant de l'*Alpis Cottia*, le mont Genèvre, passait par Geminae ou Gerainae, dans le Valgodemar, chez les *Tricorii*, et par une autre Geminae, Mens, sur le territoire des Vocontiens, après avoir traversé le Drac, et se joignait, avec la voie dont nous venons de parler, à Lvcvs Avgvsti.

Une troisième voie, partant de Vapincvm, suivait la rive droite de la Durance, sur la lisière du *Vocontium*. Elle passait à Alarante, le Monestier-Alemont; à Epotivm, Opaix; à Segvstero, Sisteron; à Alavnivm, Alaun, et à Catviaca, Carluc, limite des Vocontiens. Elle parcourait une ligne de 104 kilomètres, traversait le territoire des *Vulgientes* à Apta Ivlia, Apt; celui des *Memini*, et arrivait à Tarasco en tendant vers Nemavsvs, Nîmes. Cette dernière voie est indiquée par Strabon. « La route dont je viens de parler se partage en deux chemins; le plus court est celui qui va directement aux Alpes, à travers le pays des Vocontiens, comme je l'ai déjà dit; l'autre, qui suit

---

[1] Bergier, *Hist. des grands chemins de l'emp. rom.* p. 469, 1622.

la côte de Marseille et de la Ligurie, est le plus long, mais il offre un passage plus commode pour entrer en Italie, parce que les montagnes s'abaissent sensiblement de ce côté[1]. »

Les villes principales du *Vocontium*, excepté Vasio et Aletanvm, Taulignan, étaient, comme nous l'avons dit, situées sur les voies romaines. La voie qui parcourt ce pays dans sa longueur de Gap à Valence, abandonnée depuis des siècles aux influences atmosphériques, a laissé à peine quelques traces sur la route royale, entre Saillans et Aouste. Les deux autres voies ne sont connues que par les itinéraires. Le préteur Fonteius (74 à 75 ans avant J. C.) continua la voie d'Arles à la Durance. Il fit, à peu près dans le même temps, établir la voie d'embranchement de Valence à Gap, et celle qui de Luc arrivait au mont Genèvre par Mens (Geminae). Agrippa, gouverneur des Gaules, a fait construire ensuite les grandes voies qui, de Lyon, aboutissaient à l'Aquitaine, à l'Océan et au Rhin. Les routes furent négligées et presque détruites à la chute de l'empire. Cependant, la reine Brunehaut rétablit, dans l'Austrasie, les chaussées romaines, et les peuples lui en attribuèrent la fondation ; car alors, dans un temps malheureux, rétablir c'était fonder. Dans la suite, Charlemagne obligea même le clergé à contribuer à l'entretien des voies de communication.

Nous examinerons les itinéraires romains qui tracent les voies du *Vocontium*. Nous avons ajouté à notre mémoire un extrait de la Table, calqué sur l'édition de Von-Scheyb. Les itinéraires romains qui nous sont parvenus, quoique remplis de fautes, sont d'une grande utilité dans l'étude de la géographie ancienne. Sans leur secours, il serait souvent bien difficile de reconnaître la position des lieux. Leur comparaison peut suppléer aux erreurs des copistes.

---

[1] *Geogr.* l. IV.

Le pays que nous attribuons au *Vocontium* est parcouru aujourd'hui par quatre routes nationales :

De Valence à Sisteron, par Crest, Die, Luc, Bausières, la Baume et Serres;

Du Saint-Esprit à Briançon, par Nions, Rosans, Serres et Gap;

De Grenoble à Sisteron, par Vif, le Monestier, la Croix-Haute, Aspres-les-Veynes et Serres;

D'Aix à Briançon, en remontant la Durance, par Manosque, Sisteron, le Monestier-Alemont, la Saulce et Gap.

EXTRAIT DES ITINÉRAIRES ROMAINS DE VALENCE A GAP.

1re VOIE ROMAINE.

TABLE THÉODOSIENNE, OU CARTE DE PEUTINGER.	ITINÉRAIRE D'ANTONIN.	ITINÉRAIRE DE BORDEAUX A JERUSALEM.
VALENTIA. Valence.	VALENTIA. Valence.	Civitas VALENTIA, Valence.
AVGVSTVM. Aouste en Diois. XXII.	AVGVSTA. Aouste en Diois............ M. P. XXII.	Mutatio CEREBELLIACA. Mentoison, ou Upie..... M. XII.
Ad DEAM AVGVSTAMV AVCONTIORVM. Die....... XIII.	DEA VOCONTIORVM. Die............. M. P. XXIII.	Mansio AVGUSTA. Aouste. M. X.
LVCO. Luc en Diois....... XII.	LVCO. Luc......... M. P. XII.	Mutatio DARENTIACA. Saillans................. M. XII.
ALARANTE. Le Monestier-d'Alemont............. XVIII.	MONTE SELEVCO. La Bâtie-Mont-Saléon.. M. P. XXVI.	Civitas DEA VOCONTIORVM. Die........... M. XVI.
VAPINCVM. Gap.......... XVIII.	VAPINCO. Gap......M. P. XXIIII.	Mansio LVCO. Luc..... M. XII.
		Mutatio VOLOGATIS. Bausières? Lèches?........ M. IX.
		Inde ascenditur *Gaura Mons*. Le Col de Cabre.
		Mutatio CAMBONO. La Baume des Arnauds........ M. VIII.
		Mansio MONTESELEUCI. La Bâtie-Mont-Saléon.... M. VIII.
		Mutatio DAVIANO. Veynes. M. VIII.
		Mutatio ad FINES. La Roche-des-Arnauds......... M. XII.
		Mansio VAPINCO. Gap.... M. XI.

Ces trois itinéraires sont remplis de fautes de copiste. La Table donne par écrit et par tracé la distance des lieux. Elle indique les grandes montagnes, les lacs, le cours des principaux fleuves, les contours des côtes, les noms des grandes provinces et des nations puissantes. Il ne faudrait pas juger des procédés topographiques usités chez les anciens par ce tracé informe des voies romaines. Ils connaissaient diverses cartes géographiques proprement dites. Mais la Table n'est pas une carte; c'est une représentation grossière des routes des provinces de l'empire, sur une grande longueur (12 pieds, sur une largeur de 6 pouces et demi). L'auteur a supprimé plusieurs villes très-importantes, parce qu'elles étaient éloignées des grandes voies. Il nomme souvent les capitales par leur ancien nom avant Auguste, ce qui fait supposer qu'elle a été rédigée à diverses époques.

L'Itinéraire d'Antonin est peut-être du temps des empereurs de ce nom; mais il a été revu sous Valentinien.

L'Itinéraire du pèlerin de Bordeaux à Jérusalem porte la date du consulat de Delmatius et de Adnophilus (888). On est étonné que, pour aller de Bordeaux en Italie, le pèlerin remonte le Rhône depuis Arles jusqu'à Valence, et se dirige sur Gap par la voie dont il s'agit ici, au lieu de suivre la route la plus directe par *Tarasco*, *Apta Julia* et *Segustero*. En revenant de Jérusalem, il termine son itinéraire à Milan, pour ne pas nommer les mêmes lieux qu'il a visités à son départ de Bordeaux. C'est ce qui fait présumer que la route par la vallée de la Durance était alors, en 333, peu sûre ou en mauvais état. L'Itinéraire de Jérusalem est plus intéressant que celui d'Antonin et de la Table, parce qu'on peut juger de l'importance des villes, à l'époque de sa rédaction, par la qualification qu'il leur donne.

II° VOIE.

De LVCVS à l'*Alpis Cottia*.

EXTRAIT DE LA TABLE THÉODOSIENNE.

LVCO. Luc.............................	XVIII.
GEMINAE. Mens......................	XIIII.
GEMINAE ou GERAINAE.............	XIIII.
Alpis Cottia. Le mont Genèvre.	

Le tracé de cette voie est confus et incomplet; il ne peut être éclairci par l'Itinéraire d'Antonin.

III° VOIE.

De VAPINCVM à APTA IVLIA.

EXTRAIT DE L'ITINÉRAIRE D'ANTONIN ET DE LA TABLE.

ITINÉRAIRE D'ANTONIN.	TABLE THÉODOSIENNE.
VAPINCVM. Gap.	VAPINCVM. Gap.
ALABONTEM. Le Monestier-d'Alemont.. XVIII.	ALABANTE. Le Monestier-d'Alemont.... XVIII.
SEGVSTERONEM. Sisteron........... XVI.	ALARANTE. .... XVI.
ALAVNIVM. Alaun................. XXIIII.	SEGVSTERONE. Sisteron............ XVI.
CATOLVCAM. Carluc.............. XVI.	ALAVNIO. Alaun.................... XIIII.
APTA IVLIA. Apt.................. XV.	CATVIACA. Carluc................. XVI.
	APTA IVLIA. Apt.................. XII.

DEUXIÈME MÉMOIRE.

APERÇU HISTORIQUE.

Les écrivains grecs avant Jule César, excepté Polybe, parmi quelques renseignements intéressants, ne nous ont donné que des notions fausses sur les Gaulois. Effrayés des ravages qui suivaient l'irruption de ces étrangers dans le cœur de la Grèce, ils attribuaient à la nation celtique, composée de peuplades diverses, la férocité du Brennus de Delphes. Cicéron, Strabon, Diodore de Sicile, Athénée, ne paraissent pas exempts de partialité et d'exagération quand ils parlent de ces *barbares*. Les monuments de dépouilles gauloises que Pausanias a décrits avec complaisance dans son Voyage historique de la Grèce, témoignent de l'impression profonde de frayeur que ce peuple avait produite sur ses compatriotes. Les provinces méridionales, qui formaient la Gaule narbonnaise, ne sont connues que depuis la domination romaine : il est difficile de remonter à une époque plus éloignée. Les Vocontiens ont eu la destinée de leurs voisins et des Allobroges, avec lesquels ils s'étaient confédérés. Leur histoire et celle de toute la Gaule se perdent dans l'histoire de Rome.

Nous devons regretter que Trogue Pompée n'ait pas écrit sur la Gaule transalpine. Son livre, abrégé par Justin, a été principalement consacré aux nations de l'Orient; il n'aurait pas oublié le pays de ses ancêtres, le *Vocontium,* et, juste appréciateur de Tite-Live, il nous aurait appris des choses importantes et avec plus d'impartialité. Les Vocontiens, entourés de peuples puissants, ont conservé leur nationalité pendant plusieurs siècles : ils pourraient fournir quelques pages à l'histoire; mais les historiens, et non les faits, ont manqué à ce peuple oublié.

Nous apprenons de Pline que les *Vertacomicori*, *pagus* ou district des Vocontiens, ont fondé Novarre en Italie[1], peut-être lorsque Bellovèse quitta le pays des *Tricastini* pour franchir les Alpes (590 avant J. C.). On peut présumer que les Vocontiens ont concouru à la prise de Rome, qu'ils étaient mêlés avec les Gaulois, dont le nom se rattache presque toujours aux grands événements de l'ancien monde; qu'ils étaient accourus, avec les Gésates, en Italie, en Espagne, en Sicile, en Afrique, en Asie, et partout où se trouvaient la gloire et les richesses. Les Gésates étaient des bandes d'aventuriers sortis des peuples qui habitaient le versant occidental des Alpes et le bassin du Rhône[2]. C'était un assemblage de Vocontiens, d'Allobroges, de *Cavari*, etc. On pourrait leur appliquer ce que Vopiscus a dit des barbares du Nord : « Totum pene or- « bem vagati sunt. »

(231-222.) Les Gaulois d'Italie appellent encore à leur aide contre Rome, devenue plus formidable, ces mêmes Gésates dont le secours avait été si puissant cent cinquante ans auparavant, Anerveste et Concolitan. La fougue et la barbarie devaient céder à la discipline et à une politique soutenue.

(218 avant J. C.) Plusieurs peuples de la Narbonnaise, et vraisemblablement les Vocontiens, suivirent Annibal en Italie. Ces derniers se trouvaient sur son passage. Il franchit le Rhône un peu au-dessus de Roquemaure, et de là il arriva à l'île formée par la jonction de l'Isère avec ce fleuve. On a de la peine ensuite à suivre sa marche et le chemin qu'il a choisi pour entrer en Italie, quoique Polybe, historien presque con-

---
[1] *Hist. nat.* l. III, c. xvii. — [2] *Ibid.* l. II, c. iv.

temporain de ce grand événement, nous dise : « Je parle avec assurance de toutes ces choses, parce que je les ai apprises de témoins contemporains, et que je suis allé moi-même dans les Alpes pour en prendre connaissance [1]. » Mais, malheureusement, Polybe n'a pas jugé à propos de nous transmettre les noms des peuples dont Annibal traversa le territoire. On est étonné des motifs qu'il donne sèchement pour se justifier de cette grave omission; on croirait qu'il a oublié la postérité : « Quand il s'agit de lieux connus, la désignation par leurs noms des lieux, des fleuves et des villes est d'un grand secours pour en renouveler le souvenir. Mais quand il est question de ceux qu'on ne connaît point du tout, il ne sert pas plus de les nommer que si l'on faisait entendre le son d'un instrument, ou toute autre chose qui ne signifierait rien ; car l'esprit n'ayant pas sur quoi s'appuyer, et ne pouvant rapporter ce qu'il entend à rien de connu, il ne lui reste qu'une notion vague et confuse [2]. »

Les commentateurs n'éclaircissent pas la question controversée ; ils attachent à chaque petite localité des détails peu importants, qui peuvent s'appliquer plus ou moins heureusement à presque tous les lieux dans ces longs détours de vallées étroites. Ils n'oublient pas un certain *rocher blanc*, de Polybe, et le col des Alpes, d'où Annibal, comme par un coup de théâtre, fit voir l'Italie à ses soldats découragés. Il est bon de remarquer que d'aucun de ces cols, du grand, du petit Saint-Bernard, du Mont-Cenis, du Mont-Genèvre, on ne peut voir, sinon des yeux de l'imagination, les belles plaines du Piémont et de la Lombardie. Ils attachent, ces commentateurs, une grande importance à la neige de l'hiver précédent, qui couvrait, dit Polybe, les Alpes. Aucun des passages, d'après M. Le-

[1] *Hist.* l. III, c. IX. — [2] *Ibid.*

tronne, n'est couvert de neiges perpétuelles. Ils n'oublient pas, à l'appui de leur opinion, un bouclier carthaginois, ou plutôt un disque d'argent trouvé au lieu appelé le *Passage*, près de la Tour-du-Pin, lieu dont le nom, par une exception extraordinaire sur tous ceux parcourus par Annibal, attesterait à la postérité la trace de ses pas. Ils rappellent une inscription trouvée dans le val d'Aouste, mais supposée, que Luitprand a rapportée.

« Polybe nomme quatre passages des Alpes : l'un par la Ligurie, près de la mer Tyrrhénienne; un autre, qui est celui que suivit Annibal, et qui traverse le pays des *Taurini*; un troisième, qui passe par le pays des *Salassi*, et un quatrième par celui des *Rhœti*[1]. » Il semble que ce texte de Strabon indique le passage par le Mont-Genèvre. En supposant même, comme quelques-uns l'ont fait, que Strabon exprime son opinion particulière, son autorité est toujours d'un grand poids, et bien supérieure à celle de Pline, qui a adopté le passage du grand Saint-Bernard[2].

Les partisans de cette dernière opinion et de celle du petit Saint-Bernard, dédaignant le récit de Tite-Live, ne parlent pas de la Durance; ils pensent qu'Annibal s'était dirigé par le val d'Aouste, pour éviter les *Taurini*, que son armée affaiblie n'était pas en état d'affronter. Nous avons vu nos Français de la première armée d'Italie, en 1796, manquant de tout, épuisés par la misère, disperser un ennemi plus nombreux, dans l'abondance et fortifié par les dispositions du terrain : *Gallica per gelidas rabies effunditur Alpes*[3]. Il en fut de même des vétérans carthaginois.

D'autres commentateurs ont tâché de concilier les récits de Polybe et de Tite-Live. M. Larauza conduit Annibal le long de

[1] Strab. *Geogr.* l. IV. — [2] *Hist. nat.* l. III, c. XVII. — [3] Luc. l. II.

la rive gauche de l'Isère jusque vis-à-vis de Montmeillan, pour remonter la rivière d'Arc, arriver sur le Mont-Cenis et gagner Turin. M. Larauza s'évertue pour prouver que la Durance de Tite-Live est réellement le Drac. Cependant, l'historien nous dit les dangers que court Annibal en passant cette rivière impétueuse. On taxe mal à propos Tite-Live d'exagération, si l'on pense que ce passage s'est effectué pendant l'automne, du 15 au 30 octobre. M. Letronne fait arriver Annibal au Mont-Genèvre, en remontant les rives gauches de l'Isère et du Drac jusqu'à Saint-Bonnet et dans le Champlaur; de là, par les montagnes sur la Durance. Cette marche nous paraît plus simple et plus naturelle que celle de M. Deluc, par Vienne, Saint-Genis, Yenne, le lac du Bourget, Montmeillan et le petit Saint-Bernard, après un long détour. M. Deluc abandonne entièrement Tite-Live, prétendant s'en tenir à Polybe seul. D'autres commentateurs placent les *Tricastini* dans l'Allobrogie, sur les rives du Guier, à *Augusta* ou *Augustum*, Aoste Saint-Genis.

La grande difficulté pour ceux qui veulent concilier les deux historiens de l'expédition se trouve dans ce passage de Tite-Live, le seul endroit de sa grande histoire où les Vocontiens sont nommés : « Sedatis certaminibus Allobrogum, cum jam Alpes « peteret, non recta regione iter instituit; sed ad lævam in Tri- « castinos flexit; inde per extremam oram Vocontiorum agri « tetendit in Tricorios; haud unquam impedita via, priusquam « ad Druentiam flumen pervenit [1]. » — « Ayant terminé les différents des Allobroges, il ne prit pas le droit chemin, mais se porta sur la gauche, vers le pays des *Tricastini*, puis, côtoyant l'extrême frontière des Vocontiens, il alla chez les *Tricorii*, sans avoir nulle part rencontré d'obstacle jusqu'à son arrivée sur les bords de la Durance. » MM. Letronne et Larauza trouvent

[1] *Decad.* l. XXI, c. xxxi.

ici l'*extrema ora Vocontiorum*, en admettant, comme nous, que le Drac était la limite de ce peuple. Pour surmonter la difficulté des *Tricastini*, qui se trouvent au sud, à près de 80 kilomètres de l'Isère, M. Letronne suppose qu'alors ce peuple pouvait dominer les *Segalauni* et s'étendre jusqu'à l'Isère. Mais si nous établissons autrement la position de ce petit état, la difficulté subsiste. Ce déplacement est contraire à la géographie ancienne et peut avoir de graves inconvénients. Autant vaudrait retrancher les *Tricastini* du texte de Tite-Live, quoiqu'on les retrouve dans le poëme de Silius Italicus et dans Ammien Marcellin. Les Gaulois de la rive gauche du Rhône n'ont pas éprouvé des déplacements que l'antiquité nous ait transmis; ils n'étaient pas errants; ils avaient participé à la civilisation des colonies grecques établies dans leur voisinage. Nous parlerons encore des *Tricastini* quand nous arriverons à Avgvsta des itinéraires, Aouste en Diois.

Nous n'avons pas parlé du passage par le grand Saint-Bernard, à une hauteur de 2,428 mètres. C'est un sentier difficile. Cette opinion, qui a prévalu dans le xviie siècle, est peu suivie.

Une autre opinion qui, jusqu'à présent, a compté peu de partisans, est celle qui fait arriver Annibal des bords de l'Isère au Mont-Genèvre, en remontant la vallée de la Drôme par Die, Luc, Sisteron, etc. Cette route opposait moins de difficultés. Mais alors Annibal faisait plus que de *côtoyer l'extrême frontière des Vocontiens*, il traversait leur territoire dans sa plus grande étendue. A part quelques différences, Chorier[1], MM. les généraux de Vaudoncourt et Saint-Cyr-Nugues[2], ont adopté ce

---

[1] *Hist. de Dauph.* l. I et III.

[2] *Hist. des campagnes d'Annibal en Italie.* Milan, 1812.—Saint-Cyr-Nugues, *Notice sur le passage des Alpes par Annibal*, 1837, in-8°.

sentiment. Ce dernier, pour se conformer au texte de Tite-Live, *in Tricastinos flexit*, étend le territoire de ce peuple jusqu'à la Drôme. Mais l'objection puissante de l'*extrema ora Vocontiorum* subsiste, à moins que le territoire de ce dernier peuple, loin d'être agrandi comme celui des *Tricastini*, ne soit au contraire rogné convenablement.

Le passage par le Mont-Genèvre nous paraît le plus probable, parce qu'il ne s'éloigne pas des récits de Polybe et de Tite-Live; parce que, à cette époque, il offrait moins de difficultés que ceux du grand, du petit Saint-Bernard et du Mont-Cenis. C'est le sentiment de Strabon et d'Ammien Marcellin [1]. Silius Italicus copie presque Tite-Live :

> Jamque Tricastinis intendit finibus agmen;
> Jam faciles campos, jam rura Vocontia carpit [2].

Nous sommes plus embarrassés pour suivre Annibal depuis l'Isère jusqu'à la Durance. Il a pu remonter la première et le Drac jusqu'à Saint-Bonnet. Il pouvait arriver à la Durance avec moins de peine en suivant la vallée de Trives, qui est parallèle à celle du Drac, sur le territoire des Vocontiens, par Vif, le Monestier, la Croix-Haute, Aspres, Veynes et Gap, à peu près sur la nouvelle route n° 75, de Grenoble à la vallée de la Durance. Cette partie de la marche d'Annibal n'a pas été jusqu'à présent indiquée sur ce point. Le problème du passage des Alpes par Annibal serait résolu en choisissant le Mont-Genèvre, si ce n'était de plus la connaissance du chemin qu'il a suivi pour arriver là. Peut-on espérer aujourd'hui de décider une question controversée au temps de Tite-Live? La marche d'Annibal, encore plus admirable que ses victoires, est l'événement le plus étonnant de l'histoire ancienne. On réfute avec avan-

---

[1] L. XV, c. x. — [2] *Bell. punic.* l. III, v. 466.

tage les diverses opinions que cette marche a fait naître, mais on n'explique pas aussi bien les textes de Polybe et de Tite-Live. Il ne nous convenait guère d'aborder une question aussi difficile et qui a été si souvent débattue. Nous ne l'avons fait que parce qu'elle touchait au sujet de nos recherches.

Les Massaliotes, dédaignant l'alliance de leurs voisins, les Salyes, renouvellent l'imprudence qu'ils avaient commise trente ans auparavant; ils appellent à leur secours, contre les barbares, les Romains, dont l'ambition se montrait à découvert. Cent vingt-cinq ans avant Jésus-Christ, M. Fulvius Flaccus, consul, qui partagea deux ans après le sort funeste de C. Gracchus, son collègue dans le triumvirat pour la répartition des terres, remporte la victoire sur les Ligures-Vocontiens :

M.FVLVIVS.M.F.Q.N.FLACCVS PROCOS
DCXXX.DE LIGVRIBVS VOCONTIEIS.

Il conduit le premier une armée romaine dans la Transalpine. L'année suivante, le proconsul C. Sextius Calvinus triomphe encore des Ligures-Vocontiens, des *Saluvii* ou Salyes, et fonde *Aquæ Sextiæ*, Aix en Provence : C. SEXTIVS C. F. C. N. CALVINVS. PROCOS... DE LIGVRIBVS VOCONTIEIS SALVIEISQVE. Ces événements sont consignés sur les marbres capitolins et dans l'*Epitome* de Tite-Live[1].

Cent vingt-deux ans avant Jésus-Christ, victoire du proconsul C. Domitius Ænobarbus aux rives de la Sorgue, sur les Vocontiens, les Allobroges et les Arvernes réunis; ils avaient accueilli Teutomale, roi des Salyes, après sa défaite. Strabon place cette bataille à *Vindalium* (Vedène? Venasque?), à l'embouchure de la Sorgue dans le Rhône[2] : CN. DOMITIVS. CN. F. C. N. AHENOBARB. PROCOS. DE GALLEIS ARVERNEIS. XVI. K. Les

---

[1] Tit. Liv. *Epitome*, l. X, LXI. — [2] *Geogr.* l. IV.

Ædui, peuple puissant de la Gaule, oubliant leur nationalité, et n'écoutant que leur jalousie contre les Arvernes, leurs rivaux, avaient imploré le secours des Romains. Un an après, le proconsul Fabius Maximus vainquit les Vocontiens, les Arvernes et les Allobroges, au confluent de l'Isère et du Rhône. Rome, alors déchirée par les factions, triomphait des étrangers : Q. FABIVS. Q. AEMILIANI. F. Q. N. MAXIMVS. PROCOS. DE ALLOBRO... ET REGE ARVERNORVM BETVLTO. X. K. Ces victoires sont consignées sur les marbres capitolins. Le roi des Arvernes, Bituitus et son fils, furent retenus prisonniers par surprise, contre le droit des gens. Florus a supprimé ce trait honteux, peu digne de la majesté du peuple romain. Nous l'ignorerions sans Valère Maxime[1]. L'amour-propre national se tait rarement devant la vérité. On connaît le mensonge de Tite-Live sur la retraite de Brennus, après l'occupation de Rome. Strabon rapporte que Fabius, vainqueur des confédérés, éleva deux monuments sur le champ de bataille, les premiers de ce genre chez les Romains. Fabius ajouta à son nom celui d'*Allobrogicus*, et fit bâtir à Rome un arc de triomphe orné des dépouilles des vaincus, qui porta son nom[2]. Le *Vocontium* fut réuni à la *Provincia*, appelée sous Auguste *Gallia narbonensis*, du nom de la métropole. Florus résume avec une admirable précision les progrès des armées romaines dans la Narbonnaise : « Prima « trans Alpes arma nostra sensere Salyi, quum de incursionibus « eorum fidissima atque amicissima civitas Massilia quereretur. « Allobroges deinde, et Arverni, quum adversus eos similiter « Æduorum querelæ opem et auxilium nostrum flagitarent. « Varus victoriæ testis Isaraque, et Vindelicus amnis, et impi- « ger fluminum Rhodanus[3]. » — « Au delà des Alpes, les Salyes connurent nos premières armes, lorsque la cité de *Mas-

[1] L. IX, c. vi. — [2] Cic. in *Verr. orat.* l. — [3] *Epit. rerum roman.* l. III, c. ii.

silia, cette fidèle alliée, nous porta ses plaintes contre leurs incursions. Les Allobroges et les Arvernes ensuite, lorsque les *Aedui* implorèrent notre secours pour un motif semblable. Le Var, l'Isère, la Sorgue et le Rhône si rapide ont été témoins de nos victoires. » Remarquons ici que si le nom des Allobroges se trouve plus d'une fois dans l'histoire de la Gaule, c'est parce qu'ils étaient à la tête de la confédération des peuples placés entre la Durance, le Rhône et les Alpes, jusqu'au lac Léman; ce qui comprenait tout le Dauphiné, la Savoie, le Comtat et une partie de la Provence. On pourrait par là expliquer pourquoi Polybe, lors du passage d'Annibal, ne nomme que les Allobroges. Les Vocontiens ne pouvaient rester indifférents au milieu d'un débat de cette importance.

Du fond de la Germanie, les Cimbres et les Teutons se précipitèrent sur l'Europe méridionale; dans la suite, des nations nombreuses marcheront sur leurs traces et fonderont les états modernes (113-102 avant J.C.). Les Romains sont attaqués et vaincus plusieurs fois par ces aventuriers. Quelques peuples de la Gaule prennent parti pour les barbares[1]. Les victoires de Marius délivrent la Narbonnaise de ces nouveaux maîtres qui, au lieu de la liberté et de la civilisation, ne lui apportaient que la désolation. On n'a aucune preuve que la défaite des Cimbres ait eu lieu près d'Upie ou à Saillans, dans le département de la Drôme[2], ou à l'autre extrémité du *Vocontium*, près de Mane, dans le département des Basses-Alpes. Cette invasion des barbares et les guerres civiles interrompirent les travaux de la voie romaine que le proconsul Domitius Ænobarbus avait commencée depuis Arles jusqu'à l'Isère. Le

---

[1] Cicer. *De prov. consular.* c. xxxii. — Eutrop. l. V. — Strab. *Geogr.* — [2] Chorier, *Hist. du Dauph.* t. I, p. 274.

préteur Fonteius reprit dans la suite ces travaux, en les reliant aux routes militaires dont nous avons parlé.

Les proconsuls et les préteurs envoyés dans la *Provincia*, la nouvelle conquête, sur la fin de la république, abusaient étrangement du pouvoir dont ils étaient revêtus. Cicéron nous en donne un exemple dans le tableau de l'administration du préteur Verrès. Aussi, rien de plus commun à Rome que les accusations devant le sénat, remède impuissant contre les abus, et qui ne servaient que les haines des factions. Les provinces étaient désolées et exaspérées par les traitants. *Toute l'Asie m'attend comme son libérateur,* s'était écrié Mithridate quelques années auparavant. Le *Vocontium*, l'Allobrogie et les peuples voisins étaient dans une disposition semblable. Le préteur M. Fonteius Capito, ses lieutenants, C. Annius Bellienus et C. Fonteius, sous le prétexte de continuer les travaux des voies romaines, commirent toutes sortes d'exactions[1]. La confédération des Allobroges chargea Indukiomar, qu'un commentateur de Cicéron a confondu avec son homonyme, chef des *Treviri*, de porter ses plaintes devant le sénat. Chorier, l'historien du Dauphiné, fait dire à ce député : « Nous ne sommes pas tellement vaincus que nous ne puissions, ô Romains, exercer encore longtemps votre vertu. Ne nous obligez pas à cette rupture, qui, supposé qu'elle nous fût funeste, vous serait néanmoins importune. Entrez dans nos intérêts pour la défense de notre honneur ; et si vous voulez que nous ne jugions pas des Romains par ce méchant homme, duquel vous êtes les juges, regardez ses crimes et ne les laissez pas impunis. Nous avons cru jusques à maintenant que vous combattiez pour la gloire et pour l'empire comme des héros, et Fonteius, si votre faveur le protége, nous fera croire que votre sang est le prix

---

[1] Cicer. *Pro Font.*

dont votre avarice acheta vos conquêtes, et que vous ne vous armez que pour la proie, comme des voleurs et des pirates[1]. » Pletorius se chargea de soutenir l'accusation, et le préteur, ce Verrès de la *Provincia*, fut défendu par Cicéron. Ce qui était relatif à la guerre des Vocontiens est perdu (*quæ ad bellum Vocontiorum pertinebant desiderantur MM.*). Malheureusement les découvertes récentes des écrits de Cicéron n'ont pas rempli les lacunes de l'oraison admirable qu'il prononça dans cette cause solennelle. Peut-être un jour quelque investigateur heureux, comme le cardinal Maïo, nous rendra cette oraison tout entière, monument important pour la confédération allobrogique, dans laquelle, comme nous l'avons dit, le *Vocontium* était compris. Cicéron nous donne l'idée de la fierté romaine dans la défense de Fonteius : « . . . . non modo cum summis « civitatis nostræ, sed cum infimo cive romano quisquam am- « plissimus Galliæ comparandus est[2]. » — « Peut-on comparer le plus considérable d'entre les Gaulois, non-seulement avec le Romain le plus illustre, mais avec le plus vil de nos citoyens? » Un langage aussi étrange dut produire un long ressentiment dans la confédération allobrogique.

Quelques années après, les Allobroges, ou pour mieux dire la confédération, furent sollicités par Catilina. On connaît le rôle équivoque que leurs députés jouèrent dans ces circonstances décisives. Il paraît, au premier abord, que la connivence de ces petits peuples ne devait pas être bien importante. On en jugera autrement en pensant que, réunis à d'autres peuples mécontents et non subjugués, ils devaient faire une irruption en Italie et rallumer les brandons mal éteints de la guerre sociale. Auparavant, Spartacus s'était ouvert le chemin des Alpes; et, peut-être, si la rapacité de ses hordes, com-

[1] Chorier, *Hist. du Dauph.* t. I, p. 274. — [2] *Pro Font.*

posées d'esclaves gaulois et germains[1], et de gladiateurs, qui comptaient saccager Rome, ne l'eût forcé de revenir sur ses pas, la Gaule, mieux dirigée, eût opposé plus de dix ans de résistance aux armes de Jule César. Rome effrayée voyait déjà la Gaule et la Germanie franchir les Alpes et se précipiter sur l'Italie, comme au temps de Brennus et des Cimbres. Sénèque en jugeait ainsi : « Ingratus Catilina; parum est illi capere pa-
« triam, nisi everterit, nisi Allobrogum in illam cohortes im-
« miserit, et trans Alpes accitus hostis, vetera et ingenita odia
« satiaverit, ac diu debitas inferias Gallis bustis duces romani
« persolverint[2]. » — « C'était peu pour lui d'asservir sa patrie, s'il ne la détruisait, s'il ne déchaînait contre elle les cohortes des Allobroges; s'il ne procurait aux peuples transalpins une occasion d'assouvir leur haine invétérée; si, par le sang des généraux romains, il n'offrait aux tombeaux des Gaulois un sacrifice trop longtemps attendu. » (Trad. de Lagrange). — Sous le consulat de D. Junius Silanus et de Licinius Murena, l'an de Rome 691, 62 avant J. C., les confédérés, quoique la conjuration eût été étouffée par les révolutions des députés, coururent aux armes, commandés par Catugnat et Indukiomar. Quelques avantages, remportés d'abord sur Manlius, lieutenant de Pontinius, n'empêchèrent pas Lentinus, autre lieutenant du propréteur, de prendre une de leurs places, que Dion appelle *Ventia*. Valois et Danville la placent à Vinai, sur la rive droite de l'Isère, et M. le baron Walckenaer, sur la petite rivière de Vence, à six kilomètres de Grenoble, près d'un lieu nommé *Scia*[3]. C. Pontinius Nepos lui-même assiégea *Solonium*[4]. Il battit les Allobroges, et prit cette ville située sur la rive

---

[1] T. Liv. *Epit.* l. XCVII.
[2] *Benefic.* l. V, c. XVI.
[3] *Géogr. anc. hist. et comp. des Gaules*, t. I, p. 197. — [4] Dion. l. XXXVIII. — T. Liv. *Epit.* CIII.

droite du Rhône (Seillonnaz, dans le département de l'Ain, d'après M. le baron Walckenaer, ou peut-être Soyon, sur le Rhône, dans le département de l'Ardêche, presque vis-à-vis de Valence). Denys d'Halicarnasse et Cicéron font mention d'une ville de ce nom en Étrurie[1]. Les confédérés furent encore subjugués[2]. Pontinius demanda les honneurs du triomphe, qu'il n'obtint qu'au bout de sept ans (54 ans avant J. C.).

Nous pensons qu'on peut fixer vers la fin de cette guerre la jouissance du droit *latin* qui fut accordée aux Vocontiens. Les peuplades cisalpines, confondues sous le nom d'*Allobroges*, favorisées par leur position, se soulevèrent plusieurs fois (*infidelis Allobrox* (Horat.), et furent assujetties au droit *provincial*, le plus onéreux de tous. Elles obéissaient au consul, au préteur, au questeur, au correcteur, au subcenseur, ou à leurs délégués. Cependant, on ne connaît pas toutes les différences du droit *latin* et du droit *italique*. Cette faveur insigne, accordée aux Vocontiens, pourrait faire croire qu'elle était le prix de leur complaisance; il vaut mieux penser qu'ils la devaient à ce qu'ils n'avaient pas pris parti pour les Cimbres et les Teutons, ou, dans la suite, pour Sertorius. On sait les rigueurs que Pompée, en allant en Espagne (77 avant J. C.), exerça sur les peuples de la Narbonnaise qui avaient servi la cause de ce successeur de Marius[3]. La politique de Rome divisait, par des intérêts divers, les peuples assujettis; elle parvenait à ce but par des répartitions inégales des charges et des priviléges. Les Allobroges, déjà trop puissants, étaient contenus par le voisinage des Vocontiens, devenus quasi Romains. Le nom si célèbre des Allobroges ne se trouve pas inscrit sur le marbre, non plus que celui des *Cavari*, des *Tricastini*, des *Segalauni*, etc. Serait-ce

---

[1] *Antiq. rom.* l. II. — [2] Cic. *De prov. consul.* c. XXXII. — [3] Cicer. *Pro Fonteio; Pro lege Manilia.*

parce qu'ils furent soumis au droit *provincial*, qui les privait de tous leurs priviléges? Les Vocontiens, au contraire, sont mentionnés plus d'une fois, parce qu'ils jouissaient du droit *latin*.

A la même époque, fut frappée la médaille autonome, que M. le marquis de Lagoy attribue aux Vocontiens : *Tête nue à gauche;* R. VOOC. *Cheval libre en course : au-dessus, une sorte de plante.* Arg^t [1]. M. de la Saussaye a fait connaître une autre médaille autonome, dont la légende est plus complète : *Tête de Pallas coiffée d'un casque ailé, à droite* : ROW. R. VOCΛT (*Vocontii*, comme dans Sil. Italicus), *Dioscure à cheval, armé de la lance, galopant à droite.* Arg^t [2]. M. de la Saussaye pense que ces deux monnaies des Vocontiens appartiennent à deux époques différentes. La première médaille serait antérieure à la conquête, et copiée sur les monnaies grecques; la seconde aurait été frappée après cette époque, et imitée des Romains [3]. Les Gaulois de la Narbonnaise connaissaient l'usage de la monnaie depuis longtemps, à cause de leurs relations avec les Carthaginois et les colonies grecques. Nous avons vu, dans le département de la Drôme, des médailles, de tous métaux, de la première époque; mais elles n'appartenaient pas aux Vocontiens. La plupart étaient fourrées. Les faux monnayeurs trompaient facilement ces peuples grossiers.

Tant de priviléges accordés à ce peuple prouvent qu'il était déjà devenu tout romain, et qu'il avait perdu à jamais le sentiment de sa nationalité. Chez des barbares, cette perte peut-elle être compensée même par les avantages de la civilisation? Strabon fait remarquer que les Gaulois, protégés par leurs montagnes et leurs forêts, auraient dû prolonger leur défense

---

[1] *Notice sur l'attribut de quelques méd. des Gaules*, p. 32; 1837.

[2] *Numism. de la Gaule narbonn.*

[3] Voy. ces deux médailles des Vocontiens au frontispice de ces Recherches, etc.

pendant plus longtemps qu'ils ne l'ont fait, et qu'au lieu de déployer une masse furieuse, ils auraient dû imiter les Espagnols, qui soutinrent, pendant longtemps, une lutte acharnée contre les Romains, et, selon l'expression heureuse de Florus, ne connurent leurs forces qu'après leur défaite. Cette remarque de Strabon peut s'appliquer aux Vocontiens, qui habitaient un pays très-montagneux. Mais ils furent vaincus par la civilisation et par les avantages que leur accordèrent les vainqueurs.

(59 avant J. C.) Jule César est nommé proconsul des Gaules et de l'Illyrie. Il profite des rivalités des principaux peuples gaulois, et entraîne les *Ædui* dans son parti. Ces derniers avaient déjà renoncé à l'indépendance de leur patrie pour le titre de *frères et alliés du peuple romain*. Ils avaient, comme les Massaliotes, appelé à leur aide cette puissance envahissante contre les Arvernes, leurs rivaux. On ne voit qu'une seule fois le nom des Vocontiens dans les mémoires de César. La Narbonnaise était devenue province romaine depuis environ soixante ans. C'est en venant d'Aquilée au secours de Labiénus contre les *Helvetii*, qu'il arrive dans le *Vocontium*, en sept jours de marche, à partir d'Osseaux (*Ocelum*), après avoir repoussé, dans plusieurs combats, les Cintrons, les Garoules et les Caturiges..... « Compluribus his præliis pulsis, ab Ocelo, quod « est citerioris provinciæ extremum, in fines Vocontiorum ul- « terioris provinciæ die septimo pervenit; inde in Allobrogum « fines, ab Allobrogibus in Segusianos exercitum ducit. Hi sunt « extra provinciam primi[1]. » Aymar du Perier, Sanson et de Décis font passer César par la route de Gap à Valence, par Luc et Die, dans la vallée de la Drôme[2]. La route de Briançon à Gre-

---

[1] *Comment.* l. I, c. III.
[2] Aymar du Perier, *Discours sur l'état général des Gaules*, p. 29. — Sanson, sur la *Carte de l'anc. Gaule*. — De Décis, *La guerre de J. César dans les Gaules*, t. I, c. IV; Parme, 1786.

noble, par *Durotincum, Catorisium,* connue sous le nom de *petite route de Grenoble en Italie,* par le Bourg-d'Oysans et la Grave; celle de Briançon à Jarain, le long de la Severaise, dans le val Godemar, étaient moins fréquentées que la route de Briançon à Gap et à Valence, par la vallée de la Drôme. Elles étaient plus mauvaises et plus dangereuses dans un pays à peine soumis depuis cinq à six ans, et qui supportait impatiemment le joug des vainqueurs : « Quod nondum bono animo « in populum romanum viderentur, » dit ailleurs César[1]. Il est donc probable qu'il traversa le pays des Vocontiens par Gap, Luc, Die, Valence, pour se rendre, par Vienne, dans le Lyonnais. Leandro Alberti fait tenir à César la route par Domo-Dossola; ce qui n'est pas vraisemblable.

On s'étonne de voir la Narbonnaise tranquille pendant la septième campagne de César contre les Gaulois conjurés (52 avant J. C.); mais un siècle avait suffi pour la façonner à la domination romaine. Si les habitants de cette province avaient coopéré à la défense nationale, la Gaule était délivrée. Ils ne partageaient pas les sentiments que le généreux Arverne Critognatus exprimait devant les Gaulois resserrés dans Alise : « Respicite finitimam Galliam, quæ in provinciam redacta jure « et legibus commutatis, securibus subjecta, perpetua premitur « servitute[2]. » — « Jetez les yeux près de vous, sur la Gaule Narbonnaise, qui, après avoir été réduite en province, après avoir vu ses lois et ses coutumes abolies, courbée sous les haches romaines, est opprimée par une servitude sans terme. »

La Narbonnaise reste dans la même apathie pendant les cinq ans de guerre civile. Les Gaulois prennent parti pour César ou pour Pompée indifféremment, et plutôt pour César, quoiqu'il eût exercé sur le sénat des *Veneti* et sur les Éburons toute

---

[1] *Comment.* l. I, c. 1. — *Ibid. De bell. gall.* l. VII, c. xiv.

la froide cruauté des Romains. On voit avec peine, dans ce grand débat, les *Albioeci*, à la solde des Massaliotes de Pompée, prodiguer leur sang et disputer de valeur désespérée aux vétérans de la république; preuve frappante du progrès de la civilisation, ou plutôt de la corruption, et d'un changement rapide qui s'était fait dans le caractère national. On voit la même indifférence dans la guerre civile qui suivit la mort du dictateur. Les mémoires de César nous montrent les Gaulois divisés, comme les Grecs, par des rivalités de peuple à peuple; les cités partagées en factions de famille. Le patriotisme des Gaulois était trop rétréci; les peuples de l'ancienne Gaule étaient moins liés entre eux que ne le sont aujourd'hui les nations de l'Europe.

(Seize ans avant J. C.) Auguste fait le partage administratif des provinces, et se réserve les plus intraitables; il laissé au sénat les plus paisibles, la Narbonnaise[1], et visite la Gaule transalpine pour la seconde fois. Peut-être pourrait-on fixer à cette époque les noms imposés à Lvcvs Avgvsti, à Dea Avgvsta, à Avgvsta, et substitués aux noms anciens de ces villes du *Vocontium*. Plusieurs habitants furent honorés du titre de citoyen romain, et inscrits dans la tribu *Voltinia*. L'inscription suivante, rapportée par Bimard de la Bâtie, en offre un exemple à Nîmes :

<pre>
        T. FIRMIVS
     FIRMANI F. VOLT
          MARINVS
         VOCONTIVS
          V. SIBI. P
</pre>

(V. les pages 345, 346, 403, 413 de ces Mémoires). Cette faveur fut répandue dans la Narbonnaise.

[1] Strab. *Geogr.* l. XVII.

(41-54 de J. C.) Pomponius Méla, dans son Précis de géographie, place Vaison à la tête des villes opulentes de la Narbonnaise. Strabon, qui vivait sous Auguste, n'a mentionné aucune ville des Vocontiens. On peut cependant présumer que Vasio était antérieur à la domination romaine; qu'il était déjà la capitale de ce peuple, mais sans être encore parvenu au degré d'opulence qu'il acquit sous Claude, quand on pense que les Gaulois avaient fondé, dans la Cisalpine, *Mediolanum*, *Comum*, *Tridentum*, *Novaria*, etc., et que, dans la Transalpine, ils avaient des rapports fréquents avec les Grecs de *Massalia*. La Narbonnaise, devenue toute romaine, comptait parmi ses habitants des personnages importants et des hommes de lettres distingués. Les ancêtres de l'historien Trogue Pompée étaient Vocontiens [1].

(68 de J. C.) Fabius Valens, général de Vitellius, dans la guerre contre Othon, traverse le *Vocontium* à la tête de quarante mille hommes, en suivant la voie romaine de Valence à Gap. Sa marche fut marquée par des extorsions et des violences. Lvcvs Avgvsti, municipium, la première ville après Vasio, ne fut pas épargnée [2]. Les autres villes du *Vocontium* qui se trouvèrent sur le passage de cette soldatesque, durent éprouver les mêmes calamités.

(238-245 de J. C.) C'est à peu près dans cet intervalle que Dea Avgvsta Vocontiorvm est nommée, dans les inscriptions, avec la qualification de colonie. Les sacrifices tauroboliques pour le souverain y rassemblent les prêtres de Valentia, d'Aravsio et d'Alba Avgvsta. Elle a des arènes, un collége de sénateurs, une corporation pour les jeux, et tout ce qui appelle de grandes réunions. Dea a remplacé Vasio et Lvcvs; elle est devenue la seule capitale des Vocontiens, et elle paraît avoir

---

[1] Justin. *Hist. philipp.* l. XLIII, c. v. — [2] Tacit. *Hist.* l. I, c. lxvi.

conservé ce rang jusqu'à la fin de la domination romaine dans la Gaule.

(253-254 de J. C.) Valérien donne au fils de Postume le *tribunat des Vocontiens*. Cette délégation était importante. Voici les paroles de l'empereur : « Transrhenani limitis ducem et « Gallis præsidem Postumium fecimus, virum dignissimum « severitate Gallorum : presente quo, non miles in castris, non « jura in foro, non in tribunalibus lites, non in curia dignitas « pereat; qui unicuique proprium et suum servet, virum quem « ego præ cæteris stupeo, et qui locum principis mereatur, « jure de quo spero quod mihi gratias agetis. Quod si me fe- « fellerit opinio quam de illo habeo, sciatis nusquam gentium « reperiri qui possit penitus approbari. Hujus filio Postumio « tribunatum Vocontiorum dedi; adolescenti, qui se dignum « patris reddet[1]. » — « Nous avons nommé général de la frontière transrhénane et gouverneur de la Gaule, Postumius, l'homme le plus digne de commander aux Gaulois. Avec lui, la discipline des soldats dans les camps, le droit dans le forum, l'équité dans les tribunaux, la dignité dans la curie, seront maintenus; il assurera à chacun ce qui lui appartient. Je l'admire sur tous, et ne connais personne qui méritât mieux de remplacer le prince. J'espère que vous me rendrez grâce de ce choix. Si toutefois l'opinion que j'ai conçue de Postumius me trompait, sachez qu'on ne trouvera en aucun lieu du monde un homme sur lequel on puisse entièrement compter. J'ai donné à son fils Postumius, jeune homme qui se rendra digne de son père, le tribunat des Vocontiens. » L'histoire a confirmé cet éloge pompeux et le titre de restaurateur des Gaules que les médailles donnent au Gaulois Postume[2]. Beauvais dit que Valérien nomma le jeune Postume tribun d'une

[1] Trebell. Pollio, *Hist. Aug.* — [2] Mionnet, *Rareté des méd. rom.* t. II, p. 64.

légion dans le Dauphiné[1]. Il nous semble que ce n'est pas là le sens des expressions de l'historien. La légion serait désignée par un nom particulier, ou par son numéro d'ordre, comme le portent les médailles de Gallien de la même époque. Il s'agit du gouvernement du *Vocontium*. On attribue à ce fils de Postume, homme de lettres distingué, dix-neuf des déclamations qui ont paru sous le nom de Quintilien. Il fut tué, avec son père, par les soldats, en 257 de J. C.

Le nom des Vocontiens ne se trouve plus chez les historiens.

Les métropoles ecclésiastiques, faible imitation des grandes divisions administratives de l'empire, et les cent quinze diocèses, qui représentent souvent la circonscription du territoire des anciens peuples, furent établis, lorsque Constantin associa le christianisme à l'empire (313). La religion nouvelle sauvera dans la suite, au milieu de la barbarie, les restes de l'ancienne civilisation, et sera la source de la civilisation moderne. On respecta les démarcations des peuples, que la conquête avait jusque-là conservées.

(335 337). Une inscription que nous avons découverte à Saillans, ville du *Vocontium*, Darentiaca de l'itinéraire de Bordeaux à Jérusalem, nous rappelle le passage de J. Delmatius, neveu du grand Constantin.

(353). Sous Constantius, qui réunit sur sa tête tout l'héritage de Constantin, l'usurpateur Magnentius fut totalement défait à Mons Selevcvs, ville importante du *Vocontium* avant cet événement, et aujourd'hui humble village du département des Hautes-Alpes, la Bâtie-Mont-Saléon.

Le sentiment de la patrie n'était plus dans le peuple; on ne le retrouve que dans les livres, chez les panégyristes, les beaux esprits et les poëtes de cette époque de décadence pro-

---

[1] *Hist. abrégée des emp. rom.* t. II, p. 53.

fonde. Le Gallo-Romain Rutilius Numatianus, païen, sous Honorius, est encore touchant de patriotisme et presque sublime [1]. L'inscription du rocher de Chardavon, près de Sisteron, au-delà de la Durance, sur la limite des Voconces, est le dernier adieu de toute civilisation : *Dardanus, personnage honoré des hautes dignités de l'empire, et Galla, son épouse, ont fait bâtir, dans leur propriété, la forteresse de Théopolis, pour servir de refuge à tous* [2]. M. Orelli n'a pas placé cette inscription remarquable dans son recueil; elle méritait cependant d'y figurer, par son importance historique. On voit le nom de Postumus Dardanus dans le Code Théodosien (l. XII, tit. 171), sous Honorius. St-Jérôme et St-Augustin font l'éloge de ce personnage distingué; mais Sidoine Apollinaire en fait un portrait odieux. Dardanus tua de sa propre main l'usurpateur Jovinus, l'an 413 (Olympiod. in *Phot.*). Aymar du Perier, Chorier, et même des écrivains récents, ont rapporté mal à propos cette inscription à l'empereur Postume.

Le tableau que St-Jérôme, dans son langage pittoresque, nous a laissé de l'état de la Gaule à la même époque, n'est pas exagéré : « Innumerabiles et ferocissimæ nationes Gallias « occuparunt... Lugdunensis et Narbonensis provinciæ præter « paucas urbes populata sunt cuncta [3]. » Le titre de citoyen romain était devenu une injure [4]. Les révoltes répétées des *bagaudes* ou des paysans, dont la jaquerie du moyen âge n'est qu'une copie, mirent le comble à ces calamités. Les noms des dix-sept provinces de la Gaule s'étaient déjà perdus; ils avaient fait place à des noms nouveaux, présage de changements plus importants. On a rencontré dans Ammien-Marcellin, pour la

---

[1] *Itinerarium*, l. I, v. 115.
[2] *Hist. de Sisteron*, par M. de la Plane, correspond. de l'Institut, t. I.
[3] *Epist. ad Ageruchiam*, XI.
[4] Salvian. *De vero judicio et provid.* l. V.

première fois, le nom de *Sapaudia*, substitué aux noms des portions de la Narbonnaise qui comprenaient l'Allobrogie et une partie du *Vocontium*[1]. Nous lisons pourtant encore, dans le tracé grossier de la Table Théodosienne, ce monument sensible de l'étendue prodigieuse de l'empire, les noms des anciens peuples, des *Vocontii*, des *Cavari*, des *Caturiges*, etc. Les noms des petits peuples, des *Tricastini*, des *Segalauni*, etc., ne s'y trouvent pas.

Les guerres civiles des successeurs de Dioclétien et de Constantin avaient épuisé le sang romain, ou plutôt celui des sujets de l'empire. Les empereurs, dans leur détresse, confièrent aux Barbares la défense de l'État. La *Notitia dignitatum imperii*, espèce d'almanach impérial du temps de Valentinien III (ve siècle), où les places, sans le nom des personnes, sont désignées, nomme des peuples, auparavant inconnus, cantonnés dans la Gaule. Nous remarquons un préfet des *Sarmates païens*, chez les *Segalauni*, le Valentinois. En 440, le général Aétius avait gratifié les Alains de la moitié des terres de cette contrée. Ces nouveaux venus s'emparèrent du reste; mais leur établissement ne fut pas de longue durée.

Ici se termine le faible aperçu sur l'histoire du *Vocontium* de l'âge romain.

Ce pays fut ensuite attaché au premier royaume de Bourgogne, fondé en 414, et détruit par les Francs en 534. Les Burgundes, moins barbares que les autres peuples envahisseurs, laissèrent subsister des traces du régime municipal dans les provinces de leur domination. Un code mêlé de lois romaines fut sanctionné par leurs rois, qui donnèrent l'exemple de la tolérance religieuse. Du partage de la Gaule s'élevèrent plusieurs souverainetés. On oublia les noms des peuples gau-

---

[1] A. Marcell. l. XV, c. II. — *Notit. orient. et occid.*

lois, pour adopter ceux des nouveaux maîtres. Les noms de saints remplacèrent les noms des localités, en augmentant la confusion qu'on rencontre chez les historiens de ces tristes époques. Dans ces partages sanglants, les Gallo-Romains disparaissent. Le sentiment national n'a donné aucun signe d'existence, et la lutte ne s'est engagée qu'entre les vainqueurs, comme il est arrivé de nos jours chez les Italiens, autrefois les maîtres du monde.

En 536, les Lombards firent leur dernière invasion dans les provinces orientales de l'ancienne Narbonnaise. Ils pénétrèrent jusqu'à Valence, par Gap et Die, après avoir ravagé toute la vallée de la Drôme. Le patrice Mummolus, qui les avait repoussés plusieurs fois, acheva leur défaite[1]. Aux Lombards succédèrent les Sarrasins, en 729. La Provence et le Dauphiné furent, pendant deux siècles et demi, exposés à leurs déprédations, qui ne finirent qu'en 975 par la prise de la forteresse du Franimet, en Provence. Après les barbares de l'Est et du Midi, vinrent ceux du Nord. Les Normands remontèrent le Rhône et pillèrent Valence en 859. Ces scènes de désolation cessèrent enfin, en 924, à l'invasion des Hongrois. Les peuples du nord de l'Europe perdirent alors ce goût d'émigration aventureuse qui s'était emparé d'eux à la décadence de l'empire.

Sous les faibles successeurs de Charlemagne, le *Vocontium* avait appartenu au deuxième royaume de Bourgogne, dont les débris formèrent les comtés de Die, de Valence, de Gap, de Forcalquier, et les baronnies. Isoard, comte de Diois, vassal des comtes de Toulouse, avait, un des premiers croisés, planté sa bannière sur les murs de Jérusalem. Parmi les troubadours du XIIe siècle, la comtesse de Die a peut-être égalé Sapho dans

---

[1] Greg. Tur. *Hist. Francor.* l. IV, c. XLV.

la poésie élégiaque. Enfin, le comté de Die passa des comtes de Toulouse aux comtes de Valentinois, et fut réuni au Dauphiné en 1420-1447.

Au milieu de ces changements, la division de la Gaule en diocèses ecclésiastiques, calquée sur l'étendue du territoire des anciens peuples, s'est conservée jusqu'à la grande révolution de 89. Le diocèse de Die nous a représenté la plus grande partie de l'état des Vocontiens.

TROISIÈME MÉMOIRE.

VILLES DES VOCONTIENS.

I.

VILLES DES VOCONTIENS ÉLOIGNÉES DES VOIES ROMAINES.

VASIO.

Vaison, dans le département de Vaucluse, est en tête, dans ce Mémoire, comme la ville la plus importante du *Vocontium*; elle n'est pas placée sur les voies romaines que nous parcourons. Les autres villes situées sur ces mêmes voies formeront un groupe séparé.

Pomponius Méla met VASIO à la tête des villes opulentes de la Narbonnaise : « Urbium quas habet (Gallia narbonensis) « opulentissimæ sunt, VASIO, Vocontiorum; Vienna, Allobro- « gum; Avenio, Cavarum; Arecomicorum, Nemausus; Tolosa « Tectosagum; Secundanorum, Arausio; Sextanorum, Arelate; « Septimanorum, Biterræ [1]. » — « Les villes les plus opulentes de la Narbonnaise, sont Vaison, des Vocontiens; Vienne, des Allobroges; Avignon, des Cavari; Nîmes, des Arécomici; Toulouse, des Tectosages; Orange, de la deuxième légion; Arles, de la sixième; Béziers, de la septième. » Strabon, antérieur à P. Méla, ne parle pas de Vaison, qui devait exister de son

[1] *De situ orbis*, l. III, c. v.

temps, sous Tibère. Il est probable que cette ville parvint à une grande prospérité en peu de temps, depuis cet empereur jusqu'à Claude. Son importance n'aurait pas échappé à ce grand géographe. Pline la nomme avant Lvcvs Avgvsti, comme la première capitale des Vocontiens : « Vocontiorum civitatis « fœderatæ duo capita Vasio et Lvcvs Avgvsti [1]. » — « Les deux capitales de l'État allié des Vocontiens, Vaison et Luc. »

L'historien de l'église de Vaison, le P. Anselme, Boyer, et quelques auteurs récents, ont pensé, mal à propos, que les Vocontiens étaient confédérés avec leurs voisins. Ptolémée ne nomme que Vasio chez les Vocontiens. Dans la Notice des provinces de la Gaule, *civitas Vasiensium, Vasentiorum, Vasentium, etc.*, fait partie de la province Viennoise. Sidonius Apollinaris l'appelle *Vasionense oppidum*; elle n'était plus alors, depuis longtemps, la ville opulente de Méla. M. Amédée Thierry fait dériver du mot *basoa*, bois, en langue basque, le nom de Vasio [2].

Il n'est pas certain que Vaison fût colonie romaine, quoique des écrivains l'aient affirmé. Les historiens et les nombreuses inscriptions de cette ville ne lui donnent pas cette qualification. Peut-être, comme Lvcvs Avgvsti, était-elle *municipium*, titre moins honorable, qu'on inscrivait rarement sur les monuments. Depuis longtemps Vaison est bien déchu, et probablement avant la chute de l'empire. Nous verrons que, sous les Philippe, Dea, Die, était la capitale du *Vocontium*. Vaison devint le siége d'un diocèse formé d'une petite portion de ce pays; il ne comprenait que quarante paroisses. Daphnus, un de ses évêques, assista au concile d'Arles, en 314. On connaît les conciles de Vaison de 442 et de 529. Ce diocèse a subsisté jusqu'en 1789.

Les deux Raymond, derniers comtes de Toulouse, ont, à

---
[1] *Hist. nat.* l. III, c. iv. — [2] *Hist. des Gaulois*, t. I, introd.

plusieurs reprises, dans leurs démêlés avec les évêques de Vaison, livré cette malheureuse ville aux horreurs de la guerre. Elle avait autrefois, ainsi que les autres villes de la Narbonnaise, été ravagée par Crocus. Après les violences des Raymond, ses habitants se réfugièrent sur le penchant septentrional d'une colline escarpée, sur la rive gauche de l'Ouvèse; ils bâtirent le Vaison moderne, qui n'est plus sur l'emplacement de l'antique Vasio, dans la plaine ou quartier appelé la *Villasse*, mais vis-à-vis. C'est dans ce quartier de la Villasse qu'existent les restes d'un quai. Vaison réunit, comme Arles, notre Rome gauloise, les monuments de l'ancien et du moyen âge. Ces derniers ont été bien décrits par M. P. Mérimée, dans ses Notes d'un Voyage dans le midi de la France, 1835. L'ancienne cathédrale a été bâtie par l'évêque Humbert, sur la rive droite de l'Ouvèse. A côté, est un cloître de bénédictins, entouré de piliers très-élégants. La chapelle de Saint-Quenin, à en juger par ses décorations, est un reste de temple païen, dont l'architecture est de l'ordre corinthien. M. Mérimée pense que cette chapelle a été bâtie à diverses époques, et qu'elle n'est pas antérieure au VIIIe siècle. Cet édifice, malgré ses dégradations, est encore bien intéressant. Vaison, aujourd'hui, conserve aussi quelques restes de son ancienne splendeur, quoique les débris de ses édifices ne rappellent pas les monuments de Vienne, d'Arles, d'Orange et de Nîmes. Un beau pont sur l'Ouvèse, de 9 mètres de large, d'une seule arche à plein cintre, est bien conservé et de construction romaine; le parapet est moderne. Une ville importante, telle que Vasio, était ornée d'un théâtre, dont on voit deux arcades, au pied d'une petite colline appelée Puymin (*podium Minervæ*). Il était construit sur une petite proportion, et ne pouvait contenir sur ses gradins que deux mille personnes environ, comme le petit théâtre de Pompéi[1]. Si ce théâtre était seul à Vaison, il ne répondrait pas à l'opulence de la première capitale du *Vocontium*. C'était une faible copie de celui d'Orange, si remarquable par sa grandeur et par sa conservation. Les murs de la métairie de *Maraudi*, dans la plaine, sont incrustés de fragments d'antiques bas-reliefs qui représentent un sacrifice, une course de chars, des bacchanales et les travaux d'Hercule. Ces sujets sont d'une belle composition, mais l'exécution en est médiocre. Nous n'avons peut-être sous nos yeux que des copies faites au temps de la décadence. On rencontre souvent, en faisant des fouilles, des fragments de statues, de pierres gravées en grand nombre, des lampes en terre cuite, qui annoncent une grande perfection et une civilisation très-avancée, qu'il faut attribuer au voisinage des Grecs. Strabon dit que, de son temps, les Gaulois partageaient la civilisation de *Massalia*, appelée par Pline *magistra studiorum*. Ce que César et Strabon ont écrit sur l'état misérable des villes gauloises souffre quelques exceptions, et ne peut s'appliquer à toutes les villes de la Narbonnaise. Il faut consulter le beau recueil des monuments de la France, par M. le comte Alexandre de Laborde, pour avoir une image fidèle des monuments de Vaison, à l'époque romaine et au moyen âge. Selon Étienne de Byzance, les Massaliotes avaient fondé *Avenio* et *Cabellio*, Avignon et Cavaillon : c'est ce qui a fait supposer que VASIO reconnaissait la même origine.

Les nombreux débris d'antiquités découverts dans cette ville ornent les musées d'Avignon, de Carpentras et les cabinets des curieux. C'est un contraste frappant avec les objets antiques que l'on rencontre à Die, à Luc, à la Bâtie-Mont-Saléon et dans le reste du *Vocontium*. Dans ces derniers lieux,

[1] M. de Gasparin, *Notice des travaux de l'Acad. du Gard*, 1822.

tout est peu fini et d'une exécution un peu grossière. Vaison, la première capitale des Vocontiens, la ville la plus opulente de la Narbonnaise, de sa grandeur passée, n'a conservé que son nom, des restes d'antiquités et une population de deux mille individus. Le prétoire n'est plus qu'une petite justice de paix. La rivière de Vaison, l'Ouvèse, porte un nom qui est presque le même que celui de cette ville, *Onasion*, en grec; elle se réunit à la Sorgue à Bédarides.

On est étonné que Vasio, à l'extrême frontière du *Vocontium*, en fût la première capitale. On pourrait attribuer ce privilége à son opulence, que le voisinage d'*Avenio*, d'*Arausio*, de *Cabellio*, et surtout de *Massalia*, lui avait procuré; tandis que le reste de la Gaule ignorait encore les raffinements du luxe. Dea, Die, colonie romaine, située sur un sol fertile, sur la voie romaine, à une égale distance de *Valentia* et de *Vapincum*, de *Cularo* et d'*Avenio*, n'avait pas obtenu cette préférence.

On se persuade difficilement que l'opulence de Vaison ait été très-grande : le site n'est pas propre pour une grande agglomération d'habitants; le sol n'est pas fertile. Cette ville était éloignée de sept lieues des grandes routes et du grand fleuve qui enrichissait *Avenio*, *Vienna* et *Lugdunum*. On est tenté de croire qu'elle était antérieure à la domination romaine : ses colonisateurs auraient choisi un emplacement plus favorable. Le séjour des gouverneurs, dont le train était très-nombreux, augmentait sa population, comme nous l'avons vu pour nos petites villes, qui ont acquis plus de consistance en devenant un chef-lieu de département. Il faut pourtant s'en rapporter à Méla pour la grande opulence de Vasio. La position de *Lucus* est plus centrale. Ces deux villes anciennes ont eu la même destinée. On peut leur appliquer ce que disait Méla d'*Illiberis* (Elne) : « Magnæ quondam urbis et magnarum opum « tenue vestigium [1]. »

On a dit plusieurs fois que Trogue Pompée, cet historien que les anciens ont placé à côté de Salluste, de Tite-Live et de Tacite, était de Vasio. Il nous apprend lui-même, dans Justin son abréviateur, que ses ancêtres étaient originaires du pays des Vocontiens [2]. Toute autre ville de cet État pourrait aussi bien le revendiquer. Priscien dit que l'Histoire universelle de Trogue existait de son temps, au vi^e siècle. On ne peut donner, comme l'a fait un auteur moderne, à cet historien une origine allobrogique, si l'on ne confond pas les Vocontiens avec les Allobroges.

Nous insérons ici quelques inscriptions que Vaison a fournies. On trouvera les autres à la suite de ces Mémoires :

MARTI
ET VASIONI
TACITVS

Près de l'église de Saint-Quenin. Boyer. —*Voy. Litt. par deux Bénédict.*, t. II, p. 293. — D. Martin, *Relig. des Gaulois*, liv. IV, p. 200.

IMP.CAES
P.L.GALLIENO
INVICTO P.F
AVG.VASIEN
SES

Boyer, p. 2. Spon, p. 201. — Orelli, 1096.

L.APONIVS
CHRYSOMAL
LVS

---

[1] Pom. Mela, *De situ orbis*, l. II; c. v. — [2] *Hist. philipp.* l. XLIII, c. v.

OB GRADVM PER
SICVM
DEDICAVIT

Muratori, 470, 6. — Orelli, 2346.
Ob gradum persicum. Grade dans la hiérarchie du culte de Mithra?

DVLLOVI
M.LICINIVS GOAS
V.S.L.M

Spon, *Ignot. Deor. Ar.* — Orelli, 1990.

PROXVMIS
SENECA SECVNDI
FIL

Moreau de Vérone, p. 79. — Orelli, 3038-2039. — D. Martin, *Relig. des Gaulois*, pense que les déesses mères et les *Proxumæ* étaient les Parques. Ces divinités se trouvent à Nîmes. On avait mal à propos fait de cette inscription votive une inscription funéraire *à des parents*.

MATRIBVS
CATIVS MANSVETV
ET FRATRES
VOTVM

Moreau de Vérone, p. 79. Inscriptions analogues dans Reinesius, p. 188, n° 174, édit. 1682.

SEXTIOLA.PATRI.OPTVMO
...NSIVM VOCONTIORVM.QVINTILIAE PATERNAE FIL
IAE.VXORI.VIVOS.FECIT.ET SVIS

Moreau de Vérone.

CATIAE.T.F.SERVATAE FLAM
IVL AVG.VAS.VOC.Q.SECVNDIO
ZMARGDO IIIIII VIR.AVG.MARITVS EIVS
T.CATVS SEVERVS FRATER

Moreau de Vérone.
Cette inscription est relative à une flaminisse de Livie. — Musée d'Avignon.

Millin., t. IV, p. 154.

ELLIGAE FLAMINICAE
DIVAE AVGVSTAE PROV

OPOMPEIO
V.C.I.TIT.F.RED
FLAM AVG
VALERI
TETRIGVS
ANVLLINVS

Boyer, *Hist. de l'église de Vaison*, liv. I, p. 6, au cloître.

VASIENS.VOC
C.SAPPIO.C.FIL.VOL
FLAVO
PRAEFECT.IVLIENSIVM.TRIBVN
MILITVM LEG XXI RAPACIS.PRAEF
ALAE TRAGVM HERCVLANIAE.PRAEF
RIPAE FLVMINIS EVPHRATIS
QVI H-S XII REIPVBLICAE IVLIENSIVM
[illegible line]
CERETVR TESTAMENTO.RELIQVIT IDEM
H-S L AD PORTICVM ANTE THERMAS
MARMORIBVS ORNANDAM LEGAVIT

Cette belle inscription du Musée d'Avignon a été publiée par Gruter et le P. Sirmond. Séguier et de Vérone pensent que les legs de Sappius Flavus sont en faveur de Fréjus (*Forum Julii*). On pourrait aussi les attribuer à Apt (*Apta Julia*) et à Arles (*Col. Jul. paterna*). Pourquoi ne pas les donner à la communauté des *Julienses*, dans la Carniole ou dans la Bétique, dont il avait été préfet? On a quelques exemples, dans les inscriptions, de riches particuliers qui ont appliqué une grande partie de leur fortune à l'établissement de plusieurs villes. S'il en était ainsi pour Sappius Flavus, le nom de la cité se lirait intégralement pour ne laisser aucune équivoque. Pourrait-on traduire que les legs sont destinés au collège ou à la corporation des *Juliens*, ainsi nommée en mémoire de J. César? Le mot *collegii* serait sous-entendu. On voit dans la collection de M. Orelli, 4068-4411 des legs de cette dernière espèce.

Vaison, si opulent pendant les deux premiers siècles de l'empire, devait compter plusieurs personnages importants parmi ses citoyens.

MÉMOIRES PRÉSENTÉS PAR DIVERS SAVANTS.

```
      VI . . . XVRI.
      CADIENSES
      V.S.L.M
```

Trouvé à Mirabel, près de Nions.

Moreau de Vérone et Millin pensent qu'il faut lire : *Jovi Anxuri*. Cette leçon nous paraît hasardée. M. Millin conjecture que les *Cadienses* appartenaient à un canton du *Vocontium*[1].

```
    D.SALVSTIO ACCEPTO
    OPIFICES LAPIDARII
      OB SEPVLTVRAM
          EIVS.
```

Boyer, p. 2. — De Vérone. — Millin. — Muratori, 975,9. — M. Orelli, 4208.

L'existence des colléges d'ouvriers en pierre à Vaison donne une grande idée de cette ville, dit Moreau de Vérone.

```
         D                    M
      C.ATILIO.C.F.VOL MARTIALI
      VASIONE.VET.EX COHO.XII.PR
         MILITAVIT ANNIS XVII
          P.DOMITIVS.ADIVTOR
      HERES.CONSORTI SVO.BENEMER
            FELICIT ET SIBI
       POSTERIS.QVE SVIS OMNIVM
  ARBITRATV.SEXTI.PRISCI.FLAVI CALVISI ET SIBI
   ..NAM.ET EORVM.QVORVM.ARBITRATV
       FIERI CAVS..ENTI ESSE VOLO
```

Smetius, Pannini, Gruter et Moreau de Vérone. Boyer, dans son Histoire de l'église de Vaison, p. 74, liv. III, ne donne qu'une partie de cette inscription.

ALETANVM.

L'inscription suivante, communiquée à Muratori par Bimard, baron de la Bâtie, a été découverte à Taulignan (*Taulinianum*),

[1] *Voyage dans les départ. du midi de la France*, t. IV, p. 153.

bourg de deux mille habitants, dans l'arrondissement de Montélimar (Drôme). Taulignan dépendait du diocèse de Die, bien qu'il fût plus près de Vaison :

L . VOTVRIO . MAXIMO ⱷ AEDILI
PAGI . ALETANI PATRI ⱷ
C . VOTVRI . AVITI

Dans la collect. de M. Orelli, 3984.

ALETANVM, un des *pagus* des Vocontiens, paraît avoir été sur l'emplacement du bourg de Taulignan. On pourrait le mettre au nombre des dix-neuf petites villes que Pline attribue à ce peuple : « Vocontiorum civitatis fœderatæ duo capita VASIO et « LVCVS AVGVSTI. Oppida vero ignobilia XIX, sicut XXIV Nemau- « siensibus attributa[1]. » Nous plaçons cette petite ville dans ce chapitre, à la suite de VASIO, parce qu'elle était éloignée des voies romaines.

On doit remarquer ici l'édilité de canton ou de *pagus*, charge qui avait pour attribution la conservation des édifices, des routes, la police, etc. Elle était très-onéreuse.

Jos. Mario Suarez, savant évêque de Vaison, pensait que ce chef-lieu de *pagus* était sur l'emplacement de Tulette, bourg de seize cents habitants, à 15 kilomètres de Nions, sur les limites du département de la Drôme et de Vaucluse : *pagus Aletanus, qui nunc Tuletta vocatus*[2].

II.

VILLES ANCIENNES DES VOCONTIENS SITUÉES SUR LA VOIE ROMAINE DE *VALENTIA* (VALENCE) A L'*ALPIS COTTIA* (LE MONT GENÈVRE).

VALENTIA, Valence (Drôme), capitale des *Segalauni*, était le point de départ, sur la voie *Domitia* (ainsi nommée dans

---

[1] *Hist nat.* l. III, c. IV. — [2] *Chorograph. Diœcesis Vasionens.*

l'oraison *Pro Fonteio* de Cicéron), pour arriver à Vapincvm, Gap, et de là au Mont-Genèvre, en suivant la vallée de la Drôme. Pline fait mention de Valence, et Ptolémée la qualifie de colonie romaine. Ammien Marcellin la cite comme une ville importante de la Viennoise [1]. L'inscription suivante se trouvait à Valence; elle a été publiée diversement par Durivail, Nicolas Bourbon [2], Duchesne et Guy Allard :

```
            D     ET     M
            MEMORIAE AETERNAE
            PETRONI.CASTI.VET
            MISSI.HONESTA [3]
            MISSIONE.EX LEG
      +     PRIM.MIN.EX OPTIO
     + +    NE PROC.DVCENAR
            ET VITALINAE FLORAE
            CONIVGI EIVS.VIVI
            SIBI.PONEND
            CVRAVER.ET.SVB
            ASCIA DEDICAVE
                 RVNT
```

M. Jules Ollivier a inséré cette inscription dans le tome II de la Revue du Dauphiné, avec la restitution que nous en avons faite. Jusque-là, elle n'offrait aucun sens admissible.

Voici les leçons diverses de la septième ligne. ╋ Nicol. Bourbon : prim. min. — Guy Allard : princ. min. — Duchesne : princ. min. — Durivail : prim. mina.

Les leçons de la huitième ligne ╋ ╋ sont : Nicol. Bourbon : proc. dvce narb. — Guy Allard : procon. dvcenar. —

---

[1] L. XV, c. 11.
[2] *Nugæ et Ferrariæ*, Basil. 1533, in-8°, ad finem.
[3] *Honesta Missio* quæ tempore militiæ impleto datur.

Duchesne : PROCON. DVCENAR. — Durivail : PROCON. DVCENAR.

« Aux dieux Mânes et à la mémoire éternelle de Petronius Castus, vétéran, qui obtint un congé honorable de la première légion *Minervia*, d'après le choix du procurateur ducenaire, etc. » (Il s'agit du *procurator* du *ducenarium*.)

La distance de Valentia à Cerebelliaca, *mutatio*, relai, est marquée xii M. p. (18 kilomètres) sur l'Itinéraire de Bordeaux à Jérusalem; et, de ce relai à la *mansio*, l'étape, Avgvsta, Aouste en Diois, x M. p. (15 kilomètres). D'Anville et presque tous les auteurs qui ont écrit sur la géographie de la Gaule, ont pensé que Chabeuil, *Cabeolum*, petite ville à 12 kilomètres de Valence, répond à Cerebelliaca. On est étonné, en jetant les yeux sur la carte, que la voie de Valentia à Avgvsta se dirige sur Chabeuil, et décrive un angle droit, au lieu de suivre une ligne droite qui ne rencontrait aucun obstacle. D'ailleurs, Chabeuil est trop rapproché de Valence pour y trouver les douze milles de l'Itinéraire. On a donc, d'après Bouche, placé Cerebelliaca au village de Montoison (*Castrum de Montezone*), de douze cent soixante habitants, sur la limite des diocèses de Valence et de Die, des *Segalauni* et des Vocontiens, à une distance presque égale de Valence et d'Aouste. On a recueilli, à la ferme de *Marmousi*, près de Montoison, un grand nombre de médailles en argent, qui comprenaient Sept. Sévère et ses successeurs, jusqu'aux Maximin. Elles étaient disséminées dans un champ d'une petite étendue, comme si on avait voulu les semer. On remarquait, parmi ces médailles, Macrin, Diadumenianus, Julia Paula, Aquilia Severa, Orbiana, Paulina et les Gordiens d'Afrique. M. le baron Walckenaer établit cette *mutatio* un peu au nord de Montoison, au lieu appelé *les Chabertes*[1].

[1] *Géogr. ancienne, historique et comparée des Gaules*, t. III, p. 46.

Nous ignorons ce qui a fait penser à Aymar du Périer et à Chorier, que Constantius, fils de Constantin, prépara à Chabeuil, en 355, une expédition contre les Allemands. C'est à Châlon-sur-Saône que se firent ces préparatifs. Voici les paroles d'Ammien Marcellin sur ce sujet : « Miles tamen interea « omnis apud Cabillona collectus [1]. » En effet, Châlon offrait bien plus de ressources et était plus rapproché du théâtre de la guerre.

On pourrait placer Cerebelliaca à Upie (*Upiacum*). Ce village de treize cents habitants, est à la distance indiquée par les itinéraires, et près de Montoison. On voit cette inscription dans l'église d'Upie :

Ce cippe a 6o centimètres de hauteur sur 35 de diamètre. On nomme champ de la Bataille la plaine qui se trouve près du village. On y remarque un *tumulus* de près de 8 mètres de hauteur sur 5o de circonférence. Chorier dit gratuitement que ce fut là le champ de bataille témoin de la défaite des Teutons et des Ambrons par Marius. Des fouilles pratiquées sous cette élévation ont procuré plusieurs objets antiques. On a trouvé près d'Upie, il y a quelques années, des restes de voie romaine.

Nous hésitons, entre Montoison et Upie, pour l'emplacement de Cerebelliaca.

[1] L. XIV, c. x.

AVGVSTA.

Les itinéraires romains ont quitté le pays des *Segalauni*, la voie Domitia, et atteint la vallée de la Drôme, la plus intéressante du *Vocontium* par son étendue et par les villes anciennes qu'elle renferme, DEA et LVGVS AVGVSTI. Au midi, les belles campagnes de Crest et d'Allex offrent un coup d'œil agréable et tout méridional, et au levant, les sommets neigeux de la grande chaîne du Glandaz, donnent l'idée des Alpes secondaires, qui cachent les grandes Alpes. On est arrivé à AVGVSTA ou AVGVSTVM, AVGVSTON de l'Anonyme de Ravenne; c'est une *mansio* (station ou étape), la première ville des Vocontiens, en quittant le pays des *Segalauni*. Le bourg d'Aouste en Diois (*Augusta* dans le moyen âge), d'une population de quinze cents habitants, sur la rive droite de la Drôme, à 2 kilomètres au-dessus de la ville de Crest, répond à cette position. Aouste appartenait au diocèse de Die. Frédéric Barberousse, en 1178, confirma à Robert, évêque de Die, la donation qu'Arnaud, seigneur de Crest, avait faite de ce lieu et de Crest, en 1145[1].

L'Itinéraire d'Antonin place AVGVSTA à XXII milles (32 kilomètres) de VALENTIA, et à XXIII milles (34 kilomètres) de DEA, Die. La route royale, pour arriver à cette dernière ville, suit la direction de la voie romaine, dont on aperçoit encore quelques restes entre le bourg d'Aouste et Saillans, au pont des Grands-Chenaux, au quartier du Plot et au pont de Charsac. Ce sont des murs qui soutenaient la chaussée; ils sont flanqués de contre-forts et formés d'assises en moellons piqués, de 19 centimètres de longueur sur 11 de hauteur. La Table Théodosienne contient une erreur de copiste; on y lit XIII pour XXIII. Il est difficile de penser, avec le P. Monet, qu'AVGVSTA

[1] *Archiv. de la ville de Die*, n° 78, copie du titre appelé *la Bulle d'Or*.

a été submergée par la formation d'un lac[1]. Il a confondu cette position avec celle de Lvcvs Avgvsti, le village de Luc, dont nous nous occuperons bientôt.

Avgvsta, malgré l'illustration de son nom, n'est qu'une *mansio* dans l'Itinéraire de Jérusalem, rédigé en 333, à une époque où Lvcvs Avgvsti, autrefois honoré du titre de *municipium*, selon Tacite, et seconde capitale des Vocontiens, d'après Pline, était réduit au même état d'abaissement.

Nous ne connaissons que les trois inscriptions suivantes, qui ont été trouvées à Aouste. Celles qu'on lit dans Maffei et dans le tome V de l'Académie des inscriptions, plus importantes, appartiennent à Aoste-Saint-Genis, Avgvstvm de l'Allobrogie, à l'extrémité du département de l'Isère, près du Pont-de-Beauvoisin. Ce savant se contente de les indiquer vaguement : *Aostæ in Delphinatu*. On a souvent confondu ces deux villes anciennes.

```
        D           M
     ET QVIETI AETER
     SECVDIAE MAXI
     MILLAE FRONTIA
     MARCIANAE FILI
     A ET CL. PRIMA
     NVS GENER
     PONENDVM
     CVRAVERVNT
     ET SVB ASCIA
     DEDICAVER
```

[1] *Galliæ veteris geogr.* p. 257, Lugd. 1634, 12.

354   ACADÉMIE DES INSCRIPTIONS ET BELLES-LETTRES.

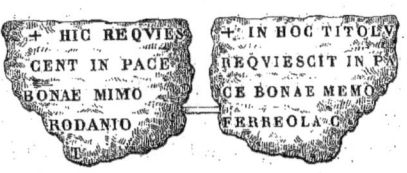

Ces fragments de deux inscriptions chrétiennes sont gravés sur chaque face d'une tablette de marbre blanc, de 2 centimètres en tous sens. La forme très-grossière des caractères, antérieurs au gothique, et le style, se rapportent au vi° ou au vii° siècle.

M. Athenor, juge de paix, possède dans son jardin, à Aouste, un autel antique, carré, haut de 84 centimètres; un cerf est grossièrement sculpté sur l'une de ses faces. Ce monument, en pierre dure, est sans inscription; il devait recevoir l'expression d'un vœu consacré à Diane.

M. Mionnet a mis sur l'emplacement d'Avgvsta une ville du nom de *Segusia*[1]. On connaît une médaille appartenant à une ville gauloise autonome, *Segusia : Buste de Pallas casqué, derrière, une lance*; R. ARVS. *Hercule nu, debout, la main droite posée sur sa massue, la peau du lion sur le bras gauche. Auprès de lui, une petite figure enveloppée du pallium, debout sur une base*, AR. Autre avec le même type et la légende SEGUSIANVS[2]. D'après M. Mionnet, AVGVSTA aurait remplacé SEGVSIA. Il est plus naturel de placer cette dernière ville au delà du Rhône, chez les *Segusiani* de César; elle serait devenue, dans la suite, le FORVM SEGVSIANORVM de la Table. Cette médaille ne peut se rapporter à SEGVSIO, Suze en Piémont.

On a découvert en 1828, près de Crest (*Crista Arnaldorum*), ville éloignée d'Aouste de 2 kilomètres, de grands fragments de mosaïque, un strigile en ivoire et deux bustes en marbre blanc, dont l'un porte sur le socle l'inscription grecque sui-

[1] *Atlas de géograph. numism.* 1838, in-4°. — [2] Mionnet, *Descript. des méd. ant.* 1806.

vante, qui désigne le poëte *Ibycus*[1]. Henri Étienne et Fulvius Ursinus nous ont transmis quelques fragments de ce poëte élégiaque :

ΕΙΒΥΚΟC
ΠΡΑΞΙΤΕΛΗC
ΕΠΟΙΕ

Praxiteles faciebat. Ce buste, que nous avons examiné plusieurs fois, représente, à demi-grandeur, un homme barbu, sur l'âge de retour. On voudrait vainement, dans un transport d'enthousiasme archéologique, y voir l'habileté d'un ciseau supérieur : tout annonce, au contraire, une époque de décadence. On connaît plusieurs Praxitèle. La cupidité empruntait quelquefois le nom de ce statuaire célèbre[2] ; mais ici la supercherie est trop grossière. L'autre buste est de la même main et de la même grandeur, et sans désignation : le socle est perdu. On croit reconnaître dans ces ouvrages la manière de la fin du IIIe siècle. En 1839, M. le comte de Maccarthy a fait faire des fouilles dans le même endroit; on y a trouvé une tête d'enfant en marbre et cette inscription, qui est gravée sur une table de marbre de 26 centimètres sur 20 :

Chez M. le comte de Maccarthy, au château de la Vache.

On avait trouvé, il y a longtemps, au même endroit, un

---

[1] Antipater, *in* Ibycum, *Antholog.* l. III, 60. — [2] Phædr. *Fab.* l. V, 1.

buste semblable à ceux dont nous venons de parler, et qui était peut-être sorti du même ciseau. Le nom de *Philétas* était gravé sur le socle. Ce poëte grec était le maître de Théocrite [1]. Nous constatons l'origine de la découverte du buste de *Philétas*, parce qu'on l'a transporté à Lyon [2]. Nous possédons un fragment d'une tête de grandeur naturelle, en marbre blanc, trouvée avec l'*Ibycus*. La face, mutilée, laisse apercevoir bien distinctement une verrue entre le nez et la bouche. Aurait-on voulu désigner le grand orateur romain, quoique Plutarque ait dit sérieusement que le premier de la famille *Tullia* qui fut nommé *Cicero*, le dut à une verrue qu'il avait au bout du nez? Tous ces fragments antiques, trouvés près de Crest, sur la grande route de Valence, ne sont pas d'un travail bien soigné; ils avaient orné la bibliothèque de quelque Romain opulent [3]. Sidoine Apollinaire nous donne une idée de la magnificence et de la recherche qu'on remarquait encore dans ces établissements, à la fin de l'empire dans la Gaule. Nous avons vu une statuette de Mercure, en bronze, bien conservée, que l'on avait trouvée au village d'Alex, à 7 kilomètres de Crest.

On découvrit, en 1825, à peu de distance de cette ville, sur la rive gauche de la Drôme, environ un millier de médailles d'argent, module du quinaire; elles étaient toutes, excepté une seule, de la famille *Cloulia*, au type de *Durnacus*, *R. Donnus*, et de *Durnacos*. Elles sont connues depuis longtemps; on les a attribuées à la ville de Tournai, *Turnacum* ou *Tornacum*. Ce petit trésor ne peut fournir aucune indication sur la localité. La tradition portait que des masures peu remarquables, endroit de la trouvaille, étaient les restes d'un temple

---

[1] Ælian. *Hist. var.* l. IX, c. xiv.
[2] *Antiq. de Vienne*, de Chorier, 1828, p. 404.
[3] Plin. *Hist. natur.* l. XXX, c. ii. — Martial, *Epigr.* l. XI, i. — Cicer. *Epist. famil.* l. VII, 22.

de druides. Sans attacher de l'importance à ce bruit populaire, il paraît certain que ces mesures appartenaient à un édifice romain. Un soldat de J. César, de retour de l'expédition contre les *Nervis*, aura enfoui son butin. Ces monnaies gauloises, communes dans l'arrondissement de Die, ne peuvent appartenir à *Donnus*, roi des sommets des Alpes cottiennes. L'inscription de l'arc de Suze nous apprend que *Donnus* fut le père de ce *Cottius* qui sut se conserver dans les bonnes grâces d'Auguste, en réprimant le brigandage et en assurant les communications entre la Gaule et l'Italie. Il occupait les positions dont les ducs de Savoie se sont toujours servis avec tant d'habileté.

Toutes les villes qu'Auguste honora de son nom devaient avoir quelque importance. Mais ce nom prouve-t-il suffisamment que, protégées par l'empereur, elles étaient des colonies romaines? Nous ne connaissons que DEA, Die, dans le *Vocontium*, qui puisse prouver cette qualification par un monument bien authentique, que nous rapporterons en parlant de cette ville.

Chorier, Reichard et M. le baron Walckenaer pensent que les *Tricastini* n'habitaient point le Tricastin moderne; que Saint-Paul-Trois-Châteaux n'a jamais été leur capitale [1]. Ils attribuent cet honneur à notre AVGVSTA, Aouste en Diois, dont il s'agit ici; et les *Tricastini* auraient occupé, d'après M. Walckenaer, le district moderne de Crest [2]. Chorier établit son opinion sur ce que notre AVGVSTA a conservé le nom que Pline donne à la capitale de ce peuple, et qu'elle est placée sur la voie romaine, tandis que Saint-Paul-Trois-Châteaux en est éloigné. Cependant le nom des *Tricastini* s'est conservé dans le territoire de cette dernière ville, appelé encore le Tricastin. Il est vrai que Ptolémée place les *Tricastini* plus au nord; mais

[1] *Hist. du Dauph.* t. I, p. 198. — [2] *Géogr. ancienne, histor. et compar. des Gaules*, t. I.

c'est une erreur de cet ancien géographe, qui en a commis une autre semblable, en plaçant ALBA AVGVSTA, la capitale des *Helvii*, le village d'Apt en Vivarais, au delà d'AQVVAE SEXTIAE, vers les Alpes. C'est ce qui a fait penser à Surita qu'il s'agissait de notre AVGVSTA, Aouste. Aussi d'Anville dit : « Les positions de Ptolémée dans la Gaule doivent détromper ceux qui veulent tirer de ses Tables des inductions propres à déterminer la place qu'on doit assigner à certains lieux [1]. »

AVGVSTA, Aouste, a fait partie du *Vocontium*; autrement, elle aurait été réunie au diocèse de Valence, dont elle était plus rapprochée, et non à celui de Die, dont le siége était éloigné. L'étendue du diocèse de Valence était très-bornée; il est probable que c'est celle du territoire des *Segalauni*. Le diocèse de Die, qui représente la plus grande partie du *Vocontium*, était très-vaste. On a dit que le territoire des *Tricastini* était peu étendu, et qu'il a été, pour cette raison, réuni au diocèse de Die. En effet, celui de Saint-Paul-Trois-Châteaux n'avait que trente-six paroisses : ce motif n'est pas suffisant pour le faire disparaître dans le diocèse de Die. D'autres auteurs pensent qu'*Augusta* en Diois a été le siége d'un évêché, qui a été transféré à Saint-Paul-Trois-Châteaux en 450; mais il paraît que celui-ci est plus ancien; on y compte trois évêques, S. Sulpice, S. Eusèbe et S. Torquat[2], avant S. Paul, qui assista au concile de Valence en 374. La Notice de la Gaule, rédigée sous Honorius (de 395 à 423), nomme la *civitas Deensium*, la *civitas Valentinorum*; ensuite la *civitas Tricastinorum*, la *civitas Vasiensium*, la *civitas Avennicorum*, etc. dépendantes de Vienne, la métropole. Ce n'est que quelques années après, qu'Arles devint le siége de la préfecture des Gaules, sous Valentinien III. DEA, Die, et AVGVSTA TRICASTINORVM ou *civitas*

[1] *Notice de l'ancienne Gaule*, p. 86. — [2] Le P. Longueval, *Hist. de l'Église gallic.* t. I.

Tricastinorum (Saint-Paul-Trois-Châteaux) furent attachées à cette nouvelle métropole, rivale de Vienne. Nous ne trouvons aucun document, aucune tradition, aucun indice dans les titres nombreux de l'évêché de Die relatifs à Aouste, Avgvsta, échappés au brûlement de 1793, qui rappelle que ce bourg du Diois ait jamais été le siége d'un évêché. Si cette tradition avait existé autrefois, les évêques de Die s'en seraient fait un titre d'honneur à leur avantage, dans leurs longs démêlés avec les comtes de Valentinois; on en trouverait quelques vestiges chez les auteurs qui ont écrit sur ces pontifes et sur l'histoire du Dauphiné. Quelle était l'étendue et la circonscription de ce diocèse d'Avgvsta Tricastinorvm, correspondant au district de Crest, et placé entre les évêchés de Valence et de Die? Pourquoi transférer à Saint-Paul-Trois-Châteaux le siége épiscopal, et en priver notre Avgvsta?

Le grand nombre d'antiquités que l'on a rencontrées à Saint-Paul-Trois-Châteaux prouve l'ancienne importance de cette ville[1]. On objecte que Saint-Paul ne se trouve pas sur la voie romaine, et que, pour cette raison, il ne devait pas être la capitale des *Tricastini*. Vasio, ville si importante, d'après Méla, était dans ce cas; et cependant elle était la première capitale des Vocontiens. La Table indique Senomagvs ou Neomagvs de Ptolémée, à xv milles d'Orange et à xvii d'Acvnvm, Ancône près de Montélimar. Cette position de la Table convient à Saint-Paul-Trois-Châteaux. La Table, comme nous l'avons dit, emploie souvent des noms anciens; Senomagvs était devenu Avgvsta Tricastinorvm. Il existait deux routes d'Orange à Ancône: celle de la Table, dont nous venons de parler; et l'autre, plus directe, marquée dans les Itinéraires d'Antonin et de Jérusalem;

---

[1] Niel, *Mém. sur la topogr. du ci-devant Tricastin*, etc. dans les Annal. de statistique, n° V, p. 437.

et qui, d'Orange, arrivait à Acvnvm, Ancone, en passant, sur la droite, à Lectoce, *à la rivière du Lez*, et à Novem Craris, *au passage de la Berre*. Il nous semble que ces deux routes expliquent le silence des trois itinéraires sur Avgvsta Tricastinorvm de Pline, autrefois Senomagvs ou Neomagvs. Cette sorte d'incertitude est causée par le choix de ce nom ancien, que la Table a substitué au nom consacré par Auguste à la ville qu'on connaît aujourd'hui sous le nom de Saint-Paul-Trois-Châteaux.

Robert d'Auxerre, Abolantz, dans sa Chronique, attribue *civitatem Tricastinum* à la province de Vienne, et un lieu nommé *Tricastrum* à la province d'Arles. M. le baron Walckenaer pense que la première ville serait notre Aouste, la *Tricastina urbs* de Sidoine Apollinaire, Avgvsta Tricastinorvm de Pline; et la seconde, l'un des quatre évêchés de la province d'Arles, par l'analogie du nom, Saint-Paul-*Trois-Châteaux*. La Notice des provinces (394 à 423) indique, sous la métropole de Vienne, la *civitas Tricastinorum*; et l'on ne voit point, sous la métropole d'Arles, ni sous celle d'Aix, une ville du nom de *Tricastrum*, celle du moine Robert. La Notice nomme la *civitas Tricastinorum* avec plusieurs variantes, parmi lesquelles nous remarquons celle de *civitas Tricastrinorum*. On voit déjà le commencement de l'altération du nom primitif, altération qui a prévalu dans la suite, et a produit, au lieu de Saint-Paul-*Tricastin*, Saint-Paul-*Trois-Châteaux*. Dans une bulle de Lothaire de 852, et dans le serment que l'évêque Bertrand II prêta à Raymond, comte de Toulouse et marquis de Provence, en 1202, l'église de Saint-Paul-Trois-Châteaux est appelée *ecclesia Tricastinensis*; et dans d'autres bulles des XIIe et XIIIe siècles, *ecclesia Tricastrinensis*. Nous pensons, avec Adrien de Valois[1],

[1] *Notitia Galliar.* p. 60.

que Robert, auteur peu exact, trompé par les variantes du nom de la *civitas Tricastinensis*, a fait la *civitas Tricastrum*, ville inconnue, qui n'a jamais existé. On rencontre plusieurs erreurs semblables chez les annalistes du moyen âge.

On objecte encore que la *colonia Acusianorum*, Ancone ou Montélimar, attribuée aux *Cavari* par Ptolémée, serait séparée par les *Tricastini*, si on maintenait ces derniers dans la position qu'ils ont conservée jusqu'à présent. Nous avons pensé, avec Strabon, que les *Cavari* s'étendaient de la Durance à l'Isère, et que, probablement, les *Tricastini* et les *Segalauni* leur étaient assujettis.

On a disputé au bourg d'Aouste son ancienne illustration. La ville de Crest, dont l'emplacement est plus favorable, serait, dans cette hypothèse, l'ancienne Avgvsta, qui aurait été détruite par les barbares lors de leurs irruptions fréquentes dans la Narbonnaise. Elle a perdu son nom romain, pour prendre celui de *Crista Arnaldorum* (le Crest Arnault, à la fin du xve siècle), tiré de sa situation et du nom de ses restaurateurs. Aouste, bâtie dans la plaine, n'est qu'un lieu voisin (2 kilomètres), qui a usurpé le nom de la ville principale, Avgvsta. La géographie ancienne présente quelques faits semblables. La ville de Crest est connue par sa tour, reste remarquable d'une acropole qui brava les croisés de Simon de Montfort, et dont l'époque de construction est incertaine.

Les distances marquées dans les itinéraires romains nous font maintenir le bourg d'Aouste sur l'emplacement d'Avgvsta, dans le pays des Vocontiens. Cette ville, mentionnée dans les trois itinéraires, n'est plus, comme Lvcvs-Avgvsti, Luc, qu'un bourg obscur. Rien ne fait croire qu'elle ait acquis une grande importance; elle a présenté peu de restes d'antiquité. On connaît, seulement dans la Gaule, plusieurs villes du nom d'Avgvsta. La substitution du nom du souverain de l'époque aux noms gaulois faisait oublier la nationalité. Déjà, au temps de Pline, la Narbonnaise était toute romaine. Une ville qui portait le nom du souverain doit être rangée parmi les dix-neuf *oppida* du *Vocontium*.

Le bourg de Grane, à 8 kilomètres de Crest, sur la rive gauche de la Drôme, rappelle le surnom *Granus*, donné à Apollon. Cependant, nous ne connaissons aucune antiquité qui ait été trouvée à Grane.

DARENTIACA.

En remontant la Drôme depuis Aouste, la vallée se resserre de plus en plus. A Saillans, la rivière s'échappe entre deux montagnes. C'est à Saillans que les géographes placent la *mutatio* (relai) de DARENTIACA, mentionnée dans l'Itinéraire de Bordeaux à Jérusalem, à xii milles d'Avgvsta et à xvi de Dea. La distance réelle de Saillans à Aouste, d'après la mensuration des ponts et chaussées, est de 12 kilomètres. Les xii milles de l'Itinéraire donnent 17 kilomètres : cette différence est trop considérable ; il faut croire, avec d'Anville, qu'il y a une erreur de copiste, et substituer vii à xii [1]. On remarque souvent, sur les itinéraires romains, une méprise entre les chiffres v et x. Avec cette correction vii, on aurait alors 11 kilom. 749 mètres, distance qui ne s'éloigne guère de celle de la route royale. Celle-ci, d'après la configuration du terrain, ne peut être tracée que sur l'emplacement de la voie romaine. La distance de DARENTIACA à DEA est marquée, dans le même Itinéraire, xvi milles, qui répondent à 23 kilom. 575 m. A la rigueur, il faudrait substituer xv à xvi, et l'on a 22 kilom. 101 m. ce

[1]. *Notice de la Gaule*, p. 262.

qui reviendrait à la distance réelle prise sur la route royale. Mais on doit s'attendre à rencontrer quelque différence dans les distances produites par l'inégalité du terrain, par les contours, etc. D'Anville, dont l'autorité est d'un si grand poids, déclare que la position qui peut répondre à DARENTIACA lui est inconnue[1]. Cependant, il a marqué cette *mutatio* dans sa carte de l'ancienne Gaule, sur l'emplacement de Saillans. Le P. Labbé n'éclaircit pas la question en disant que cette ville ancienne est entre Valence et Die[2].

Quelques-uns voudraient placer DARENTIACA au Guâ, près de Vercheny (*Vetus-cheynetum*), village dominé par les ruines imposantes du château de Baris, bâti sur un rocher escarpé. Ces ruines, par leur étendue, annoncent l'importance de cette forteresse, qui fut assiégée et prise par Amédée de Roussillon, évêque de Valence et de Die, au commencement du XIIIe siècle. On trouve au Guâ et à Vercheny beaucoup de médailles, des sépultures romaines, des fragments de marbre et d'inscriptions. Le bassin de la fontaine de ce village est un sarcophage antique. On voyait auprès un tronçon de colonne d'un grand diamètre, sur laquelle on apercevait des traces d'inscription. On a cru y lire D. N. CRISPO. Ce village de Vercheny a été l'objet d'une singulière méprise. M. Reichard, auteur de l'*Orbis terrarum antiquus*, l'a pris pour les *Vertacomicori* de Pline, *pagus* des Vocontiens, dont nous avons parlé : cette erreur a été répétée par des auteurs français. On voit, au delà de la rive droite de la Drôme, devant l'église du petit village de Barsac, une grosse colonne, sur laquelle on peut apercevoir des restes d'une longue inscription. Cette colonne a beaucoup de rapport avec celle de Vercheny. La distance du Guâ à Aouste est de 19 kilom. 337 m.; celle du Guâ à Saillans est de 7 kilom. 250 m., et

[1] *Notice de la Gaule*, p. 262. — [2] *Pharus Galliæ antiquæ*.

du Guâ à Die, de 14 kilom. 896 m. Cette dernière distance ne donnerait pas les xvi milles ou 23 kilomètres de l'Itinéraire. Darentiaca n'est pas le Guâ, qui est trop rapproché de Die.

Chorier, MM. Dochier et Françi Artaud placent à Saillans, *Solonium*, qui fut pris par le propréteur Pontinius, dans la révolte des Allobroges rapportée par Dion Cassius et Tite-Live[1]. *Solonium* ne peut appartenir aux Vocontiens. La lecture des historiens prouve que ces événements se sont passés à une grande distance des rives de la Drôme. M. Chaudruc de Crazannes attribue une médaille gauloise autonome à cette ville[2]. Salvaing de Boissieu et Dalechamp trouvent dans le nom de Saillans celui des *Segalauni*, peuple du Valentinois[3]. M. Artaud partage cette opinion, et dit que *Solonium* se releva dans la suite, et qu'il reçut une garnison d'une cohorte commandée par son préfet[4]. La Notice des dignités de l'empire porte qu'il y avait un préfet des Sarmates païens cantonnés chez les *Segalauni* : « Præfectus Sarmatorum gentilium, per tractum Sega- « launorum. » Ortell et Holstein, savants géographes, ont partagé cette opinion de Dalechamp, laquelle ne paraît pas fondée, si l'on pense que Saillans est sur le territoire des Vocontiens ; qu'il a toujours été compris dans le diocèse de Die, et que le territoire de ce peuple s'étendait au moins jusqu'à Avgvsta. De Valois pense que Saillans a pris son nom *a salientibus aquis*[5].

En examinant le terrain d'Aouste à Die, on ne peut placer Darentiaca qu'à Saillans. Cette position est appuyée par une inscription gravée sur un tronçon de colonne que l'on voit à l'angle de la petite place de la *Davaize*, où était une église de

---

[1] Chorier, *Hist. du Dauph.* t. I. — Dochier, *Essai sur le monast. et le chapit. de Saint-Bernard de Romans.*
[2] *Revue numismat.* p. 85 ; 1844.
[3] Salvaing de Boissieu, *De l'usage des fiess. préf.* — *Voyage à Die, Annal. encycl.* t. I, p. 175.
[4] Hadr. Vales. *Notitia Galliar.* 1695, f°.

ce nom, qui rappellerait un peu DARENTIACA, et par une autre inscription en l'honneur de Delmatius, neveu de Constantin. Il existe, dans l'église de Saillans, un bénitier qui est un fragment de colonne, sur lequel on aperçoit des traces d'inscription, et xvi, le nombre de milles marqués sur la colonne milliaire de la place de la Davaize :

    PIENTISSIMIS
    PRINCIPIBVS
    C.VAL.CONSTAN
    TIO ET VAL MAX
    SIMIANO PIO....Galerius.
sic......BENISSIMIS CAES
    ARIBVS
    M.P.XVI

Sur un tronçon de colonne servant de borne à un angle de la place de la Davaize. Inscription en très-mauvais état.

Nous avons fait connaître, en 1824, l'inscription de Delmatius :

    D N
    FL. DELMATIO
    NOB
    CAES

Sur une petite colonne placée dans le jardin de M. Rey, à Saillans. Caractères informes, mais lisibles.

Delmatius et son frère Hannibalianus furent mis à mort, en 337, par leurs cousins germains, les fils de Constantin. C'est peut-être la seule inscription consacrée à Delmatius.

M. Delacroix a donné une étymologie de DARENTIACA [1]. Il est rare d'employer heureusement, dans les recherches archéologiques, un moyen aussi incertain.

[1] *Statist. du départ. de la Drôme*, p. 42, 1835, in-4°.

Nous possédons une espèce d'amulette en jaspe rouge, découvert à Saillans, il y a plusieurs années. C'est un prisme à bases rectangulaires terminées par deux petites pyramides tronquées, et dont les arêtes sont chanfreinées : longueur, 63 millimètres; largeur, 36; épaisseur, 28. Ce prétendu amulette porte sur ses faces le nom et les attributs du divin Jule : MEMORIAE AETERNAE, sur l'une, et sur l'autre opposée : IVL. CAESARIS. Les jambages des lettres sont terminés par des points arrondis. Le bâton augural, les palmes de la victoire, la comète qui apparut à la mort du dictateur, et les signes planétaires de Mars et de Vénus, sont gravés sur les autres faces. Ces signes planétaires, semblables à ceux qui sont usités aujourd'hui, pourraient faire douter de l'ancienneté de ce petit monument. Cependant, Scaliger et Riccioli pensent que leur usage est fort ancien[1] : on les voit sur les gemmes et sur les anneaux antiques. Cet amulette était peut-être destiné à être enfermé dans une petite bulle en or qu'on suspendait au cou de l'aigle des légions : serait-ce une tessère militaire? (V. pl. Ire, fig. 10.) M. Letronne, dont l'autorité est d'un si grand poids, pense que notre amulette est de *fabrique moderne*. Nous possédons encore une urne carrée en verre; elle contient des restes d'ossements brûlés, un lacrymatoire en verre et une médaille en bronze de Vespasien.

M. le baron Walckenaer place DARENTIACA à Sammarens, quartier attenant à Saillans, sur la rive gauche de la Drôme[2]. Nous avons découvert, en 1824, l'inscription de Delmatius, sur le même emplacement. Il est probable que cette ville occupait les deux rives de la Drôme; on aurait pu l'appeler *Duplex Darentiaca*. L'Itinéraire de Jérusalem, plus détaillé et

---

[1] Jos. Scalig. *in Manil.* — *Almagest.* l. VIII, c. 1.

[2] *Géograph. ancienne, hist. et comp. des Gaules*, t. III, p. 46.

souvent plus exact que celui d'Antonin et que la Table Théodosienne, est le seul qui nomme Darentiaca.

On aperçoit, en arrivant d'Aouste, près de Saillans, sur la droite, une masse de maçonnerie, sur le bord d'un petit ruisseau qui traverse la route. Chorier a regardé ce massif comme un reste d'un arc de triomphe destiné à rappeler le souvenir des victoires de Marius sur les Teutons[1]. L'historien du Dauphiné aurait pu, avec plus de raison, en faire honneur au propréteur Pontinius, le vainqueur de *Solonium*, qu'il place à Saillans. Chorier est tombé souvent dans des illusions semblables. Saillans est une petite ville de deux mille habitants, remarquable par son industrie ; elle est bâtie sur la rive droite de la Drôme ; son territoire est très-borné. Darentiaca n'a jamais dû être une ville importante ; nous pensons cependant qu'elle peut être placée parmi les dix-neuf villes des Vocontiens.

En remontant la Drôme, à 11 kilom. 600 m. au-dessus de Saillans, on arrive à Pontaix, village éloigné de Die de 10 kil. 500 m. Les montagnes se rapprochent encore davantage, et laissent à peine l'espace nécessaire au cours de la rivière. Ce village, de cinq cents habitants, était dominé par une forteresse dont les ruines n'annoncent pas une grande antiquité. Elle fut assiégée par Amédée de Roussillon, évêque de Valence et de Die, au xiii° siècle. Louis XIII, à son retour de la campagne de Piémont, en 1629, accompagné du cardinal de Richelieu, suivit cette route de Gap à Valence ; il ordonna la démolition de tous les châteaux forts de la vallée de la Drôme, qui avaient tant contribué à perpétuer les incursions des divers partis pendant l'anarchie féodale et les guerres religieuses du xvi° siècle. On remarque, à l'extrémité supérieure du village de Pontaix, cette inscription :

[1] *Hist. du Dauphiné*, t. I, p. 164.

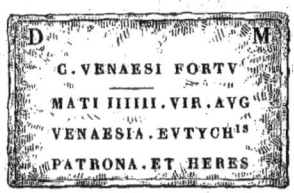

En beaux caractères. Publiée par M. Franç. Artaud, dans son Voyage à Die [1].

Les *sextum viri Augustales* appartenaient à un collége de prêtres appelés *Sodales Augustales*, institué par Tibère. Ils participaient aussi aux actes de l'administration municipale. Il est probable que C. Venaesus était attaché à la colonie Dea Avgvsta, peu éloignée du village de Pontaix.

Le territoire de ce village a fourni plusieurs fragments d'inscriptions, des médailles, divers objets antiques, et une petite plaque de bronze sur laquelle on lit:

Les travaux de la route royale ont mis à découvert, au mois de septembre de 1845, une grande urne en plomb, cylindrique, à couvercle. Elle contenait deux lacrymatoires en verre, une coquille, *cypræa tigris*, du genre des porcelaines; deux boucles d'oreilles en or, semblables aux anneaux de chevaliers, avec un chaton dont la pierre avait été enlevée; elles étaient creuses et très-minces; on les avait aplaties et déformées avant l'enfouissement. L'urne contenait encore une lampe en terre dont la face supérieure présentait en relief un masque

[1] La ressemblance des noms de l'affranchi et de la patronne est à remarquer.

scénique de jeune homme aux cheveux longs, arrangés avec soin. A la face inférieure, on lisait le nom de FORTIS. L'industrie de ce *figulus* était fort étendue. Nous avons observé ses lampes à Gap, à la Bâtie-Mont-Saléon, à Vaison, à Valréas, à Die, etc. On a trouvé, dans quelques sépultures romaines, des coquilles d'espèces différentes, remarquables par leur forme et leur couleur.

Nous avons vu, à la fin de 1843, à 1 kilomètre de Pontaix, entre le domaine de la Condamine et le quartier appelé Saint-Martin, au-dessus de la route royale, près de la Drôme, un *ustrinum*, lieu destiné à la combustion et à la sépulture; on en a retiré plusieurs petits vases en terre rouge, une coupe en verre jaune rougeâtre d'un grand éclat, un miroir carré en métal et plusieurs lacrymatoires en verre, de formes très-variées; un petit pot de terre portant sur la panse : L. FANO, et des médailles d'Antonin-Pie. On dit qu'autrefois il existait une ville sur le domaine de la Condamine; prétention un peu exagérée, qui peut se réduire à une *villa*. On y trouve, en effet, des restes d'habitation, des marbres, un fragment de moule d'ornements en relief, des stucs, etc.

La vallée s'élargit un peu jusqu'à Sainte-Croix, village de trois cents habitants, à 7 kilomètres 471 mètres de Die; ensuite les montagnes se rapprochent de nouveau. On remarque, sur un rocher escarpé, les ruines d'une forteresse, connues sous le nom de *Tour-de-Sainte-Croix*, ou de *Château-de-Quint*, qui était possédée par les Poitiers, comtes de Valentinois et de Diois[1]. L'empereur Frédéric II la donna à Didier, des comtes de Forcalquier, évêque de Die, en 1238. L'ordre de Saint-Antoine tenait à Sainte-Croix une commanderie qui compre-

---

[1] Donation faite aux évêques de Die par l'empereur Frédéric II (*Archives de Die*, n° 68.)

naît les prieurés du Pont-en-Royans, de Vassieux, de Saint-Julien en Quint, de Vesone, de Saint-Pierre-de-Roche et de Val-Chevrières. On lit, au rez-de-chaussée de l'ancien monastère, ce fragment d'inscription :

1. . . . .
2. . . . .
3. STATILIVS
4. ARPOPHORVS

Les deux premières lignes ont été effacées avec soin. Il y a, dans l'église attenante au monastère, un petit autel antique transformé en bénitier, dont une main scrupuleuse a encore effacé l'inscription. Nous avons vu, près du village, un fragment d'inscription votive à la déesse *Andarta*, et quelques bracelets en bronze, trouvés dans un tombeau. Tout près, était un petit autel en trep, haut de 3 décimètres et très-rustique. Nous avons trouvé dans cet endroit une pâte gravée en creux, le seul objet antique de cette sorte que nous ayons vu dans la vallée de la Drôme, d'un très-petit diamètre ; elle offre ce sujet si répandu, gravé dans le musée de Florence : Génie qui tient un papillon, suspendu par les ailes, au-dessus d'un flambeau allumé. A 3 kilomètres de Sainte-Croix, au quartier appelé *Tariaures*, sur la gauche du chemin des Petites-Vachères, on rencontre des restes de constructions, des débris de moulins à bras en lave poreuse, des fragments de marbre, et des médailles en bronze des Antonins et d'Alexandre Sévère.

Le Château ou Tour-de-Quint a été ainsi nommé, parce qu'il était situé *ad quintum lapidem* de Dea, au cinquième mille, selon Aymar du Périer et d'Anville. L'ancien pont de *Quart*, au sud de cette ville, a été nommé ainsi, parce qu'il se trouve au quatrième mille. Il en est de même du pont de *Quart* de Nîmes, à compter de la porte Auguste. Il est plus difficile de faire dériver ce nom de *Quint* de P. Quintus, celui qui fut défendu par Cicéron[1], ou de tout autre personnage ainsi nommé. Cette forteresse de Quint avait donné son nom à une petite vallée qui commence à sa base. Au temps d'Aymar du Périer, il existait dans ce château une tour carrée d'une construction très-ancienne. L'étendue de l'enceinte de cette forteresse fait présumer qu'un certain nombre d'hommes pouvaient y habiter; ils ont, dans la suite, bâti leur demeure sur l'emplacement du village moderne de Sainte-Croix. On peut regarder cette forteresse comme un *castellum* romain destiné à défendre les vallées de la Drôme et de Quint; elle a été détruite lors du passage de Louis XIII, en 1629.

Nous avons fait encastrer, dans le mur d'une maison du petit village de Saint-Étienne, dans la vallée de Quint, un petit autel qui porte cette inscription, découverte en 1826 :

```
        DEO MARTI
       N G[2] RVDIM
        O[3] CVRATOR
       ES CVRAVER
           VNT
```

Les lettres sont mal formées et dignes d'un monument rustique. Peut-être cette inscription est-elle de la fin du IVe siècle, lorsque le culte ancien, aboli dans les villes, s'était relégué dans les campagnes.

On a trouvé, sur l'emplacement du château de Quint, des restes d'inscriptions, des médailles, des briques romaines et des chapiteaux corinthiens d'une grande dimension.

---

[1] De Lagrange, *Réponse et salvations des pièces produites par les gens du tiers-état de Dauphiné*, 1599, in-4°. — [2] *Augusto*, surnom toujours ajouté aux divinités topiques. — [3] *Rudimo*, nom de lieu, aujourd'hui Saint-Étienne.

L'abbé Chalieu fait arriver Annibal dans cette même vallée de Quint, pour se rendre aux Alpes. C'est là qu'il place « l'*extrema ora* des *Vocontii* proprement dite, d'où il passa (Annibal) probablement à *Geminœ*, Mens, capitale des *Tricorii*, etc.[1] » La vallée de Quint est très-bornée et sans aboutissant; il paraît que l'auteur ne l'avait pas visitée. Le texte de Tite-Live relatif à la marche d'Annibal par l'*extrême frontière des Vocontiens*, jette la plus grande obscurité sur ce point important de l'expédition.

DEA AVGVSTA VOCONTIORVM.

La vallée de la Drôme s'élargit peu à peu. Après avoir parcouru une distance de 22 kilomètres, en partant de Saillans, on arrive à Die, petite ville de quatre mille habitants, bien plus peuplée avant les longues guerres civiles du XVIe siècle et la maladie pestilentielle qui ravagea le Dauphiné en 1586, mais surtout avant la révocation de l'édit de Nantes. Elle est située sur la rive droite et à une certaine distance de la Drôme, dans une position heureuse et bien choisie, au pied d'une colline, entre deux plaines contiguës, partagée par la rivière limpide de Mérosse. Il ne faut cependant pas s'en rapporter entièrement au tableau séduisant tracé par les pères jésuites Colombi et Imbert[2]. Les montagnes, au levant, prennent la forme et l'élévation des Alpes secondaires; elles offrent cette nudité qui est propre aux sommités très-élevées. La contrée s'annonce sous un aspect sévère et imposant. La croupe qui couronne l'immense terrasse du Glandaz est très-remarquable; elle s'élève jusqu'à une hauteur de 2,048 mètres.

---

[1] *Mém. sur diverses antiquit. du départ. de la Drôme*, p. 109; Valence, 1810, in-4°.

[2] Colombi, *De rebus gestis Valentin. et Diensi. episcop.* Lugd. 1652, in-4°, p. 67. — Bened. Imbert, *Sect. Calvin. tumulus*; Valent. 1686, in-4°.

Die, ville épiscopale jusqu'à la révolution de 1789, est la DEA AVGVSTA VOCONTIORVM des itinéraires, à 16 milles (24 kilomètres) de DARENTIACA, et à 12 milles (18 kilomètres) de LVCVS AVGVSTI, le village de Luc. Une partie de l'ancienne ville était bâtie sur le plateau compris dans l'enceinte de ses remparts : depuis longtemps, cet emplacement est cultivé. Die s'étendait sur le penchant de la colline où se trouve cette partie habitée appelée Chastel, *Castellum*, et se développait dans la plaine où sont les rues principales, l'ancien évêché et l'église cathédrale de Notre-Dame, édifice remarquable du XI° au XII° siècle. La citadelle, dont on voit les restes, n'est pas ancienne ; Maugiron la fit construire, sous Henri III, contre le gré des habitants, qui, après quelques années, la démolirent jusqu'aux fondements, à la suite d'un siége de peu de durée ; mais la Tour-Gouvernet, lieutenant de Lesdiguières, la rebâtit aussitôt, malgré les promesses contraires, et quoiqu'il eût contribué à l'enlever aux catholiques.

Très-près de la ville, au midi, sur un coteau aride, on voit les vestiges d'une ancienne forteresse. L'empereur Frédéric II en fit don à l'évêque Didier, en 1238[1]. La *bulle d'or* d'investiture lui donne de l'importance, et la nomme *Castrum Podonis*. Dans d'autres titres, elle est désignée sous le nom de *Podium Urnionis*; c'est aujourd'hui la tour de Puiurgnion. La ville de Die, comme beaucoup de villes du midi de la France, a conservé, dans le recueil de ses chartes et libertés, sous ses évêques, la trace du régime municipal que lui avaient légué les Romains, et que les rois Burgundes avaient respecté. Die devint le siége d'un évêché dépendant de Vienne, à l'époque de la formation des diocèses, sous le grand Constantin. Mais la préfecture du prétoire des Gaules ayant été placée à Arles,

---

[1] *Inventaire des titres des archives de la ville de Die*, n° 68.

l'évêché de Die fut attaché à cette nouvelle métropole pendant quelque temps, pour revenir ensuite, en 1120, à sa première dépendance; il a été réuni à l'évêché de Valence en 1274, et séparé en 1688. L'évêque de Die, par les concessions de Conrad le Salique et de Frédéric Barberousse, était comte de Die et prince de l'empire; il avait le droit de battre monnaie; il possédait encore plusieurs bourgs et plus de cent terres, dont plusieurs étaient domaniales et les autres tenues en fief de l'évêché, qui était composé de plus de cent soixante et onze paroisses. Le diocèse de Die s'étendait aussi sur le comté de Diois, réuni au comté de Valentinois en 1116, et qu'il faut distinguer du comté de Die ou de la ville de ce nom. La capitale du comté de Diois, sous les Poitiers, était la ville de Crest. L'étendue du diocèse de Die pouvait être évaluée à douze lieues de longeur sur dix de largeur, et sa surface à quatre-vingts lieues carrées: c'est la plus grande partie du *Vocontium, civitas Vocontiorum*. Les comtes de Diois faisaient hommage aux évêques de Die. Avant les guerres de religion, le chapitre de Die partageait avec ceux-ci le gouvernement de la ville et de son territoire. Le prélat, à la prise de possession de son évêché, jurait de conserver les droits et les priviléges du chapitre et de la commune[1]. Une lutte continuelle, qui n'a fini qu'à la grande révolution de 1789, s'établit, au commencement du XIIIe siècle, entre les évêques et les citoyens de Die.

Il est fait mention, dans les actes du concile de Nicée, en 325, de Nicasius, évêque de Divia. Le P. Colombi pense qu'il s'agit de Die, et non de Divio, Dijon, ni de Dinia, Digne, qui n'étaient pas alors évêchés. S. Ulphin, évêque de Die, dans la Vie de S. Marcel, un de ses prédécesseurs, dit que la ville de

---

[1] *Statut. venerab. capituli eccles. Diensis, cura de Taraesieu*; Die, 1672, in-4°.

Die était appelée Dia, Diva et Divia. On remarque que Nicasius est le seul évêque de la Gaule présent à ce concile œcuménique. L'an 462, sous les rois Burgundes, S. Mamert, évêque de Vienne, étendit sa juridiction sur celle de la métropole d'Arles, en ordonnant S. Marcel évêque de Die. Cet empiétement fut réprimé par le pape Hilaire.

Grégoire de Tours rapporte que les Lombards, en 536, après avoir passé à Die, vinrent assiéger Valence, sous la conduite de Zaban, et qu'ils furent défaits par le patrice Ounius Mummolus. Comme cet historien des Francs est le premier qui nomme Dea, nous transcrivons ses paroles : « Post hæc « tres Longobardorum duces, id est Amo, Zaban et Rhodanus « Gallias irrupere, et Amo quidem Ebredunensem carpens « viam usque Machovillam Avenici territorii, quam Mummo- « lus munere meruerat regio accessit; ibique fixit tentoria. « Zaban vero per Diensem descendens urbem, usque Valen- « tiam venit[1]. » Zaban était duc de Pavie. Warnefried, ou Paul Diacre, a copié le récit de Grégoire de Tours. Adrien de Valois rapporte qu'on lit dans un ancien manuscrit de l'histoire des Francs, au lieu de *urbem Diensem*, *urbem Virdumensem*[2]. C'est une faute du copiste. Nous ne pensons pas que VIRDVNVM soit le nom gaulois de Die. D'ailleurs, le nom gaulois, antérieur à la domination romaine, était perdu depuis plus de six cents ans.

Excepté la porte de Saint-Marcel, dont nous parlerons bientôt, la ville de Die n'offre de monument remarquable que l'église cathédrale de Notre-Dame et son porche, qui peuvent se rattacher à l'architecture romane du XIe au XIIe siècle. Les édifices religieux de Die, dont la construction datait du moyen âge, furent détruits, en 1562, à la voix de Guillaume Farel, au commen-

[1] *Hist. Francorum*, l. IV, c. XLV. — [2] *Notitia Galliar.*

cement des guerres civiles du XVIe siècle, et lors du passage des bandes de Mauvans, en 1567.

Aymar du Périer, conseiller au parlement de Grenoble, a laissé un opuscule intéressant par les inscriptions qui y sont consignées, et qu'il avait vues à Die sa patrie[1]. Cette ville fut visitée, au commencement du siècle dernier, par dom Martenne et dom Durand, bénédictins; leur journal contient plusieurs inscriptions[2]. Lancelot, de l'Académie des inscriptions, attaché au président de Valbonnays, a enrichi les mémoires de cette société des monuments de ce genre qu'il avait recueillis à Die[3]. Le président Moreau de Vérone[4]; M. de Vaugelas[5]; M. Artaud, directeur du Conservatoire des arts à Lyon[6], et M. l'abbé Martin[7], publiaient dans le même temps, mais séparément, des recueils d'inscriptions trouvées dans cette ville. M. Pilot en rapporte quelques-unes dans ses Recherches sur les antiquités dauphinoises. M. Delacroix les a toutes rassemblées dans la dernière édition de sa Statistique de la Drôme (in-4°, 1835). Un mémoire manuscrit sur les antiquités de Die, présenté, en 1840, à l'Académie royale de inscriptions, par M. le docteur Long, a obtenu une mention honorable. Nous avons inséré dans ces mémoires toutes les inscriptions que nous avons eues sous les yeux. On aime à retrouver celles qui avaient été observées par Aymar du Périer, par les deux bénédictins, par Lancelot, Bimard de la Bâtie et de Vérone. Les noms de ces savants sont gravés, pour ainsi dire, sur ces monuments de l'époque romaine. Daniel de Cosnac, avant-dernier évêque de Die, possédait un manuscrit intitulé : *Dea pagana; Dea catho-*

---

[1] *Discours touchant l'état général des Gaules;* Lyon, 1610.
[2] *Voyage littéraire,* etc.
[3] *Mém. de l'Acad. des inscr.* t. VII.
[4] *Mém. sur les Voconces.*
[5] *Magasin encycl.* 3e année, t. IV.
[6] *Voyage à Die, dans le pays des Voconces.*
[7] *Antiquit. et inscript. de Die, d'Orange, de Vaison,* etc. 1818, in-8°.

lica; Deà heretica. Nous regrettons la première partie de cette histoire, qui contenait probablement la description de monuments qui n'existent plus.

Les anciens géographes, Strabon, Pomponius Méla, Pline et Ptolémée, ne font point mention de DEA. Pline cite VASIO et LVCVS AVGVSTI, et ne nomme pas dix-neuf petites villes, *oppida ignobilia*, comprises dans l'état des Vocontiens. Il est probable que DEA existait du temps de Pline, et qu'elle est comprise parmi ces dix-neuf villes de peu d'importance. Quoique bâtie dans une situation plus favorable que LVCVS, elle n'a pas fixé l'attention des anciens géographes, qui ne considéraient que les villes habitées par les gouverneurs et les administrations principales. Die est décorée du titre de colonie dans cette inscription :

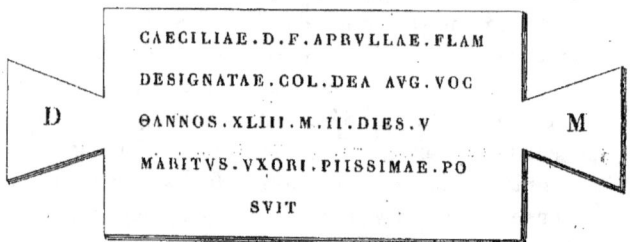

Elle est gravée sur un beau sarcophage en marbre blanc, découvert à Fréjus et transporté à Arles. Ce monument est aujourd'hui au musée de Marseille, après avoir éprouvé bien des vicissitudes. Sa conservation est due à la sollicitude de M. Jauffret, conservateur du musée sous le gouvernement impérial. Cette inscription, connue du P. Sirmond[1], est rapportée par Seguin[2], et gravée dans le Recueil des monuments an-

[1] *Not. ad Sid. Apoll.* p. 55; 1622, in-4°. — [2] *Antiquités d'Arles*, l. II, p. 3; Arles, 1687, in-4°.

378 ACADÉMIE DES INSCRIPTIONS ET BELLES-LETTRES.

tiques d'Arles, du P. Dumont (pl. xv). Aymar du Périer, Saxi, Chorier, l'ont publiée avec peu d'exactitude. Seguin, qui avait le texte sous les yeux, a lu, à la troisième ligne : *Annos XIIII;* il faut lire, comme Dumont et M. Estrangin, XLIII. Les caractères allongés et grêles dénotent une époque de décadence. La colonie peut bien remonter au IIe siècle; mais l'inscription est postérieure.

Chorier a donné une inscription relative à une autre flaminisse[1] (Orelli, 2225). M. Champollion-Figeac l'a insérée parmi les inscriptions de Grenoble[2]. Reinesius l'avait indiquée à Die; elle n'existe plus.

DEVILLIAE
ATTICAE
FLAMINISSAE HERAE[3]
DESIGN

Dans les remparts, en 1844; fragment inédit.

Dans une petite cour de la maison de M. Armaud, l'ancienne prison.

La religion, chez les Romains, était unie au gouvernement; et les *sacerdotes* ne constituaient ni un ordre, ni une caste. La religion se rapportait à l'état; elle était *inter instrumenta regni.* On voit ici, à la fin de la première ligne, entre

---

[1] *Hist. du Dauphiné*, t. I, p. 239. — [2] *Antiquit. de Grenoble*; 1807, in-4°. — [3] *Hera*, Junon ou la Fortune.

deux palmes, l'*oméga,* usité pour les sépultures chrétiennes. Si ce n'était la beauté des caractères, on pourrait penser que l'épouse du flamine était peut-être de la religion nouvelle. Ce signe est gravé superficiellement; il contraste avec la dignité de flamine.

Autel taurobolique, dans le jardin de M. Armand.

Notre copie est très-exacte; elle a été prise sur la pierre, par l'estampage à la mine de plomb. Ce procédé, outre qu'il donne une image parfaite, facilite souvent la lecture des inscriptions en détruisant les illusions produites par la couleur et les ombres de la table. On a lu *pro val. imp.* mais le tampon rend *pro sal,* comme l'avaient vu Aymar du Périer, Chorier et M. Franç. Artaud. La beauté et la juste proportion des lettres nous font penser que ce monument doit remonter aux Antonins, lorsque ce sacrifice expiatoire fut introduit à Rome. Aymar du Périer, qui cependant avait cette inscription sous les yeux, y voit un taurobole et trois triumvirs pour l'établissement de la colonie qu'Auguste institua à Die; interprétation subtile, aussi peu fondée que celle où les vœux sont pour l'empereur Valérien, pour Valère Maximien. L'inscription ne donne pas le nom de l'empereur pour lequel le taurobole a été célébré. Cet autel est orné des symboles ordinaires, les têtes de taureau et de bélier, la harpé, le gâteau, les crotales, le *lituus* ou *pedum,* bâton augural, et les flûtes à anche.

```
.....SAL.IMP
ECATNVS ATT
  DE SVO
```

Fragment d'inscription sur un autel taurobolique, dans la cour de la maison de campagne de Chamarges, près de Die.

Il s'agit encore ici du prêtre *Attius,* et nous ignorons le nom de l'empereur. Parmi les symboles qui sont représentés sur cet autel, nous avons reconnu bien distinctement une flûte à anche et le caducée. Il y a à Die trois autres autels tauroboliques bien conservés; mais ils sont sans inscription : l'un est à la porte de l'hôtel de la sous-préfecture; le second, d'une plus grande dimension, au domaine de Salières, et le troisième dans le jardin de M. Delamorte-Felines. Spon a donné le dessin de ce dernier dans ses Recherches curieuses d'antiquités, p. 86. Ils ont tous été sculptés grossièrement par des tailleurs de pierre. Spon a publié une inscription plus importante que celles que nous venons de rapporter; elle a été découverte à Die; elle n'existe plus. Cette inscription prouve que le culte de Cybèle était célébré à Die avec un grand appareil. Nous la donnons ici, à cause de son importance, bien qu'elle ait été publiée plusieurs fois :

```
   M.    D               M    I
SACR.TRIB.TAVR.FECER
CVM SVIS HOSTIS ET APPARAM
OMNIBVS L.DAGID.MARIVS.PON
TIF.PERPET.CIVIT.VALENT
ET VERVLLIA MARTINA ET
VERVLLIA MARIA FIL EORVM
PRO SALVTE IMP.ET CAESAR
PHILIPPORVM AVGG.ET OTACI
```

```
         LIAE SEVERAE AVG.MATRIS
         CAES.ET CASTROR.PRAEEVN
         TIBVS SACERDOTIBVS IVNI
         TITO XV VIR ARAVSENS.ET
         CASTRICIO ZOSIMIONE CI
         VITAT.ALBENS.ET BLATTIO
         PATERNO CIVITATIS VOC
         ET FABRICIO ORFITO LIBER
    PATRIS ET CETERIS ADSISTENTIBVS SACERDOTIBVS
         V.S.L.M.LOCO VIRES CON
  DITAE.DIE PRID.KAL.OCT.IMP PHILIPPO AVG.ET TITI
              ANO COS
```

Ce sacrifice fut offert, à Die, le 30 septembre 245 de J. C. trois ans avant la neuvième célébration des jeux séculaires. Blattius Paternus, de la cité des Vocontiens, Die, leur capitale, est nommé après les prêtres d'Orange, d'Apt en Vivarais et de Valence, qui peut-être étaient au-dessus de lui dans la hiérarchie. On peut regarder ici DEA comme la capitale des Vocontiens (*civit. Voc.*); elle avait pris, au-dessus de VASIO et de LVCVS, le rang qu'elle devait occuper par sa situation au centre du pays des Vocontiens, sur la voie romaine. L'affluence à Die de prêtres étrangers devait contribuer à la solennité de ce sacrifice extraordinaire. On trouve à Die un grand nombre de petites haches, en jade ou en silex; quelques-unes sont très-tranchantes. Elles étaient destinées à certaines pratiques religieuses ou aux mutilations des prêtres de Cybèle, les Galles. On trouve quelquefois ces haches dans les sépultures, parmi les lacrymatoires et les lampes. Les bergers de la contrée croient que, suspendues au cou des moutons, elles sont un préservatif assuré contre la clavelée; ils leur donnent le nom de pierres de la *boussa*, ou de cette maladie contagieuse. Peut-être cette superstition est-elle aussi ancienne que le culte de Cybèle. Les maladies de l'esprit humain de cette espèce se perpétuent d'âge en âge.

Voici des inscriptions relatives à une divinité *Andarta*, qui n'est connue qu'à Die :

<pre>
       DEAE AVG
       ANDARTAE
       L. CARISIVS
        SERENVS
      IIIIII VIR. AVG
        V. S. L. M
</pre>

Autel encadré dans le mur, près de la porte des bureaux de la sous-préfecture. (Millin, *Annal. encyclop.* t. I, p. 180. — Orelli, 1958.)

Les *sextum viri Augustales* ne jouirent pas longtemps d'une grande considération après Tibère.

<pre>
       DEAE AVG
       ANDARTAE
        M. POMP
        PRIMITVS
        EX VOTO
</pre>

Sur un petit autel, chez M. Long, à Die.

<pre>
       DEAE AVG
       ANDARTAE
        T. DEXIVS
        ZOSIMVS
</pre>

À la ferme de Salières, près de Die. Nous avons découvert cette inscription en 1823.

DEAE AN
DARTAE
AVG SEXT
PLVTANVS
X VOTO

Petit autel servant de bénitier dans l'église d'Aurel (*Aurellum*), à 15 kilomètres de Die; 1839. Inédite.

DEAE ANDA
. . . .

Fragment d'autel encastré dans le mur extérieur de l'église du Cheylar, à 14 kilom. de Die.

DEAE AVG
ANDA. . . .

Fragment de l'autel, à Sainte-Croix.

DEAE AVG
ANDARTAE
M. IVL. ANTONINVS

DEAE AVG
ANDARTAE
M. IVLIVS
THEDORVS

Du Périer, Scaliger, Gruter. Ces deux dernières inscriptions étaient gravées sur les deux faces opposées d'une pierre quadrangulaire. On trouve toujours le prénom *Augusta* ajouté aux divinités topiques, dit M. Berger de Xivrey[1]. Ces deux inscriptions, rapportées par D. Martin, n'existent plus.

Les Romains, qui adoptaient les dieux des peuples conquis, avaient peut-être fait d'*Andarta*, Cybèle ou la grande déesse, dont le culte, apporté à Rome de Pessinunte en Phrygie, deux

[1] *Lettre sur une inscription de Bourbonne-les-Bains*, p. 43.

cent quatre ans avant Jésus-Christ, devint célèbre à Dea, comme à Lyon et à Lectoure. Les nouveaux maîtres tolérèrent quelques autels de la divinité vocontienne, pour le petit peuple et les habitants de la campagne. Pourrait-on présumer que la déesse *Andarta* avait, avant la conquête, donné son nom à la ville où elle était adorée? C'est ce qui était arrivé pour *Bibracte*, Autun, *Vasio*, *Nemausus*, *Vesontio*. Ainsi, dans cette hypothèse, Dea Avgvsta Vocontiorvm aurait existé, avant la domination romaine, sous le nom gaulois d'*Andarta*. Bimard de la Bâtie pensait que Dea Avgvsta n'a pas reçu ce surnom de l'empereur Auguste, mais à cause du temple de la grande (*Auguste*) *Andarta*, devenue Cybèle des Romains. Cependant, il est probable qu'il en fut de Dea comme de beaucoup d'autres villes de l'empire, qui s'honorèrent de prendre le nom du divin Auguste.

Quelques-uns pensent que la déesse *Dia* a donné son nom à Dea. On n'est pas d'accord sur les attributions de cette divinité. Strabon et Pausanias la regardent comme la déesse de la jeunesse; d'autres croient qu'elle était Junon. Chorier, et M. Amédée Thierry, dans son Histoire des Gaulois, n'ont pas nommé *Andarta*, qui n'est connue que par les inscriptions de Die. D. Martin pense qu'elle était la même qu'*Andraste* ou *Andate*, déesse de la victoire chez les peuples de la Grande-Bretagne[1]. Cette dernière déesse, selon Bochart, serait l'*Astarte* des Phéniciens[2], et selon Cicéron, Vénus armée.[3]

Adrien de Valois et d'autres auteurs ont pensé que l'impératrice Livie est la divinité qui donna son nom à Dea Avgvsta; ce qui n'est pas probable.

---

[1] *Relig. des Gaulois*, t. II. — [2] *Geogr. sacra*, part. 2, l. 1, c. XLII. — [3] *De nat. deor.* l. III.

On a découvert, il y plus de quarante ans, dans l'ancien cimetière du village d'Aix, à 6 kilomètres de Die, un petit autel de près de 4 décimètres de hauteur, sur lequel on voit ce fragment d'inscription :

Chez M. Long, médecin.

Les lettres sont bien dégradées depuis que l'autel a été exposé aux influences atmosphériques. M. de Moyria Mailla (*Monuments de l'Ain*, 1836) rapporte une inscription votive à la déesse *Bormana*. On trouve, dans l'Itinéraire d'Antonin et dans la Table Théodosienne, un lieu appelé *Lucus Bormani*, sur la rivière de Gênes, entre Albenga et Vintimille. On pourrait penser que le nom de cette station venait d'un bois consacré à *Bormanus*, divinité qui serait commune aux Liguriens proprement dits et aux Ligures Vocontiens.

La porte Saint-Marcel, le seul reste de monument d'architecture romaine que Die possède, est déparée par des constructions du moyen âge, par l'étroitesse des rues, par deux tours latérales élevées lors de l'irruption des Barbares (peut-être du IVe au Ve siècle). Elle est dans un état de dégradation déplorable : les ornements principaux de cette porte sont altérés par le temps, et ne donnent qu'une faible idée de ce qu'elle devait être. Cependant, quoique leur exécution rappelle une époque de décadence, l'ensemble retrace des souvenirs de cette grandeur qui caractérise les œuvres des Romains. Ce monument n'offre aucune décoration de guerre ni aucun vestige de trophée militaire, mais une tête de taureau armée de cornes d'une longueur démesurée, entre deux tritons sonnant de la conque. Les bas-reliefs de la corniche représentent des sacrifices et des lions paisibles, animaux consacrés à Cybèle. Le dessous de l'arc est orné de rosaces entrelacées. Les bas-reliefs de l'une des corniches ne sont qu'ébauchés; les ouvriers romains étaient dans l'usage de terminer sur place les détails des monuments. Cet arc aurait-il été élevé à Marius, le vainqueur des Cimbres, ou à Domitius Ænobarbus, à Fabius Maximus Allobrogicus, à Pontinius, à Auguste, et enfin à Constantius, pour sa victoire sur Magnentius, à la Bâtie-Mont-Saléon? On n'y voit rien qui rappelle des combats. On peut pourtant considérer cette porte comme un arc de triomphe: les Romains en érigeaient aux dieux; celui-ci a pu l'être à Cybèle, par les habitants d'une ville qui nous offre plusieurs autels tauroboliques. On a souvent confondu les arcs de triomphe avec les portes des villes, lorsque celles-ci sont ornées de bas-reliefs et d'inscriptions. La porte Saint-Marcel est cachée, par des constructions plus récentes, du côté du sud-est; si on les démolissait, on verrait peut-être quelque inscription ou quelques attributs qui nous apprendraient le motif et l'époque de sa construction. Il paraît même que cette façade extérieure est ornée comme la façade intérieure, et qu'étant à l'abri de l'air, elle doit être mieux conservée; on y aperçoit la partie inférieure d'un mufle de taureau. On a autrefois élevé un mur pour supporter une herse entre l'arc et la porte extérieure. Cette porte Saint-Marcel n'était pas seulement un ornement; la nécessité en a fait, dans la suite, une clôture de défense; sa destination, ainsi que celle des arcs de triomphe d'Orange, de Carpentras et de Cavaillon, est inconnue : ce ne sont plus que des monuments muets pour la postérité. Voici les proportions de l'arc de la porte Saint-Marcel :

Largeur du bandeau formé par la voûte.......	2^m 89^c
Ouverture de la porte....................	4 38
Hauteur sous clef au-dessus du sol actuel......	6 44

DÉTAILS.

Hauteur des pieds-droits..................	3^m 03^c
——— de la corniche...................	0 72
——— de la flèche de la voûte............	2 19

Les colonnes de granit qui soutiennent le porche et le clocher de la cathédrale, celles de la même nature qui sont dispersées dans la ville, présentent un diamètre de 66 centimètres, et une hauteur de 11 mètres ; elles ont appartenu à quelque édifice considérable, peut-être, comme on l'a dit, à un temple consacré à la mère des dieux, sur lequel on a bâti la cathédrale de Notre-Dame. Ces colonnes peuvent avoir été extraites des anciennes carrières de granit gris du département du Var. Parmi les colonnes du porche, il en est qui sont de calcaire moyen blanc, presque cristallisé, sujet à s'effriter, s'il est exposé aux influences de l'air. Toutes les montagnes du pays des Vocontiens sont calcaires.

Il existe des restes de deux aqueducs qui conduisaient dans la ville les eaux de deux sources éloignées de plus de 6 kilomètres, et séparées l'une de l'autre par une grande distance. Le nom de la première, *Roï*, près du village de Romeyer, dérive du patois *roïā*, couler, qui viendrait lui-même de ῥέω. Le patois romano-provençal offre plusieurs mots dont l'origine remonte aux Grecs de *Massalia*. Ces aqueducs ont la perfection et la solidité des constructions romaines, et leur ruine est plutôt due à la main des hommes qu'à l'action lente du temps.

Les Romains, selon leur coutume, n'avaient rien négligé pour donner à leur colonie des eaux abondantes, fraîches et salubres. Ils cherchaient, comme l'a dit Strabon, l'utilité et la solidité dans leurs ouvrages, tels que les routes, les conduits d'eau et les égouts; tandis que les Grecs avaient pour but l'agrément et le coup d'œil des édifices[1]. On a rencontré, à plus de 6 mètres de profondeur, des restes d'égouts construits avec soin et revêtus de dalles.

Nous avons vu, il y a plus de trente ans, près de la ville, au domaine du Pluniane, au-dessous d'un pavé en marbre, des fournaux en brique dont les conduits désignaient un *hypocaustum* ou des thermes. Nous regrettons qu'on n'ait pas conservé un tracé soigné de ces constructions.

Le dessus de la porte d'entrée de la maison de M. de Roquebeau, dans la rue Royale, est orné d'un bas-relief qui représente des Génies occupés à cueillir des fruits. On y a vu, mal à propos, des vendanges et des bacchanales. C'est le fragment d'un sarcophage en marbre blanc; M. Arthaud l'a fait graver dans son Voyage à Die. Nous possédons un autre fragment de ce genre, en marbre blanc, dont le sujet, en bas-relief, paraît désigner les travaux de la moisson. Ces époques de la vie agricole indiqueraient-elles la dernière période, ou l'âge du défunt? Il existe un autre bas-relief, très-maltraité, sur la porte de la petite terrasse de la sous-préfecture; celui-ci est un débris d'un sarcophage chrétien, mais d'une meilleure exécution, quoique du temps de la décadence. Le dessus d'une porte, dans la rue du Serre, est orné d'un médaillon, un peu plus grand que nature, représentant de profil une tête juvénile dont, malheureusement, le nez est mutilé. Des antiquaires ont cru y reconnaître Drusus; ce qui ne nous paraît pas probable,

[1] *Geogr.* l. V.

à cause de l'imperfection du travail. On remarque, au-dessus d'une porte, dans la rue de l'Armellerie, une tête de Mime sculptée en relief dans le creux. On vient de trouver un fragment de bas-relief qui représente deux personnages, dont l'un porte un corps ovale suspendu au cou; serait-ce la bulle des jeunes patriciens? Ce bas-relief est très-mutilé.

On a découvert, à diverses époques, des fragments de pavés en mosaïque; ils sont tous détruits, excepté celui que M. Drojat aîné a mis au jour en 1838. Sur cet emplacement, des sépultures du moyen âge, caractérisées par des coquilles de pèlerins, couvraient les débris de l'âge romain. On voit, dans la cave de M. Laurens, avoué, les restes d'une mosaïque qui est connue depuis longtemps; elle est en très-mauvais état. Il existe dans la salle des archives de la mairie, autrefois la chapelle de Saint-Nicolas, un pavé en mosaïque bien conservé; il représente, sous la forme d'animaux qui jettent de l'eau par la gueule, les quatre fleuves du paradis terrestre : le Tigre, l'Euphrate, le Phison et le Géhon. Le même sujet est reproduit sur le pavé en mosaïque de quelques anciennes églises de France[1]. On voit aussi, dans la mosaïque dont nous parlons, des oiseaux et des plantes. Le fond est en petits cubes de pierre; les figures et la bordure sont formées par des morceaux de marbres divers irréguliers : c'est une œuvre grossière du moyen âge. M. Artaud, dans son Voyage à Die, a parlé de cette mosaïque chrétienne.

On découvre souvent, autour de la ville, des urnes en terre, des lacrymatoires en verre, et des lampes où sont représentés toutes sortes de sujets en relief, Jupiter, Mercure, Diane, Vénus, Bacchus, Silène, Hercule, des masques scéniques et des scènes érotiques. On lit, à la face inférieure de ces lampes,

[1] Marlot, *Metrop. Remensi histor.* l. III, c. xiii, t. 1.

le nom des fabricants : *Cerialis, Fortis, Octavius, Cassius, Saturninus, Pullus, Dessius, Lucius, Optatus, Comunis, Cresus*, etc. Nous avons une de ces lampes, en terre, en forme d'un pied humain, qui est remarquable par la représentation de clous dont la *solea* (semelle attachée par des bandelettes) est garnie. Sur une autre lampe, est représentée, en relief, une femme dont les bras étendus vers la terre et les vêtements en désordre indiquent une affliction profonde. Notre petite collection offre plusieurs vases en verre de formes très-variées. Ces lampes sont toujours entourées de charbon, de cendres et d'ossements brûlés. La combustion était alors la sépulture ordinaire. Les vestiges de l'inhumation sont plus rares ici. Les travaux de la route royale, en 1839 et en 1844, sur l'ancien chemin, à 700 mètres de la porte Saint-Pierre, ont mis à découvert une suite nombreuse de combustions sépulcrales, débris de lampes en terre, caisses de plomb, qui indiquaient qu'un cimetière ou *ustrinum* était sur la voie publique, selon l'usage des Romains. « Monimenta quæ in sepulcreis, et ideo secundum « viam; quo prætereunteis admoneant et se fuisse, et illos esse « mortales[1]. » En 1845, de semblables débris ont été trouvés au domaine du Périer, sur les bords du grand chemin.

Nous avons remarqué plusieurs fois, parmi des débris de sépulture, des cylindres en os creux, avec une petite ouverture à leur partie moyenne, longs de 40 millimètres, d'un diamètre de 30; on dirait des portions de flûte. Les extrémités sont terminées avec soin, en sorte qu'on peut les boucher en les tenant entre le pouce et l'index, et produire le bruit du sifflet. Les Romains, comme nous, témoignaient leur mépris pour les acteurs et les orateurs par des sifflets répétés; ils pouvaient aussi s'en servir pour avertir les esclaves, les ou-

[1] Varro, *De lingua latina*, l. V.

vriers nombreux dans les ateliers, etc. Nous avouons que nous ignorons le vrai nom latin de l'instrument qui produit le sifflet.

Les environs de Die nous ont procuré, depuis vingt ans, quinze cents médailles de tout module; plusieurs sont en argent, et fort peu en or; dans le grand bronze, *Domitia, Plotina, Marciana, Julia Paula, Aquilia Severa, Orbiana, Magnia Urbica, Albinus, Macrinus, Diadumenianus, Gordiani Afric.* etc. Les monnaies de *Massalia* et de la Gaule se sont rencontrées en petit nombre. Nous n'avons pas encore vu, dans la vallée de la Drôme, de pierres gravées; elles sont fréquentes à Vaison et à la Bâtie-Mont-Saléon.

Nous avons remarqué, parmi les briques qui portent le nom de leurs fabricants, celles de *Voconius*, de *Viriorum* et de *Clarianus*. Ces deux derniers se retrouvent à Lyon, à Vienne, à Carpentras, à Avignon, etc. La cave d'une maison, dans la rue du Collége, est pavée avec des briques de cette dernière fabrique; elles ont une surface de 6 décimètres en carré.

Les remparts de Die renferment une grande quantité de débris antiques. On en retire des colonnes et des chapiteaux de tout diamètre, des fragments de sculpture, des marbres très-variés, du porphyre rouge, du serpentin vert antique ou ophite. Tous ces débris témoignent d'une splendeur passée et des vicissitudes que cette ville a éprouvées, et de réparations précipitées. Nous avons rassemblé quelques fragments de sculpture, en marbre blanc, trouvés dans les démolitions de ces remparts: les Dioscures, bas-relief; Cerbère; un Camille portant l'*acerra*; une tête de dauphin; un torse de femme, d'une bonne exécution. Le sein gauche, nu, offre en relief un objet un peu confus, peut-être un serpent très-petit, qui ferait penser à la Cléopâtre d'Antoine. La mort de cette reine a été rapportée par les anciens avec quelques variantes[1]. On a trouvé dans les démolitions du rempart un marbre sculpté en bas-relief des deux côtés opposés. On voit, sur l'un, deux têtes juvéniles, et sur l'autre, deux têtes viriles, de moitié grandeur. C'était un fragment de mausolée dont l'œuvre est médiocre. Une table de marbre blanc représente, en bas-relief, un *præfericulum* penché, d'une forme élégante. Nous avons remarqué un fragment de statue, en marbre blanc, de moitié grandeur, représentant un personnage vêtu de la toge, un Romain. La tête manque, et l'on voit qu'on pouvait la changer à volonté, au moyen d'une cavité et d'une tige de fer qui est adaptée à la naissance du cou; invention bien commode pour se prêter aux circonstances diverses[2]. Cette statue semble appartenir à la décadence; peut-être au règne de Gallien, qui vit s'élever plusieurs Césars à la fois. Nous avons vu une tête en marbre blanc, plus grande que nature, représentant un jeune homme; elle était d'un beau travail, mais bien mutilée. Le style de ces fragments de sculpture ferait penser que Dea ne devint la première ville du *Vocontium* qu'au commencement de la décadence dans les arts, quelque temps avant les Philippe.

Le musée d'Avignon possède une pièce antique très-remarquable, trouvée à Die en 1795. C'est une enseigne romaine, en bronze, d'une aile de cavalerie ou d'une cohorte. Elle est formée par deux cercles superposés et surmontés par une plaque plus longue que large. Le tout est orné de moulures d'une grande finesse. Les deux cercles étaient remplis par les images, en or ou en argent, des dieux et des empereurs.

M. Artaud a fait remarquer, dans son Voyage à Die, qu'on pourrait appliquer aux remparts de cette ancienne cité ce que

---

[1] Plutarch. Galenus, *De theriaca ad Pison.* — Propert. l. III, eleg. ix. — [2] Lamprid. *in Commod.*

dit Thucydide des murs d'Athènes relevés à la hâte par Thémistocle : « Les fondements sont construits de toutes sortes de pierres qui, en certains endroits, sont restées brutes. Des colonnes, des marbres sculptés furent tirés des monuments et entassés les uns sur les autres[1]. » Les fragments de sculptures trouvés à Die sont tous privés de la tête et des extrémités; il semble que la haine et la fureur se sont attachées à anéantir les parties les plus importantes. Nous ne connaissons jusqu'à présent aucune statue découverte dans cette ville qui ne présente cette mutilation. Ces actes de barbarie doivent être attribués au zèle des premiers chrétiens, aux peuples barbares du Nord, et à l'avidité grossière des particuliers, que les empereurs chrétiens et le roi Théodoric furent obligés de réprimer plusieurs fois[2]. L'empereur Majorien et le pape Grégoire le Grand se sont hautement déclarés les protecteurs des monuments de l'antiquité. Les débris du moyen âge ne se rencontrent pas parmi ces fragments de sculpture romaine. La construction des remparts remonte plus haut, aux dévastations des peuples du Nord, des Lombards et des Sarrasins. Il paraît que la ville de Die était partagée en plusieurs enceintes qu'on a reconnues dans les fouilles faites à divers intervalles. On retire souvent des remparts en ruines des inscriptions. Cette origine exclut le moindre doute sur leur authenticité. On peut même dire que leur longue obscurité les a conservées. Ici la barbarie a été utile à l'archéologie. Au contraire, l'industrie change l'aspect des localités, et ne respecte pas les ouvrages ni les souvenirs des temps anciens. On a rencontré dans l'Asie Mineure et dans l'Algérie des monuments romains très-bien conservés. Transportez l'industrie de Birmingham à Rome et près de Pompéi,

[1] L. I, c. xcxiii. — [2] *Cod. Theod.* l. XVI, t. x, leg. 13. — Majorian. *Novell.* t. VI, De *œdif. publ.*

les monuments de ces deux villes, au bout d'un siècle, n'existeront que dans l'histoire.

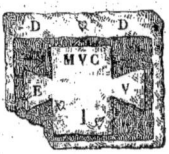

Brique d'un décimètre carré, extraite des remparts; 1840. Inédite. Chez M. Long.

DEO DOMESTICO, OU DIIS DOMESTICIS, OU DEABUS DOMESTICIS.
MVCII. EX VOTO.

L'inscription n'est point moulée en relief sur la brique. Les caractères ont été gravés grossièrement en creux avec une pointe, avant la cuite. Cet *ex-voto* décorait un pauvre *lararium* (*lar parvus*. Juven.). Cette brique n'a point été fabriquée à DEA ou dans le voisinage, elle contient des fragments de mica qu'on ne rencontre pas dans l'argile de la contrée; elle proviendrait de quelque lieu éloigné de plus de vingt kilomètres. Le pieux Mucius, en se transplantant à Dio, n'a pas oublié la partie la plus précieuse de son bagage. Les cœurs figurés dans l'inscription seraient-ils un signe de dévotion, ou de simples ornements? On ne peut les prendre pour des feuilles de lierre, parce que le pétiole manque. Caton (*De re rustica*) recommande à tout propriétaire arrivant dans sa métairie, d'honorer d'abord les dieux lares. Baudelot de Dairval cite des inscriptions relatives aux dieux domestiques[1]. M. Orelli rapporte les suivantes dans son recueil, 166 : LARIBVS DOMEST. SAC. V. S. L. M. — 2046 : DEO SILVMIO DOMESTICO, etc. Elles ont quelque rapport avec celle de Mucius. Les dieux domestiques des Romains n'étaient que les dieux lares[2], entièrement latins,

---

[1] *Utilité des voyages*, t. I. — [2] Tertull. *Apolog.*

et non empruntés des Grecs. Les Romains plaçaient au nombre des dieux domestiques tous les dieux. Chaque particulier les choisissait à son gré, selon sa profession. On confond les lares avec les pénates : « Penates gentiles dicebant « omnes deos quos domi colebant[1]. » Le grand Théodose n'a pas oublié le culte des dieux domestiques dans le rescrit rigoureux qu'il rendit pour l'abolition du paganisme[2].

Copié sur une table extraite des remparts en 1816; elle n'existe plus. Elle fut relevée par M. le docteur Lamorte. Nous ne l'avons pas vue; inédite. *Juris doctor*, professeur de droit. On voit dans les inscriptions plusieurs sortes de *doctores* ou professeurs : *campi myrmillorum, sagittariorum, cohortis, factionis Venetæ*, etc. On y trouve aussi *juris studiosus*, M. Orell. 1203.

VERI SEVERIANI ARGENTARI
ANN.XXIX.SEVERINVS.ET.IVLIA.PARENTES
INFELICISSIMI.ET.SIBI.V.F

Autrefois à Die. Gruter.

D   M
VALERIAE VALER
F.MARTINVS AB AE^R

Indiquée par M. Martin.

[1] Isidor. Hispal. *Origin.* — [2] *Cod. Theod.* l. XVI, tit. x, lig. 12.

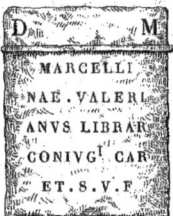

Chez M. Coursange, rue du Marché, au deuxième étage, sur la cour.

Librarius, écrivain copiste. C'était ordinairement un esclave qui mettait au net les notes des notaires. (Anton. Augustinus, *ad Modestin.*) Quelquefois *librarius* désignait un libraire, *bibliopola*, un marchand de livres. Ce commerce n'existait que dans les grandes métropoles, parce que le prix des livres était très-élevé. Pline le Jeune était étonné de trouver des libraires à *Lugdunum*[1].

Fragment inédit, extrait des remparts en 1842. *Unguentaria*, parfumeuse. La collection de M. Orelli : 4301 — 4991, et le t. I. p. 212 du Recueil des monuments antiques de M. Grivaud de la Vincelle, offrent des inscriptions analogues. L'usage des parfums chez les anciens était général et regardé comme indispensable ; il s'est conservé chez les Orientaux ; une rue à Rome portait le nom de cette profession[2]. A Athènes, ce commerce était interdit aux hommes.

Voici le dessin d'une très-petite boîte, en bronze argenté, trouvée près de la ville, dans les remblais de la route royale,

---

[1] *Epist.* l. IX, 11, *ad Geminium.* — [2] P. Victor, *De urb. Romæ regionib. reg.* VIII.

en 1844. Elle est à charnière, percée de cinq ouvertures, et devait contenir un morceau d'éponge ou de laine imbibé d'un parfum expansible, tel que le musc et l'ambre gris. On s'étonne que les anciens, si passionnés pour les odeurs exaltées, n'aient pas connu ces substances remarquables dans leurs fréquentes communications avec l'Orient depuis Alexandre. Elles entraient peut-être dans la composition du parfum royal (*unguentum regale*) de Pline; ils en faisaient usage sans les connaître. Cette petite boîte à parfum (*capsula unguentaria*) remplacerait le bijou que les dames aujourd'hui appellent *cassolette*.

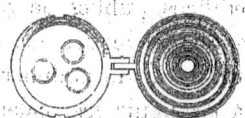 

DEA doit être placée parmi les villes de la Gaule qui avaient une arène destinée aux combats des bêtes et des gladiateurs. On voyait, à la fin du xv° siècle, au *Palas*, propriété qui appartenait à Aymar du Périer, près de la porte de Saint-Pierre, des ruines que cet antiquaire regardait comme les restes d'un amphithéâtre. On en apercevait encore des traces à la fin du siècle dernier; il avait été bâti en petit appareil. La disposition du terrain en pente était très-favorable. L'imagination nous transporte à ces scènes qui entraînaient toujours une affluence générale, et dont saint Augustin et Salvien nous ont laissé des tableaux si dramatiques[1]. La Gaule avait copié en petit l'immense Colysée de Rome, dans ses amphithéâtres. Leur existence est prouvée par des ruines et par des inscriptions. On peut penser que chaque ville de la Gaule avait le sien, comme, de nos jours, la moindre ville d'Italie est ornée d'une salle d'opéra pour ses *dilettanti*. « Hos tamen ludos vocant, in

[1] Aug. *Civit. Dei*, l. I, c. XXXII.

« quibus humanus sanguis affunditur.... quin etiam percus-
« sos jacentesque repeti jubent, et cadavera ictibus dissipari,
« ne quis illos simulata morte deludat[1]. » La fin du spectacle
était encore plus horrible. Les blessés, incapables d'amuser le
public, étaient égorgés de sang-froid dans le *spoliarium*. Cependant, les éléphants, dans une *venatio* donnée par Pompée,
avaient excité la pitié et l'indignation du peuple[2]! Que peut-
on attendre de l'humanité d'une nation passionnée pour des
jeux de cette espèce, qui tolérait l'exposition des nouveau-nés,
et ne connaissait pas les hôpitaux (inspiration de la charité
chrétienne). Le catalogue des édifices publics de l'ancienne
Rome que nous a laissé P. Victor, dans lequel rien n'est oublié, même les choses qu'on n'aurait pas dû nommer, ne cite
aucun établissement consacré à recueillir les malades[3]. On
peut croire Appien, lorsqu'il rapporte que Crassus fit décimer
deux légions et égorger quatre mille hommes. Les spectacles
de gladiateurs, prohibés avec des ménagements par Constantin et ses successeurs, ne cessèrent entièrement qu'en 500,
sous le grand Théodoric, après avoir duré pendant sept cent
soixante-quatre ans. Ils furent abolis par un prince barbare,
mais chrétien. Térence se plaignait que les Romains abandonnaient la représentation de ses drames pour les funambules et les gladiateurs[4].

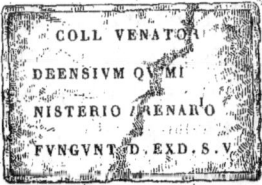

COLL VENATO
DEENSIVM Q MI
NISTERIO ARENARIO
FVNGVNT D. EXD. S. V.

[1] Lactant. *De vero cultu*, l. VI, c. xx.
[2] Plin. *Hist. nat.* l. VII, c. vii.
[3] P. Victor, *De urbis Romæ reg. et locis*.
[4] *Hecyr.* Prolog.

Cette inscription remarquable : *Collegium venatorum Diensium, qui ministerio arenario*[1] *funguntur, loco dato ex decreto solvit votum*, a été trouvée au village de Beaufort (*Castrum Bellifortis*), à trente kilomètres de Die; elle était divisée en deux fragments dispersés dans un emplacement éloigné. M. Delacroix a publié le second[2] :

GENARO
ƆEXDSV

Nous eûmes le bonheur de découvrir le premier fragment, de le réunir à l'autre et de rétablir jusqu'à un certain point ce monument épigraphique que M. J. Ollivier a publié dans l'annuaire du département de la Drôme de 1836. « Le collége des vénateurs de Die, chargé du service des arènes, s'est acquitté de son vœu, après avoir obtenu l'emplacement par décret (des Décurions). » M. Orelli, 4063, a publié une inscription dans laquelle il s'agit d'un *collegium arenariorum*. Nous venons de nous assurer à Beaufort que le deuxième fragment de cette inscription est égaré ou détruit. Heureusement, nous eûmes la précaution, en 1835, de la relever par l'estampage à la mine de plomb. Elle était l'accomplissement d'un vœu à Diane ou à Silvain. Peut-être était-elle placée dans l'édicule, au-dessous de la statue de la divinité? On l'a retirée des ruines d'un monastère.

Honorius avait donné aux chrétiens les temples païens et les terres qui en dépendaient. Nous avons très-souvent recueilli des médailles et d'autres objets antiques sur le sol qui avait appartenu au clergé.

---

[1] *Ministeria arenæ* (Suét., *Nero*, c. XII). — Muratori pense que la corporation des *arenarii* doit s'entendre des hommes qui ramassaient le sable nécessaire à différents usages; mais ici ces *arenarii*, à une grande distance de DEA, étaient chargés d'une mission plus importante.

[2] *Statist. de la Drôme*, p. 429.

Le village de Beaufort, de quatre cents habitants, dans le canton de Crest sud, est situé à l'extrémité d'un vallon et adossé à des montagnes couvertes de bois. Muratori rapporte une seule inscription d'un collége de vénateurs, que M. Orelli a insérée dans sa grande collection, 4118. On a trouvé à Beaufort, dans la terre, un amas de fragments de lames d'épées, de lances, de faucilles, de bracelets et une baguette très-aiguë, semblable à une baguette de pistolet, de plus de cinq décimètres de long. Nous présumons que c'était une brochette, *veruculum*, employée dans les sacrifices[1]. On a aussi trouvé près de Beaufort une statuette d'Hercule. Tous ces objets sont en bronze.

L'inscription de Beaufort constate l'existence d'un amphithéâtre à DEA; elle nous donne aussi l'*ethnique* des habitants de cette ancienne ville. Nous ne le connaissions que, dans des temps plus récents, par la notice de la Gaule, sous Honorius, au IVe siècle: *Civitas Deensium*, subordonnée à Vienne la métropole. Il y avait trois sortes de *venatio*. Dans la première, des hommes sans défense étaient exposés aux bêtes; dans la deuxième, les bêtes se déchiraient entre elles, et dans la troisième (*ludus bestiarius*), des hommes armés pouvaient au moins défendre leur vie. La *venatio* se donnait dans la matinée, *spectaculum matutinum*. Les combats de gladiateurs à midi, *spectaculum meridianum*. Ainsi la journée était bien partagée. Le collége des vénateurs de DEA ne pouvait fournir à l'amphithéâtre que des taureaux, des ours, des sangliers, des renards, des loups et des cerfs. Déjà, au temps de J. César, les *ursi* étaient refoulés dans la forêt *Hercynia*. Les lions, les tigres et les panthères, réservés pour les métropoles, exigeaient des dépenses énormes, et étaient traités avec ménagement[2]. Si les bêtes

---

[1] Euripid. *Androm.* ad finem. — [2] *Cod. Theod.* l. XVI, tit. 11, *De venat. fer.*

étaient rares, les hommes ne l'étaient pas. On est étonné du grand nombre de bêtes féroces et d'animaux rares qui étaient sacrifiés aux plaisirs du peuple de Rome. Les jeux séculaires de Philippe pour célébrer l'an M de la fondation de Rome, et la *venatio* que Probus donna dans le cirque rappellent des prodigalités de cette espèce presque incroyables[1]. Des hommes saisissaient l'occasion de ces fêtes pour faire briller leur adresse et leur courage : « Se feris objiciunt quos nemo damnavit; « pugnant ad bestias non crimine sed furore[2]. »

```
            SEXT.VENTIO
            IVVENTIANO
            FLAMINI.DIVI.AVG
            ITEM FLAMINI.ET CVRA
            TORI MVNERIS GLADI
            ATORI.VILLIANI.ADLEC
            TO IN CVRIAM[3] LVGDV
            NENSIVM.NOMINE
            INCOLATVS.A SPLEN
            DIDISSIMO ORDINE
               EORVM
            ORDO[4] VOCONTIOR
            EX CONSENSV ET POS
            TVLATIONE POPVLI
            OB PRAECIPVAM
            EIVS IN EDENDIS
            SPECTACVLIS LI
            BERALITATEM
```

[1] J. Capitol. et Vopisc. *Hist. Aug.*
[2] Cyprian. l. II, *Epist.* 1j.
[3] *Curia*, sénat, qui devait être nombreux dans une ville de cette importance, si l'on doit en juger par la liste de celui de la petite ville de *Canusium*, de l'an 223. (Orelli, 3721.)
[4] *Ordo*, le Sénat.

Cette inscription est rapportée par Aymar du Périer, Scaliger, Gruter et par le P. Menestrier. Les deux bénédictins D. Durand et D. Martenne l'avaient vue à Die; elle n'existe plus depuis longtemps : « A Sextus Ventius Juventianus, flamine du divin Auguste, encore flamine et intendant des jeux *Villiani* de gladiateurs, choisi comme domicilié à Lyon, par le très-illustre ordre des Lyonnais, pour entrer dans leur curie; l'ordre des Vocontiens, du consentement et à la demande du peuple, pour la grande libéralité qu'il a déployée en donnant des spectacles. »

Les magistrats se ruinaient souvent dans ces circonstances solennelles. De Vérone a commenté et doctement expliqué cette inscription. Il pense que les habitants de DEA ont élevé ce monument à Juventianus pour avoir donné à Lyon des spectacles de gladiateurs[1]. L'inscription avait été placée à DEA, la capitale des Vocontiens. Le sénat du pays lui fait élever un monument en reconnaissance de sa munificence dans les spectacles de gladiateurs donnés dans cette ville; on y rappelle ses titres dans des circonstances semblables à Lyon. La suprématie de DEA sur LUCUS et VASIO se fait remarquer ici. Nous l'avons vue dans l'inscription taurobolique des Philippe, p. 380.

L'inscription suivante, sur le même sujet, se voit à Ventavon dans les Hautes-Alpes. Elle fut découverte au Monestier d'Alemont, ALAMONS ou ALARANTE, village entre Sisteron et Gap, dans le *Vocontium*. Aymar du Périer et Spon l'ont connue. Lancelot, le président de Valbonnays et Bimard de la Bâtie l'ont publiée dans le tome VII des Mémoires de l'Académie des inscriptions[2]. M. Orelli, n° 4025.

---

[1] *Mém. sur les Voconces.* — [2] *Correspond. de Valbonnays*; Grenoble, 1839.

DIS MAN
Q.CAETRONI.Q.F
VOL.TITVLLI.VETER
COH.VI.PR.LO°II VIR¹ PON
TIF.COL.AVG.ARIM PRAE
PAGI.EPOT.FLAM.AVG.ET
MVNER PVBLICI CVRA
AD DEAM.AVG.VOC
HÆRED.EX.TEST

Aux mânes de Quintus Cetronius Titullus, fils de Quintus, de la tribu Voltinia, vétéran de la vi⁰ cohorte prétorienne, préposé à la place du duumvir, pontife de la colonie Auguste de Rimini². Flamine Augustal du *pagus* d'EPOTIVM (*Upaix*, dans le *Vocontium*, entre Sisteron et Gap), intendant des jeux publics à DEA AVGVSTA VOCONT. les héritiers testamentaires.

Ces deux inscriptions nous présentent tout au long la carrière honorifique de leurs personnages. L'intendance des jeux publics doit être remarquée dans celle de Cetronius, ainsi que le *pagus* EPOTIVM qu'il faut ajouter à ALETANVM et à celui des *Vertacomicori* de Pline dont nous avons parlé à la p. 306. M. de Vérone n'a pas cité cette inscription dans son Mémoire sur les Voconces. D'Anville la mentionne sans la rapporter. Elle est consignée dans l'ouvrage de M. Ladoucette sur le département des Hautes-Alpes³.

[1] Ici le titre de duumvir n'est plus une charge municipale; il s'applique généralement aux offices qui exigeaient deux personnes pour être exercés.

[2] Cicer. *Pro Cecina*, 102.

[3] *Hist. topogr. antiquit. usages*, etc. des *Hautes-Alpes*.

Inscription, inédite, tirée des remparts en 1840. Elle est aujourd'hui encastrée dans le mur d'une maison de M. Buis, avoué, dans l'enceinte de la citadelle. *Secutor* peut désigner la profession de Silvanus, le *mirmillo*, cette espèce de gladiateur qui combattait le rétiaire. Silvanus, homme d'une classe inférieure, n'a point de prénom, *gentem non habet*. On peut faire cette remarque pour les inscriptions de ce genre qu'a recueillies M. Orelli, n°ˢ 2571, 2572. On doit s'attendre à rencontrer des gladiateurs de différentes sortes dans une ville qui avait un amphithéâtre. Muratori a publié une inscription d'*Urbicus secutor qui pugnavit* XIII. Le mot *secutor* désigne aussi un *apparitor*, sorte d'officier judiciaire. Alors Silvanus serait l'appariteur, l'huissier de Valérius Proculius, qui cependant n'a point de qualification honorifique. On connaît des inscriptions où le *secutor*, l'appariteur, est attaché à un tribun, à un personnage qualifié; voyez dans M. Orelli, n°ˢ 3515, 3516, 3517. Ainsi on pourrait dire : « Valérius Proculius aux dieux mânes de Silvanus *secutor* (*mirmillo*). »

<pre>
          C. VERATI TRO
         PHIMI IIIIII VIR
         AVG . CORPORAT
         DEA.AVG.VOCON
          TIOR . CVRATO
</pre>
Au musée de Nîmes, en beaux caractères.

Il paraît par cette inscription qu'il y avait à DEA une corporation pour les spectacles. Si l'on pouvait établir l'époque de la cessation du culte d'Auguste d'une manière certaine, on aurait une donnée approximative sur l'époque des inscriptions de Veratus et de Cetronius, et sur l'ancienneté de l'importance de DEA. Mais il paraît que ce culte cessa de lui-même peu à peu, comme ensuite celui de Nerva, d'Adrien, des deux Antonin, etc.

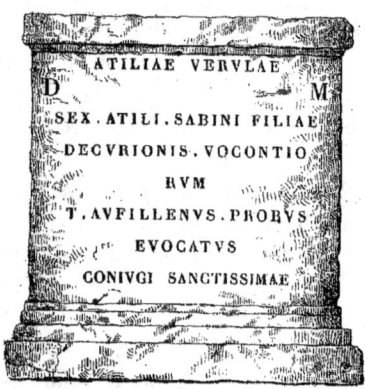

Au musée de Lyon, n° XLV. Millin[1].

On pourrait sous-entendre *decurionis civitatis Vocontiorum* (DEAE), comme dans l'inscription taurobolique pour les Philippe. Les décurions ou *curiales* occupaient les magistratures municipales et avaient part aux élections de Rome. Leurs fonctions étaient forcées et très-onéreuses.

« D « D «
OPOPENIS
DCRIO...

Dans la rue Royale, sur une marche de l'escalier de la cave de la maison Audra
Inédite. 1832.

[1] *Voyage dans le midi de la France*, t. I, p. 476.

On trouve dans les inscriptions de Die plusieurs noms grecs : Hermagoras, Myros, Épaphroditus, Myron, Philuménos, Eutychès, Callinice, Glycéra, Évéhéméros, Paèzon, Charmidès, etc. Chorier les rapporte à des familles grecques transplantées à DEA. Il est bien plus vraisemblable que ces noms propres appartenaient à des affranchis.

Nous n'avons point vu dans le grand nombre d'inscriptions que DIE a fournies, les noms de personnages relevés.

De DEA à MEDIOLANUM, sur une ligne de trois cent vingt-quatre milles romains, l'Itinéraire ne donne le titre de *civitas* qu'à *Segusio, Taurinum* et *Ticinum*. Ce titre n'était pas commun. Le même itinéraire n'en compte que onze de *Burdigala* à DEA : *Vasatas, Elusa, Auseius, Tolosa, Narbone, Bitteris, Nemausus, Arelate, Avenio, Arausio,* et *Valentia*. L'anonyme de Ravenne, plus récent que les itinéraires, désigne DEA sous le nom de BOCOCILON ; c'est une erreur de copiste, pour DEA VOCONTIORVM. La Notice des provinces et cités de la Gaule, rédigée sous Honorius (395-425), donne à cette ville, *civitas Deensium,* la cinquième place dans la province Viennoise. Elle y est nommée dans les manuscrits avec des variantes : *Civitas Deensium, Diensium, Decentium, Detensium, Divensium,* etc.[1] La qualification de *civitas* désigne ici seulement le chef-lieu, la capitale. Elle désignait, dans le haut empire, l'état, le territoire des peuples[2].

Nous avons lu dans les trois itinéraires, dans l'inscription de la flaminisse Aprulla, p. 377, dans celle de Cetronius, p. 403, et dans celle de Veratus à Nîmes, p. 404, que DEA AVGVSTA est suivie de l'ethnique, VOCONTIORVM, qui indique qu'elle était la ville des Voconces et leur capitale. Ce n'était

---

[1] M. Guérard, *Essai sur le système des divisions territoriales de la Gaule,* p. 12; 1832.
— [2] Cæs. *Comment.* — Pline. — Tacite.

pas pour la distinguer des villes du même nom. On ne connaît point d'autre Dea dans la géographie ancienne. Avgvsta ou Avgvstvm, dont nous avons parlé, n'est point suivie de l'ethnique qui lui est nécessaire pour n'être pas confondue avec l'autre Avgvsta, chez les Allobroges, Aoste-Saint-Génis, dans le département de l'Isère. Plusieurs villes de la Gaule, à la fin de l'empire, prirent le nom du peuple dont elles étaient la capitale. Mais les inscriptions que nous avons rapportées sont antérieures. Dea existait au temps de Strabon, de Méla, de Pline et de Ptolémée. Si ces géographes n'en font pas mention, c'est qu'elle n'était pas le chef-lieu de l'administration romaine, par des motifs que nous ignorons. Elle était la cité nationale, sous un nom qui s'est perdu (peut-être celui d'*Andarta*).

Dea était devenue le centre du culte de Cybèle, dont les inscriptions et les autels tauroboliques nous ont conservé le souvenir. L'inscription du monument d'Ancyre nous apprend qu'Auguste, treize ans avant son troisième voyage dans la Gaule, en 729 de Rome, établit des colonies dans la Narbonnaise: *Colonias.... in Gallia Comata et Gallia Narbonensi, præter præsidia militum deduxi*[1]. Il demeura à Lyon pendant trois ans, et un an dans les provinces méridionales de la Gaule. Si la colonie de Dea datait de cette époque, Pline, qui comprend dans son catalogue des villes moins importantes, ne l'aurait pas oubliée. Cette ville quitta seulement son nom gaulois pour prendre celui du souverain. Les empereurs, jusqu'à Constantin, établirent des colonies qui sont, dit Tertullien, *fenerationes gentilitatis*. Les médailles des successeurs de ce prince ne font plus mention d'établissements semblables. Il faut au moins placer Dea au premier rang, parmi les dix-

[1] Dion, l. IV.

neuf *oppida* que Pline ne nomme pas, et la regarder pendant le 1ᵉʳ siècle, comme la troisième capitale du *Vocontium*. Elle prit la place de Vasio et de Lvcvs-Avgvsti, sous les Gordiens, et devint, sous Constantin, le siége d'un évêché qui comprenait presque tout ce pays. M. de Laporte du Theil, dans les notes de sa traduction de Strabon, dit que les deux principales villes des Vocontiens étaient Vaison et Die. Pline ne parle que de la première ville et de Luc.

Bimard de la Bâtie pensait que la colonie de Dea Avgvsta ne remonte pas au delà du règne des Antonins. Le silence des anciens géographes vient à l'appui de son opinion.

Chorier, dans son Histoire du Dauphiné, fait figurer Dea avec Vienna et les autres villes des Allobroges, dans ses amples narrations Liviennes. Il nous dit avec assurance qu'Annibal, en se dirigeant sur les Alpes, s'empara de Dea, ce qui ne peut s'accorder avec le récit de Polybe. Tite-Live dit qu'Annibal arriva sur la Durance sans obstacle. Cette ville n'est pas assez éloignée de l'embouchure de l'Isère, ni assez rapprochée des Alpes. L'histoire ancienne ne nous apprend rien de Dea; il est probable, comme nous l'avons dit, que Jule César suivit la route de Valence, par Die, Gap et la vallée de la Drôme, en venant au secours de Labiénus contre les *Helvetii*.

M. Walckenaer rappelle un lieu que Pline nomme *Comacina*, et le place chez les Vocontiens, à deux kilomètres au nord de Die, sur un ruisseau appelé *Comane*, dont le cours est de quatre kilomètres[1]. Nous pensons que M. Walckenaer s'est fondé sur l'analogie du nom. Nous ne voyons pas qu'il soit possible d'établir dans le voisinage de Die la position de *Comacina*, qu'on devrait chercher dans le midi de la Narbonnaise.

---

[1] *Géogr. anc. histor. compar. des Gaules*, t. II, p. 222.

Nous avons réuni, à la fin de ces mémoires, un grand nombre d'inscriptions romaines qui ont été découvertes à Die.

LVCVS AVGVSTI.

En se dirigeant sur Luc, à une demi-lieue de Die, on passe le ruisseau de Valcroissant sur le petit pont d'Oreille, qui n'offre rien de remarquable. Mais il rappelle la défaite entière, en 1575, des neuf compagnies de Suisses de l'armée du comte de Gordes-Simiane, la mort de Frenlich, leur colonel, et de ses deux fils, et la prise de vingt-deux enseignes par le célèbre Montbrun, chef des réformés. On croit que ce pont d'Oreille fut ainsi nommé à cause de la mutilation que les vainqueurs exercèrent sur les morts, comme un trophée. Des titres authentiques prouvent qu'il était, bien longtemps avant, appelé *Pons de Auricula*. L'inscription gravée sur une pierre : *Massacre des Suisses*, pour perpétuer la mémoire de ce combat, n'a jamais existé.

La voie Romaine continue de remonter la Drôme. Après avoir parcouru un espace d'environ dix-neuf kilomètres, on atteint le village du Luc, d'une population de sept cents habitants; il est situé sur la rive droite de cette rivière, près d'un défilé. C'est LVCVS AVGVSTI des itinéraires. En 1442, sous Charles VII, un rocher se détacha de la montagne sur la rive droite de la Drôme, dont il intercepta le cours, et donna lieu, au-dessus du village, à la formation d'un petit lac de cinq kilomètres de long sur un de large, qui aujourd'hui n'est plus qu'un marais, éloigné de Luc d'un kilomètre. La route de Gap, autrefois la voie romaine, fut entièrement interceptée. M. Walckenaer et plusieurs auteurs placent l'ancien LVCVS dans ce lac. Salvanig de Boissieu et Chorier croyaient voir dans ses eaux les ruines de cette ville[1]. Il faut remarquer qu'une illusion semblable a eu lieu pour les lacs de Pérugia, de Bracciano, de Bolsène, etc. Ces prétendues ruines dans le lac de Luc appartenaient à des restes d'habitations rurales qui avaient été englouties. Cet éboulement de rochers, connu sous le nom de *claps*, ajoutait encore à l'intérêt qu'inspirait l'une des capitales du *Vocontium* abîmée au fond d'un lac. A défaut de documents historiques sur cet événement, l'aspect seul des débris des rochers dénués de verdure et même de lichens, l'absence de coquilles et de plantes lacustrales, prouveraient que le lac est de formation récente. Le spectateur étonné croit presque assister à ce bouleversement. Des couches de rochers sur un plan uni et incliné paraissent se séparer de la montagne et faire craindre qu'il ne se renouvelle. Des exemples de pareils événements ne sont pas rares dans les contrées montagneuses.

Pline assigne deux capitales aux Vocontiens: *Vocontiorum civitatis fœderatæ duo capita*, Vasio et Lvcvs Avgvsti[2]. Les itinéraires placent cette dernière ville à douze milles (dix-huit kilomètres) de Dea, distance qui diffère en moins d'un kilomètre 150 mètres de celle des ponts et chaussées prise sur la route royale. La différence viendrait peut-être de ce que la voie romaine, au lieu d'être sur la rive gauche de la Drôme, comme la route royale, se trouvait établie sur la rive droite. Cette direction paraît être plus courte. On passait la rivière de Bez près de son embouchure dans la Drôme, sur un pont dont nous avons vu les restes, il y a peu d'années. On trouve des médailles et une grande quantité de briques romaines sur cet emplacement. Les vestiges de l'antique voie ont disparu

---

[1] *De l'usage des fiefs*. Préface. — Chorier, *Hist. de Dauph.* t. I, p. 22. — [2] *Hist. nat.* l. III, c. IV.

sous l'action du temps, des pluies et des empiétements de la Drôme. Un plateau voisin, d'une grande étendue, couvert de briques et de débris de moulins à bras, domine la vallée au loin, et offre un site favorable pour un camp romain permanent (*castrum stativum*). Les rives du Bez, aujourd'hui incultes et désolées, présentent des débris de constructions, des marbres et des médailles.

Entre Die et Luc, à deux kilomètres de la route royale, nous avons vu, en 1842, au village de Barnave (*Barnava*), de trois cent vingt habitants, cité par Aymar du Périer comme renfermant plusieurs débris d'antiquités, ce fragment inédit d'une inscription qui a été transportée à Die :

Tacite, en traçant la marche de Fabius Valens, général de Vitellius, préserve LVCVS de l'oubli et le qualifie du titre de *municipium* : «Lento deinde agmine, per fines Allobrogum et «Vocontiorum ductus exercitus, ipsa itinerum spatia et stati- «vorum mutationes venditante duce, fœdis pactionibus adver- «sus possessiones agrorum et magistratus civitatum, adeo «minaciter, ut Luco (municipium id Vocontiorum est) faces «admoverit, donec pecunia mitigaretur. Quotiens pecuniæ ma- «teria deesset, stupris et adulteriis exorabatur[1].» — « Il conduisit l'armée à petites journées, à travers le pays des Allobroges et celui des Vocontiens; il réglait la marche et le séjour des troupes sur les sommes qu'il n'avait pas honte de se faire donner, et il les exigeait des magistrats des villes et des posses-

[1] *Hist.* l. I, c. LXVI.

seurs des terres, avec la plus grande violence, au point que dans une ville des Vocontiens nommée *Luc*, il avait déjà disposé les torches pour l'incendier, lorsqu'on l'apaisa avec de l'argent. Au défaut d'argent, les adultères et les prostitutions le fléchissaient. » M. Dureau de la Malle, le traducteur de Tacite, à l'exemple de ses prédécesseurs d'Ablancourt et Chauvallon, a supprimé la qualification importante de *municipium* donnée à Lvcvs par l'historien; mais le P. Dotteville ne l'a pas oubliée. Nous avons vu que Dea était colonie romaine. Il est probable que Vasio était au moins municipe, à cause de son importance, quoique les anciens géographes, les historiens et les inscriptions ne nous apprennent rien sur ce sujet. Les passages de Pline et de Tacite que nous avons rapportés donnent de l'importance à Lvcvs Avgvsti, malgré le silence de Méla. Il n'est plus fait mention de cette ville jusqu'en 333. Alors l'Itinéraire de Jérusalem lui donne le titre de *mansio*, lieu destiné aux magasins et au repos des soldats et des voyageurs. Il y a une grande différence entre Lvcvs, *municipium*, et Lvcvs, simple étape de l'Itinéraire.

Pline a désigné Luc sous le nom de Lvcvs Avgvsti ; Tacite et les trois itinéraires sous celui de Lvcvs. Un bois consacré à Auguste, à l'époque où cet empereur fut mis au rang des dieux par Tibère, explique cette dénomination. L'anonyme de Ravenne écrit Lvco Bococilon, pour Lvco Vocontiorvm. On voit peu d'inscriptions à Luc, tandis que Die, dont les géographes et les historiens anciens n'ont point parlé, en a fourni un grand nombre; il en est de même de différentes sortes de marbres qu'on rencontre presque partout dans cette dernière ville. Il existait autrefois à Luc ce fragment d'inscription :

...FELIX.PRAEF.VOCO...

La face inférieure et extérieure du bassin de la fontaine du village offre cet autre fragment :

```
        . . . EIAE
T . FIL . POMP . ANNOR . XXVI
```

On a trouvé à Pauliane (*Paulianum*), près de Luc, cette inscription votive, qui est aujourd'hui à Die, chez M. Long, médecin :

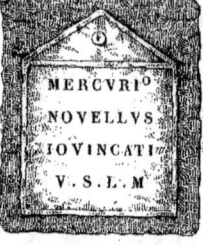

Fragment à Luc. 1838.

```
R . POMP SAC
   LVC . . . .
```
Gruter. Autrefois à Die.

Gruter et Spon rapportent l'inscription suivante que dom Bouquet a placée parmi celles qui concernent Luc. Elle pourrait aussi être relative à Lvcvs Avgvsti de Gallice (Lugo) ou à un autre Lvcvs Avgvsti qu'on place dans la Germanie supérieure :

```
            T.NIGRIO
         SIMILI.TRIBOCO    ...Alsacien.
       EX GERMANIA.SVPERIORE
        LVCO AVGVSTI.NIGRIVS
      MODESTVS.FRATRI.OPTIMO
      ET PIISSIMO.CINERARIVM
              FECIT
```

L'inscription relative à Néron que Chorier a placée à Luc[1] a été trouvée au Luc, en Provence, où elle est indiquée par Bergier dans son Histoire des chemins de l'empire romain, par Reinesius et par M. Orelli, n° 728 ; on ignore ce qu'elle est devenue. Cette erreur a été répétée plusieurs fois, et a fait supposer que Néron avait passé à Luc.

D'Anville dit en parlant de la ville de Lvcvs : « Elle a été détruite par la chute d'un rocher, qui, ayant arrêté le cours de la Drôme, a donné lieu à cette rivière de s'épancher, et de former des lacs, qui ont couvert une partie de son territoire[2]. » L'hommage qu'Isoard rend, en 1167, à Pierre II, évêque de Die, nomme Luc, *Castrum de Luco*. Ce lieu était alors ce qu'il est aujourd'hui, un village. L'hommage est antérieur à la chute du rocher qui causa la formation du lac. Les habitants de Luc, dans la supplique qu'ils adressèrent au Dauphin (Louis XI), ne déplorent pas la ruine de leur village, mais celle de leurs terres. Voici l'édit que le prince rendit ; il est extrait de la Chambre des comptes de Grenoble. Nous le joignons à ces mémoires, quoiqu'il ait été publié plusieurs fois. Notre copie est plus exacte :

[1] *Hist. du Dauph.* t. 1, l. IV. — [2] *Notice de l'ancienne Gaule.*

ÉDIT DE LOUIS DAUPHIN.

« Louis aisne fils du Roy de France Daulphin de Viennoys comte de Valentinoys à nos ames et feaulx conseillers le gouverneur ou son lieutenant gens de nostre conseil et de nos comptes résidant à Grenoble salut et dilection. L'humble suplication des manans et habitans des lieux de Luc, Miscon, Saint-Cassian, Lesches, Alpilhon, Fourcinet, Montlaur, Beaumont et Beaurieres avons receu contenant que huict ans a ou environ il tumba une grande montaigne auprès et audebssous du chastel et ville du dict Luc laquelle montaigne a estoupe retranche et empesche le cours de la riviere de Droume tellement que ce present il y a un grand lac qui contient plus d'une lieue de pays et dure depuis le dict Luc jusqu'au lieu de Roche briane lequel lac a noye et desperi les dicts villaiges et habitations terres et possessions vignes et habitaiges des dicts suplians estant entre les dicts lieux de Luc et de Roche briane tellement quils nont a present ou ils puissent reccuillir bleds et vins et aultres chouses de quoy ils puissent sustanter leurs vies et leurs mesnaiges et qui plus est leur a convenu et convient chasque jour fere habitations nouvelles pour loger eulx et leurs mesnaiges et combien que pour la cause debssus les dits suplians soyent tellement appauvris et diminues de leurs chevances que a peyne ont ils de quoy vivre et que grande partie dentre eulx sen sont alles demeurer aultre part et en aultre seigneurie et neamoins les Commissaires par nous ordones sur ce fait de mettre et reduire les feux des terres tenues de l'Esglise ont toujours impose et enroolle les dits suplians pour huict feux payables de nos tailles aydes et aultres subsides mis sur de par nous en nos pays ce quils ne pourroyent suporter ne payer et fussent ils en leur premier estat quils ne fussent du tout destruits et quil ne leur convint du tout de laisser les dicts lieux et aller mandier leurs vies attandu quils nont point aultres parts retraites ou ils se puissent retirer ne aultres chouses dont ils se puissent resouldre ne remettre sus et seroyt ainsi la despopulation de nostre dict pays et la totale destruction des dicts suplians si par nous ne leur estait pourveu de remede convenable si comme ils disent en nous requerant humblement que attendu quils ont desir de demeurer nos subjects et de vivre et mourir soubs nous nous leur veuillons eslargir nos graces et diminuer des feux a quoy ils ont este mis dernierement les remettre a moindre de feux competant et resonable pource est il que nous les chouses debsus considerees qui ne voulons la despopulation de nos dicts pays et voulons relever nos subjects d'opresse et des charges a eux importables inclinant à la suplication et requeste des dicts suplians considere le piteux estat a eulx advenu a cause des dictes eaux a eulx suplians a demeurer es lieux chateaux villes et mandemans des subsdicts et leurs appartenances les huict feux ou ce a quoi ils seroyent ou auroyent este dernierement assis et imposes pour payables de nos dictes tailles aydes et aultres subsides qui pour le present et pour le temps advenir seront mises sur en nos dicts pays. Si vous mandons commandons et expressement enjoingnons et à chascun de vous si comme a lui apartiendra que de nos presente moderation et diminution vous fassiez, souffriez et layssiez dores en avant jouïr et user les dicts suplians pleinement et playsiblement sans eulx leur metre ou donner ni souffrir estre mis ou donne aulcun destourbier ou empeschement et sans les souffrir enrooler asseoir ne imposer dores en avant un plus grand nombre de feux et sans les faire payer ne souffrir estre contraints de payer plus grand taux que des dicts feux a quoy les avons remis et reduicts comme dict est et si aulcunement ils estayent enroolles mis assis et imposes à plus grand nombre de feux que des dicts deux feux les remettiez et fassiez remettre incontinent sans deslay et au premier estat diceux deux feux car ainsi nous plaict et voulons estre faict et aux dits suplians lavons octroye et octroyons par ces presentes de grace especiale non obstant quelconques ordonnances restrictions mandemens remissions et lettres subreptices impetrees ou a impetrer a ce contraires donne a Grenoble le 18 jour de mars l'an de grace mille quatre cens cinquante avant pasques par Monseigneur le Daulphin a votre relaxation f. Perrin. Registre de la chambre des comptes. »

La position de l'ancien Lvcvs nous semble devoir être sur le village de Luc, à quelque distance du rocher éboulé. Le site couvert par la chute du rocher n'a pu contenir une ville. Lvcvs n'a pas été submergé par un lac, ni détruit par un éboulis. A l'extrémité de Luc, à droite, en se dirigeant vers le Claps, dans un enclos, à la fin de l'été de 1824, nous avons vu des lignes d'une construction qui était indiquée au milieu de la verdure, par l'aridité du sol. Les murs extérieurs paraissaient avoir trois mètres d'épaisseur et quarante-neuf de longueur. L'enceinte était partagée en plusieurs appartements ; on remarquait dans le milieu une pièce carrée de six mètres, ornée d'une rangée de douze colonnes ; le péristyle et une grande pièce de douze mètres de longueur, sur cinq de largeur, dont un des grands côtés offre deux massifs carrés, peut-être des autels. Nous n'avons jugé de l'existence ancienne de cet édifice que sur de vagues apparences. Cet édifice de l'époque romaine n'était point une maison privée, mais le palais du gouverneur, d'un magistrat supérieur. Les constructions ne sont pas à une grande profondeur, et des fouilles faites à peu de frais donneraient des renseignements plus positifs. On a trouvé dans le village une mosaïque, plusieurs colonnes de beau marbre de Numidie, ou peut-être de l'Esterel, en Provence; un pied en marbre gris dont le *calceus* indique qu'il appartenait à une statue romaine; un autre pied en marbre blanc, de la même dimension et du même travail; un bras nu, en marbre blanc, fragment d'un colosse de plus de trois mètres de hauteur, représentant peut-être la divinité du *municipium*, Auguste; des tuyaux de plomb, des aqueducs, un grand nombre de médailles du haut empire, et peu d'une époque plus récente. On a trouvé un moulin à bras, en lave poreuse, bien conservé. La grande quantité de débris de moulins de cette espèce prouve que, quoique les Romains connussent les moulins à eau, ils se servaient le plus souvent des premiers, à cause des esclaves nombreux qu'ils avaient à leur disposition. On a trouvé à quatre mètres de profondeur, dans un réservoir de construction romaine, une masse de deux cents grammes d'arsenic sulfuré rouge, réalgar, le *sandaracha* des anciens, bien conservé, qu'ils employaient en peinture; un gros morceau de verre de cobalt. Nous avons remarqué des briques qui portent un nom illustre, *Cicero*. Le briquetier, fier de son homonyme, n'a pas manqué d'imprimer son cachet sur ses œuvres. En faisant les fouilles des fondements de la nouvelle église de Luc, en 1844, les ouvriers ont trouvé un *simpulum*, en bronze; c'est une espèce de cuiller arrondie, à long manche perpendiculaire, employée dans les sacrifices, et que l'on voit gravée sur les médailles. On voyait, il y a quelque temps, dans un endroit appelé *Herculey*, des masures anciennes. Serait-ce l'emplacement d'un temple d'Hercule?

A un quart de lieue de Luc, au quartier des *Vallasons*, sur la rive gauche de la Drôme, on trouve souvent sur un sol argileux, d'une certaine étendue, sillonné par de nombreux petits ravins, des médailles d'or, d'argent et de bronze, des briques, des débris de moulins à bras, des clous, etc., qui indiquent qu'il y avait là une ancienne agglomération d'habitants.

Ce sont là les seuls restes de Lvcvs Avgvsti, *municipium*, la seconde capitale des Vocontiens. Ainsi que Vasio, Lvcvs n'a conservé que son nom, souvenir de sa grandeur passée, comme l'ont dit Méla et Pline, en parlant de villes célèbres qui n'existaient plus de leur temps. Excepté le récit des violences et des extorsions de Fabius Valens que nous a laissé Tacite, l'histoire garde le silence sur Lvcvs et sur les causes de sa décadence. Ce malheureux événement, commun à toutes les villes des Allobroges et des Vocontiens situées sur la route des armées de Vitellius, fut passager. M. de Vérone a dit avec raison que Salvanig de Boissieu a sacrifié la vérité à l'antithèse en parlant de Luc. « La fatalité de la dernière ville (Luc) mérite d'être remarquée pour avoir été submergée ; et qu'ainsi le feu et l'eau ont fait leurs efforts l'un et l'autre pour la faire périr[1]. » Lvcvs et Dea essuyèrent les violences des Lombards, en 566, lorsque ces barbares vinrent assiéger Valence sous la conduite de Zaban, duc de Pavie.

Lvcvs était une ville de fondation romaine; elle fut construite pour défendre l'entrée de la vallée de la Drôme dont elle était la clef. Les restes d'une citadelle se voient encore au sommet de la montagne appelée le *Pui de Luc* (Podium), sur la rive droite de la rivière. Lvcvs était une ville de guerre, une position militaire; car l'aspect du terrain ne peut indi-

---

[1] *De l'usage des fiefs.* Préface.

quer un autre motif du choix de son emplacement. Ce municipe, placé au centre du *Voçontium*, à égale distance de *Valentia* et de *Vapincum*, de *Vasio* et de *Cularo*, devint important par le séjour du gouverneur et par les priviléges qu'on accorda aux habitants. L'éboulement de rochers qui donna lieu à la formation d'un lac, intercepta la voie romaine, négligée depuis la chute de l'empire et depuis l'occupation des Alpes par les Sarrasins, aux ixe et xe siècles. L'humble village de Luc a pris la place du municipe. Dea, dans un site plus favorisé par la nature, a en quelque sorte survécu aux révolutions. Dans le bas empire et dans le moyen âge, elle est toujours la capitale de la plus grande partie du pays des Vocontiens, sous le titre d'un siége épiscopal, qui depuis a été remplacé par un chef-lieu d'arrondissement. Vasio, à la même époque, était déjà déchu ; et s'il devint le siége d'un petit diocèse, ce fut plutôt en considération de son antique splendeur, que par son importance réelle.

La nouvelle route royale a surmonté les obstacles que lui opposait l'éboulement du Claps, et rétabli la communication du Rhône aux Alpes. Elle déploie aux yeux du voyageur étonné l'aspect de ce site grandiose et sauvage.

Vologatae ou Bologatae. L'Itinéraire de Jérusalem place ce relai, *mutatio*, à 9 milles (12 kilomètres 261 mètres de Lvcvs. D'Anville pense que le village de Lesches (*Leschiæ*) de cinq cents habitants, sur un plateau élevé, répond à cette position, et que le nom n'est pas absolument altéré[1]. On le retrouve un peu mieux, ce nom, dans une réunion de deux ou trois maisons, appelée les *Bouligons*, sur la route royale, à 8 kilomètres 733 mètres de Luc. Le P. Labbe se contente de nom-

---

[1] *Notice de l'ancienne Gaule.* Ce village est nommé dans la Vie de S. Étienne, écrite au xive siècle.

mer VOLOGATAE, sans assigner sa position. Lesches se trouve à 9 kilomètres de Luc.

Luc est placé à une distance égale de Lesches et des Bouligons; mais cette distance ne répond pas à celle de VOLOGATAE. On pouvait arriver de Luc sur le col de Câbre (*Gavra mons*) en passant par Lesches, en parcourant un espèce de plateau qui autrefois n'était pas coupé par des ravins profonds, comme il l'est aujourd'hui. La route s'élevait toujours à une hauteur moyenne, sans que l'on fût obligé de s'enfoncer dans la vallée étroite et sinueuse de la Drôme. Le sol n'avait pas été exhaussé par les atterrissements que le lac a produits dans la suite. Les voies romaines suivaient les plateaux élevés; on trouve souvent des médailles à Lesches, qui était un lieu d'étape depuis bien longtemps.

Sanson place VOLOGATAE à Rochebriane, très-près des Bouligons. M. de Vérone, au village de Beaurières (*castrum de Beaureriis*), de trois cents habitants, éloigné de Luc de treize kilomètres, au pied du col de Câbre; distance qui se rapprocherait de neuf milles de l'Itinéraire (douze kilomètres). Alors la voie romaine, au lieu de gravir les hauteurs, suivait les cours d'eau dans la vallée. On ne trouve à Beaurières aucun vestige d'antiquités. La nouvelle route royale abandonne la Drôme, se dirige sur Beaurières en remontant le torrent de Maravel, et parvient sur le col de Câbre, où elle se lie à celle des Hautes-Alpes, qui conduit de Gap à Sisteron. Il est bien difficile, sur un terrain aussi inégal, qui depuis longtemps est bouleversé par les torrents, d'établir des rapports exacts entre les distances des lieux anciens et celles des positions modernes correspondantes; et même sans le témoignage des itinéraires, on ne croirait pas à l'ancienne existence d'une voie romaine; tant le sol a subi de changements. Le village de Beaurières est sur la frontière de l'ancien diocèse de Die et sur celle du département de la Drôme avec les Hautes-Alpes. La voie romaine, depuis Avgvsta jusqu'à Lvcvs, a suivi le cours de la Drôme; elle quitte cette direction au torrent de Maravel pour arriver au col de Câbre.

Les ouvriers qui travaillaient en 1842 à la route royale de Luc au col de Câbre, ont trouvé sur la rive gauche de la Drôme, un peu au-dessus des Bouligons, en exploitant une carrière, à une hauteur très-élevée et presque inabordable, une lame de couteau, deux petites faucilles à demi-côte à filets saillants, semblables aux faucilles dont on se sert aujourd'hui. Dans la même trouvaille étaient plusieurs bracelets (*armillæ*) de différentes grandeurs, d'une fabrication grossière et dont l'usage devait être bien incommode. Il y avait des outils pareils à ceux qui sont gravés dans le recueil de M. Grivaud de la Vincelle, pl. vi, fig. 4 ; et de plus un grand nombre de petits anneaux simples, des ornements en forme de petites roues, et une espèce de bulle creusée pour encastrer un objet précieux. Nous avons remarqué un morceau de gomme du pays, bien conservée, adaptée au bout d'une petite tige métallique pour imiter le succin, substance très-estimée chez les anciens[1], et une grande plaque qui pouvait servir d'agrafe. Tous ces objets sont en bronze et ornés de traits au burin d'une grande simplicité. Leur conservation parfaite peut être attribuée à la qualité du métal, qui paraît contenir une grande quantité d'étain. Nous pensons qu'ils remontent à une antiquité très-reculée, qu'ils seraient antérieurs à la domination romaine, avant l'usage général du fer[2]. Ces instruments de bronze avaient été fournis par les Grecs de *Massalia*, ou par les Carthaginois. Sophocle et Virgile nous apprennent que

---

[1] Plin. *Hist. nat.* l. XXX, c. ii-iii. — [2] Hesiod. — Pausanias, *Laconica*.

dans certaines cérémonies religieuses, les faucilles, pour ramasser les herbes, devaient être en bronze[1]. Nous avons dit que des objets semblables avaient été trouvés au village de Beaufort (p. 400). M. de la Plane, dans son Histoire de Sisteron, en a décrit de pareils[2]. Leur usage était fréquent chez les Vocontiens.

La voie romaine parvenue aux Bouligons, près de Rochebriane, où subsistent des ruines qui semblent appartenir à une ancienne forteresse, laissait la Drôme à droite et devait arriver à Beaurières, après avoir parcouru un espace d'environ 4 kilomètres sur un terrain très-scabreux. On arrive de Beaurières sur le col de Câbre, pour descendre dans le département des Hautes-Alpes par le village de Labaume : *Inde ascenditur Gavra mons*, dit l'Itinéraire de Jérusalem. Une montagne aussi élevée (1200 mètres) devait frapper l'auteur de l'Itinéraire; c'est la seule que l'on doive franchir du Rhône au mont Genèvre. On a trouvé, près du col de Câbre, en 1841, des médailles d'Auguste et d'Alexandre-Sévère en argent, des anneaux du même métal, des lacrymatoires, une petite hache de pierre, des pots de terre qui contenaient des ossements calcinés; un petit vase en verre, d'une forme élégante, renfermé dans un pot de terre; quatre fibules en bronze, quelques fragments d'ornement très-minces en argent. Tous ces objets provenaient de sépultures, dont la plus récente remonte à Alexandre-Sévère (222-235). Les travaux de la route royale ont fait découvrir des médailles de Commode et divers objets antiques.

Il existait sur le col de Câbre, avant les travaux récents de la route royale, de faibles restes de constructions qui, d'après la tradition du pays, faisaient partie d'une chapelle dédiée à

---

[1] Macrob. *Saturn.* l. V, c. xix. — [2] T. I; Digne, 1843, in-8°.

sainte Catherine. Cet édifice était un asile pour les voyageurs et pour les pèlerins, au temps des croisades. La sainte avait remplacé Mercure *Viacus*, et les autres dieux des voyageurs, les *dii viales*, Apollon, Bacchus et Hercule. Le nom de cette montagne, col de Câbre, est presque le même que celui de *Gavra mons* de l'Itinéraire de Jérusalem. D'Anville ne l'a pas oublié dans sa Notice de l'ancienne Gaule. Le P. Labbe dit que cette montagne est le mont Genèvre[1]. On connaît un autre col de Câbre dans le département du Cantal. Les ouvriers qui travaillaient à la route royale, en 1839, trouvèrent plusieurs médailles dans les masures de la chapelle de Sainte-Catherine.

Des auteurs pensent que la voie romaine, arrivée aux Bouligons, continuait à suivre le cours de la Drôme jusqu'à sa source, à la Bâtie-des-Fonts (*Bastida Fontium*). Après avoir franchi le col des Prans, on passait à Peyre, dans les Hautes-Alpes, et on arrivait à la Bâtie-Mont-Saléon, Mons Selevcvs. C'est à peu près la route qui est indiquée par Aymar du Périer[2]. M. Walckenaer pense que le hameau appelé *Vaugelas*, du bourg de Valdrome, est vologatae de l'Itinéraire. La voie romaine conduisait ensuite à la Combe, au sud de Monclus. La Combe serait Cambonvm du même itinéraire[3]. Mais, sur cette voie, on ne trouve pas le *Mons de Gavra*, qui est certainement le col de Câbre. Il y avait peut-être une autre voie romaine qui, des Bouligons, passait par Vaugelas ou par Valdrome, pour arriver à Mons Selevcvs; et dans quelques circonstances, lors du passage d'une armée nombreuse, elle suppléait à la voie ordinaire. MM. les généraux Guillaume de Vaudoncourt[4] et Saint-

---

[1] *Pharus Galliæ antiq.* p. 247.
[2] *Discours sur l'état général des Gaules*, p. 28.
[3] *Géographie ancienne*, etc. t. III, p. 46.
[4] *Histoire des campagnes d'Annibal en Italie*; Milan, 1812.

Cyr-Nugues[1] font passer Annibal par Valdrôme pour gagner Upaix, la vallée de la Durance et le mont Genèvre. Il nous paraît difficile de décider si la voie romaine dont il s'agit, après avoir quitté les bords de la Drôme, s'élevait sur le plateau de Lesches pour arriver sur le col de Câbre, ou si elle suivait ce qu'on appelle la petite route, pour arriver au même point, en gagnant la vallée de Beaurières.

La voie romaine par le col de Câbre était autrefois praticable pour les chariots. Elle était route militaire et appropriée à tous les moyens de transport. Les torrents, les éboulements ont détruit tout vestige de chemin de roulage. La base des montagnes qui l'entourent, composée de roches calcaires schisteuses, se détache en débris, qui, chaque année couvrent ceux de l'année précédente. Les terrains n'ont point d'adhérence; souvent des éboulements glissent sur de larges couches de marne bleue et interceptent le cours des eaux. Aux éboulements se joint le déboisement des montagnes, qui accompagne toujours une civilisation ancienne, *testimonium frequentiæ humanæ* de Tertullien. La route royale, à la montée du col de Câbre, a éprouvé des dégradations considérables, à la suite des pluies de 1840, 1842 et 1843. Il fallait bien que la voie romaine de Valence à Gap fût propre au roulage, pour que Fabius Valens, se rendant en Italie, l'eût choisie dans la querelle d'Othon et de Vitellius. Les Lombards, en 566, prirent cette route pour pénétrer dans le bassin du Rhône. Une voie décrite dans les trois itinéraires, qui offre une colonne milliaire à Saillans, DARENTIACA, devait être très-importante comme embranchement principal de la voie *Domitia*, d'Arles à Lyon. Les Romains avaient la guerre pour objet principal dans leurs voies de communication. Les routes sont toujours

[1] *Notice sur le passage des Alpes par Annibal*, 1837.

désignées sur leurs monuments et sur leurs monnaies par une roue, symbole de la véhiculation. Varron dit que *via*, la voie, dérive de *vehere : quia quod ea vehendo teritur*. Si l'on s'était proposé, en dressant les itinéraires, de décrire, non-seulement les voies, mais les chemins à dos de mulet, *itinera* de Varron, c'était à n'en plus finir. Les itinéraires n'ont pu décrire que les grandes voies de communication, les routes *royales*. On n'aperçoit dans l'état actuel des lieux aucun reste de ces ouvrages qui ait bravé le temps et qui rappelle la puissance de leurs fondateurs. Il est probable que cette route était encore fréquentée en 1073, lorsque Hugues fut élu évêque de Die par le peuple, à son passage par cette ville pour se rendre à Rome. C'est le même Hugues qui devint ensuite légat de Grégoire VII et archevêque de Lyon. Cette route fut abandonnée après l'éboulement du rocher du Luc, en 1442.

M. de la Croix pense que la route par le col de Câbre, quoique route militaire, n'était pas praticable pour les chariots[1]. Mais alors elle n'aurait pas rempli le but de son établissement, celui de faciliter le passage des lourdes machines de guerre qui suivaient les légions, de relier Milan avec Boulogne (*Gessoriacum*), Rome et la Grande-Bretagne.

CAMBONVM.

Nous allons parcourir une autre vallée dont les eaux vont se perdre dans la Durance. L'Itinéraire de Bordeaux à Jérusalem indique cette *mutatio*, relai, à VIII milles (12 kilomètres) de VOLOGATAE, et à une pareille distance de MONS SELEVCVS, la Bâtie-Mont-Saléon. D'Anville est disposé à croire que la situation de CAMBONVM répond à celle du village de la Baume-des-Arnauds, de cent quatre-vingts habitants (*Balma*

---

[1] *Statistique du département de la Drôme*, p. 46; 1835, in-4°.

Arnaldorum), à la descente du col de Câbre dans le département des Hautes-Alpes, sur la route de Gap à Valence[1]. La Baume n'est pas également éloignée des deux positions marquées par l'Itinéraire. Le village de Saint-Pierre-d'Argenton, d'une population de quatre cent soixante-cinq habitants, remplirait mieux cette condition. M. Walckenaer, ayant adopté la route par Vaugelas, indique cette *mutatio* à la Combe, dont le nom se rapproche de *Cambonum*, au sud du petit village de Montclus, près de Serres[2]. Mais, comme nous l'avons dit, cette direction laisse à la gauche le col de Câbre, *Gavra mons* de l'Itinéraire.

On trouve au village du Villars-la-Baume, un peu plus bas que la Baume-des-Arnauds, beaucoup de médailles. La position de CAMBONVM pourrait lui convenir.

MONS SELEUCVS.

L'Itinéraire de Bordeaux à Jérusalem indique cette *mansio* à VIII milles (12 kilomètres) de DAVIANVM, Veynes. Notre vieux du Périer, Salvaing de Boissieu, d'Anville, de Bimard et de Vérone l'ont placée au petit village de la Bâtie-Mont-Saléon, de trois cent cinquante habitants. C'est le *Milto Seleucus* de Socrate[3] et le *Montio Seleucus* de Sozomène. Ce lieu est célèbre par la troisième défaite de Magnentius, en 353. « Verum cum « exercitus Constantii persequeretur, prælio circa Montio-Seleu- « cum facto, solus fugam capessens (Magnentius), Lugdunum « salutis causa confugit[4]. » Zozime dit que Magnentius, après ses défaites, se donna la mort, en voyant que tous les passages pour se réfugier dans la Gaule lui étaient fermés. Ce

---

[1] *Notice de l'ancienne Gaule.*
[2] *Géogr. ancienne, histor. et comparée des Gaules*, t. III, p. 46.
[3] *Histor. tripart.*
[4] Sozomène, *Histoire ecclésiast.* l. IV, c. VI.

428   ACADÉMIE DES INSCRIPTIONS ET BELLES-LETTRES.

récit est différent de ceux d'Eutrope, de S. Aurel. Victor et de Sozomène, qui placent ce dénouement tragique à Lyon, à la suite de la défaite de Mont-Saléon. On doit regretter la perte des treize premiers livres de l'histoire d'Ammien Marcellin, dans lesquels un événement aussi mémorable était sans doute consigné. M. Millin dit que *l'empereur Julien nous apprend* que Magnence fut vaincu à Mons Selevcvs[1]. Cet empereur, dans le panégyrique de Constantius, ne nomme point le lieu du combat.

Le village de la Bâtie-Mont-Saléon, situé sur le penchant rapide d'une colline, ne présente extérieurement aucun débris d'antiquité. Il est construit grossièrement avec les pierres roulées de la rivière, le Buech de Veynes. On nous fit remarquer sur la porte d'une maison un bas-relief comme l'enseigne emblématique d'une antique maison de débauche. Cette enseigne prétendue n'est pas antique et n'a aucun rapport avec l'objet indiqué. Elle est l'œuvre grossière d'un tailleur de pierre. Les restes de Mons Selevcvs ont été découverts au-dessous et près du village, dans une vaste plaine cultivée, *Seges ubi Troja fuit*, sans mélange de débris du moyen âge. Le grand plateau de Malézieu domine une plaine dénuée d'arbres nommée le champ *Batailler*, nom qui rappelle la scène principale du carnage; et l'aspect des lieux présente en effet un vaste champ pour un pareil débat. Nous laissons à quelques tacticiens, qu'on prendrait, à les entendre, pour des témoins oculaires, la description des manœuvres stratégiques des deux armées. On a rattaché mal à propos à la bataille de Mons Selevcvs plusieurs circonstances de celle de Murse (*Essek*) sur la Drave, livrée deux ans auparavant entre les mêmes compétiteurs.

[1] *Voyage dans les départements du midi de la France*, t. IV, p. 190.

MM. Ladoucette et Héricart de Thury ont découvert à la Bâtie-Mont-Saléon, en 1804, plusieurs restes importants d'antiquité ; les fondements d'un édifice dont l'enceinte est de 194 mètres de long sur 22 de large ; des alignements de rues, des statues et des bas-reliefs ; des mosaïques et des médailles ; des instruments d'agriculture, des faucilles, des serpes, des forceps, des couteaux et des cisailles, peu différents des nôtres ; des instruments de forge, pinces, tenailles, haches, marteaux, anneaux, cuillers de fer et des scories cuivreuses[1]. Les fouilles ont été comblées. Le style des édifices annonçait une époque de décadence ; on trouvait peu de recherches de luxe, peu de marbres ; mais un ensemble adapté à des magasins, à des usines, à des casernes et à une étape pour le séjour des troupes. La beauté des caractères des inscriptions, les instruments du culte païen font penser que cette ville était antérieure de près de deux siècles à la défaite de Magnentius. Il paraît, d'après le plan des édifices, qu'elle était plus qu'une simple *mansio* ou un lieu destiné aux magasins et au séjour des troupes. Nous la comptons dans le nombre des xix *oppida* du *Vocontium*.

Si l'Itinéraire de Jérusalem n'en fait qu'une *mansio*, c'est qu'il a été rédigé, lorsqu'elle était déjà déchue, avant la défaite de Magnentius.

On ne voit point Mons Seleucus dans la notice des provinces de la Gaule, au ive siècle ; Vapincum, Gap, a prévalu.

On remarque parmi les inscriptions, celle-ci consacrée à Isis :

INSIDI

CORNELIA

MATERNA

V.S.L.M

Millin, *Voyage dans le midi de la France*, t. IV, p. 178.

[1] *Archéolog. de Mons Seleucus*; Gap, 1806, in-4°.

C.LVCCEIVS
APOLAVSTVS
V.S.L.M . SALVO
NOVATIANO

Sur une plaque de bronze. — Millin, *Voyage dans le midi de la France*, t. IV, p. 178.

DEO SOLI.INVICTO.M.SVL.MATERNIA
S.EX.VOTO

Millin.

Fragment d'une inscription gravée, au-dessous d'un groupe, en ronde-bosse et en marbre blanc, de 43 centimètres de long sur 40 de haut, représentant un jeune homme qui s'appuie du genou gauche sur un taureau qui est terrassé et assailli par un chien, un scorpion et un serpent. Ce monument était consacré à Mithra, dont le culte ne fut connu en Occident que vers les premières années du christianisme. Ces trois inscriptions sont placées dans le musée de Gap :

Ces deux fragments proviennent des ruines du domaine des templiers appelé Sainte-Madeleine, sur la rive droite du Buech de Veynes.

```
PATERNI.PAVLI F        ALLIAE VE
PIISSIMI.SERVAT          NAE FIL
CATVLLI F SIBI F       CARISSIMAE
IEPPIO FORTV         VLATIA VALERIANA
MARITO VIV               MATER
```

```
                        SILVANO
                       D.ROSCIVS
```

De nouvelles fouilles faites en 1836 ont produit des médailles d'Auguste, de Commode et des fragments d'une statue en bronze, dont les formes annoncent la décadence de l'art. On a remarqué un autel haut de 46 centimètres et large de 30, qui n'offrait que ces deux lettres : D. M., et un autre autel d'un mètre de haut :

Parmi plusieurs pierres gravées, trouvées à la Bâtie-Mont-Saléon, nous en avons remarqué une qui représente un personnage nu, debout, tenant de la main droite un corps allongé qui nous paraît être le *rudis,* ou fleuret, que l'on donnait au gladiateur licencié (*gladiator radiarius*). Cette pierre gravée a beaucoup de rapport avec celle qui est gravée dans Maffei [1].

Ce village fournit beaucoup de médailles de toutes les époques, depuis les Gaulois et les Massaliotes jusqu'à la chute de l'empire d'Occident. Cependant, celles-ci sont en plus grand nombre. Les dernières fouilles ont mis à découvert treize urnes d'une grande capacité et à large ouverture. Elles nous rappelaient le *dolium,* le prétendu tonneau de Diogène. M. Millin dit qu'on a trouvé à la Bâtie-Mont-Saléon beaucoup de dents de lion [2]. Cette ville était donc assez importante et assez riche pour fournir à ses arènes des animaux qui étaient réservés aux *venationes* des métropoles. C'est ce qui n'est pas probable. On n'a découvert jusqu'à présent dans l'amphithéâtre d'Arles, qui pouvait recevoir vingt-cinq mille spectateurs, que des bois de cerfs et des défenses de sangliers. Les débris antiques trouvés dans ce village sont sans élégance et annoncent peu de recherche. Rien n'approche ici des antiquités de Vaison, où l'on retrouve les reflets du voisinage des colonies grecques de la Narbonnaise; rien ne rappelle le luxe des villes de la Campanie abîmées par les feux souterrains. L'ensevelissement de Mons Selevcvs n'a point eu de retentissement.

M. Héricart de Thury a pensé que la plaine et les environs de la Bâtie-Mont-Saléon ont été couverts par les eaux d'un lac qui a été formé à la suite d'un éboulement de rochers; que ce lac, dont un lieu nommé Chabestan (*caput stagni*) rappelle le souvenir, n'est pas antérieur à la domination romaine. L'his-

---

[1] *Gemmar. thesaurus,* tab. III, fig. LXVI. — [2] *Voyage, etc.* t. IV, p. 189.

toire et la tradition nous donneraient quelques renseignements sur cette catastrophe, ainsi qu'il est arrivé pour Luc. Ce lac, s'il a existé, est antédiluvien et ne peut être que le sujet de la géologie. Le nom de Chabestan se retrouve dans plusieurs localités entièrement différentes, qui n'ont aucun rapport avec un lac ou un étang. Il paraît plus probable que la destruction de Mons Selevcus et de Lvcvs est plutôt le résultat des événements politiques que celui des accidents de la nature.

Nous devons rappeler, avec d'Anville et Millin, le nom de M. de Bimard, baron de la Bâtie, et seigneur de la Bâtie-Mont-Saléon, dont la vie trop courte fut marquée par des recherches importantes sur l'archéologie. M. de Bimard, sur son terrain, avait bien démontré l'identité de son village avec Mons Selevcvs. Mais il était réservé à MM. Héricart de Thury et Ladoucette de nous faire connaître cette ville ancienne [1].

La route royale n° 94, du Pont-Saint-Esprit à Briançon, passe de Riom à Rosans, à Serres. Arrivée près de la Bâtie-Mont-Saléon, elle suit la direction de la voie romaine dont il s'agit ici, par la Roche-des-Arnauds, Gap, etc. Il est probable que la même voie se prolongeait directement de Mons Selevcvs jusqu'à Segvstero, pour joindre l'autre, qui, de l'*Alpis Cottia*, tendait vers Nemavsvs, par le bassin de la Durance.

DAVIANVM.

Toujours en se dirigeant sur Gap, l'Itinéraire de Jérusalem nous conduit à cette *mutatio*, éloignée de viii milles (12 kilomètres) de Mons Selevcvs, et de xii milles (18 kilomètres) de

---

[1] Héricart de Thury, *Archéologie de Mons Seleucus*. — Millin, *Voyage dans les départements du midi de la France*, t. IV. — Ladoucette, *Histoire, topographie, antiquités des Hautes-Alpes*; 1834, in-8°.

Fines. Sa position répond, selon Sanson, d'Anville et de Véronne, à Veynes (*Venetum*), bourg de mille neuf cents habitants, sur la route royale de Sisteron à Gap, par Serres. D'Anville trouve quelque analogie entre le nom moderne et le nom ancien. M. Walckenaer place cette *mutatio* à la Baumette, hameau un peu plus rapproché de la Bâtie-Mont-Saléon.

FINES.

Cette *mutatio* est nommée, dans le même Itinéraire, à XII milles (18 kilomètres) de Davianvm, et à XI milles (16 kilomètres) de Vapincvm, Gap. Sa position paraît répondre à celle de la Roche-des-Arnauds (*Rupes Arnaldorum*), village de neuf cents habitants, sur les bords du Buech. Ces deux distances paraissent trop fortes à d'Anville; il réduit la première à VII milles (10 kilomètres) et la seconde à VI milles (9 kilomètres)[1]. Il faut supposer une faute de copiste dans l'Itinéraire; on doit peut-être les maintenir. D'Anville a pris ses mesures au compas sur la carte. M. Walckenaer établit cette *mutatio* à Blaynie-Sept-Fonts, lieu un peu plus rapproché de Veynes[2]. Il est bien difficile d'assigner avec précision la place que ces relais occupaient dans un pays montueux et peu connu. Nous présumons que Fines indiquait les limites entre les Vocontiens et les *Caturiges*, à une époque postérieure à Strabon, qui prolonge le territoire des premiers jusqu'à Ebrodvnvm, Embrun, ou qu'il bornait le territoire de quelque *pagus*. D'Anville est porté à donner le pays depuis le col de Câbre jusqu'à Gap aux *Iconii*. Il nous semble que l'autorité de Strabon doit le faire attribuer aux Vocontiens.

[1] *Notice de l'ancienne Gaule.* — [2] *Géographie ancienne*, etc. t. III, p. 46.

VAPINCVM.

Les historiens et les géographes anciens ne font aucune mention de Vapincvm, Gap, dont le nom a subi peu de changement. L'Itinéraire de Jérusalem ne lui donne que le titre de *mansio*, étape, station. M. Letronne fait de Gap la capitale des *Tricorii*[1]; d'autres le donnent aux *Caturiges*. Il doit appartenir aux Vocontiens, d'après Strabon.

L'Itinéraire de Jérusalem et celui d'Antonin placent Vapincvm à 12 milles de *Caturigas*, Chorges.

A la formation des départements ecclésiastiques, Gap devint le siége d'un vaste diocèse, qui comprenait une partie du *Vocontium*. Le titre de *civitas*, ville, remplaça l'humble *mansio*. La *Notitia provinciarum* a compris cette cité dans la deuxième Narbonnaise, sous la métropole d'Aix : « Civitas Vapencentium, « Wapigentium, Vapetensium, etc. » Ebrodvnvm, Embrun, n'est qu'un bourg dans la Géographie de Strabon; il est devenu, dans la suite, la métropole ecclésiastique des Alpes maritimes. La même fortune a favorisé Gap. Vaison était le siége d'un diocèse; mais Luc, autrefois ville municipale, est chef-lieu de canton, et n'a conservé de sa splendeur antique que son nom. Saggitarius, évêque de Gap, et son frère Salonius, évêque d'Embrun, se sont signalés, dans le VIe siècle, par leurs déportements[2].

Gap devint la capitale du comté de ce nom, lorsque le deuxième royaume d'Arles fut démembré et passa de la maison des comtes de Forcalquier dans celle des Dauphins, par le mariage de Béatrix de Claustral, petite-fille de Guillaume,

---

[1] *Journal des Savants*, 1819, p. 32. — [2] *Greg. Tur.* l. V, c. xxi-xxviii; l VII, c. xxviii, xxxiv, xxxvii, xxxviii, xxxix.

comte de Forcalquier, avec le dauphin Guignes-André, en 1202. L'évêque de Gap prenait le titre de comte.

Les monuments antiques que l'on voit dans cette ville ont été trouvés à la Bâtie-Mont-Saléon, ou dans d'autres lieux du département des Hautes-Alpes. Les anciennes églises qui pourraient rappeler la dernière époque romaine ont été détruites pendant les guerres civiles du XVIe siècle. La position de VAPINCVM sur le point de départ de deux voies romaines, sa communication avec VIENNA et CVLARO par une autre route qui aurait passé par Saint-Bonnet ou par la Croix-Haute, doivent fixer l'attention. VAPINCVM peut être compris dans les dix-neuf *oppida* que Pline donne aux Vocontiens.

Nous sommes arrivé aux limites du territoire de ce peuple. Au delà se trouvent les *Caturiges*. La voie que nous avons parcourue du couchant au levant suit la direction de la route royale n° 93. Celle-ci commence à Fiamey, à 14 kilomètres de Valence, et vient joindre l'ancienne voie au-dessous de Cruvl, en se confondant souvent avec elle jusqu'à Luc. Le gouvernement actuel a pensé, comme l'administration romaine, que les Alpes devaient communiquer avec le Rhône par le chemin le plus court. Feu M. Maurice Allard, ancien inspecteur général des vivres de la guerre, avait présenté au ministère, en 1829, un mémoire très-remarquable sur le rétablissement de cette route, aussi importante pour les communications militaires que pour les relations commerciales.

III.

VILLES ANCIENNES DU *VOCONTIUM* SITUÉES SUR LA VOIE ROMAINE DE *LVCVS* A L'*ALPIS COTTIA*.

GEMINAE.

La Table Théodosienne trace une voie qui, de Lvcvs, tendait à l'*Alpis Cottia*, le Mont-Genèvre. On passait par Geminas (il faut sous-entendre la préposition *ad*), éloignée de xviii milles (27 kilomètres) de Lvcvs, et de là par une autre Geminas, qui se trouvait à la distance de xiiii milles (21 kilomètres). D'Anville lit dans la Table : Gerainae. Outre xiiii, le même nombre xiiii est écrit dans Geminas. Peut-être que le copiste s'est ravisé, et qu'il faut additionner les deux nombres pour arriver à xxviii milles. La Table s'arrête là; ce tracé est confus et incomplet. On arrive ensuite à l'*Alpis Cottia*, après avoir parcouru un espace considérable, plus de 40 milles, sans désignation de lieux. Cette voie est peu connue, et malheureusement elle ne se trouve pas dans l'Itinéraire d'Antonin.

D'Anville a pensé que Geminae se trouvait sur l'emplacement de Mens (*Mencium*), d'une population de deux mille habitants, dans la vallée de Trièves, département de l'Isère. On pense que cette vallée est ainsi nommée *Triviæ*, du culte de Diane, *Trivia*, à qui les trois routes de la vallée étaient consacrées : la première, pour aller à Gap; la deuxième, pour aller en Provence, et la troisième, pour aller à Die. Chorier et Valbonnays donnent cette grande vallée aux *Tricorii*. D'Anville corrige la distance qui sépare Geminae de Lvcvs; il la porte de xviii milles (27 kilomètres) à xxiiii milles (35 kilomètres); il traverse ensuite le Drac, rivière rapide et profonde, qui séparait les Vocontiens des *Tricorii*; il remonte la Severaise et arrive à l'autre

Geminae, qu'il nomme Gerainae, et qu'il place à *Jarain*, dans le Val-Godemar, à xvii milles (25 kilom.), au lieu de xiiii milles (19 kil.) de la Table (nous lisons sur l'édition de Scheyb xiiii). Enfin, il parvient, par un long détour, au Mont-Genèvre, *Alpis Cottia*, en passant par la Val-Louise et Briançon[1]. M. Walckenaer fait tendre cette route de Lvcvs à Vapincvm, par un grand détour, en passant par le Clos, dans le Val-Godemar, et par le Collet de Gros-Villars, lieux d'un accès très-difficile[2]. La voie romaine de Lvcvs à Vapincvm suffisait pour arriver au Mont-Genèvre; mais la voie marquée sur la Table, dont il s'agit ici, tend, par une ligne plus directe, au même but, le Mont-Genèvre, qui est éloigné de Lvcvs de plus de xc milles, sans toucher à aucun relai.

Selon quelques auteurs, le bourg de Mens, qui était autrefois, avec une grande partie de la vallée de Trièves, compris dans l'ancien diocèse de Die, fut nommé Forvm Neronis. Il convient mieux de chercher cette ville ancienne de Ptolémée dans le département de Vaucluse, sur l'emplacement de Mornas. On a placé Mellosevm ou Mellovrivm à Mens. Cette ancienne station dans l'Oysans, entre Dvrotincvm et Catorissivm, était, dans la Table, sur la route de Vienne au Mont-Genèvre. Nous pensons, avec d'Anville, que Mens répond à Geminae. Ce bourg, éloigné de toute autre ville importante, chef-lieu de la vallée de Trièves, pourrait être du nombre des dix-neuf *oppida* du *Vocontium*.

La réunion de deux voies romaines à Lvcvs, dans un pays peu étendu et peu fertile, prouve l'importance que les Romains attachaient à ce *municipium*, placé à l'entrée de la vallée de la Drôme, sur la route des Alpes au Rhône.

---

[1] *Notice de l'ancienne Gaule*. — [2] *Géographie ancienne*, etc. t. III, p. 45.

Il est probable que la voie de Lvcvs à Geminae, arrivée sur le Drac, communiquait avec Cvlaro, Grenoble. Elle passait par le bourg de Châtillon (*Castrum Castillionis*), de douze cents habitants, dans la vallée du Bez, au nord de Luc, par le village des Nonnières et le col de Minuit. Métride, élève de l'épouse de Clotaire Ier, sainte Radégonde, fonda à Combaux un couvent de filles, sur le versant à droite de cette vallée du Bez. On découvrit en 1826, sur le grand chemin, près de Châtillon, et très-près du monastère de Guinaize, au milieu d'un amas d'ossements, une urne en verre renfermée dans une caisse de plomb; elle contenait des os brûlés et une médaille en argent de Trebonianus Gallus. Autour de la caisse étaient placées neuf petites fioles ou lacrymatoires en verre, dont deux contiennent une matière peu altérée, d'une consistance semblable à un extrait pharmaceutique, d'une odeur résineuse et non fétide. C'est peut-être un des parfums que les assistants répandaient sur le bûcher. Il y avait de plus, autour de la caisse, quatre ustensiles en bronze, d'une forme approchant de celle de la garniture d'une crosse de fusil. Quel était leur usage? L'année suivante, on découvrit, dans le même endroit, des médailles, des vases en verre de formes très-variées; une urne en albâtre blanc veiné de gris, bien conservée. Elle paraissait renfermer les cendres d'une femme; car elle était entourée de petites boîtes en bronze, dans lesquelles se trouvaient des cylindres noirâtres semblables, pour la forme et la grosseur, à des crayons, d'une consistance un peu ferme (*stibium?*), restes d'un nécessaire de toilette analogue aux *boîtes à mouches* des dames des premières années du xviiie siècle, à l'usage de la défunte. Ce lieu était destiné aux sépultures publiques, qui étaient presque toujours placées sur le bord des grands chemins. Le monastère de Guinaize, de l'ordre de Cîteaux, relevait de l'abbaye de Saint-Gérand, à Aurillac ; il fut détruit pendant les guerres de religion.

Mens communique avec Die dans la direction de l'ouest. On franchit la chaîne élevée du Glandaz au col du Haut-de-Gras. Le sentier, bordé de précipices, est à peine praticable; mais, sous la domination romaine, le chemin devait être en bon état. Les avalanches, les eaux des pluies et des neiges, sur des pentes aussi rapides et privées de végétation, ont détruit toute trace d'ouvrages d'art. Les Itinéraires anciens ne nous donnent que les voies principales. Ce chemin de Mens à Die passe au pied du Mont-Inaccessible ou Mont-Aiguille, une des prétendues merveilles du Dauphiné, dont parlent Gervaise de Tilesbury et le joyeux Rabelais[1]. Ce rocher isolé, détaché du grand Vémont, sur la limite des départements de l'Isère et de la Drôme, paraît, de loin, plus large au sommet qu'à la base. Il a dû attirer l'attention des hommes, et, à une époque reculée, être regardé, avec l'Olympe et le mont Ida, comme le séjour de la divinité ; aussi les légendes en font le théâtre d'un grand nombre d'événements merveilleux :

> Jéhova de la terre a consacré les cimes ;
> Elles sont de ses pas le divin marchepied :
> C'est là qu'environné de ses foudres sublimes,
> Il vole, il descend, il s'assied.
> (Lamartine.)

Le capitaine Damp Julien, ingénieur de Charles VIII, pendant le passage des troupes destinées à l'expédition de Naples, en 1492, escalada ce Mont-Inaccessible, et fit une relation pompeuse de son entreprise. Il avait été devancé plus d'une fois, avec moins de bruit, par les bergers. Quelques habitants des villages les plus rapprochés renouvelèrent la même ascension

[1] *Œuvres*, l. IV, c. LVII.

les 16 et 18 juillet 1834. La surface mesurée du sommet de cette prétendue merveille donna environ 12,000 mètres, ou un cylindre de 120 mètres de diamètre et de 280 mètres de hauteur. Salvaing de Boissieu n'a pas oublié le Mont-Inaccessible dans son poëme sur les merveilles du Dauphiné [1].

On remarque, sur la montagne du Glandaz, un banc de rocher sur un petit plateau nommé le plan de la Queyrie ou de la Carrière, à une élévation de plus de 2,000 mètres au-dessus de la mer. Cette carrière a été exploitée par les Romains; elle a fourni les colonnes calcaires du porche de l'église de Die, et celles de Verchény et de Barsac, dont nous avons parlé à l'article de *Darentiaca*. Les sommets ou pâturages de cette montagne sont nommés *Alpes* par les bergers. On rencontre ce nom, avec la même signification, chez tous les peuples de la grande chaîne des Alpes, et Josias Simler y trouve l'étymologie du nom *Alpes*, donné aux montagnes élevées [2]. Ces vastes plateaux du Glandaz étaient couverts de pins à crochets (*pinus uncinata*), que l'avidité des montagnards a détruits, pour en extraire la poix. On voit encore aujourd'hui, près de cette ancienne carrière, qui est éloignée de Die de plus de 2 myriamètres, plusieurs blocs dégrossis ou entièrement taillés en grandes masses rectangulaires de plus de 12 mètres de longueur : *pendent opera interrupta*. Les révolutions ont fait abandonner les travaux commencés dans cette solitude immense, où règne un silence solennel, qui n'est interrompu que par le sifflement des chamois, par les cris aigus des chocarts des Alpes, et par le bruit rauque des sonnailles des troupeaux transhumants de Provence. On vient de trouver, non loin de cette carrière (août 1846), cinq médailles en bronze de Gordien Pie et de Philippe.

[1] *Septem miracula Delphinatus*; Gratianop. 1636, in-12. — [2] *De Alpibus*.

Lorsqu'on a quitté Die pour gravir le Glandaz, les souvenirs de Rome ont été effacés par les beautés de cette nature sauvage; mais ici, à l'aspect de ces travaux interrompus, ils viennent se retracer de nouveau à l'imagination étonnée, et semblent encore vous poursuivre dans la région des neiges. Les traditions populaires du Diois attribuent aux Turcs tous les restes des ouvrages remarquables. Les irruptions des Sarrasins et les croisades ont laissé des impressions profondes chez les peuples, parce que ces événements se rattachent à la religion, sentiment plus durable que le souvenir de la puissance romaine.

Après avoir quitté le Glandaz, on suit, pour arriver à Die, le cours de la petite rivière de Mérosse, dans la vallée de Romeyer (*Romearium*). Nous avons vu, en octobre 1844, un fer de lance engagé complétement dans la longueur d'une grosse racine d'un vieux chêne qui avait été coupé sur les rochers les plus arides. Ce fer est long de 28 centimètres et garni d'une douille de 4 cent.; il s'amincit un peu à sa partie moyenne, pour se renfler ensuite et se terminer en pyramide quadrangulaire allongée et très-aiguë : il ressemble au *pilum* ou javelot qui est représenté sur la cinquante-huitième planche de la Colonne Trajane publiée par S. Bartoli. Protégé par les couches ligneuses du chêne, ce fer est bien conservé, malgré son ancienneté.

On a trouvé, dans cette vallée de Romeyer, des sépultures romaines et des vases en verre d'une forme élégante. On compte entre Mens et Die environ 28 kilomètres.

IV.

VILLES ANCIENNES DU *VOCONTIUM* SITUÉES SUR LA VOIE ROMAINE DE *VAPINCVM* A *NEMAVSVS*.

La voie romaine, arrivée de l'*Alpis Cottia* (le Mont-Genèvre) à Vapincvm, prenait deux directions: l'une à droite, par Lvcvs et Dea, sur Valentia, et l'autre à gauche, en suivant la rive droite de la Durance par Segvstero, sur Nemavsvs. Celle-ci parcourt la lisière du *Vocontium* du levant au couchant, dans les départements des Hautes et Basses-Alpes.

Alarante ou Alamons, le Monestier-d'Alemont (*Castrum Alamonis*), village de deux cent vingt-deux habitants, sur les bords de la Durance, dans le département des Hautes-Alpes[1]. L'Itinéraire d'Antonin et la Table le placent à xviii milles (27 kilomètres) de Vapincvm et à xvi milles (24 kilomètres) de Segvstero. Cette dernière distance est répétée dans la Table. On a découvert, il y a longtemps, dans ce petit village, l'inscription de Cétronius, que nous avons placée à l'article de Dea, et en 1667, une urne en plomb avec cette inscription :

SILVANO
SEX.MARIVS
V.S.L.M

Mentelle (*Encycl. méthod.*) répète, sans fondement, qu'Alarante était la capitale des *peuples Tricolliens*, malgré l'autorité de Strabon, qui dit que le pays des Vocontiens s'étendait jusqu'à Embrun.

EPOTIVM.

La position du village d'Upaix ou Upayx, de huit cents ha-

[1] D'Anville, *Notice de l'ancienne Gaule*.

bitants, paraît répondre à celle d'Epotivm. Il est sur la direction de la voie romaine, un peu plus près du Monestier-Alemont, Alarante, que de Sisteron, Segvstero. Les Dauphins avaient un château à Upaix[1]. Le président de Valbonnays a pensé que le *pagus Epotius* ou *Epotensis*, pagi epot, qui est mentionné dans l'inscription de Cétronius à Ventavon, doit être placé à Upaix[2]. Cette opinion a été adoptée ou peu contestée.

La Table et l'Itinéraire d'Antonin ne font pas mention d'Epotivm, parce qu'il est trop rapproché d'Alarante et de Segvstero. Si le pèlerin de l'Itinéraire de Bordeaux à Jérusalem avait suivi cette route, il n'aurait pas manqué d'indiquer ce chef-lieu de *pagus*, en lui donnant la qualification de *mansio* ou de *mutatio*, comme il l'a toujours fait pour les lieux qu'il a visités.

Epotium est le troisième *pagus* du *Vocontium*. Nous avons parlé de celui d'Aletanvm et de celui des *Vertacomicori*. Malgré son peu d'importance dans le moyen âge, nous comptons Epotivm parmi les dix-neuf petites villes des Vocontiens.

Entre Upaix et Sisteron, sur la rive gauche du Buech, se trouve le village de Mison, de quatorze cents habitants, où l'on a découvert plusieurs sépultures antiques[3].

SEGVSTERO.

La position de Segvstero répond à celle de Sisteron, ville de quatre mille cinq cents habitants, sur la rive droite de la Durance, dans le département des Basses-Alpes. La Table et l'Itinéraire d'Antonin s'accordent, pour la distance, à l'égard

---

[1] Voir la carte de Delisle, dans le t. I de l'Histoire du Dauphiné, par Valbonnays.

[2] *Mémoires de Trévoux*, avril 1728. — *Correspond. littér. de Valbonnays*; Valence, 1839. — Lancelot, *Mém. de l'Acad. des inscriptions*, t. VIII. — [3] Henry, *Recherches sur la géographie ancienne et les antiquités du département des Basses-Alpes*; Forcalquier, 1818, p. 122.

d'ALARANTE, XII milles (18 kilomètres). Sisteron, situé à l'entrée de la vallée de la Durance, est comme la clef de la voie romaine qui, du Mont-Genèvre, tendait à Nîmes. La Notice des provinces de la Gaule le désigne sous les noms de *civitas Segesterorum, Segestariorum, Regesteriorum, Sigesteriorum*. Sisteron devint le siége d'un diocèse qui ne passait pas la rive droite de la Durance, et touchait aux diocèses d'Apt, de Gap et de Die.

D'Anville ne décide point à quel peuple de la Narbonnaise a appartenu SEGVSTERO. Chorier l'attribue aux *Memini*, Papon aux *Avantii*. L'autorité de Strabon, qui, nous le répétons encore, porte les frontières des Vocontiens jusqu'à Embrun, nous fait comprendre Sisteron dans le territoire de ce peuple. Les grandes rivières formaient presque toujours des limites naturelles entre les nations; ainsi, SEGVSTERO, comme ville frontière, dans une position fortifiée, était pour les Vocontiens une place importante : les géographes et les historiens anciens n'en font cependant point mention.

Scaliger pensait, sans fondement, que CESSERO de Pline (Saint-Tiberi, dans le département de l'Hérault) était SEGVSTERO. M. Walckenaer place les *Tricolli* de Pline dans le village de Trescléous (*Tres clivi*, dans le moyen âge), près de Sisteron, dans le *Vocontium*[1]. Sanson et Briet ont cru voir dans Sisteron le DOURION de Strabon.

On trouve souvent, dans le territoire de Sisteron, des débris d'antiquités[2]. Cependant, nous ne connaissons dans la ville que cette inscription :

P . IVL . GRATVS
RESTITVIT
EX . S . VOTO

---

[1] *Géogr. ancienne, etc. des Gaules*, t. III, p. 200. — [2] Henry, *Rech. sur la géogr. etc. des Basses-Alpes.*

C'est la réparation de quelque autel ou d'un autre monument religieux. M. Édouard de la Plane rappelle que Tacite parle d'un Julius Gratus, préfet du camp dans l'armée de Vitellius[1].

Nous ne rapportons pas deux inscriptions latines et une inscription grecque, découvertes, en 1803, non loin de Sisteron, sur la rive gauche du Buech. Elles ont été reconnues fausses[2]; cependant, on est forcé, en rappelant des circonstances de leur découverte, de faire remonter leur fabrication à une époque très-éloignée. Ces trois inscriptions fausses méritaient d'être conservées : M. de la Plane les a fait encastrer dans la cour de son domaine du Virail, près de Sisteron, et il a dit tout ce que l'on sait sur l'archéologie de cette ville.

Au-dessous de Sisteron, en suivant la rive droite de la Durance, un autel païen supporte un bénitier dans l'église du petit village d'Aubignosc, et offre cette inscription :

SILVANO
C. IVL
F. HALLVS
EX VOTO

L'inscription de Peyruis, à 10 kilomètres de Sisteron, est relative à Pétronius, personnage d'un rang élevé, poignardé par les juifs; Muratori a reconnu qu'elle était fausse. La science déplore ce penchant malheureux à altérer la vérité. Depuis longtemps Annius de Viterbe a inventé les histoires de Bérose; la cupidité a contrefait les médailles antiques; aujourd'hui même elle imite les monnaies grossières des temps barbares.

---

[1] *Hist. de Sisteron*, t. I, 1843.
[2] Millin, *Voyage*, t. III, p. 76. — Mevolhon, *Inscr. grecques et latines trouvées à Sisteron.* — *Hist. de Sisteron*, de M. de la Plane, t. I.

Nous avons vu, il y a peu d'années, les débats honteux du procès des marbres de Nérac. Le nombre des inscriptions supposées est considérable; elles déparent les recueils de Gruter et de Reinesius. L'imposture vient se joindre encore à l'incertitude et aux difficultés de la science épigraphique.

Segvstero, par l'importance de sa situation, doit être placée parmi les anciennes villes des Vocontiens que Pline n'a pas nommées.

Entre Sisteron et Serres, sur la rive droite du Buech, le petit village de Lagrand (*Castrum aræ grandæ*), dans le département des Hautes-Alpes, a fourni beaucoup de médailles, des statuettes, des tombeaux, etc. Ce lieu était peut-être remarquable par quelque monument ancien, comme son nom semble l'indiquer. La géographie ancienne mentionne des villes dans la Gaule qui sont désignées par *Ara*, etc.

ALAVNIVM.

D'Anville place sur cette position l'Hospitalet, village au débouché d'un col, et dont le nom désigne un hospice pour les voyageurs. Il admet la distance de Segvstero, marquée xiiii milles (21 kilomètres) sur la Table, tandis que la distance de l'Itinéraire d'Antonin, xxiv milles (35 kilomètres), lui paraît trop forte. L'inspection des lieux n'est pas favorable au sentiment du célèbre géographe. La haute montagne de Lure (1824 mètres), entre ce village et Sisteron, oppose des difficultés que l'on peut éviter en se rapprochant de la Durance. On trouve en effet, dans cette direction, un lieu appelé Alaun, dont le nom répond à Alavnivm, sur la rive droite du Lauzon, et à la distance indiquée par l'Itinéraire d'Antonin, xxiv milles. Ce lieu, connu aussi sous le nom de Notre-Dame-des-Anges, était autrefois un couvent de récollets. C'est l'aboutissant de l'ancienne chaussée appelée chemin *Seynet*, qui se dirige sur Carluc, CATVIACA des Itinéraires, près de Cereste. La chaussée traverse une plaine dans laquelle on trouve souvent des débris d'armures et une grande quantité d'ossements. C'est ce qui a fait croire à d'autres écrivains que c'est là le champ de la défaite de Teutomale, roi des Salyes; d'autres y placent la victoire de Marius sur les Cimbres : mais rien ne vient à l'appui de ces conjectures. On voit à Alaun des masures et des restes d'aqueducs. On y avait trouvé des fragments d'inscriptions qui ont disparu depuis quelque temps.

D. Martin place ALAVNIVM à Mane, entre Reillane et Sisteron; M. Walckenaer, à Montlaur, au passage du Lauzon, à xiv milles de Sisteron, dans une position plus convenable que celle de l'Hospitalet.

FORVM CALCARIVM.

Les Itinéraires ne font aucune mention de cette ville ancienne, parce qu'elle n'était pas sur la voie romaine, mais un peu sur la droite, en descendant vers Apt. Son nom romain s'est conservé dans le moyen âge et se retrouve dans celui de Forcalquier, autrefois du diocèse de Sisteron, aujourd'hui sous-préfecture des Basses-Alpes.

Cette petite ville, qui est entre Alaun, ALAVNIVM, et Carluc, CATVIACA, était, au moyen âge, la capitale d'un grand comté qui, selon quelques auteurs, comprenait la plus grande partie de la haute Provence. Établi, en 790, par le partage qu'en firent les enfants de Bozon II, il ne conserva cette étendue que pendant cent cinquante-quatre ans, et fut ensuite limité par la Durance.

Sanson, d'Anville et Millin pensent que Forcalquier est sur l'emplacement de FORVM NERONIS de Ptolémée, et qu'il appartenait aux *Memini*. Un faible rapport dans le nom a fait prévaloir cette opinion. Le géographe d'Alexandrie est le seul qui fasse mention de cette ville. Les tables qu'il donne sont souvent fautives. Il ne s'accorde pas avec Pline, qui attribue CARPENTORACTE aux *Memini*. Ce petit peuple habitait dans les environs de Carpentras, et dépendait, ainsi que les *Tricastini* et les *Segalauni*, des *Cavari*. On n'est point d'accord sur la position de FORVM NERONIS; les uns le placent à Mane, entre Alaun et Carluc, et M. Walckenaer, avec plus de fondement, à Mornas. Nous avons dit que, de Beaucaire aux confins du *Vocontium*, Strabon comptait LXIII milles (83 kilomètres). Cette distance arrive à CATVIACA des itinéraires, Carluc, ou à Oppedette, sur le Calavon. Forcalquier, compris dans l'ancien diocèse de Sisteron, se trouvant un peu au delà, appartient aux Vocontiens, et sa position ne peut répondre à celle de FORVM NERONIS.

M. Walckenaer place les *Quariates* de Pline dans les environs de Forcalquier, et fait dériver le nom de cette ville de *Forum* ou de *Fons Quariatium*[1]. D'Anville attribue aux *Quariates* la vallée du Queyras[2].

On ne trouve à Forcalquier aucun indice d'antiquités. Mais il en est de même pour d'autres villes anciennes, dont l'emplacement est hors de doute. Sa situation dans le *Vocontium*, son importance au moyen âge, sa distance de Sisteron, et son nom presque latin, nous font penser qu'il peut faire partie des dix-neuf petites villes du pays des Vocontiens, sous le nom de FORVM CALCARIVM.

---

[1] *Géogr. ancienne*, t. II, p. 35. — [2] *Notice de l'ancienne Gaule*.

On a trouvé dans le territoire de Mane, près de Forcalquier, des sépultures anciennes et cette inscription :

CATVIACA.

Strabon dit qu'en partant d'Vgernvm, Beaucaire, pour l'*Alpis Cottia*, on arrive sur les frontières des Vocontiens, après avoir parcouru un espace de LXIII milles (83 kilomètres). Catviaca de la Table, Catolvca de l'Itinéraire d'Antonin, à XVI milles d'Alavnivm (24 kilomètres), répond à cette distance. D'Anville et M. Walckenaer placent Catviaca à Oppedette, sur le Calavon; Papon et M. Henry, avec plus de probabilité, à Carluc, entre Reillane et Cereste[1]. Les distances égales à celles des Itinéraires, les débris antiques qu'on y rencontre, viennent à l'appui de cette dernière opinion. De Carluc, la voie romaine tendait vers Apta Jvlia, Apt, colonie romaine, capitale des *Vulgientes*. La voie décrite dans l'Itinéraire d'Antonin, sur la lisière des Vocontiens, arrivée de Vapincvm à Catviaca, s'est développée sur un espace de LXXIV milles, près de 105 kilomètres, 25 lieues de poste.

Nos recherches sur les villes des Vocontiens finissent à Carluc.

[1] *Pharus Galliæ antiq.* p. 136.

QUATRIÈME MÉMOIRE.

QUELQUES LIEUX MODERNES COMPRIS DANS LE *VOCONTIUM*.

Nions (*Castrum Nionis*), de l'ancien diocèse de Vaison, chef-lieu d'arrondissement dans le département de la Drôme, d'une population de moins de quatre mille habitants, est bâti à l'entrée d'un détroit par lequel s'échappe l'Eygues, une des rivières du *Vocontium*. Cette ville, ancienne résidence des barons de Montauban, est la clef des baronnies de Mévouillon et de Montauban, qui furent réunies au Dauphiné, après avoir appartenu au deuxième royaume de Bourgogne. Ces baronnies formaient un petit état indépendant qui comprenait trente-cinq terres.

Neomagvs de Ptolémée ne peut être placé à Nions, malgré l'autorité de J. Scaliger, d'Holstein, des PP. Sirmond et Hardouin. Il faut le mettre sur l'emplacement de Saint-Paul-Trois-Châteaux (*villa Sancti Pauli Tricastinensis*), qu'on devrait nommer Saint-Paul-Tricastin. On a donné à Nions une origine phocéenne, que d'ailleurs rien ne justifie. Nions a été aussi appelé *Novidunum* et *Noviomagus*, par le P. Labbe, avec peu de fondement [1].

M. Fortia d'Urban fait passer Annibal par Nions, en remontant la rivière d'Eygues à Remusat, à Serres, à Gap, etc., pour atteindre le Mont-Genèvre [2]. Il est difficile d'admettre cette opinion, lorsqu'on examine le terrain et qu'on compare le

---
[1] *Pharus Galliæ antiq.* p. 156. — [2] *Dissert. sur le passage du Rhône et des Alpes par Annibal*; 1821.

texte de Polybe. Le ministre Gabriel Boule, qui regarde Nions comme un lieu de passage autrefois très-fréquenté pour aller en Italie, trouvera encore moins de partisans. La nouvelle route royale n° 94, appelée la route *du Pont-Saint-Esprit aux Alpes*, qui, de Bollène, passe à Nions, à Rosans et à Serres, où elle se joint à celle de Valence à Sisteron et se dirige sur Gap, a fait aujourd'hui disparaître ces obstacles.

L'inscription de *Luconus Tetricus, préfet chargé de réprimer le brigandage, etc.*, a été indiquée, à Nions, par quelques antiquaires. Elle a été trouvée à Nyon en Suisse (*Colonia equestris*). Voyez Spon, Plantin et M. Orelli, n. 311.

Le village des Pyles, ainsi nommé à cause de sa position, πύλη, *porte*, est bâti entre deux rochers, à 7 kilomètres de Nions. On voit, dans la géographie ancienne, plusieurs villes dont le nom a la même origine.

Le Buis (*Castrum Buxi*), de l'ancien diocèse de Vaison, d'une population de deux mille habitants, de l'arrondissement de Nions, était, avant 1789, chef-lieu des baronnies, et autrefois la résidence des barons de Mévouillon (*Castrum Medullionis*). Mévouillon était une ancienne forteresse dont il est souvent parlé dans l'histoire du Dauphiné. Salvaing de Boissieu[1] et Chorier ont placé dans cette baronnie les *Medulli*, qui doivent appartenir à la Maurienne. Raimond IV ou le Jeune céda sa baronnie au dauphin Jean II, en 1317[2]. Le fort de Mévouillon ne fut démoli qu'en 1584. Le village de ce nom n'a qu'une population de huit cents habitants. Le président Moreau de Vérone a publié, dans son mémoire sur les Voconces, l'inscription suivante, qui a été découverte dans la chapelle de Saint-Trophime, sur une montagne fort élevée, au midi de la vallée du Buis :

---

[1] *De l'Usage des fiefs*, préface. — [2] Valbonnays, *Hist. du Dauph.* t. II, p. 165.

```
            CAR
          CARETENI
          PIENTISSI
          POSITVM
         A SORORE
         ET MATRE
```

Ce savant présume que le Buis était une des dix-neuf villes des Vocontiens; mais les raisons qu'il donne pour motiver son opinion ne nous paraissent pas suffisantes.

On lit sur un pilastre de l'église du village de Sainte-Galle, canton du Buis, l'inscription suivante inédite :

```
        B.VERATIVS.RVSTICVS.AED.
       PAC.BAG.LEG.BENEFICIARIA,
        EX.MVL.ET.AERE.FRACTO.
```

P. Veratius Rusticus ædem pacis pagi legatione beneficiaria ex mulctis et ære fracto (restituit ou *fecit, dicavit).*

Publius Vératius Rusticus, par délégation spéciale, a réparé le temple (ou l'édicule) de la Paix du *pagus*, avec l'argent des amendes et avec celui qui a été recueilli à différentes fois.

Cette inscription, dont les lettres sont mal formées, appartient aux derniers temps de la domination romaine dans la Gaule. Ici le B a remplacé le P dans *Publius* et dans *pagi*. Le village de Sainte-Galle (*Sancta Galla*) appartenait au diocèse de Sisteron, parce qu'il était enclavé dans le Val-Benoît, ou petit diocèse qui en faisait partie.

Valréas (*Valriacum*), de quatre mille habitants, de l'ancien diocèse de Vaison, est enclavé dans le département de la Drôme, et annexé à celui de Vaucluse, parce qu'il dépendait du comtat Venaissin avant 1789. Après avoir fait partie du deuxième royaume d'Arles, cette petite ville appartint aux dauphins, qui la vendirent au pape Jean XXII; elle devint alors la capitale du haut Comtat.

Si l'on pouvait avoir quelque confiance dans les étymologies seules, on penserait, avec MM. de Vérone et Sabatery, que le nom de Valréas dérive de *vallis Aeriæ*, vallée d'Aeria. Les savants n'ont pu s'accorder sur la position d'AERIA; les uns l'ont placée à Aurons, à Mornas, à Loriol, à Grenoble; d'autres aux Barroux, à Bâris, près de Bollène. On trouve depuis longtemps, parmi les masures qui dominent ce dernier village, une grande quantité de médailles grecques et gauloises, des pierres gravées, des statuettes en bronze et d'autres objets d'art. AERIA appartenait-elle aux *Cavari*, aux *Tricastini*, aux *Segalauni*, aux Vocontiens? L'opinion la plus étrange est celle de d'Anville, qui plaçait cette ancienne ville sur le Mont-Ventous, sur ce sommet nu, à une hauteur de plus de 2000 mètres. Ménard a présumé, avec plus de fondement, que sa position devait être au château de Lers ou de Lair. AERIA avait été remarquée par Strabon, qui, d'ailleurs, ne nomme aucune ville des Vocontiens[1]; mais Méla, qui place VASIO, chez ce peuple, à la tête des villes les plus riches de la Narbonnaise, n'en fait pas mention. Pline ne l'a pas oubliée dans son catalogue[2]; Étienne de Byzance n'en parle que d'après les géographes ses prédécesseurs : les itinéraires et les inscriptions ne la rappellent pas. Si AERIA a fixé l'attention des géographes, ce n'est pas à cause de son importance; c'est surtout à cause de sa situation extraordinaire sur un lieu très-élevé.

M. Sabatery pense que cette ville était située à l'extrémité de la montagne de la Lance, au-dessus du village du Pègue (*Upeguæ*), à 6 kilom. de Valréas. Des médailles, des urnes, des vases en poterie et diverses antiquités, ont été découverts

---

[1] *Geogr.* l. IV. — [2] *Hist. nat.* l. III, c. IV.

autour du village. Nous avons vu, chez M. Sabatery, un bas-relief qui provenait de ces trouvailles; il représente, dans une niche de 6 centimètres de profondeur, Diane chasseresse tenant son arc de la main gauche, et prenant une flèche de la main droite dans son carquois. Ses pieds, un peu écartés l'un de l'autre, portent, le gauche sur un cerf accroupi, et le droit sur un animal que la dégradation du monument empêche de reconnaître. Un chien mord les oreilles d'un sanglier abattu. On lit au-dessus de la niche :

<pre>
        DIANAE
         LATINAE
    MICCIVS   MVMMIVS
</pre>

Ce bas-relief, haut de 6 décimètres, est en pierre commune, d'une exécution grossière; il a été dédié par un habitant de l'Italie. Les objets antiques qu'a décrits M. Sabatery ont été trouvés dans un ancien cimetière, au-dessous du village; ce qui ne conviendrait guère à AERIA, située sur une grande hauteur. Il nous a semblé qu'ils ne remontent pas même au IIe siècle de l'empire; ils annoncent la décadence de l'art. La Diane latine est un monument bien rustique. Si cette ancienne ville avait appartenu aux Vocontiens, Pline, qui en fait mention, l'aurait placée à la suite de VASIO et de LVCVS AVGVSTI. La position d'AERIA est inconnue : *interiit sine vestigiis.*

On a découvert, en 1826, au village de Rouffet, près de Valréas, cette inscription funéraire :

<pre>
        SE..INIAE
       ATTICAE.IVLIA
       NVS.AVITI.FIL
       CONIVGI.KARIS
          SIMAE
          S.A.D
</pre>

On voit à Grignan, près de Valréas, sur un tronçon de colonne, sous la tour de l'Horloge, cette inscription :

```
        IMP. CAES
        FL VAL
        CONSTANTINO
        PF   AVG
        NEROII DIV
        CONSTANTI
        AVG      PII
        FI    IO
```

Nous pensons qu'il faut lire, à la cinquième ligne, NEPOTI, et sous-entendre les mots DIVI MAXIMIANI (Hercule), comme on le voit encore aujourd'hui dans l'inscription du cimetière de Cabasse, dans le département du Var[1], rapportée par Bouche et par Orelli, n. 1095. Notre inscription, qui paraît d'abord étrange dans le texte et les mots sous-entendus, fait présumer que Constantin a continué de prendre le titre de *petit-fils de Maximien Hercule*, pour cacher le meurtre de son beau-père, crime qu'on ne peut justifier comme justes représailles.

Une pierre encastrée dans le mur de l'ancien prieuré du village de Montbrison, canton de Grignan, présente cette inscription votive :

```
        MERCVRIO
        TAVRVS . VERA
        TIVS.V.SI.D.A
```

Saint-Jean-en-Royans (*Sanctus Joannes in Royanis*), le chef-lieu du Royannais, est situé dans le *pagus* des *Vertacomicori* de Pline, sur la frontière au nord du *Vocontium*. Cette ville, d'une population de trois mille habitants, dans l'arrondissement de Valence, appartenait au diocèse de Die ; elle est

---

[1] *Statist. du départ. du Var*, p. 229 ; 1838.

placée dans le territoire que M. Larauza assigne aux *Tricastini*, dans sa dissertation sur le passage d'Annibal. Le pays de Royans, fondé sur une charte de 1120, revendiquait le titre de principauté.

Les deux inscriptions suivantes sont conservées au domaine de Chateraunière, de la commune de Saint-Thomas, à 5 kilomètres de Saint-Jean, à la jonction des deux rivières Lyonne et Bourne. Quoiqu'elles soient connues depuis longtemps, nous les rapportons ici :

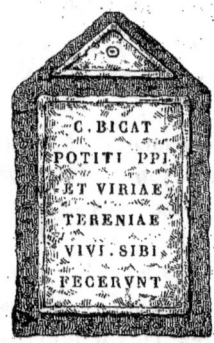

Elle est encastrée dans le mur du colombier.

Sur un pilier du hangar de la cour.

La forme des lettres indique les derniers temps du haut

empire. Cette inscription a été interprétée : *Diis manibus Lucii Maecterti filii Meloni, excessi ostracismo Tiberii, annuente imperatore filii sui fecerunt*[1]. On est étonné de rencontrer l'ostracisme chez les Romains, et sous Tibère, qui avait des moyens plus prompts pour se débarrasser des importuns. Le personnage qui aurait encouru la disgrâce de l'empereur ne pouvait être un citoyen obscur. Il s'agit ici d'un Lucius Maectertus (ce nom paraît gaulois), dont les emplois ne sont pas énumérés; ce qui est remarquable pour un courtisan. Voici une autre interprétation que nous proposons avec peu d'assurance, et qui peut-être ne vaut pas mieux : « Aux mânes de Lucius Maectertus, fils de Melonus, gardien du port d'Ostie (ou de la navigation du Tibre, *ostiarii Tiberis*), décédé pendant la première année de sa charge. Ses enfants lui ont élevé ce monument. » Les Romains comptaient parmi les moyens de véhiculation les fleuves et les canaux. Claude et Trajan firent creuser, à l'embouchure du Tibre, le port d'Ostie, ouvrage, au rapport de Dion, digne de la puissance romaine. L'intendance des eaux, *aquaria provincia*[2]; l'intendance d'Ostie, *provincia Ostiensis*[3], étaient des emplois relevés. On voit, dans les recueils d'inscriptions, de grands personnages chargés de veiller au lit et aux rives du Tibre (*curator*, et dans la suite, *comes alvei Tiberis et riparum*[4]). Il existait, sous leurs ordres, des employés subalternes. Maectertus pouvait être de ce nombre, avec le titre d'*ostiarius*, et employé dans la perception du *portorium*, taxe établie sur les marchandises à l'entrée des ports. Il est vrai qu'on ne trouve pas ce titre dans les monuments de l'époque romaine. Le Code Théodosien mentionne les *custodes littorum*[5]. On ne peut

---

[1] *Revue du Dauphiné*, t. II, p. 194.
[2] Ciceron. *in Vatin*.
[3] *Idem, pro Murena*.
[4] Orelli, n. 1172, 2284, 2285.
[5] L. XIII, tit. 5.

lire dans l'inscription *ostiarii Tiberii*, portier de Tibère. Le titre honorifique *Aug. Cæs. imp.* n'aurait pas été oublié.

Nous présumons que la ville de Saint-Jean-en-Royans, sous un ancien nom qui s'est perdu, était la capitale du *pagus* des *Vertacomicori*. Ce nom correspondait peut-être à l'ethnique du *pagus*, et serait Vertacomicvm, lorsque les villes de la Gaule, au temps d'Ammien Marcellin, vers la fin de la domination romaine, prirent le nom du peuple dont elles étaient la capitale. Peut-être, avant cette époque, était-elle nommée Roianvm, dont la contrée a conservé le nom.

Nous ne connaissons, dans le territoire ou *pagus* des *Vertacomicori*, qui comprend, outre celui de la Chapelle-en-Vercors, les cantons de Saint-Jean, du Pont, du Villars, de Lans et de Sassenage, d'autres monuments antiques que les deux inscriptions que nous venons de rapporter.

Les grottes de Sassenage, autre prétendue merveille du Dauphiné, se trouvent à l'extrémité du *Vocontium*, à quelque distance de la jonction du Drac et de l'Isère; elles étaient, dans les historiettes du moyen âge, le séjour de prédilection de la fée Mélusine[1]. M. Faujas de Saint-Fons a fait de ces grottes le sanctuaire des mystères d'Isis[2]; mais rien ne justifie cette conjecture.

Vif (*Vivum*), bourg dans le département de l'Isère, à 12 kilomètres de Grenoble, d'une population de trois mille habitants, autrefois archiprêtré, dont dix-sept curés dépendaient, est le chef-lieu de la vallée de la Gresse en Trièves. Une chaîne de montagnes calcaires, la Moucherelle et le Grand-Vémont, couvertes de neiges presque éternelles, séparent Vif du Vercors et du département de la Drôme. Non loin

---

[1] Chorier, *Hist. généalog. de la maison de Sassenage.*

[2] *Hist. nat. de la province du Dauphiné*, t. I, p. 282.

de Vif, les curieux vont visiter la Fontaine ardente, dont saint Augustin a parlé[1]. Cette troisième merveille du Dauphiné, la Pyrochrène de Chorier, est produite par l'inflammation de l'hydrogène carboné ou gaz inflammable des marais, qui se dégage, comme dans les *salles* du versant septentrional des Apennins et dans le Champ-de-Feu, près de Bakou, sur les rivages de la mer Caspienne. Pline rapporte des phénomènes semblables[2]. Salvaing de Boissieu a publié cette inscription, trouvée près de la Fontaine ardente :

L . MATERNVS OPTATVS
VVLCANO AVG . SACRVM

On voit, à l'angle sud-est du clocher de Vif, celle-ci, dont les lettres ont 5 centimètres de haut.

Placidianus, en 299, sous l'empereur Tacite, est inscrit dans les Fastes consulaires. Ce vœu aux feux éternels peut se rapporter à la Fontaine ardente, qui n'était pas bien éloignée de Vif. Avant l'établissement du christianisme, les peuples se faisaient des dieux des objets divers qui frappaient l'imagination : un arbre remarquable par sa grandeur, les montagnes, les fleuves, etc. Une fontaine dont l'exhalaison s'enflammait, devait attirer leurs hommages. Placidianus, préfet du prétoire,

---

[1] *De civit. Dei*, l. XXI, c. VII. — [2] *Hist. nat.* l. II, c. CVII.

voyait dans ce phénomème les feux éternels, Vesta, symbole de la ville éternelle. Le culte du feu était très-répandu chez les anciens peuples. Les feux éternels, *ignes sempiterni*, désignaient aussi les astres[1]; notre inscription leur serait-elle adressée?

Rosans (*Castrum de Rosanis*), dans le département des Hautes-Alpes, d'une population de neuf cents habitants, dépendait de l'ancien diocèse de Gap. On remarque près de ce bourg, dans un petit village, Saint-André-de-Rosans, les ruines d'une église dont les décorations d'architecture du moyen âge représentent des pampres de vigne et des têtes de bélier. On a présumé qu'elle avait été autrefois un temple de Bacchus. Il existe à Rosans des restes de fortifications d'une époque ignorée. Parmi divers objets curieux trouvés dans ce bourg, nous avons vu un manche de patère antique, en bronze, terminé par une tête de bélier, parfaitement semblable à celui qui est gravé dans la planche 185, *Antiq.* de l'Encyclopédie méthodique.

On a attribué la fondation de Rosans aux Rhodiens, comme celle de Rosas en Catalogne. Il est plus probable que ces navigateurs, dont les établissements se trouvent toujours près de la mer, n'auraient pas choisi une position si reculée.

La Motte-Chalançon (*Castrum de Motta*), de l'arrondissement de Die, d'une population de treize cents habitants, chef-lieu de canton, à 30 kilomètres de cette ville.

On trouve depuis longtemps, sur la montagne appelée *Alayan*, près de ce bourg, à 5 ou 6 centimètres de profondeur, une grande quantité de médailles; elles comprennent les Antonins et leurs successeurs, jusqu'aux fils de Constantin, et elles paraissent avoir subi l'action du feu. Plusieurs squelettes humains ont été découverts dans une caverne, près de cette

---

[1] Macrob. *In somm. Scipionis*, l. 1, c. XIV.

montagne. Quelques-uns avaient l'humérus passé dans un anneau de bronze façonné au burin et d'une fabrique grossière. Ces restes des Vocontiens nous rappellent la barbarie de Fulvius Flaccus dans la deuxième guerre ligurtique. Il étouffa les peuplades des Alpes maritimes dans des cavernes qui leur servaient de refuge : « Quum diu multumque eluderent Salyi, « Deccates, Oxybii, Eburiates, Ingauni, tandem Fulvius late- « bras eorum ignibus sepsit [1]. » Il semble que, de nos jours, on a voulu justifier le proconsul en imitant sa barbarie. M. Henry a décrit une caverne profonde, près d'Anot, dans laquelle on voit des amas d'ossements humains qu'il rapporte à la même origine [2].

Nous possédons un fer de cheval un peu différent de ceux qu'on emploie aujourd'hui et parfaitement conservé; il a été trouvé, dans les environs de la Motte-Chalançon, parmi des cendres, avec des lacrymatoires et des ossements brûlés. Sa conservation doit être attribuée aux cendres et au charbon animal. Les branches de ce fer de cheval sont très-étroites. Les étampures ont produit des boursouflures. Ces étampures figurent un carré long, et celles des fers modernes un carré parfait. Le fer ancien n'a pas d'ajusture, ou cette forme concave de la face inférieure, qui facilite l'appui. La fraîcheur des étampures et de la pince font présumer que ce fer a peu servi. Il paraît que, contre l'opinion de plusieurs antiquaires, la ferrure des chevaux était connue des anciens.

Nous avons remarqué, au milieu de ces débris de sépultures, deux plaques en bronze, épaisses de 3 centimètres, larges de 1 décimètre et hautes de 7 centimètres; elles représentent une tête de femme d'un travail grossier, et elles sont

---

[1] Florus, l. II, c. III. — [2] *Recherches sur la géogr. ancienne et les antiquités du départ. des Basses-Alpes;* 1818, Digne.

garnies d'une bélière à la partie supérieure : étaient-elles un ornement ou une marque de sacerdoce et d'autorité ?

> Ita natura comparatum, ut proximorum incuriosi, longinqua sectemur.
> PLIN. *Epist.* l. VIII, 20.

INSCRIPTIONS DE DIE ET DE VAISON.

> Lapis de pariete clamabit.
> HABACUC, c. II.

DIE.

1836. Fragment extrait des ruines du château d'Aix, à 6 kilomètres de Die. Ce château fût bâti avec les pierres de la démolition d'une portion de la cathédrale de Die, pendant les guerres de religion. L'église subsiste, et le château est détruit pour toujours.

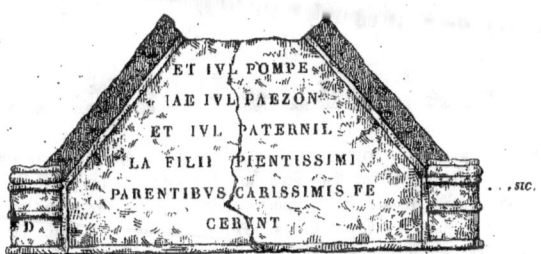

Extraite des remparts en 1841. Sa dimension en largeur excède 2 mètres. La forme des lettres annonce une époque de décadence. Dans l'enceinte de la citadelle.

La table de cette inscription inédite était large de plus de 2 mètres, et brisée en plusieurs pièces qui étaient dispersées dans le rempart, à l'hôpital. Nous sommes parvenu à les réunir; mais il était impossible de les conserver. Elle était cachée dans le mur, de sorte qu'on ne voyait que RITATI du cartouche supérieur. On a fait un nom propre de ces six lettres. Des antiquaires ont commis quelquefois des méprises plus graves. Seivert a lu *Fugiæ* au lieu de *Hygiæ* sur une inscription trouvée en Dacie. Il ajoutait : *Fugiæ Deæ tutelares fugitivorum*; ce qui ne convenait guère à un soldat de la VIII° légion. (Orelli, t. I, p. 63.)

Notre *Verrius* était peut-être de la famille de *Verrius*, du recueil de M. Orelli, n. 1167

Inédite, sur une table de marbre extraite des remparts. Elle n'existe plus.

Sur une marche d'escalier, dans le faubourg Saint-Marcel. Ce fragment inédit pourrait être relatif à la famille de *Victorinus* qui succéda à Postume dans la Gaule.

1845. Fragment inédit, chez M. Long, médecin.

1840. Fragment inédit, dans la cave de M. Béranger, avoué à Chastel.

1844. Fragment inédit, tiré des remparts.

Rue du Serre. Inédite.

1840. Extraite des remparts. Inédit.

SILVANO
MSDIA
INGEN M
V. S. L. M.

Autel d'un mètre de hauteur, dans l'escalier du troisième étage de la maison Liotard, rue de Villeneuve.

Fragment d'un pied d'autel en marbre blanc, d'un mètre et demi de base. Il appartenait à quelque monument remarquable. LOCO DATO DECRETO SOLVIT VOTVM. Inédit.

Sur une marche d'escalier, dans la petite rue qui de l'Armellerie conduit au Serre. Fragment inédit.

Inédite. Extraite des remparts en 1834. Chez M. J. Drajot.

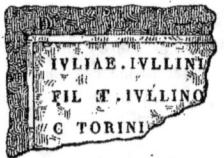

Sur le pavé de la nef de la cathédrale. On y voit plusieurs dalles dont une main scrupuleuse a effacé les inscriptions.

1841. Dans les remparts.

LIBERORVM.AC CON
IVGIBVS PVBLICI CALIS
TI ET IPSIVS CONSECRATVM
CVM BESE VINEAE.AREP
EX CVIVS REDITV OMNIB
ANNIS PROLIBARI VOLO
NEMINVS XV.V.SE
H.T.H.N.S

Sur la terrasse du tribunal, l'ancien évêché. Les évêques de Die ont fait encastrer dans le mur plusieurs inscriptions romaines et du moyen âge. Celle-ci a été publiée par Aymar du Périer, par D. Martenne et D. Durand; par Lancelot, dans le tome VII des Mémoires de l'Académie des inscriptions, et par M. Orelli, n. 4350. On l'a diversement expliquée. C'est une fondation faite par Publius Calistus aux mânes de ses enfants, de ses épouses et de lui-même, d'une libation annuelle de vin, pendant quinze ans, provenant du produit d'une vigne de deux tiers d'arpent. D. Martin pense qu'il s'agit de libations de quinze hémines de vin et de cinq pains de demi-livre. Cette version n'est pas satisfaisante.

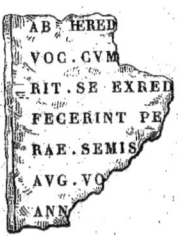

Fragment en marbre blanc provenant des remparts. Chez M. Long, médecin. Les caractères sont beaux. Nous présumons qu'il s'agit de *Dea Augusta Vocontiorum* et d'une fondation.

Fragment en marbre blanc.

```
     I. O. M
   U. VHIIAIU  H
    COELI. HER
     MAGORAE
    ET . VENAES
    ATICILLAE
   LIB. EPAPHRO
   DITVS. EX VOTO
```

Autrefois à Die. Aymar du Périer, Gruter, Chorier, t. I.

```
   IVL. VAERIN. IVLIVS
    VAERINVS PATRI
      PIENTISSIMO
```

Nous l'avons vue sous les remparts, au-dessus du tourillon; elle n'existe plus.

```
  VAL. VERAE DEFVNC
  TAE ANN. VI. L. VAL VE
  RA TIANVS FIL. INCOM
```

Rue du Salin, au-dessus d'une porte.

```
   SOLITO. TAVRL
  F. MATVRVS. ETTEM
  PORINA. CONIVGI. F
```

Place du Temple, maison Rebout. Cette inscription se dégrade tous les jours.

```
  T. HEL. ALEXANDRI
   ET VALERIA VALER
  INCOMPARABILI. T SI
```

Dans la rue Royale. Elle est cachée, à présent, par le crépissage du mur. M. J. Artaud ne l'a pas donnée exactement.

Maison Long. Aymar du Périer, p. 41. Voy. *litt*.

Dans les remparts. 1844. Inédite.

MELLINI SEVERI
ANI. MELL. ALE
XANDERE VAL
MARTINA. FIL
KARIS.

Encastrée dans le mur d'un enclos, aux Églises.

Autel provenant des remparts en 1799. Il n'existe plus. M. F. Artaud pense que B. F. signifie *bénéficiaire*, collecteur d'impôts, officier avancé par les tribuns ou par les magistrats. Serait-ce un monument élevé par la reconnaissance à un bienfaiteur ?

VERATI AL
BIN FIL
VERA MT^R
FLIO OPTM°

1830. Extraite des remparts. Elle n'existe plus.

MARI. ATT...
ET VALER....
SVET...
MARIN....

Chez M. Motte, rue Saint-Vincent.

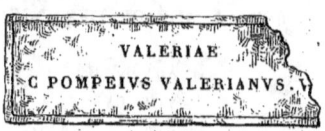

1841. Fragment inédit. Lorsqu'on voit de grands noms dans les colonies, on peut présumer qu'ils appartenaient à des affranchis ou à des cliens. Ce nom *Pompeius* peut remonter au grand Pompée, lors de son séjour dans la Narbonnaise.

1844. Fragment provenant de la démolition de l'ancien cimetière. Inédit.

.....XOREI.....
.....ILII SC.....
VIVA F

Sur la place, au deuxième étage d'une maison.

CARINIANI. VA
LERIANI. FIL
ANNORVM. XV
ACNE. FIL. CARISS
ET. SIBI. VIVA. FEC

Sur la terrasse du tribunal. Elle est rapportée dans le tome VII, p. 232, des Mémoires de l'Académie des inscriptions. Lancelot dit qu'elle était au bas des murs de la citadelle.

Sur la terrasse du tribunal.

```
    SEVERI
    MYRON
   VOC SER
  ET VERINA
   FIL KAR
```

1835. Chez M. Long, médecin. « Vocator « servus? » Mart. *Epigr.* l. VII, 85. Pour une autre explication : « Vocontior. servus? » M. Orelli, n. 2855.

Fragment extrait des murs de la citadelle. Il est encastré dans le mur de clôture.

```
POM . FAVSTIN FIL PIISSIM DEFVN
ANN . XX . QVEM POST MORTEM FRAT
EIVS SEVERIANI . POM . HERME
    ROS PATER AMISSERAT . . . . sic.
```

Chez M. Planel, à l'endroit indiqué par Lancelot, t. VII, p. 232, *Acad. des inscr.* Elle est très-usée par le frottement.

```
D       PRIMANI       M
    EVEMEREI PHI
    LOGYRIVS IIII
```

Extraite des remparts. Elle est placée dans le conduit d'un égout, au bout de la Doux, à la Mérosse.

Chez M. Darral, à Saint-Pierre, hors des murs.

```
OR ET IVLIA CARINA . PARENTES . FIL
            FECERVNT
```

Sur le mur mitoyen des maisons Long et Delamorte-Felines, sur la place. Lancelot (*Mém. de l'Acad. des inscr.*) l'indique au même endroit.

```
. . . . . MMIVS . POTINVS
. . . . XORI SANCTISSIM
```

Dans la remise de la maison qui touche la prison.

Sur la terrasse du tribunal.

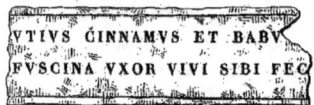

Sur la porte d'une maison de la rue du Marché. On voit à Carpentras une inscription dans laquelle un *Cinnamus* est nommé. (Millin, *Voyage*, t. IV, p. 114.)

Dans une cour de M. Drojat aîné, rue de Villeneuve.

Sur la porte de M. Coursange, du côté du canal du faubourg Saint-Marcel.

Au village de Montmaur. Il paraît que ce fragment appartenait à l'inscription suivante, que Muratori ou Bimard avait indiquée au même endroit. Il faut lire dan Muratori *Sanct* au lieu de *Anto*.

CARINAE . CARINAE FIL MATRI ANTO
CAREI . DIONISII . LIBERTI . SEX . CAREI
ANVS . ET . SIBI VIVVS

Au domaine du Sillon, près de Montmaur, à 9 kilomètres de Die.

Au domaine du Sillon.

L . IVL . CLADATAE
IIIIII . VIR . AVG
L . IVL . IVLIANVS
PATRI . CARISSIMO
ET . IVL . CARPIME
MATR . VIV . F

Autrefois à Die. Aym. du Périer, J. Scaliger, Gruter.

VERATIO
VERINVS
MARCELLI
FILIO
PIENTISS
ET SVF

Autrefois à Die. Aym. du Périer, J. Scaliger, Gruter.

[VXORI OPT]

Maison Long, rue Saint-Vincent.

M . EVTICHI . SABI
NIANI . EVTICHIA
SABINA . PATRI
OPTIMO

Autrefois à Die. Aym. du Périer, J. Scaliger, Gruter.

M . PRIMI MESSE
SORIS ATISIA
PAVLINA MARI
TO OPTIMO

Autrefois à Die. Aymar du Périer. Ses copies sont souvent inexactes.

VALERIAE . VALENTINI . F
AVENTINA . SECVNDINA
MATER

Autrefois à Die, Gruter.

CHARMIDES AT
TIAE LIB
ANN . XVIII PHEVVE
NIT . FILIO CARISSIMO

Autrefois à Die. Aymar du Périer.

D   PVPI PATER   M
FIL
PATERNVS PATR

Rapportée par Moreau de Vérone.

Maison Poudrel. Rapportée par Gruter, *Acad. des inscr.* t. VII. Moreau de Vérone. Elle est détruite depuis peu de temps; nous l'avons vue.

. . . . . RIANVS
COMPARA
TE AN . XX
VIVS

Rue Saint-Vincent.

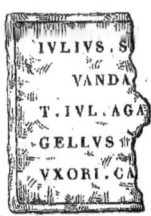

Cette inscription, rapportée par Muratori avec peu d'exactitude, se voit sur le mur de la sous-préfecture, au couchant. Bimard l'avait reçue de l'évêque de Die.

Rue Porte-Anglène.

Rue du marché, à la fenêtre d'un deuxième étage. Ce fragment est caché par la crépissure du mur.

1817. Dans les remparts. Ce fragment est détruit.

1817. Dans les remparts. Détruit.

T.CAELIVS.ASIATICVS VIVVS
SIBI FECIT

Lancelot (*Acad. des inscript.* t. VII). A l'évêché. Elle est détruite. Muratori l'avait reçue de Bimard de la Bâtie.

FELICISSI
MI.FIL.FRA

Dans le jardin de la maison Poudrel.

1840. Extrait des remparts. Aujourd'hui chez M. Long, médecin.

Contubernalis avait des acceptions diverses. Ce sont peut-être ici des soldats à leur camarade de chambrée. (Voy. M. Orelli, n. 2834, 2835, 2836.)

OVIDIO ORV....
CONTVB....

Maison Motte, rue Saint-Vincent.

Chez M. Vallentin.

Rue du Marché.

R.POM.SAC
LVC.

Gruter.

CL.FELLATI

Près de la porte Saint-Marcel.

INSCRIPTIONS CHRÉTIENNES.

```
HIC DALMATA CR
ISTI MORTE REDEMP
TVS QVIISCET IN PA
CE ET DIEM FVTVRI
IVDICII INTERCED
ENTIBVS SANCTIS L
LETVS SPECTIT
```

Nous l'avons découverte en 1826, dans le jardin de M. Delamorte, rue de Villeneuve. D'après la forme des lettres, elle remonterait au v° ou vi° siècle; peut-être peu de temps après Vigilantius, dont l'hérésie fut combattue par saint Jérôme et saint Ambroise. Depuis environ l'an 524 jusqu'au commencement du ix° siècle, les inscriptions tumulaires ne portent, en général, point de date.

Les inscriptions chrétiennes de l'époque romaine sont peu communes à Die.

```
CDNI.DCCC IND
NVLEVS.SVBDIAC.Kl IVL
FEL.IN.XPO
```

Sur le mur de la maison de M. D. Jullien, avocat. Elle est cachée par le crépissure.

```
OS.PENETRAT VOX MISSAM FATVS    CO
VS AGIT QVIS NVNC PERCVRRE FANDO ILLE
DIS PRIMVM QVAE GESSERET HEROS   PER
VDIIS VIRTVS SIT VT LABOR ILLE   VTO
             SACORONAE           OS
```

Marbre blanc. Chez M. Long, médecin.

Deia Vocontiacas inter memorabilis urbes
Et caput, in planum secessit ab Alpibus æquor,
Erigiturque jugo, muri sinuosa per orbes.
Cernitur ad speciem posito natura theatro,
Alma parens frugum, gaudens genialibus arvis
Ostentare, suo quas hic alit ubere, glebus.
Perpetui montes, nisi qua vagus influit amnis
Droma, jugumque secat, sint cacumina quamvis
Alto cana gelu, sic solem, aurasque ministrant
Per varios flexus......................

Benedict. Imbert Jes. *Sectæ Calvinianæ in Gallia tota catholica tumulus.* Valentia, 1686, in-4°.

VAISON.

MARTI
E CEIONI
F.V.S.L.M

Au musée d'Avignon. Millin, t. IV, p. 148.

MARTI
V.S.L.M
SEX.ERYCIVS
MAXIMVS

M. de Vérone.

MARTI
T.AGILEIVS QF RVFVS
SEX AGILEIVS QF PEDO
V.S.L.M

Au musée d'Avignon. Millin, t. IV, p. 148. — Murat. XLIII, 6.

MERCVRIO
COMINIA
V.S.L.M

Millin, t. IV, p. 144.

MERCVRIO
SEX.SILVIVS
SILVESTER
ICCIANVS

MERCVRIO
VOT
SEXTVS MARCELLVS
LIBERIVS

PROXSVMIS
POTITA.C.COD
ONI.F.V.S.L.M

Au musée d'Avignon. M. de Vérone.

VALERIAE
POMPEIA
DEMETRIA
FILIAE
KARISSIMAE

Boyer, *Hist. de l'égl. de Vais.* — M. de Vérone.

P.ATILIO INGENVO
FIL PIENTISSIMO
IVLIA INGENVA
MATER
ET Q.IVL.MARCELLINVS

Boyer. — Muratori, MCXXXV, 10. — M. de Vérone. — Millin, t. IV, p. 145.

SIO DIADVMENO IIIII VIR

M. de Vérone.

FRONTONI
HILARI PRIM
VLAE ET SVORVM
POSTERORVM

Millin, t. IV, p. 151.

C.MARCIANO
CAEPITINIAS
COLIBERT[1]

Millin, t. IV, p. 152.

---

[1] *Conlibert, Colibert.*

D	IVLIAE	M
	RVFINAE	
	IVLIA PRIMVLLA	
	LIBERTE	
	OPTVMAE	

Millin, t. IV, p. 151.

D	MARCELLINAE	M
	MATERNI F FILIVS	
	MARCIANVS	
	MATRI OPTVMAE	

Millin, t. IV, p. 151.

D   MANIBVS
      IVLIAE CVPITAE
      MATRIS ET IVLII
      MATERNI FRATRIS
      M IVLIVS NATVS

Millin, t. IV, p. 153.

D   M
      CATILIANI
      ANNORVM XXII
      ANRIA PVPA A
   VIA NEPOTI CARISSIMO

Aux Barroux, près de Vaison. Millin, t. IV, p. 149.

D		M
	M. VALERI	
	LICINIA VERA	
	MATER FILIO	
	KARISSIMO	

Musée d'Avignon. Boyer, l. II, p. 74. — M. de Vérone.

D		M
	Q. TITIAE Q F	
	VERATIANVS	
	VXORI.K.S.ME	
	S.A.D	

Musée d'Avignon.

D		M
	CAT PAT	
	ERNE DEF	
	AN.V.M	
	II DIE XIX	
	SEX CAT	

Musée d'Avignon. — Boyer, p. 75. — M. de Vérone. — Millin, t. IV, p. 152.

D		M
	CIVCVNDO	
	SEVERODE	
	FVNCTO ANNOR	
	XXIII M VIII DIV	
	IIII C IVCVND	
	SEVERIANVS	
	FIL PIENTISSIMO	

Millin, t. IV, p. 153. — M. de Vérone.

         IF
      CRAX HON
      IN FRONT
      P.XXXX
      IN AGRO
      PCXXXX

Musée d'Avignon. Millin, t. IV, p. 149. Fragment.

S S
SIBI ET SVIS DETERM
MINAVIT IN AGRO
P.LXX
F XXX

Musée d'Avignon. Millin, t. IV, p. 149. Fragment.

Q.FILIAE
Q.H.VERATIANVS
VXORI K.R.S.M.F
S.A.D

M. de Vérone. « Aux mânes de Quinta Filia. Quintus H. Veratianus a fait ce monument pour une épouse très-chérie, et l'a dédié sous la Hachette. » (Traduct. de Millin, t. IV, p. 148.)

.......PATR
......VO.VRO
.....IE FIL
....H.N.S

M. de Vérone.

IN FRONTE
SECVND
VEAM PVB
P.XVIII

Musée d'Avignon. Millin, t. IV, p. 149.

Q.CAFATI
PRIMI ET
CAPELLAE
DECVMI F
IN.FR.P
XX.IN AGR
P XV

Musée d'Avignon.

VALLIVS.LYRICVS.SIBI.ET.SVIS
Boyer, p. 75. — M. de Vérone.

GENIO
COLLEGI CEN
TONA RIOR
VAS.R.S

Boyer, p. 74. — M de Vérone, p. 82. Les *centonarii* travaillaient les cuirs pour couvrir les machines de guerre ; ils étaient réunis aux *dendrophori* (charpentiers) et aux *fabri* (taillandiers). Voy. le Cod. Théod. l. IV, t. VIII.

MACIAII SII V F
SII VII RINII M
II MORIAII AIIT
IIRNII AVRIILI
VS VALIIRIAN
VS SII VIVO CO
IVGI IIT SIIBII
CIVIS VIIR VII RC
IILLII SIIS MACI SII
VIIRINI SOROR T
RIIBVNI LIIGION
IS SIICVNDII SIT
ALICIIS

Musée d'Avignon. Elle a été découverte près de la chapelle de Saint-Quenin.—M. de Vérone.—M. Prosp. Mérimée. (*Notes d'un voyag. dans le midi de la France.*)

Le président de Valbonnays a rétabli cette inscription, dont l'orthographe est remarquable : « Maciæ Severini filiæ Se- « verinæ memoriæ æternæ Aurelius Valen- « tinianus se vivo conjugi et sebe civis « Ververcelleses Maci Severini soror tribuni « legionis secundes italices. » Cette leçon peut être contestée pour quelques mots.

NAMVTA MINVTAE FIL MARITO
SVO.H.M

Millin, t. IV, p. 154.

IV POMPEIO.F.L.FEC

Sur une frise de la chapelle de Saint-Quenin. M. de Vérone.

MARCIAN
VS ET SECV
NDINVS M
MEMORIAM
POSVERVN
T PATVNI P
ATRI DVLCI
SSIMO SEN

IVO ANNOR
X.
VE SEAGI
NTA

M. de Vérone. Aux Barroux, *Alba Rafa*, dans le département de Vaucluse. Le docteur Calvet, d'Avignon, plaçait AERIA sur ce village.

T MARCIANO PR.VAS[1]

Millin, t. IV, p. 152.

......MVLAE RESTITVTI FV

M. de Vérone.

OLA SIBI ET C
PACANO.FR

M. de Vérone.

INSCRIPTIONS CHRÉTIENNES.

HIC IN PACE REQVIESCIT
BONAE MEMORIAE AMICVS
DIACONVS QVI VIXIT ANNOS
XXX.OBIIT SVB D.III.IDVS
IANVARII AS DC[2].ET ERVMPA
IINII VN.INDIC.QVARTA DECIMA

Boyer, l. I, p. 66. — M. de Vérone.

HINC IN PACE QVIESCIT...*sic*.

PELAGIVS PREBIT......*sic*.
QVI VIXIT ANN...
OBIIT

M. de Vérone.

FLORENTIOLE
PAX TECVM

Musée d'Avignon. Millin. *Voy*. t. IV, p. 148. — M. de Vérone.

TITVLO
FRA
TRV
M

DVOR
GER
MA
NO
RVM

M. de Vérone.

[1] *Prætor* ou *procurator*. — [2] *Anno salutis* 600.

☧

STA FILI
PAX   TECVM
IN DEO
AVE   VALE

M. de Vérone. — Millin pense qu'il s'a-
git d'un nom propre, *Stafilis*.

A ☧ ω
NERLICIA
PAX   TECVM
CASTA
CARISSIMA

M. de Vérone. — Millin, t. IV, p. 151.

RVSTICVS   VOTO SVO   FECIT
☧

MORITVR BONAE MEMORIAE
MATER MEA STEPHANIA
XIII KL NOVEMBRIS DIE LVNAE
LVNA XVII. VIXIT ANNIS XLVI
SEVERO ET IORDANE CONS   .. (470)
VT. PRO VOTO SVO FECIT

Autour de l'église de Saint-Quenin.
Boyer, t. I, p. 42. — M. de Vérone.

HIC IN PACE REQVIESCIT
SANCTAE MEMORIAE
ERIPIVS P.B.R
QVI   VIXIT
ANS   XXVII
MENS X.D.XVIII
OBIIT VIII.KL.FEBRVAR
PC + ITERVM
AGAPITI V.C
CONS +

Musée d'Avignon. Millin, t. IV, p. 150.
— M. de Vérone.

INLVSTRIS TITVLIS MERITIS QVE HAVD DISPAR AVORVM
PANTAGATHVS FRAGILEM VITAE CVM LINQVERIT VSVM
MALVIT HIC PROPRIAE CORPVS COMMITERE TERRAE
QVAM PRECIBVS QVAESISSE SOLVM : SI MAGNA PATRONIS
MARTIRIBVS QVAERENDA QVIES SANCTISSIMVS ECCE
CVM SOCIIS PARIBVS QVE SVIS VINCENTIVS AMBIT
HOS ADITVS SERVAT QVE DOMVM DOMINVM QVE TVETVR
A TENEBRIS LVMEN PRAEBENS DE LVMINE VERO
MILITIAM SI FORTE ROGES QVAM GESSERIT ILLE

NAMVTA MINVTAE FIL MARITO
SVO.H.M

Millin, t. IV, p. 154.

IV POMPEIO.F.L.FEC

Sur une frise de la chapelle de Saint-Quenin. M. de Vérone.

MARCIAN
VS ET SECV
NDINVS M
MEMORIAM
POSVERVN
T PATVNI P
ATRI DVLCI
SSIMO BEN

IVO ANNOR
X
VE SEAGI
NTA

M. de Vérone. Aux Barroux, *Alba Rafa*, dans le département de Vaucluse. Le docteur Calvet, d'Avignon, plaçait AERIA sur ce village.

T MARCIANO PR.VAS[1]

Millin, t. IV, p. 152.

......MVLAE RESTITVTI FV

M. de Vérone.

OLA SIBI ET C
PACANO.FR

M. de Vérone.

INSCRIPTIONS CHRÉTIENNES.

HIC IN PACE REQVIESCIT
BONAE MEMORIAE AMICVS
DIACONVS QVI VIXIT ANNOS
XXX.OBIIT SVB D.III.IDVS
IANVARII AS DC[2].ET ERVMPA
IINII VN.INDIC.QVARTA DECIMA

Boyer, l. I, p. 66. — M. de Vérone.

HINC IN PACE QVIESCIT...sic.

PELAGIVS PREBIT......sic.
QVI VIXIT ANN....
OBIIT

M. de Vérone.

FLORENTIOLE
PAX TECVM

Musée d'Avignon. Millin. *Voy.* t. IV, p. 148. — M. de Vérone.

TITVLO
FRA
TRV
M

DVOR
GER
MA
NO
RVM

M. de Vérone.

[1] *Prætor* ou *procurator*. — [2] *Anno salutis* 600.

☧

STA FILI

PAX   TECVM

IN DEO

AVE   VALE

M. de Vérone. — Millin pense qu'il s'agit d'un nom propre, *Stafilis*.

RVSTICVS   VOTO SVO   FECIT

☧

MORITVR BONAE MEMORIAE
MATER MEA STEPHANIA
XIII KL NOVEMBRIS DIE LVNAE
LVNA XVII. VIXIT ANNIS XLVI
SEVERO ET IORDANE CONS   (470)
VT. PRO VOTO SVO FECIT

Autour de l'église de Saint-Quenin. Boyer, t. I, p. 42. — M. de Vérone.

HIC IN PACE REQVIESCIT
SANCTAE MEMORIAE
ERIPIVS P.B.R
QVI   VIXIT
ANS   XXVII
MENS X.D.XVIII
OBIIT VIII.KL.FEBRVAR
PC ✝ ITERVM
AGAPITI V.C
CONS ✝

Musée d'Avignon. Millin, t. IV, p. 150. — M. de Vérone.

A ☧ ω

NERLICIA

PAX   TECVM

CASTA

CARISSIMA

M. de Vérone. — Millin, t. IV, p. 151.

INLVSTRIS TITVLIS MERITIS QVE HAVD DISPAR AVORVM
PANTAGATHVS FRAGILEM VITAE CVM LINQVERIT VSVM
MALVIT HIC PROPRIAE CORPVS COMMITERE TERRAE
QVAM PRECIBVS QVAESISSE SOLVM : SI MAGNA PATRONIS
MARTIRIBVS QVAERENDA QVIES SANCTISSIMVS ECCE
CVM SOCIIS PARIBVS QVE SVIS VINCENTIVS AMBIT
HOS ADITVS SERVAT QVE DOMVM DOMINVM QVE TVETVR
A TENEBRIS LVMEN PRAEBENS DE LVMINE VERO
MILITIAM SI FORTE ROGES QVAM GESSERIT ILLE

PRAESTITERIT QVE BONI POSITIS IN LVCE SVPERNA
QVEM SIC XRISTICOLAE CELEBRENT POST FATA IACENTEM
INVENIES QVOD IVRA DEDIT SANCTISSIMA SANXIT
ARBITRIIS CVSTOS PATRIAE RECTOR QVE VOCATVS
A PATRIA REXIT QVONIAM PROMPTISSIME CIVES
LIBERTATE ANIMI PARCVS SIBI LARGVS AMICIS
ET FIDVS DOMINIS PRIMVM QVOD POSTVLAT ORDO
VITAE EI AETERNVM FAMA TRANSMITTIT IN ORBEM
ABSTVLIT HVNC REBVS DECIMO MORS INVIDA LVSTRO
NAMQVE SENATORIS POSVIT POST SINGVLA VITAM

Musée d'Avignon. Boyer, i. I, p. 37. — M. de Vérone. — Millin ne l'a pas rapportée. Le nom de *Pantagathus* est inscrit dans le deuxième concile d'Orange, en 529.

VASIO VETUS.

In medio residet Vasion, sic dicta quod olim
    Ovato vasi persimilis fuerit.
In convalle etenim quam montes undique cingunt
    Hanc juxta ovasicum condidit auctor ION.
Protulit imperii Vocontius incola fines,
    Oppidaque ad Deiam subdidit octodecim
Verum ubi Romani vexilla expassa per orbem
    Victores nostris explicuere in agris,
Vocontis nemus Augusti, Vasioque tributa
    Sunt capita et licuit vivere lege sua;
Porticus ambivit Thermas, contraxit utrinque
    Turgentem moles facta manu fluvium.
Præbuit et cupidæ spectacula grata juventæ
    Amphiteatrum, arcus qua podiumque Minervæ.

VASIO NOVA.

Urbs in rupe nova est, objecta trionibus, Hunni.
    Nam vetus est ferro passa, vel igne minas;
Vastataque iterum a Gothis, Arabisque; supremum
    Raymundus princeps intulit exitium.

Atque ubi surgebat, fanis ac turribus altis
Nunc segetes crescunt, Villatiamque vocant.
Joseph-Marie Suarez, évêque de Vaison (1633-1667).
Chorographia diœcesis Vasionensis.

STRABON,
ÉDITION DE CASAUBON.

Inde jam ad Massiliam usque, atque non nihil ulterius, *Salyes* habitant oræ maritimæ imminentes Alpes, partemque littoris, permixti *Græcis* : hos antiqui Græcorum *Ligyas*, id est *Ligures* vocarunt, et regionem quam tenent Massilienses, Ligusticam : posteriores *Gallo-Ligures* eos dixerunt, campestremque iis regionem omnem usque ad Lverionem ad Rhodanum adsignarunt.

Ergo a Massilia regionem quæ inter Alpes et Rhodanum est usque ad Druentiam fluvium *Salyes* incolunt ad ɪᴅ stadia. Inde ubi navi trajeceris ad Cabalionem urbem, deinceps *Cavarum* est regio, usque ad Isaræ in Rhodanum influxum. Quo loco Cemenus quoque mons ad Rhodanum appropinquat. Eo a Druentia sunt stadia ɪᴅᴄᴄ. Proinde *Salyes* campos et his superpositos montes habitant. Supra *Cavares* sunt *Vocontii*, *Tricorii*, *Iconii*, *Pedyli*.

Altera via per Vocontios et Contium. Gernum quidem usque et Tarasconem a Nemauso communis est via. Hinc usque ad *Vocontiorum* terminos et initium : adscensus Alpium per Druentiam et Caballionem milliaria LXIII. Inde ad alteros *Vocontiorum* terminos, et ad Cottium, milliaria ɪᴄ ad Epebrodunum vicum.

Quam autem dixi viam, ea recta ad Alpes pergens per Vocontios, brevissima est. Altera per littus Massiliense et Ligusticum prolixior, sed trajectus montium in Italiam habens faciliores, montibus ibi se jam demittentibus.

Inter Druentiam et Isaram alii quoque amnes ex Alpibus in Rhodanum delabuntur. Quorum duo urbem *Cavarum* circumfluentes, communi alveo in Rhodanum feruntur. Tertius est Sulgas, qui ad Undalum urbem Rhodanum miscetur. Quo loco Cn. Domitius Ænobarbus ingenti pugna permulta barbarorum fudit millia. In medio sunt urbes, Avenio, Arusio,

Aeria, recte (ut ait Artemidorus) sic dicta, quod sita est celcissimo loco. Tota ista regio campestris est et pascuis idonea, nisi quod ab Aeria ad Durionem transitus per excelsa est angustus atque silvestris. Quo autem loco Isara et Rhodanus fluvii confluunt prope Cemmenum montem, Q. Fabius Maximus Æmilianus xxx millium non integrorum exercitu instructus, cc millia Gallorum concidit, ibique trophæum statuit ex albo lapide, ac duo templa, unum Martis, alterum Herculis.

Caput *Arecomicorum* est Nemausus, longe inferior Narbone, si peregrinam et negotiantium turbam consideres, sin rempublicam spectes, multo præstantior. Nam xxiv habet pagos popularium præstantes viris, qui ei subsunt, et jus quoque Latii habent : ita ut Nemausi invenias *Romanos*, qui ædilitatis et questuræ honorem sint consecuti. Eamque ob causam gens ea cum præfectis Roma missis nihil habet negotii. Sita est urbs in via quæ ex Hispania in Italiam ducit, per æstatem commoda, hyeme autem et vere lutosa ac fluviorum eluvie molesta. Fluminum quædam scaphis trajiciuntur, aliqua pontibus strata sunt partim ligneis, partis saxeis. Difficultatem itineris ob aquas efficiunt torrentes, qui aliquando etiam ad æstatem usque nivibus liquefactis ab Alpibus deferuntur.

Post *Salyas Albienses* et *Albiœci*, et *Vocontii* habitant versus septentrionem sitas montium partes : *Vocontii* usque ad *Allobroges* pertingunt, degentes in convallibus montium profondis ac munitis. Cæterum *Allobroges* et *Ligures* rectoribus provinciæ Narbonensis Roma missis obtemperant; *Vocontii*, sicut et de *Volcis* circa Nemausum diximus, sui sunt juris.

Post *Vocontios* sunt *Siconii*, *Tricorii*, et ab his *Medulli* cacuminibus insidentes altissimis.

Quatuor etiam tantummodo earum (Alpium) transitus nominat (Polybius), per *Ligures*, proxime Etruscum mare; per *Taurinos*, quo Annibal usus est; per *Salassos*; et quartum per *Rhætos;* eosque omnes ait esse præcipites.

(L. IV.)

FIN DU TOME II.

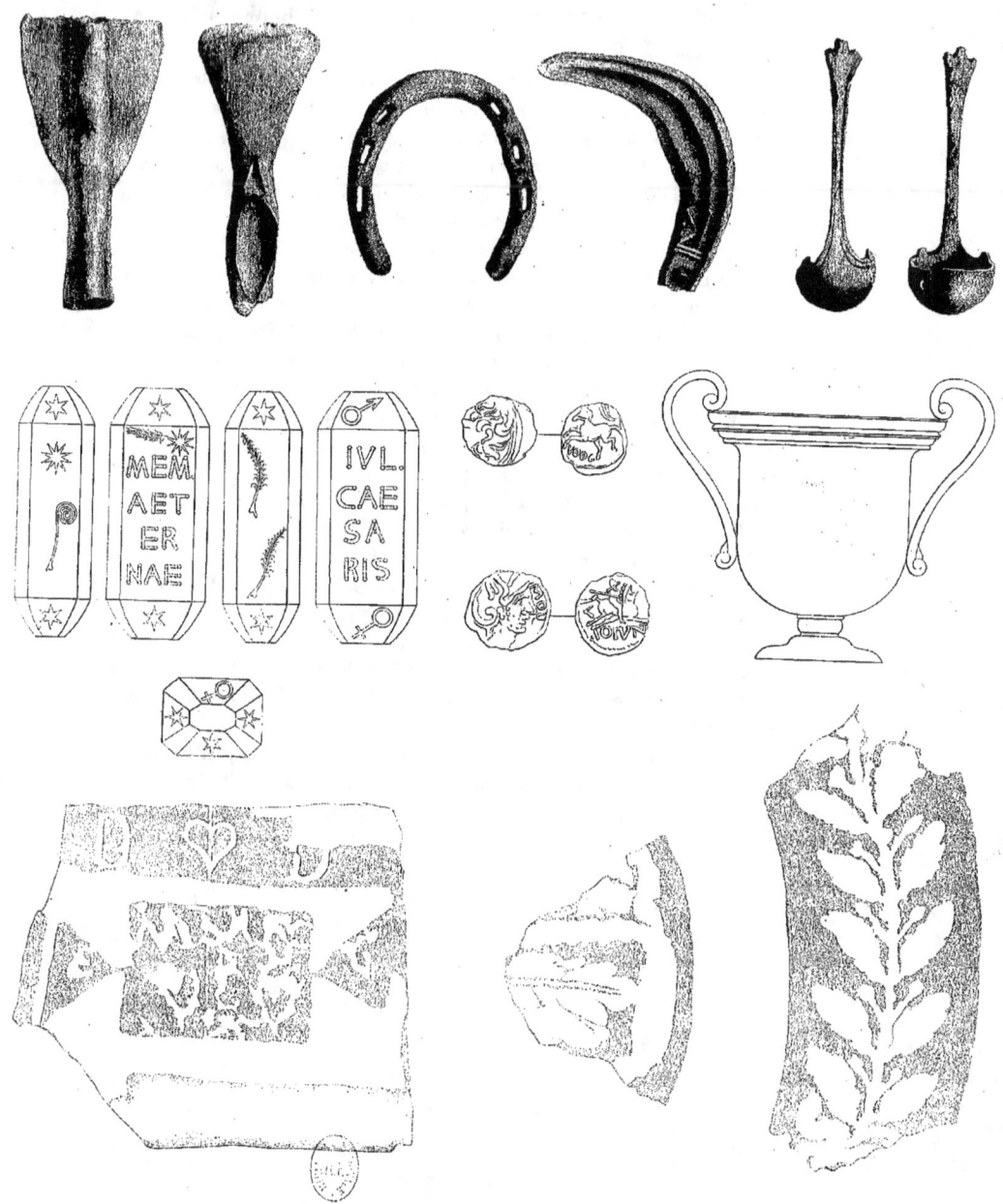

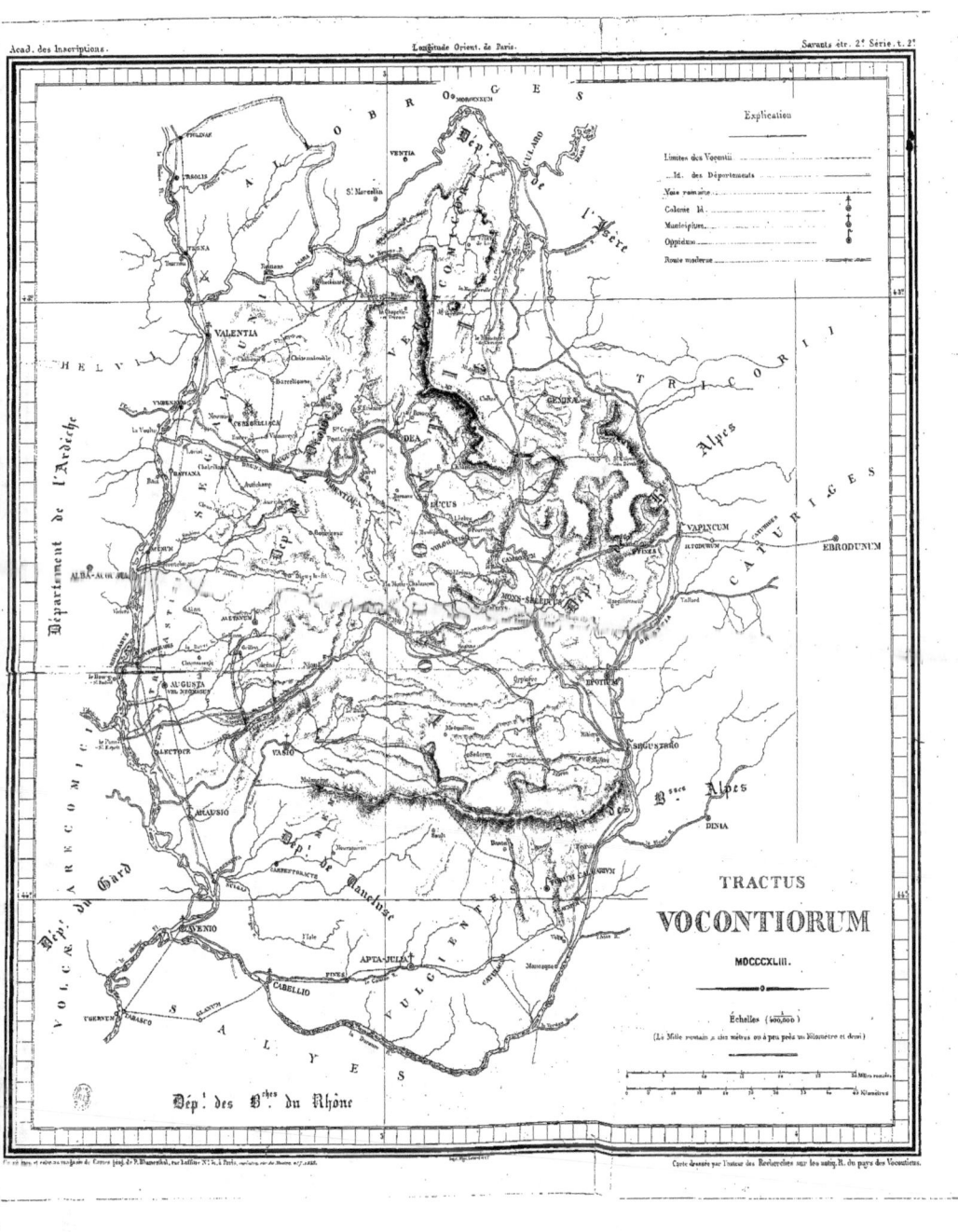

TABLE.

Pages.

Chartes bourguignonnes inédites des ixe, x^e et xie siècles, extraites des manuscrits de la bibliothèque publique de Dijon et des archives départementales de la Côte-d'Or, recueillies et expliquées dans une introduction historique, par M. Joseph Garnier.. 1

    Carte d'une partie des *pagi* de l'ancienne Bourgogne, faisant face à la page.. 168

Trois mémoires sur la ville et le port de Fréjus, par M. Charles Texier.

    Premier mémoire : Sur les antiquités de Fréjus........................... 169

    Deuxième mémoire : Sur les fouilles exécutées, en 1828, dans l'amphithéâtre de Fréjus, pour retrouver les dispositions primitives de ce monument...... 212

    Troisième mémoire : Sur les anciennes carrières de Fréjus et sur les matériaux employés par les Romains... 240

    Six planches faisant face à la page................................. 272

    Explication des six planches....................................... 273

Recherches sur les antiquités romaines du pays des Vocontiens, par M. Jean-Denis Long.

    Introduction... 278

    Premier mémoire : Géographie comparée, étendue, limites du *Vocontium*, voies romaines.. 284

    Portion de la table de Peutinger, faisant face à la page............... 284

    Deuxième mémoire : Aperçu historique................................ 314

    Troisième mémoire : Villes des Vocontiens éloignées des voies romaines.... 339

    Quatrième mémoire : Sur quelques lieux modernes compris dans le Vocontium... 451

    Planche de divers objets d'antiquités, et carte du *tractus Vocontiorum*, pour faire face à la page.. 482

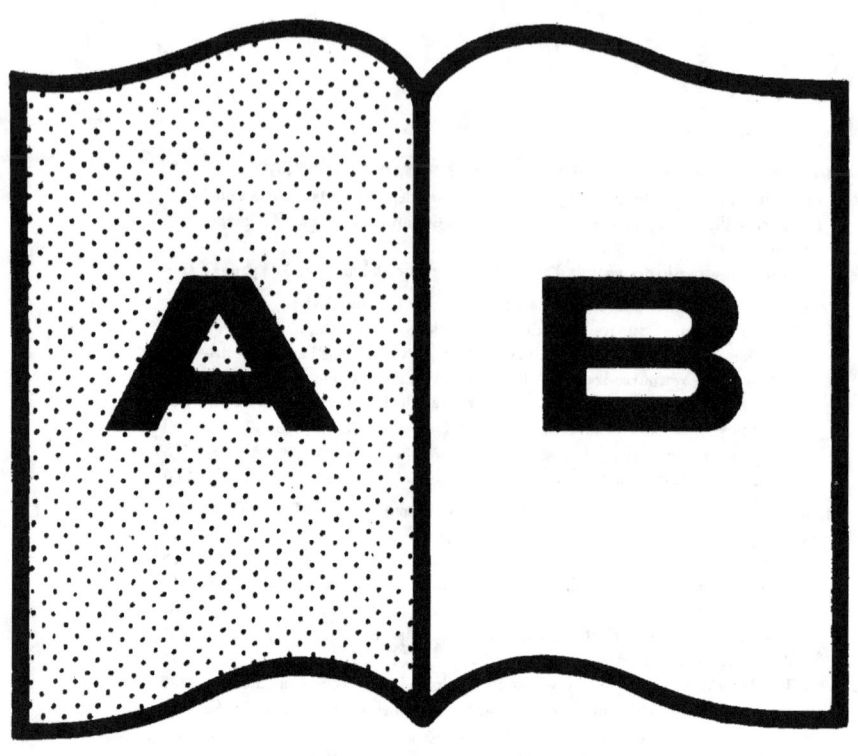

Contraste insuffisant

NF Z 43-120-14

www.ingramcontent.com/pod-product-compliance
Lightning Source LLC
Chambersburg PA
CBHW071715230426
43670CB00008B/1018